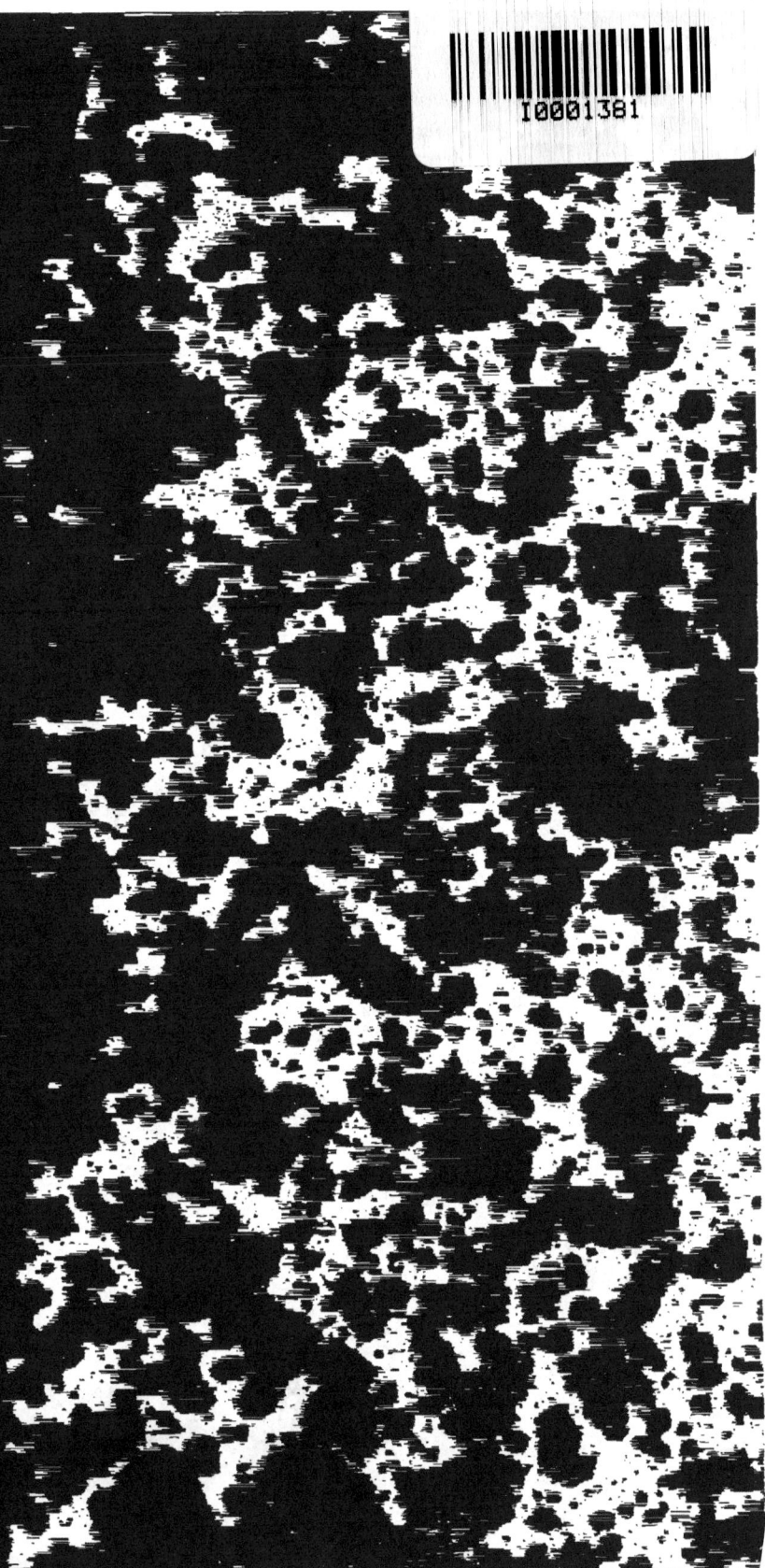

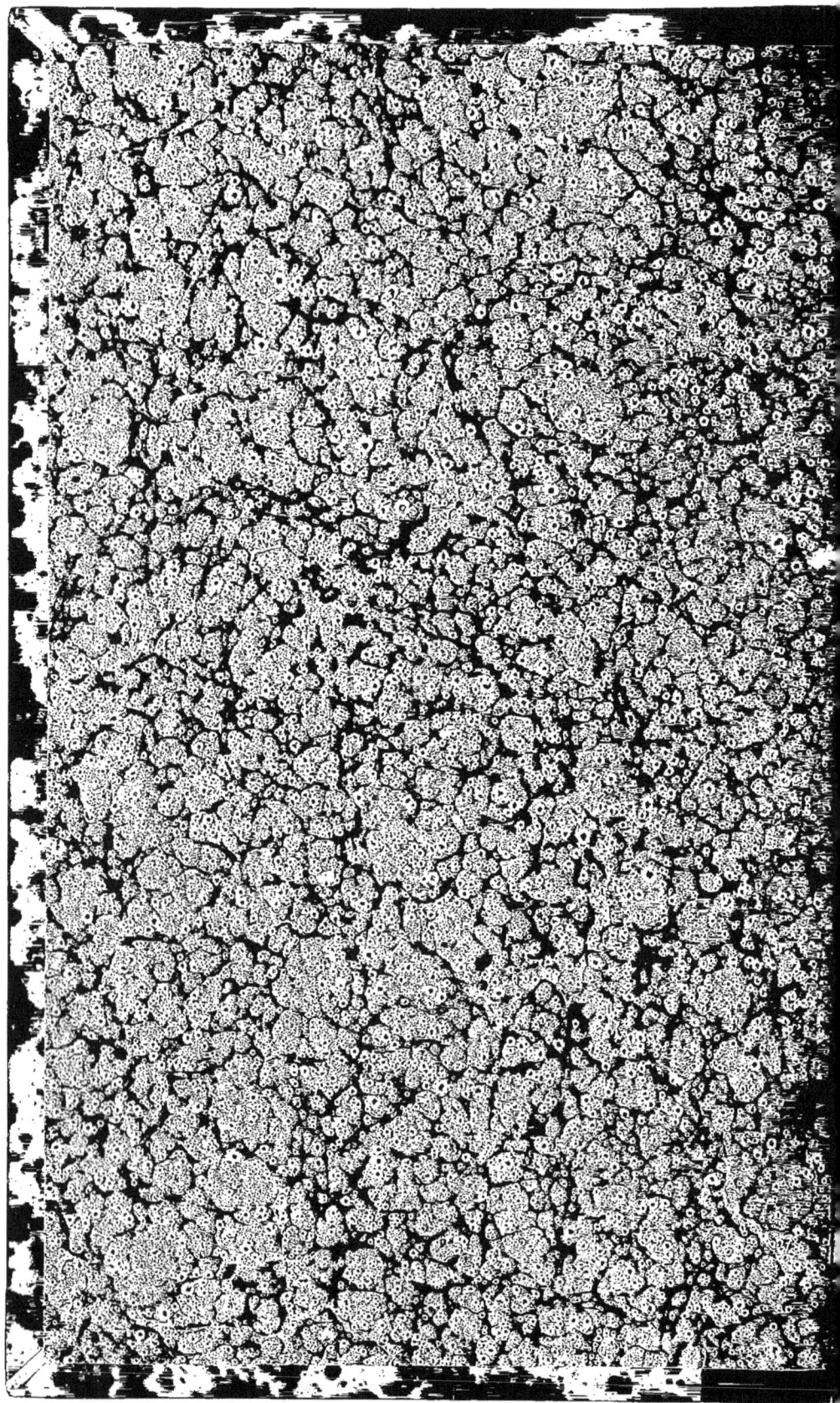

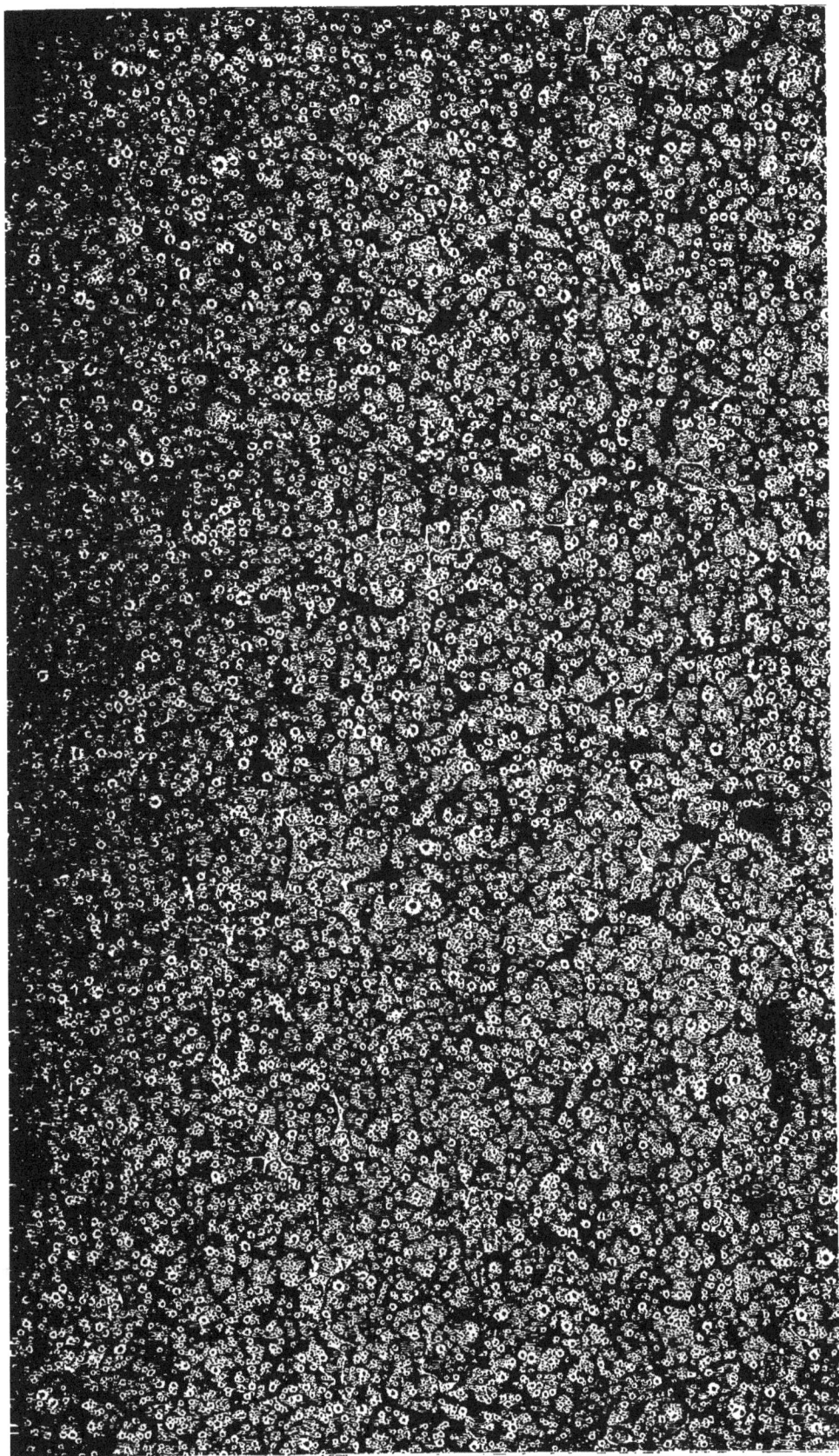

CODE
ADMINISTRATIF.

DE L'ADMINISTRATION.

TOME II.

PREMIÈRE PARTIE.

EA. = GA.

Rien n'est légal que ce qui est conforme à la loi.
Telle juste que soit en elle-même une action, elle
ne l'est point si elle n'est pas autorisée par la loi.

CODE
ADMINISTRATIF,

OU

Recueil par ordre alphabétique de matières, de toutes les Lois nouvelles et anciennes, relatives aux fonctions administratives et de Police, des Préfets, Sous-préfets, Maires et Adjoints, Commissaires de Police, et aux attributions des conseils de Préfecture, de Département, d'Arrondissement Communal et de Municipalité,

JUSQU'AU 1ᵉʳ. JANVIER 1806;

AVEC

Les instructions et décisions des Autorités supérieures, et la solution des principales difficultés, ou des doutes, relatifs à l'exécution des Lois et Actes du Gouvernement.

Par M. FLEURIGEON,

Chef de Bureau au Ministère de l'intérieur.

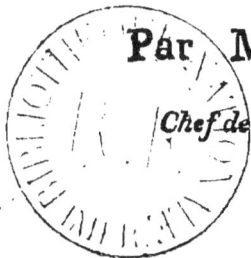

PARIS,

Chez
{
L'AUTEUR, RUE FRANÇAISE, 7;
GARNERY, RUE DE SEINE, 6;
FANTIN, LIBRAIRE, QUAI DES AUGUSTINS, 55.

DE L'IMPRIMERIE DE VALADE.
1806.

CODE
ADMINISTRATIF.

EAUX MINÉRALES ET THERMALES.

Sommaire.

Administration et police. — Baux. — Eaux minérales appartenant aux communes. — Forme des baux. — Eaux thermales de Barréges ; police extérieure.

Eaux minérales. — Administration et police.

Arrêté du 23 vendémiaire an 6.

1. Les administrations municipales de canton (les municipalités) connaissent, sous l'autorité des administrations d'arrondissement de département, et conformément aux dispositions de l'article 19 de la loi du 21 fructidor an 5, de l'administration et police des eaux minérales situées dans leurs arrondissemens respectifs.

2. Les officiers de santé, attachés au service des eaux, sont nommés par le gouvernement, sur la présentation du ministre de l'intérieur.

3. Les administrations centrales de département enverront au ministre de l'intérieur leurs observations et leurs avis sur ceux des officiers de santé actuellement en exercice, qu'il conviendra de confirmer ou de remplacer.

4. Les militaires blessés au service de la patrie, et les indigens, munis de certificats des autorités qui les auront adressés, constatant leurs blessures ou infirmités, recevront gratuitement les secours des eaux minérales.

5. Le ministre de l'intérieur proposera incessamment au gouvernement les réglemens que peuvent exiger l'administration, police et distribution des eaux ; à l'effet de quoi il sera sans délai rendu compte, par les administrations centrales de dépar-

2. *Prem. Part.* 1

tement, de la situation des établissemens y relatifs, des réglemens qui leur sont particuliers, du produit, de la nature des
eaux, de l'état actuel des sources et fontaines, des officiers de
santé qui les inspectent, des noms et demeures des propriétaires
des terreins sur lesquels elles sont situées, et enfin des bureaux
établis pour la distribution.

*Arrêté du directoire exécutif, concernant les sources et fontaines
d'eaux minérales. Du 29 Floréal an 7. (B. 283.)*

1. Les officiers de santé nommés par le gouvernement pour
l'inspection des eaux minérales, adressent chaque année au sous-
préfet de l'arrondissement, pour être par lui transmise à l'administration centrale du département, qui en rend compte au ministre de l'intérieur, l'analyse des personnes qui se sont présentées
aux eaux, les traitemens qu'elles ont subis, et le résultat qui en a
été obtenu. Ils font également part de l'état dans lequel se trouvent les sources et les fontaines auxquelles ils sont attachés, et
nomment, sous l'approbation du sous-préfet, les baigneurs et
autres personnes nécessaires au service. (*Art. 5, 6 et 7 de l'arrêt
du conseil d'état, du 5 mai 1781.*)

2. Ces officiers veillent avec soin à la propreté et conservation
des sources et fontaines, et donnent leurs avis et observations
sur les réparations, changemens et améliorations qu'ils jugent
utiles et nécessaires : aucunes réparations, changemens ou améliorations ne peuvent avoir lieu sans l'approbation de l'administration du département, qui en rend compte au ministre de l'intérieur. (*Art. 3 de l'arrêt du 5 mai 1781.*)

3. Les malades qui se proposent de faire usage des eaux minérales, soit sous la forme de bains, soit sous celle de douches,
préviennent les officiers de santé inspecteurs des eaux, afin qu'ils
puissent indiquer, à chacun des malades, l'heure à laquelle ces
remèdes peuvent leur être administrés, et veiller à ce qu'ils
soient servis avec la plus grande exactitude. (*Art. 18 du même
arrêt.*)

4. Les douches et autres opérations propres à favoriser le
succès des eaux, sont dirigées par les officiers de santé inspecteurs en chef; et en cas d'absence, de maladie ou autres
cas imprévus, par les inspecteurs adjoints. Peuvent néanmoins
être admis au traitement les médecins ordinaires des malades,
lorsque les malades en témoignent le desir. (*Art. 5 du même
arrêt.*)

5. Les plaintes et réclamations qui peuvent s'élever relativement au service, sont portées pardevant la municipalité du lieu,

sauf le recours à l'autorité supérieure. (*Art.* 14 *de l'arrêt. Cette disposition est d'accord avec l'article I de l'arrêté du directoire, du* 23 *vendémiaire, qui attribue aux municipalités la police des eaux.*)

6. Les dépenses et frais de route des indigens qui se présentent, en exécution de l'arrêté du 23 vendémiaire dernier, pour recevoir gratuitement le secours des eaux minérales, sont à la charge des communes qui les ont adressés, comme objet de dépenses municipales, à l'effet de quoi elles prennent les mesures convenables pour y pourvoir. (*Les communes ont des revenus ou des secours du gouvernement, sur lesquels elles doivent pourvoir à cette nature de dépense.*)

7. Les administrations de département, sur l'avis des officiers de santé inspecteurs, ont dû soumettre sans délai au ministre de l'intérieur une nouvelle fixation du prix des eaux minérales situées dans leurs arrondissemens respectifs : en attendant, elles ont été payées suivant et conformément aux tarifs existans. (*Art.* 22 *et* 23 *de l'arrêt. — Presque par-tout on paie une rétribution destinée de tout tems à l'entretien des sources et autres frais y relatifs.*)

8. Les débit et distribution des eaux hors la source, n'ont lieu que dans les bureaux de distribution qui sont établis sous l'approbation du ministre de l'intérieur; à l'effet de quoi sont exécutés, en ce qui n'est pas contraire au présent, la déclaration du 25 avril 1772, les arrêts du ci-devant conseil d'état, des 1er. avril 1774 et 12 mai 1775, la déclaration du 26 mai 1780, et enfin l'arrêt du ci-devant conseil d'état, du 5 mai 1781. (*Les eaux minérales sont comprises dans la classe des médicamens sujets à des mixtions et falsifications. La loi du* 17 *avril* 1791 *doit leur etre appliquée : tel est l'avis de l'école de médecine.*)

9. Les bureaux de distribution sont sujets à l'inspection de deux commissaires choisis parmi les gens de l'art, par les municipalités, ou préfets, ou commissaires généraux de police des communes où ils sont établis; les directeurs se conforment, pour la vente des eaux, aux tarifs qui en sont déterminés. (*Art.* 11 *et* 12 *de l'arrêt du conseil, du* 5 *mai* 1781, *pour Paris, et art.* 16 *pour les départemens.*)

10. Peut tout particulier faire venir par la voie qui lui convient le mieux, toute espèce d'eaux minérales dont il a besoin pour sa santé, en certifiant à l'officier inspecteur de l'eau minérale, conformément aux dispositions de l'article 21 de l'arrêt du conseil d'état, du 5 mai 1781, que la quantité demandée est destinée pour son usage (*Art.* 21 *de l'arrêt.*)

1 *

11. Les eaux destinées à quelque envoi, soit pour les bureaux de distribution, soit pour des particuliers qui en ont demandé pour leur service personnel, ne peuvent être puisées à leur source qu'en présence des officiers de santé attachés à ces établissemens: ils indiquent l'heure la plus convenable, et certifient par écrit leur présence. (*Art. 8 de l'arrêt du 5 mai 1781.*)

12. Immédiatement après que les bouteilles ont été remplies à la source, elles sont exactement bouchées: l'officier de santé veille à ce que l'on y appose l'empreinte d'un cachet, dans l'exergue duquel est inscrit le nom de la source. Ce cachet lui est remis par l'administration du département. (*Art. 9 du même arrêt.*)

13. L'officier de santé instruit de chaque envoi la municipalité du lieu où se trouvent les eaux, et lui envoie une facture exacte, indiquant le nombre et la forme des bouteilles, avec la date de l'année, du mois et du jour où les eaux ont été puisées, avec les noms et demeure de la personne à laquelle l'envoi est destiné: le tout est par lui signé et certifié. Copie de cette facture, certifiée par le maire, est pareillement adressée par l'officier de santé avec l'empreinte du cachet et le certificat de présence, aux personnes qui ont demandé les eaux, le tout pour leur assurer la fidélité des objets expédiés à leur adresse. (*Art. 10.*)

14. Les directeurs attachés aux bureaux de distribution, lorsqu'ils ont reçu des caisses d'eaux minérales, en préviennent les municipalités ou commissaires-généraux de police, qui chargent aussitôt les commissaires choisis conformément aux dispositions de l'article 7, de procéder à leur examen. Les caisses ne peuvent être ouvertes qu'en présence de ces commissaires. (*Art. 11 de l'arrêt du 5 mai 1781.*)

15. Les fonctions des commissaires sont de constater l'état des eaux minérales arrivées au bureau, et de vérifier les certificats et factures relatifs à leur envoi. Ils examinent également les eaux de même nature, pour s'assurer si elles sont en état d'être livrées au public. Dans le cas où elles seraient altérées, ils en rendent compte à l'autorité qui les a nommés, laquelle prend les mesures convenables en pareil cas, indépendamment de quoi ils font un recensement général desdites eaux tous les ans. (*Art. 13.*)

16. Le directeur de chaque bureau de distribution tient un compte exact des bouteilles d'eaux minérales qu'il a reçues, de celles qu'il a vendues, et de celles qui sont encore au dépôt, et qui ont été jugées en assez bon état pour être livrées au public. Il arrête chaque mois ledit compte avec les commissaires qui le

justifient et le paraphent. Il en est fait deux copies, l'une desquelles est remise à la municipalité du lieu, ou au commissaire général, pour les communes où il y a plusieurs municipalités, et l'autre reste au bureau de distribution. (*Art.* 14 *et* 15.)

17. Tout propriétaire qui découvre dans son terrein une source d'eau minérale, est tenu d'en instruire le gouvernement, pour qu'il en fasse faire l'examen ; et d'après le rapport des commissaires nommés à cet effet, la distribution en est permise ou prohibée, suivant le jugement qui en a été porté. (*Art.* 18.)

18. Les sources d'eaux minérales appartenant à la république, sont affermées, et les produits spécialement employés, tant au paiement des réparations des sources et fontaines, qu'à l'amélioration de ces établissemens. (*Art.* 23 *et* 24 *de l'arrêt.*)

19. D'après les comptes qui sont rendus chaque année par les administrations de département, il est procédé à un recensement général des eaux ou sources minérales, et il est rédigé une liste indicative de celles qui sont dignes d'attention ; à l'effet de quoi l'école de médecine de Paris est autorisée par le ministre à reconnaître avec soin, et d'après les nouvelles lumières acquises en chimie, la nature et les vertus des différentes eaux minérales, d'en recommencer l'analyse, et de les classer d'après leurs propriétés. (*Conforme aux dispositions générales de l'arrêt du* 1er. *mai* 1781.)

20. Le ministre de l'intérieur est autorisé à faire à cet effet, pour la police et distribution des eaux, les autres instructions nécessaires, et il veille à leur exécution.

Baux.

Arrêté du 3 floréal an 8 (B. 22.)

1. Les préfets font mettre en adjudication à l'enchère le produit des eaux minérales, dans les lieux où se trouvent des sources appartenant à la république.

Le cahier des charges contient le prix des eaux, bains et douches.

2. La durée du bail est de trois années. A défaut de paiement ou d'exécution des clauses, il peut être résilié par le conseil de préfecture, et réadjugé à la folle-enchère du fermier.

3. Le prix des baux est payable par trimestre et d'avance ; il

est versé, à titre de dépôt, dans la caisse des hospices du chef-lieu de préfecture, pour être uniquement employé à l'entretien et à la réparation des sources, ainsi qu'au traitement des officiers de santé chargés de l'inspection des eaux. En cas d'excédant, il en est disposé par le ministre de l'intérieur pour les travaux et recherches nécessaires au perfectionnement de la science des eaux minérales.

4. Aucun officier de santé, inspecteur des eaux minérales, ou son adjoint; aucun propriétaire d'eau minérale dans le lieu où se trouvent des eaux minérales appartenant à la république, ne peut se rendre adjudicataire de ces eaux.

5. Conformément à l'article 7 du règlement du 29 floréal an 7, les préfets doivent soumettre, avant toute adjudication, et dans le plus bref délai, à la confirmation du ministre, la fixation du prix des eaux bues à la source; de celles qui sont puisées pour être envoyées dans les dépôts ou aux particuliers, ainsi que le prix des bains et des douches.

6. L'officier de santé inspecteur indique les travaux néces-saires à l'entretien et à la réparation des sources, au préfet, qui, après avoir consulté l'ingénieur du département, en ordonne l'exécution, s'il y a lieu.

7. Si les sources exigent des constructions nouvelles, il en est fait un devis estimatif, que le préfet adresse au ministre de l'intérieur, lequel en ordonne l'exécution, s'il y a lieu.

8. Les officiers de santé chargés de l'inspection des eaux mi-nérales proposent au préfet les règlemens nécessaires pour le maintien de l'ordre et de la discipline dans l'administration des eaux.

Ils proposent de même les articles à insérer dans le cahier des charges, pour fixer les conditions auxquelles sont tenus les fer-miers, soit pour le nombre des agens à employer, soit pour les diverses fournitures de combustibles, baignoires et autres objets nécessaires au service des eaux.

9. Les sources d'eaux minérales sont, quant à leur produit, divisées en trois classes :

Première classe : celles dont le produit de la location excède 3000 francs.

Deuxième classe : celles dont le produit de la location excède 2000 francs.

Troisième classe : celle dont l'adjudication est au-dessous de 2000 francs.

10. Les officiers de santé chargés de l'inspection des eaux de première classe ont pour appointemens 1000 francs; ceux de la seconde classe 800 francs; quant à ceux des eaux de troisième

classe, ils ont la moitié du prix du bail, sans que, dans aucun cas, leur traitement puisse excéder la somme de 600 francs.

Ils sont tenus de donner leurs conseils et leurs soins aux indigens admis aux eaux.

11. Les articles de l'arrêté du 29 floréal an 7, concernant l'administration des eaux minérales, continuent à être exécutés dans tout ce qui n'est pas contraire au présent.

Eaux minérales appartenant aux communes.

Arrêté du 6 nivôse an 11. (B. 239.)

Art. 1er. Les baux à ferme des eaux minérales, bains et établissemens en dépendant, dont les communes sont ou seront reconnues propriétaires, seront adjugés à l'avenir devant le sous-préfet de l'arrondissement du département, en présence du maire de la commune sur le territoire de laquelle les eaux sont situées.

2. En exécution de l'article 2 de la loi du 11 février 1791, les adjudications ne pourront avoir lieu que dans les formes prescrites par la loi du 5 novembre 1790. (Voyez ces lois à la suite de cet arrêté.)

3. Le cahier des charges en sera dressé par le sous-préfet, sur l'avis et la proposition du conseil municipal, et approuvé par le préfet du département.

4. Les réparations à faire aux sources seront autorisées par les préfets dans les formes prescrites par l'article 2 de l'arrêté du 29 floréal an 7, et par l'article 6 de l'arrêté du 3 floréal de l'année suivante, après avoir pris l'avis du conseil municipal et du sous-préfet de l'arrondissement.

5. Seront pareillement exécutées, en ce qui concerne les constructions et améliorations dont les sources communales seront susceptibles, les dispositions de l'article 7 de l'arrêté du 3 floréal an 8; et à l'égard du prix des eaux, les dispositions de l'art. 4 du même arrêté.

6. Les produits des baux seront spécialement réservés pour l'entretien, les réparations et améliorations des sources, bains et établissemens en dépendans, ainsi que pour le paiement des officiers de santé chargés de leur inspection. L'excédant des produits sera versé dans les caisses municipales, pour en être disposé suivant le réglement du 4 thermidor an 10 sur l'administration des revenus municipaux.

7. Les dispositions prescrites par l'article 6, seront suivies

pour le produit des sources minérales qui appartiennent à la république, excepté pour le versement de l'excédant, qui sera fait dans la caisse d'amortissement, à la diligence des préposés des domaines, pour y rester à la disposition du ministre de l'intérieur, et être par lui appliqué à l'amélioration des eaux minérales, ou aux secours aux indigens auxquels ces eaux seront nécessaires.

Le versement de cet excédant ne doit être exigé que dans le cours du premier semestre qui suivra l'expiration de chaque année du bail, afin de donner le tems d'apprécier la dépense d'entretien de l'année précédente.

Le fermier doit verser immédiatement le prix de son bail, ainsi qu'il est réglé par l'article 3 de l'arrêté du 3 floréal an 8.

On doit donner connaissance au receveur du droit d'enregistrement de toutes les adjudications faites, afin de le mettre à portée d'activer le paiement des prix de ferme et les versemens à la caisse d'amortissement, pour ce qui regarde le trésor public.

8. Le mode de nomination des officiers de santé pour le service des eaux communales, sera le même que celui prescrit par l'art. 2 de l'arrêté du 23 vendémiaire an 6.

Leur traitement sera réglé d'après les bases fixées par les articles 9 et 10 de l'arrêté du 3 floréal an 8.

9. Seront, au surplus, les droits de propriété des communes sur les sources minérales, discutés et réglés, en cas de contestation des communes avec la république, pardevant les conseils de préfecture, le directeur des domaines entendu, et sauf la confirmation du gouvernement.

10. Quant aux sources exploitées par les particuliers qui en seront propriétaires, il seront tenus de se conformer aux règles de police des eaux minérales, et de pourvoir, sur le produit de ces eaux, au paiement du traitement de l'officier de santé que le gouvernement jugera nécessaire de commettre pour leur inspection; ils seront pareillement tenus de faire approuver par le préfet le tarif du prix de leurs eaux, sauf le recours au gouvernement en cas de contestation.

11. Seront, au surplus, observés, pour toutes les eaux minérales, et pour le débit et la vente des eaux hors de la source, les arrêtés des 23 vendémiaire an 6, 29 floréal an 7, et 3 floréal an 8, dans tous les articles non rapportés ou modifiés par le présent.

Eaux minérales.

Durée des baux.

Loi du 5 — 11 février 1791.

1.. Les corps, maisons, communautés et établissemens publics, tant ecclésiastiques que laïcs, conservés, et auxquels l'administration de leurs biens a été laissée provisoirement, ne pourront faire des baux pour une durée excédant neuf années, à peine de nullité ; tous ceux faits pour une plus longue durée, à compter du 2 novembre 1789, dans quelques formes qu'ils aient été passés, sont déclarés nuls et de nul effet.

2. Les baux autorisés par l'article ci-dessus ne pourront, à peine de nullité, être passés qu'en présence d'un membre du directoire du district (du sous-préfet) dans les lieux où se trouveront fixés lesdits établissemens, ou d'un membre du corps municipal (du maire) dans les lieux où il n'y aura pas d'administration de district. Les formalités prescrites par l'article 13 du titre 2 de la loi du 5 novembre 1790 seront observées pour la passation desdits baux, à peine de nullité.

Loi du 23 août. — 5 novembre 1790.

Tit. 2, art. 13. Les baux seront annoncés un mois d'avance par des publications de dimanche en dimanche, à la porte des églises paroissiales de la situation, et de celles des principales églises les plus voisines, à l'issue de la messe de paroisse, et par des affiches de quinzaine en quinzaine aux lieux accoutumés. L'adjudication sera indiquée un jour de marché, avec le lieu et l'heure où elle se fera. Il sera procédé publiquement pardevant le directoire de district (le sous-préfet) à la chaleur des enchères, sauf à la remettre à un autre jour, s'il y a lieu.

14. Le ministère des notaires ne sera nullement nécessaire pour la passation desdits baux, ni pour tous les autres actes d'administration ; ces actes, ainsi que les baux, seront sujets au contrôle (à l'enregistrement), et ils emporteront hypothèque et exécution parée. La minute sera signée par les parties qui sauront signer, et par les membres présens du directoire (le sous-préfet), ainsi que par le secrétaire, qui signera seul l'expédition (le sous-préfet) n'y ayant pas de secrétaire de sous-préfecture).

Eaux thermales. — Mesures relatives à l'établissement thermal de Barréges.

Décret impérial du 30 prairial an 12. (B. 6.)

Napoléon , Empereur des Français ; décrète :

Art. 1er. Conformément à l'arrêt du conseil d'état du 6 mai 1752, il est expressément défendu de faire à l'avenir aucune construction nouvelle dans la commune de Barréges sans l'autorisation du préfet des Hautes-Pyrénées , et hors l'alignement qui sera donné par lui à cet effet, sous les peines prescrites par ledit arrêt du conseil.

2. En conformité du même arrêt du conseil, il est également défendu à tous propriétaires ou cultivateurs des terres ou prés situés au-dessus de Barréges et du grand chemin allant à Bagnéres , de mettre ou faire mettre l'eau des torrens dans les prés pour les arroser, à peine de cinq cents fr. d'amende; comme aussi de couper ou dégrader, de quelque manière et sous quelque prétexte que ce soit, les arbres et bois qui sont au-dessus de la muraille à pierres sèches qui couvre le village et le met à l'abri des ravins , sans les autorisations prescrites et sous les peines prévues par les lois.

3. Le préfet des Hautes-Pyrénées proposera au gouvernement, pour être approuvées dans les formes voulues par les lois, toutes les mesures qu'il croira utiles pour prescrire et imposer aux communes de la vallée de Barréges , et aux particuliers qui ont défriché les montagnes environnant les bains et le village de Barréges, tous les semis, toutes les replantations d'arbres, toutes les prohibitions d'arrosemens, de dépaissance, de nouveaux défrichemens, et tous les travaux et prestations qui seront jugés nécessaires pour empêcher la formation des ravins et des avalanches, et assurer la conservation de l'établissement thermal, après avoir pris l'avis desdites communes.

4. Les contraventions au présent décret seront constatées, dans les formes prescrites par la loi du 29 floréal an 10, par les maires ou adjoints, les ingénieurs des ponts et chaussées, leurs conducteurs, le commissaire de police de Barréges, les médecins-inspecteurs des eaux, la gendarmerie, et par tous les fonctionnaires dûment assermentés; il sera statué définitivement sur lesdites contraventions en conseil de préfecture, conformément à ladite loi; et les arrêtés seront exécutoires ainsi qu'il est prescrit en l'article 4 de cette loi.

EMIGRÉS.

Sommaire.

Historique. — Loi du 25 brumaire an 5. — De l'émigration.
— Exceptions. — Emigrés des pays réunis. —Complices des
émigrés. — Peines. — Jugement des émigrés rentrés et de
leurs complices. — Exception. — Liste des émigrés. — Confection. — Certificats de résidence. — De non émigration.
— Réclamations. — Radiation et déchéance. — Etrangers
suisses. — Belges.

Amnistie.

Biens. Confiscation. — Restitution. — Biens provenus de
partages de présuccession. — De succession. — Restitution de
revenus ou de produits.

Compétence des tribunaux pour le jugement des contestations sur l'exercice des droits dans lesquels les émigrés
rayés, éliminés ou amnistiés ont été restitués.

Administration des biens. — Inventaire. — Baux et fer-
miers. — Revendications, compétence de l'autorité judiciaire.
— Vente et paiement des biens. — Créanciers, paiement.
— Frais de gardes et de commissaires aux ventes.

Liquidation des créances et droits. — Leur nature et titres
par lesquels ils sont constitués. — Débiteurs des émigrés.
—Dépôt des titres des créanciers. — Agens de la liquidation.
— Mode. — Liquidation des rentes viagères. — Solvabilité
des débiteurs émigrés. — Union des créanciers. — Liquidation
des droits des épouses et des enfans des émigrés. — Paiement
des créances. — Des biens et droits indivis avec les émigrés.

ÉMIGRÉS.

Un premier décret du 9 juillet 1791 leur ordonna de rentrer dans
le délai d'un mois, à peine d'être soumis à une triple imposition, par
addition au rôle de cette année.

Celui du premier août suivant leur fit l'obligation de rentrer en France
dans le délai d'un mois, et aux corps administratifs et municipaux de
veiller à la sûreté de ceux qui rentreraient. Les autres furent condamnés
à une triple imposition sur *tous* leurs revenus.

Un autre, du 9 novembre 1791, déclara suspects de conjuration contre
la patrie, les Français rassemblés au-delà des frontières, et coupables et

punis de mort, s'ils n'étaient pas dispersés au premier janvier suivant.

Leurs revenus devaient être perçus, pendant leur vie, par la nation.

Mais le 12, le pouvoir exécutif se contenta de déclarer *qu'il exami-nerait* ce décret.

Le 29 novembre, l'assemblée nationale lui demanda de réclamer près des électeurs d'Allemagne la dissolution des corps de troupes rassemblés sur les frontières étrangères, et au surplus de prendre de son côté toutes les mesures pour faire respecter le droit des gens.

Le chef de ce pouvoir répondit, en personne, le 14 décembre, qu'il avait tout fait pour rappeler les émigrés dans le sein de leur patrie;

Qu'il avait fait déclarer à l'électeur de Trèves qu'il seroit regardé comme un ennemi de la France, s'il ne faisait cesser, dans ses Etats, tout attroupement;

Que l'empereur avait fait, à cet égard, ce qu'on devait attendre d'un allié fidèle;

Et qu'au surplus il allait prendre de son côté des mesures militaires.

Cependant l'empereur avait fait, le 25 juillet 1791, un traité d'allia ce avec le roi de Prusse, qui donna occasion à l'assemblée nationale d'in-viter le pouvoir exécutif, par décret du 25 janvier 1792, à demander à l'empereur quelles étaient ses intentions.

Mais l'assemblée jugeant que les mesures diplomatiques étaient insuf-fisantes, décréta, le 9 — 12 février 1792, la main-mise de la nation sur les biens des émigrés : cependant, et pour la troisième fois, elle leur accorda un nouveau délai pour rentrer dans leur patrie.

Ce ne fut que par décret du 23 — 25 octobre suivant, que les émigrés furent déclarés bannis à perpétuité du territoire de la république, à peine de mort.

La convention nationale, par son décret du 28 mars 1793, voulant compléter les dispositions des lois précédentes, contre les Français qui avaient trahi ou abandonné leur patrie dans le moment du danger, dé-clara les *émigrés bannis à perpétuité du territoire français, morts civi-lement, et leurs biens acquis à la république.*

La section IIe. de ce décret statue sur les effets de la mort civile, prononcée contre les émigrés; la section IIIe. détermine ce qu'on entend par émigrés; la IVe. fixe les exceptions; la Ve. règle la for-mation et la continuation des listes et affiches des biens des émigrés; la VIe. prescrit tout ce qui est relatif aux certificats de résidence; la VIIe. a rapport à la nullité des ventes et autres dispositions des biens des émigrés, et des exceptions y relatives; la VIIIe. prononce des peines contre ceux qui troublent l'administration ou les acquéreurs des biens des émigrés, et qui recèlent ou divertissent quelque partie desdits biens; la IXe. statue sur les complices des émigrés, les suites de ce crime contre les pères et mères des émigrés, et les exceptions y relatives; la Xe. sur les peines contre les fonctionnaires publics négligens ou infi-dèles dans les fonctions relatives à l'exécution de la présente loi; la XIe. sur les réclamations contre les listes d'émigrés; la XIIe. sur le jugement, la condamnation des émigrés; la loi est terminée par un modèle de certificat de résidence.

Les dispositions de cette loi ont été renouvelées dans celle du 25 bru-maire an 3, qui suit et qui forma depuis la base principale de la législation pénale contre les émigrés.

Loi concernant les émigrés. Du 25 brumaire an 3.
(B. 89.)

TITRE PREMIER.

De l'émigration et de sa complicité.

SECTION PREMIÈRE.

De l'émigration.

Ier. Sont émigrés,

1°. Tout français qui, sorti du territoire de la république depuis le premier juillet 1789, n'y était pas rentré au 9 mai 1792 ;

2°. Tous Français qui, absens de leur domicile, s'en étant absentés depuis le 9 mai 1792, ne justifieraient pas, dans les formes ci-après prescrites, qu'ils ont résidé sans interruption sur le territoire de la république depuis cette époque ;

3°. Toute personne qui, ayant exercé les droits de citoyen en France, qui quoique née en pays étranger, ou ayant un double domicile, l'un en France et l'autre en pays étranger, ne constaterait pas également sa résidence depuis le 9 mai 1792;

4°. Tout Français convaincu d'avoir, durant l'invasion faite par les armées étrangères, quitté le territoire de la république non envahi, pour résider sur celui occupé par l'ennemi;

5°. Tout agent du gouvernement qui, chargé d'une mission auprès des puissances étrangères, ne serait pas rentré en France dans les trois mois du jour de son rappel notifié ;

6°. Ne pourra être opposée pour excuse, la résidence dans les pays réunis à la république, pour le tems antérieur à la réunion proclamée.

Exceptions.

II. Ne seront pas réputés émigrés,

1°. Les enfans de l'un et de l'autre sexe qui, au jour de la promulgation de la loi du 28 mars 1793, n'étaient pas âgés de quatorze ans, pourvu qu'ils soient rentrés en France dans les trois mois du jour de ladite promulgation, et qu'ils ne soient pas convaincus d'ailleurs d'avoir porté les armes contre la patrie ,

2°. Les enfans de l'un et de l'autre sexe qui, ayant moins de dix ans à l'époque de la promulgation de la loi du 28 mars 1793, seront rentrés en France dans les trois mois, du jour où ils auront atteint l'âge de dix ans accomplis ;

3°. Les Français chargés de mission pour le gouvernement dans les pays étrangers, leurs épouses, pères, mères, enfans, les personnes de leur suite et celles attachées à leur service, sans que celles-ci puissent être admises au-delà du nombre que chacun de ces fonctionnaires en emploie habituellement ;

4°. Les négocians, leurs facteurs et les ouvriers, notoirement connus pour être dans l'usage de faire, en raison de leur commerce ou de leur profession, des voyages chez l'étranger, et qui en justifieront par des certificats authentiques des conseils-généraux des communes de leur résidence, visés par les administrations de département ; les épouses et enfans desdits négocians, demeurant avec eux, leurs commis et les personnes employées à leur service, dans le nombre que chacun d'eux en entretient habituellement ; à la charge, par ceux qui sont sortis de France depuis la loi du 9 février 1792, de justifier de passeports dans lesquels les épouses, enfans, commis et personnes employées à leur service, auront été dénommés et signalés ;

5°. Les Français qui, n'ayant aucune fonction publique, civile ou militaire, justifieront qu'ils se sont livrés à l'étude des sciences, arts et métiers ; qu'ils ont été notoirement connus avant leur départ pour s'être consacrés exclusivement à cette étude, et ne s'être absentés que pour acquérir de nouvelles connaissances dans leur état.

Ne seront pas compris dans la présente exception ceux qui n'ont cultivé les sciences et les arts que comme amateurs, ni ceux qui, ayant quelqu'autre état, ne font pas leur profession unique de l'étude des sciences et des arts, à moins que, par des arrêtés des conseils généraux des communes de leur résidence, visés et vérifiés par les directoires de district et de département antérieurement au 10 août 1792, ils n'eussent été reconnus être dans l'exception portée par l'article 6 de la loi du 8 avril 1792, en faveur des sciences et des arts ;

6°. Les enfans que leurs parens, leurs tuteurs, ou ceux qui en sont chargés, ont envoyés en pays étranger pour apprendre le commerce ou pour leur éducation ; à la charge de fournir des certificats délivrés par les conseils généraux des communes de leur résidence, visés et vérifiés par les directoires de district et de département, lesquels constateront qu'il est notoirement connu que lesdits enfans ont été envoyés pour le commerce ou leur éducation.

7°. Les Français établis ou naturalisés en pays étranger antérieurement au premier juillet 1789; mais ils sont assujétis, pour ce qui concerne les biens qu'ils possèdent en France, aux dispositions des décrets relatifs aux différentes nations chez lesquelles ils résident.

III. Quant aux Français absens avant le premier juillet 1789, et n'ayant point d'établissement en pays étranger antérieurement à cette époque, qui n'étaient pas rentrés en France au 11 brumaire, deuxième année, leurs propriétés sont mises sous la main de la nation. Il leur est défendu de rentrer en France tant que durera la guerre, à peine d'être détenus, par mesure de sûreté, jusqu'à la paix.

Ils seront néanmoins assimilés aux émigrés, ainsi que ceux désignés dans le paragraphe précédent, s'ils se sont retirés, depuis les hostilités commencées, sur le territoire des puissances en guerre contre la France, ou si n'ayant point, avant l'époque desdites hostilités, habité d'autre territoire que celui des puissances en guerre avec la France, ils se sont retirés depuis dans les électorats et évêchés du Rhin, dans les cercles intérieurs de l'Empire, ou dans le cercle de Bourgogne.

IV. Sont exceptés des dispositions de l'article précédent, relativement à leurs biens,

Les Français absens depuis plus de dix ans avant le premier juillet 1789, dont l'existence étoit ignorée avant cette époque, et a depuis continué de l'être.

V. Les Suisses et leurs alliés composant la confédération helvétique, ne sont point compris dans les dispositions de la présente loi. (*Voyez* l'article des réclamations.)

SECTION DEUXIÈME.

De l'émigration dans les pays réunis à la république.

VI. sont émigrés,

Département du Mont-Blanc.

1°. Tous les ci-devant Savoisiens qui, domiciliés dans le département du Mont-Blanc, en sont sortis avant le premier août 1792, et n'étaient pas rentrés sur son territoire ou toute autre partie de celui de la république au 27 janvier 1793.

Département des Alpes-Maritimes.

2°. Tous citoyens domiciliés dans le ci-devant comté de Nice, qui en sont sortis depuis le 27 septembre 1792, et dans la ci-devant principauté de Monaco, qui s'en sont absentés depuis le 30 décembre de la même année, s'ils ne justifient qu'ils étaient rentrés sur leurs territoires respectifs ou sur toute autre partie de celui de la République, savoir, ceux domiciliés dans le ci-devant comté de Nice, au 25 mars 1793, et ceux de la ci-devant principauté de Monaco, au premier avril de la même année.

Département du Mont-Terrible.

3°. Tous citoyens domiciliés dans la ci-devant Rauracie, qui, sortis de son territoire depuis le 23 mars 1793, n'étaient pas rentrés sur celui de la république au 23 mai suivant.

Autres pays réunis à la république.

4°. Tous citoyens domiciliés dans les pays réunis à la république, autres que ceux dénommés ci-dessus, qui en étaient sortis depuis l'émission du vœu des habitans pour leur réunion, et n'y sont pas rentrés dans le délai de trois mois, à compter du jour où le décret de ladite réunion à la république a été proclamé.

VII. Les exceptions prononcées en faveur des Français compris dans les dispositions de l'article 2 du présent titre, sont applicables aux citoyens des pays réunis à la république, qui justifieront être dans les mêmes circonstances.

VIII. Quant aux citoyens des pays réunis à la république, absens avant l'époque de leurs révolutions respectives, et non établis en pays étranger antérieurement à cette même époque, qui n'étaient pas rentrés sur le territoire de la république au premier messidor deuxième année, ils sont assimilés aux Français en ce qui concerne les dispositions de l'article 3 du présent titre;

Leurs biens sont également mis sous la main de la nation; et il leur est défendu de rentrer sur le territoire de la république

tant

tant que durera la guerre, à peine d'être détenus jusqu'à la paix, ou traités comme les émigrés, s'ils ont participé à leurs complots ou porté les armes contre la république depuis la réunion de leurs pays respectifs.

Le décret du 29 fructidor an 3, (B. 181.), et la loi du 22 nivose an 6, (B. 178), ont déclaré émigrés tous individus domiciliés dans les ci-devant comtats d'Avignon, qui, absens depuis l'époque de leur réunion à la France, n'étaient pas rentrés sur le territoire français dans le mois de la publication du décret du 9 février — 8 avril 1792;

Et leur ont appliqué les exceptions pour les Français.

La loi du 19 fructidor an 5 (B. 142.), a déclaré que tous les individus inscrits sur la liste des émigrés étaient tenus de sortir du territoire de la république, sous quinze jours, à peine d'être traduits devant une commission militaire.

Un arrêté d'ordre du jour motivé, du 19 brumaire an 6, confirma l'opinion résultante des lois antérieures, que les chevaliers de Malthe qui avaient quitté leur patrie depuis le premier juillet 1789, étaient émigrés.

Un décret du 4 germinal an 2, avait défendu aux femmes et filles d'émigrés de vendre leurs biens, ou d'épouser des étrangers ; mais il fut rapporté par celui du 25 prairial an 3 (B. 156.), sans préjudice néanmoins de l'exécution des lois générales sur l'émigration.

Le décret du 11 fructidor an 3 (B. 171), ordonna à tous les présumés émigrés qui n'avaient pas encore obtenu leur radiation définitive, de se retirer dans leurs domiciles respectifs, et d'y demeurer sous la surveillance de l'autorité municipale, à peine de prison jusqu'à la radiation définitive.

Le décret du 20 fructidor an 3 (B 171.), déclara émigrés les Français qui, après avoir livré le port de Toulon aux Anglais, incendié 9 vaisseaux de ligne et une partie des magasins de l'arsenal, proclamé un nouveau gouvernement, combattu pendant quatre mois de siége les troupes de la république, s'étaient retirés sur l'escadre anglaise;

Ainsi que ceux qui depuis le 28 août 1793, jour où le port fut livré, jusqu'au 28 frimaire an 2, jour de sa reddition, s'y étaient réfugiés, y avaient pris les armes pour les ennemis de la France, ou y avaient exercé des fonctions en leur nom, et s'étaient également retirés sur l'escadre anglaise.

Par l'arrêté du directoire exécutif, du 25 pluviose an 6, sont considérés comme émigrés,

1°. Ceux qui n'étant pas compris dans les exceptions déterminées par la loi du 25 brumaire an 3, sont sortis de l'île de Corse et passés en pays étranger dans l'intervalle du 15 juillet 1789, à l'invasion des Anglais, inscrits ou non inscrits sur la liste des émigrés;

2°. Ceux qui, après l'invasion des Anglais, sont sortis de l'île de Corse, soit pour porter la couronne de Corse à Londres, soit pour remplir une mission quelconque auprès du gouvernement britannique, soit pour remplir par-tout ailleurs une mission quelconque de ce gouvernement ou de ses agens;

3°. Ceux qui ont suivi les Anglais lors de leur expulsion de l'île de Corse, avant ou après l'arrivée des troupes de la république, soit qu'ils se soient rendus avec eux à Porto-Ferajo, soit par-tout ailleurs.

Loi du 12 ventose an 8. (B. 11.)

5. Tout individu qui se seroit absenté de France depuis la mise en activité de l'acte constitutionnel (le 4 nivose an 8), ou qui s'en absenterait à l'avenir, n'est point soumis aux lois sur l'émigration.

SECTION TROISIÈME.

Complices des émigrés.

IX. Sont réputés complices des émigrés ceux qui seront convaincus d'avoir, depuis le 9 mai 1792,

1°. Favorisé les projets hostiles des émigrés;

2°. De leur avoir fourni des armes, des chevaux, des munitions, ou toutes autres provisions de guerre, ou des secours pécuniaires;

3°. D'avoir envoyé leurs enfans ou soudoyé des hommes sur terre étrangère;

4°. D'avoir provoqué à l'émigration et fait émigrer des citoyens par séduction, promesses ou sommes données;

5°. D'avoir sciemment recelé des émigrés, ou facilité leur rentrée sur le territoire de la république;

6°. D'avoir fabriqué de faux certificats de résidence pour les émigrés.

TITRE IV.

Peines contre les émigrés et leurs complices.

SECTION PREMIÈRE.

Art. Ier. Les émigrés sont bannis à perpétuité du territoire français, et leurs biens sont acquis à la république.

II. L'infraction de leur bannissement sera punie de mort.

III. Les enfans d'émigrés qui seraient rentrés ou rentreraient sur le territoire de la république après les délais fixés par la loi pour leur rentrée, seront déportés s'ils n'ont pas atteint l'âge de seize ans, et punis de mort s'ils enfreignent leur bannissement après être parvenus à cet âge.

IV. Ceux qui, domiciliés dans les pays réunis à la république, ne sont rentrés dans ces mêmes pays, ou sur toute autre partie du territoire français, que postérieurement aux époques après lesquelles ils ont dû être considérés comme émigrés, seront tenus d'en sortir dans les deux décades de la publication de la présente loi, à peine d'être traités comme les émigrés qui ont enfreint leur bannissement, ou déportés dans le même délai s'ils sont actuellement en état de détention.

V. Les complices des émigrés, désignés dans les parag. 1, 2, 3, 4 de l'article 9 du titre premier de la présente loi, seront punis de la même peine que les émigrés.

VI. Seront condamnés à dix années de fers ceux qui auront fabriqué de faux certificats de résidence pour les émigrés; et à quatre années de la même peine, ceux convaincus d'avoir sciemment recelé des émigrés, ou facilité leur rentrée sur le territoire français; ils seront en outre responsables, sur leurs biens, des dommages que leur délit aura pu occasionner à la république.

SECTION DEUXIÈME.

Peines contre ceux qui ne sont rentrés en France que depuis le 9 février 1792, ou au 9 mai suivant.

VII. La disposition de l'article 24 de la loi du 8 avril 1792, qui soumet au paiement d'une indemnité équivalente au double de leurs impositions foncière et mobilière pour 1792, ceux qui ne sont rentrés sur le territoire de la république, que dans l'intervalle du 9 février de la même année, au 9 mai suivant, est maintenue.

TITRE V.

Jugement et condamnation des émigrés et de leurs complices.

SECTION PREMIÈRE.

Jugement des émigrés.

Art. Ier. Tout émigré qui rentrera ou sera rentré sur le territoire de la république, contre les dispositions de la loi, sera conduit devant le tribunal criminel du département, qui le fera traduire dans la maison de justice.

2 *

II. Si le département dans l'étendue duquel l'émigré aura été saisi est celui de son domicile ordinaire, l'accusateur public sera tenu de faire reconnaître sans délai si la personne du prévenu est la même que celle dont l'émigration est constatée par la liste des émigrés.

III. Il fera citer à cet effet des citoyens d'un civisme reconnu, au moins au nombre de deux, résidant dans la commune du domicile du prévenu; ou à leur défaut, dans les communes circonvoisines. Le prévenu comparaîtra devant eux à l'audience, où il seront entendus publiquement, et toujours en présence de deux commissaires du conseil général de la commune où le tribunal est établi : s'ils affirment l'identité, les juges prononceront contre l'émigré la peine de mort ou de déportation, aux termes des articles 2 et 3 du titre 4 de la présente loi.

IV. Le jugement sera exécuté dans les vingt-quatre heures, sans qu'il puisse y avoir lieu à aucun sursis, recours ou demande en cassation.

V. Dans le cas où le prévenu d'émigration prétendrait être encore dans le délai de justifier de sa résidence sur le territoire français, ou de faire valoir en sa faveur quelques dispositions de la loi, le tribunal le fera retenir à la maison de justice, et enverra sur-le-champ sa réclamation à l'administration du département : celle-ci prononcera dans les trois jours du renvoi, et transmettra de suite son arrêté au gouvernement.

VI. Les émigrés arrêtés dans un département autre que celui de leur domicile, pourront être jugés par le tribunal criminel de ce même département, s'il y a contr'eux des preuves de conviction; mais s'il est nécessaire de constater l'identité, ou s'ils ont des réclamations à faire valoir, ils seront de suite conduits, sous sûre escorte, dans la maison de justice du département de leur dernier domicile.

VII. Tous les Français émigrés qui seront pris faisant partie des rassemblemens armés ou non armés, ou ayant fait partie desdits rassemblemens; ceux qui ont été ou seront pris, soit sur les frontières, soit en pays ennemi ou dans celui occupé par les troupes de la république, s'ils ont été précédemment dans les armées ennemies ou dans les rassemblemens d'émigrés; ceux qui auront été ou seront saisis de congés ou de passeports délivrés par les chefs français émigrés ou par les commandans militaires des armées ennemies, sont réputés avoir servi contre la France. Ils seront, en conséquence, jugés dans les vingt-quatre heures, par une commission militaire composée de cinq personnes nommées par l'état-major de la division de l'armée dans l'étendue de laquelle ils auront été arrêtés.

VIII. Aussitôt après le jugement qui les aura déclarés convaincus des crimes énoncés en l'article précédent, ils seront livrés à l'exécuteur et mis à mort dans les vingt-quatre heures.

IX. Il en sera de même de tous les étrangers qui, depuis le 14 juillet 1789, ont quitté le service de la république et se sont, après avoir abandonné leur poste, réunis aux émigrés.

X. Les commissaires militaires renverront les émigrés qui ne se trouveront pas dans les cas prévus par l'article 7, devant les tribunaux criminels des départemens de leur domicile respectif.

XI. Les procès-verbaux d'exécution seront envoyés, dans la huitaine, au ministre de la guerre, qui les fera passer au gouvernement.

XII. Les émigrés ne pourront, dans aucun cas, être jugés par jury.

XIII. Tous citoyens qui auront dénoncé, saisi et arrêté des émigrés, recevront, après l'exécution du jugement, la somme de 100 liv. par chaque émigré.

Loi du 12 ventose an 8. (B. 11.)

I. Les individus considérés comme émigrés avant le 4 nivôse an 8, époque de la mise en activité de l'acte constitutionnel, ne pouvant invoquer le droit civil des Français, demeurent soumis aux lois de l'émigration.

II. Ces individus sont :

1°. Ceux qui, inscrits sur les listes d'émigrés, avant le 4 nivose, ne sont point rayés définitivement ;

2°. Ceux contre lesquels il existait, à la même époque, des arrêtés, soit du directoire exécutif, soit des administrations centrales de département, qui ordonnaient l'inscription de leurs noms sur la liste des émigrés, pourvu que lesdits arrêtés aient été publiés, ou suivis du séquestre ou de la vente des biens.

III. Tout individu qui se seroit absenté de France depuis la mise en activité de l'acte constitutionnel, ou qui s'en absenterait à l'avenir, n'est point soumis aux lois sur l'émigration.

IV. Ceux qui désormais seront prévenus d'avoir émigré avant le 4 nivose, et qui ne sont pas compris dans les dispositions de l'art. 2, seront jugés par les tribunaux criminels ordinaires.

V. Dans le cas de l'article précédent, le commissaire remplissant les fonctions d'accusateur public, sera chargé seul, comme officier de police judiciaire et directeur du jury, de la poursuite et instruction du délit, sur lequel il sera prononcé par des jurés spéciaux d'accusation et de jugement.

VI. La seule question soumise aux jurés de jugement, sera : *l'accusé est-il coupable d'émigration?*

VII Si l'accusé est déclaré coupable, la confiscation ordonnée par l'article 93 de la constitution n'aura d'effet sur les biens des condamnés, qu'après distraction préalablement faite des droits de la femme et des autres créanciers, et en outre, d'un tiers en nature sur la totalité des biens libres du condamné, quotité à laquelle demeurent fixés les droits naturels des enfans et descendans, quel que soit leur nombre.

SECTION DEUXIÈME.

Jugement des complices des émigrés.

XIV. Les complices des émigrés seront jugés par le tribunal criminel.

XV. Les dispositions des lois antérieures, qui se rapportent à l'objet de la présente loi, sont abrogées.

XVI. Seront maintenues néanmoins la loi du 18 fructidor, relative à la résidence des militaires (*Voyez* certificats de résidence), et celle du 4 brumaire, troisième année, concernant les prévenus d'émigration qui ont obtenu des arrêtés favorables des corps administratifs. (*Voyez* réclamations.)

Émigrés rentrés depuis le 9 février 1792.

Le décret du 30 mars—8 avril 1792, condamna les émigrés rentrés depuis le 9 février précédent, ainsi que ceux qui rentreraient dans le mois de la publication de ce dernier, à une double contribution foncière et mobiliaire pour l'année courante, et à donner caution de la valeur d'une année de leur revenu. Ils furent en outre privés, pendant deux ans, de l'exercice des droits de citoyens.

Ceux rentrés dans le second délai en furent privés pendant dix ans.

Exceptions.

Le décret du 22 nivose an 3 (B. 110.) déclara que ne seraient pas réputés émigrés les ouvriers et laboureurs, non ex-nobles ou prêtres, travaillant habituellement de leurs mains aux ateliers, aux fabriques, aux manufactures ou à la terre, et vivant de leur travail journalier; leurs femmes et leurs enfans au-dessous de dix-huit ans, pourvu qu'ils ne fussent sortis du territoire de la république que depuis le premier mai 1793, qu'ils rentrassent en France avant le premier germinal an 3, et que dans le mois suivant ils produisissent devant le directoire de leur district, une attestation de huit témoins, certifiée par le conseil général de leur commune, et par le comité de surveillance, constatant la profession qu'ils exerçaient avant leur sortie de France, ainsi que l'époque de cette sortie.

Le décret du quatrième jour complémentaire an 3 (B. 181.), admit à jouir du bénéfice de la loi du 22 nivose an 3, pendant deux décades, les laboureurs et ouvriers, leurs femmes et leurs enfans ayant droit de se prévaloir de ces exceptions, qui n'étaient rentrés qu'après le délai fixé, ou qui rentrés avant, ne s'étaient pas pourvus en tems utile.

Ils durent à cet effet, outre les preuves exigées par l'article 4 de la loi du 22 nivose, justifier par une pièce d'une date certaine, antérieure au 15 juillet 1789, qu'ils travaillaient habituellement de leurs mains aux ateliers, fabriques, manufactures, ou à la terre, et vivaient de leur travail.

Ils eurent provisoirement main-levée du séquestre, sous caution solvable, du mobilier, et sans pouvoir aliéner les immeubles.

Il existait encore d'autres présumés émigrés et inscrits comme tels sur la liste. C'étaient les individus qui s'étoient soustraits à l'effet des lois de mise hors la loi, ou des événemens du 31 mai 1793.

Le décret du 27 mars 1793 avait mis hors de la loi tous les ennemis de la révolution; et celui du 23 ventose suivant avait déclaré leurs complices tous ceux qui les avaient recelés et cachés.

Le décret du 22 germinal an 3 rapporta les deux premiers, et réintégra dans leurs biens tous les individus qui en avaient été frappés.

Un décret du même jour réhabilita et réintégra dans leurs droits politiques et leurs biens ceux qui avaient fui ensuite des événemens du 31 mai.

Et celui du 22 prairial an 3 leur assura leur radiation de dessus la liste des émigrés, en prouvant par eux les persécutions et les justes motifs de crainte qui les avaient fait fuir.

Les individus non compris nominativement dans les lois de mise hors de la loi, et ne faisant pas partie d'un corps, furent assujétis à faire la même preuve.

Liste des émigrés.

Le décret du 30 mars, — 8 avril 1792, avait ordonné aux administrations de département, par l'article 8, de former une liste nominative de tous les individus que les municipalités ne connaîtraient pas pour être alors domiciliés dans leur département

L'article 10 du décret du 28 mars 1793, ordonna de nouveau la confection de cette liste, contenant les noms, prénoms, surnoms, ci-devant qualités, professions et derniers domiciles de chaque émigré, avec indication des biens, de leur nature ; des noms des fermiers ou locataires, du prix des jouissances, et de l'évaluation, par aperçu des biens non affermés.

Les articles 11 et 12 autorisèrent la formation des listes supplétives des Français émigrés depuis, ou qui émigreraient par la suite.

13. Ces listes devaient en outre indiquer les droits et créances des émigrés, et les biens reconnus appartenir à des émigrés, quoique n n domiciliés dans la commune où les biens étaient situés.

14. Les municipalités les faisaient passer dans la huitaine aux administrations de districts ; et celles-ci à l'administration de département, après en avoir formé un état général.

15. L'administration centrale les faisait imprimer, publier et afficher dans son arrondissement, et en envoyait un exemplaire à chacun des ministres de l'intérieur, des finances, de la justice et de la guerre.

16. Ces ministres étaient chargés d'en faire un recueil général par ordre alphabétique, pour être envoyé aux tribunaux, aux officiers de police, de sûreté et de gendarmerie ; aux corps administratifs, aux conseils d'administration des corps armés, et aux commissaires-ordonnateurs des guerres et de la marine ; à la trésorerie nationale, aux payeurs des rentes, aux bureaux de comptabilité, et à ceux de la régie des domaines nationaux.

17. Les ministres de la guerre, de la marine et des relations extérieures, furent tenus de faire connaître à celui de l'intérieur tous les individus attachés à leurs parties d'administration qui avaient quitté leur poste depuis le premier juillet 1789.

Le décret du 12 mars 1793 attribua à l'administrateur des domaines nationaux la confection de ces listes.

Et le décret du 25 juillet suivant régla, que dans le cas où la réunion des différens relevés présenterait plusieurs domiciles pour un même émigré, on le fixerait dans le chef-lieu du district où serait située la commune dans laquelle l'émigré aurait acquitté pour la dernière fois sa contribution personnelle pour 1790, et subsidiairement dans le chef-lieu du district où serait située la majeure partie de ses biens ; et à défaut de renseignemens à cet égard, dans le domicile le plus voisin de l'administration des domaines nationaux ; et enfin, si aucun domicile n'était indiqué, dans le chef-lieu du département qui aurait compris l'émigré sur sa liste, et qui serait le plus voisin de l'administration des domaines.

Ce décret ne recommanda l'envoi de cette liste générale qu'aux administrations de département et de district. Ces dernières furent chargées de les faire connaître aux municipalités par voies d'affiches et de proclamations, renouvelées trois fois, de huitaine en huitaine, pour provoquer des renseignemens de la part des citoyens.

La loi du 25 brumaire an 3, attribua exclusivement aux administrations de districts la confection de ces listes d'émigrés. Elles furent
tenues de les faire afficher et publier dans la décade de leur formation,
et d'en envoyer deux exemplaires à la commission des revenus nationaux, aujourd'hui le ministre des finances, et un nombre suffisant à
l'administration du département, pour être affichées et publiées dans
les chefs-lieux de canton des districts de son ressort.

Ce mode avait pris son principe dans le décret du 14 frimaire an 2,
portant organisation du gouvernement révolutionnaire.

La commission des revenus nationaux, aujourd'hui le ministre des
finances, fut chargée de former à l'avenir la liste générale des émigrés.

Le nombre d'exemplaires en fut fixé à cinq mille.

Elles ne durent plus être réimprimées, mais les administrations de
districts furent tenues d'en annoncer le dépôt à leur secrétariat, avec
l'indication des lettres initiales des noms qui s'y trouvaient compris,
et d'en informer l'administration des finances.

Depuis la loi du 17 prairial an 4 (B. 52.), les administrations centrales furent chargées de la publication des listes des émigrés, de rédiger
à cet effet la proclamation prescrite par la loi du 25 brumaire an 3, et
de l'envoyer aux administrations municipales pour être publiée et
affichée dans les communes.

La liste générale et les supplémens furent déposés seulement aux
secrétariats des administrations municipales des communes ci-devant
chefs-lieux de districts.

Certificats de résidence.

Les décrets des 28 mars 1793 et 25 brumaire an 3, obligèrent les prévenus d'émigration de justifier de leur résidence par un certificat de
huit citoyens, domiciliés dans le canton de leur habitation, y compris le propriétaire ou principal locataire; et à défaut, par neuf
témoins n'étant ni parens, ni alliés, ni fermiers, ni domestiques, ni
créanciers, ni débiteurs, ni agens des certifiés, ni prévenus eux-
mêmes d'émigration.

Aucune signature, même celle du secrétaire en chef, ne put être
suppléée par une griffe.

Ce certificat devait être enregistré dans les dix jours après le visa.

La validité de ces certificats était jugée par l'administration centrale,
sur l'avis de celle de district.

Le décret du 25 brumaire en attribua la connaissance aux seules administrations de districts.

Depuis leur suppression, elle fut rendue aux administrations centrales, sur l'avis des administrations municipales.

Le décret du 25 brumaire accorda 50 centimes pour l'expédition de
chaque certificat, outre le droit d'enregistrement.

Emigrés rentrés.

Le décret du 25 brumaire maintint la validité des certificats délivrés
conformément aux lois antérieures; cependant il ordonna qu'ils seraient

de nouveau attestés véritables par un certificat des municipalités qui les avaient délivrés.

Mais celui du 12 frimaire suivant (Bul. 95.), obligea les présumés émigrés, qui n'avaient pas justifié de leur résidence depuis le 9 février 1792 jusqu'au 9 mai suivant, à le faire par un certificat à trois témoins, délivré par le conseil général de la commune après trois jours d'affiche, pour éviter l'application de l'indemnité prononcée par la loi du 8 avril 1792, contre les émigrés rentrés.

Fonctionnaires publics, militaires et employés aux armées.

Le même décret du 25 brumaire an 3, régla le mode par lequel les certificats de résidence seraient délivrés aux représentans du peuple, aux fonctionnaires publics nommés par le peuple ou par le gouvernement, aux militaires en activité, et aux citoyens attachés aux différens services des armées.

Certificats de non émigration. — Arrêtés des 27 messidor (B. 213.) et 18 thermidor an 6, (B. 216.).

Les certificats de non inscription sur la liste des émigrés sont délivrés par l'administration centrale du département du dernier domicile. Ils portent en tête la formule : *Certificat de non inscription sur la liste des émigrés.* Ils étaient visés par les commissaires du directoire exécutif et par les directeurs de la régie.

Les demandes doivent contenir l'indication de l'usage que l'on veut en faire, et le certificat en fait mention.

Il doit en être délivré un pour chaque affaire.

Ils sont visés et certifiés comme ne pouvant être contredits par une attestation différente, par les autres administrations centrales dans l'arrondissement desquelles on veut en faire usage.

Lorsqu'il y a sur une liste d'émigrés un nom qui est semblable à celui du pétitionnaire en certificat de non inscription, et que cependant les prénoms sont différens, ou qu'il n'y a point de prénom, il en est fait mention dans le certificat.

Réclamations.

D'après la loi du 28 mars 1793, les prévenus d'émigration dûrent se pourvoir en réclamation dans le délai d'un mois devant les administrations de département, à compter du jour de la publication et de l'affiche des listes dans l'arrondissement du département.

65. Après ce délai, il n'y eut plus lieu à réclamation.

66. Les arrêtés des administrations centrales qui rejetèrent les réclamations, furent définitifs.

67. Les arrêtés favorables furent soumis au pouvoir exécutif par les procureurs-généraux syndics.

68. Avant de prononcer, le pouvoir exécutif faisait un état nominatif des personnes qui avaient obtenu des arrêtés favorables. Cet état était imprimé, publié et affiché dans les départemens, cantons et communes où les certificats de résidence avaient été délivrés, et où les prévenus avaient leur dernier domicile et des biens situés. Le pouvoir exécutif ne donnait sa décision qu'un mois après l'affiche et la publication.

69. Si dans le délai de deux mois, il y avait eu réclamation, il prononçait sur les motifs lors de sa décision.

70. Cette décision, si elle étoit favorable, étoit imprimée et publiée dans le lieu du domicile et dans ceux de la situation des biens du présumé émigré.

Mais depuis le décret du 25 brumaire an 3,

Les prévenus d'émigration furent tenus de réclamer contre leur inscription sur la liste, dans les cinq décades qui suivirent sa publication, à peine d'être présumés émigrés.

Ils dûrent en outre justifier, un mois après ce délai, de leur résidence en France depuis l'époque fixée par la loi.

Ceux qui moururent dans l'intervalle, purent être représentés pour l'obtention des certificats de résidence nécessaires.

On ne put que recouvrer les revenus, et affermer les biens de ceux qui avaient réclamé en tems utile.

Les réclamations furent jugées provisoirement dans la quinzaine du dépôt des pièces, ou dix jours après l'expiration du délai fixé pour justifier de la résidence.

Les arrêtés favorables furent également soumis aux nouveaux renseignemens que les commissaires du pouvoir exécutif étaient tenus de prendre dans le mois suivant.

Les autres furent adressés au gouvernement dans les trois jours de leur date.

Si les recherches des commissaires étaient désavantageuses aux prévenus, l'administration du département prononçait aussi-tôt le mois expiré; si rien ne s'opposait à sa première décision, elle en joignait la déclaration à son arrêté et envoyait le tout au gouvernement.

Les arrêtés relatifs aux réclamations des fonctionnaires publics, militaires et employés aux armées, furent exceptés de cette dernière formalité.

Les décisions du gouvernement, rendues en vertu de la loi du 28 pluviose an 4 (B. 28.), furent définitives. Celles favorables furent publiées à la diligence du commissaire, dans les communes du domicile et de la situation des biens.

L'état des rayés définitivement, était imprimé à la suite des listes supplémentaires des émigrés.

Les émigrés en réclamation à l'époque de cette loi furent déclarés déchus, s'ils ne produisaient pas leurs pièces dans le délai de quatre décades, et ceux inscrits depuis deux décades, s'ils ne réclamaient pas dans un même délai de cinquante jours après sa publication.

La vente des biens de ceux qui n'auraient pas réclamé ou justifié de leur résidence dans les temps utiles, fut déclarée devoir être maintenue, sauf le remboursement du capital.

Demandes en radiation, et déchéance.

Le ministre de la police générale formait, le premier de chaque mois, un bulletin nominatif des demandes en radiation de dessus la liste des émigrés.

Ce bulletin était envoyé à toutes les autorités constituées.

Chaque administration municipale affichait pendant une décade les noms des présumés émigrés de son arrondissement qui se trouvaient dans le Bulletin, et invitait les citoyens à donner à leur égard tous les renseignemens qu'ils avaient.

Elle faisait dans le même tems comparaître devant elle tous les témoins qui avaient attesté la résidence de ces présumés émigrés, et elle les interrogeait isolément sur toutes les circonstances attestées, en présence du commissaire du pouvoir exécutif. Elle dressait procès-verbal des réponses de chacun et en envoyait copie authentique au ministre de la police générale, avec l'attestation que l'affiche décadaire avait eu lieu. (Arrêté du 20 vendémiaire an 6.) (Bul. 152.)

Chaque administration municipale dut envoyer à ce ministre des copies certifiées de tous les certificats de résidence délivrés dans son arrondissement (même arrêté.).

Les présumés émigrés, après la loi du 19 fructidor an 5, n'ont pas dû être rayés définitivement, sans avoir rapporté un certificat des agens français en pays étranger qu'ils s'étaient conformés à cette loi.

A moins qu'ils n'aient été mis en état d'arrestation dans leur commune (Arrêté du 8 brumaire an 6) (Bul. 155.).

Ils ont dû aussi rapporter un état, signé des parties intéressées, des biens appartenans à la personne inscrite, et de leur situation.

En cas d'omission, le séquestre restait sur les biens omis, nonobstant la radiation définitive, jusqu'à ce que le directoire exécutif eût prononcé(Arrêté du directoire exécutif du 26 germinal an 6.)(Bul. 109.)

Le décret du quatrième jour complémentaire an 3 (B. 181.), déclara que la déchéance prononcée par la loi du 26 floréal an 3 (Bul. 144.), contre les prévenus d'émigration, ne serait pas opposée à ceux qui n'étaient inscrits que sur des listes étrangères au département de leur domicile, et qui, depuis, et jusques et compris deux décades après la publication de cette dernière loi, auraient déposé les pièces justificatives de leur résidence.

La loi du 27 pluviose an 4 (Bul. 28.), chargea le directoire exécutif de statuer définitivement sur les demandes en radiation de la liste des émigrés, et en attribua le travail au ministre de la police générale.

Par la loi du 4 fructidor an 4 (Bul. 69.), les défenseurs de la patrie ont été relevés de la déchéance encourue, en prouvant, dans les deux mois après cette loi, qu'ils étaient présens aux drapeaux ou en activité de service sur terre ou sur mer au moment de leur inscription.

Les familles, en prouvant, dans le même cas, qu'ils sont depuis morts sur le champ de bataille ou faits prisonniers.

Les preuves consistaient dans la représentation des états ou des registres des corps.

Ou, à défaut, par le certificat de six autres militaires, visé du conseil d'administration, ou de l'officier commandant le détachement, et ensuite par le conseil d'administration, après l'avoir mis, ainsi que le sien, deux jours à l'ordre.

Ou par des brevets de retraites ou de pension.

Nonobstant les preuves ordinaires pour les tems antérieurs, et postérieurs à leurs services militaires.

La loi du 21 fructidor an 4 (Bul. 75.), appliqua aux citoyens dénommés dans celle du 28 floréal précédent (les citoyens de Longwy), portant révocation du décret du 28 mars 1793, rendu contr'eux, le mode de radiation de la liste des émigrés déterminé par la loi du 22 prairial an 3, c'est-à-dire, en prouvant les persécutions et justes motifs de crainte qu'ils avaient éprouvés.

Le 2 ventose an 5, le directoire exécutif ordonna la clôture, sur-le-champ, des registres contenant les demandes en radiation.

Il en fut tenu procès-verbal qui fut envoyé au ministre de la police générale par le commissaire de département, avec l'état nominatif de tous les réclamans.

La loi du 21 ventose an 5 (Bul. 113.), déclara que les dispositions du decret du 26 floréal an 3, n'étaient pas applicables aux individus portés sur les listes d'émigrés après leur mort légalement constatée en France.

Les héritiers dûrent se pourvoir en radiation jusqu'au premier vendémiaire an 6.

Un arrèté du 28 vendémiaire an 9 (Bul. 48.) régla le mode d'après lequel les prévenus d'émigration rayés seraient éliminés de la liste.

Et désigna les cas dans lesquels on pouvait demander ou effectuer la radiation.

Il détermina aussi ceux de maintenue sur la liste des émigrés.

Il établissait aussi un mode de surveillance ; mais ses dispositions ont été remplacées par celles du sénatus qui suit :

Etrangers suisses.

Lorsque des Suisses, résidant en France, voulurent faire valoir des actes de reconnaissance ou de réhabilitation d'indigénat, l'administration centrale dut s'informer, 1°. si ces étrangers avaient exercé en France des fonctions publiques, civiles ou militaires, réservées aux seuls Français, soit depuis la loi du 2 mai 1790, soit depuis la constitution de l'an 3, parce que, dans ce cas, ils avaient renoncé à leur indigénat ; 2°. s'ils y avaient exercé des droits politiques, parce que, dans ce cas aussi, ils avaient perdu leur indigénat étranger ; 3°. ou si les actes de reconnaissance ou de réhabilitation étaient suffisamment légalisés par l'ambassadeur de la France en Suisse ; et 4°. s'ils avaient été définitivement approuvés par un des différens souverains qui constituaient le corps helvétique ; c'est-à-dire, par un des treize cantons, ou par un des onze alliés souverains de ce corps, qui étaient :

L'abbé de St.-Gal ;
La ville de St -Gall ;
Les Grisons partagés en trois ligues ;
La république du Valais,
Celle de Mulhausen,

Et celle de Genève ;

La principauté de Neuchâtel ;

Les villes de Bienne,

D'Engelberg,

Et de Gersan ;

Et l'évêché de Bâle.

Dans les cas de doute sur la qualité et les intentions des réclamans, on dut encore considérer que tous actes de naturalisation et de bourgeoisie, délivrés en Suisse depuis 1789, et notamment depuis les époques des différentes réunions à la république, à des individus primitivement étrangers à la Suisse, et qui alors étaient domiciliés dans l'étendue de ces pays réunis, étaient des actes d'une connivence évidente, et qui ne pouvaient préjudicier à l'effet des lois personnellement obligatoires aux Français, ou indigènes réunis.

On dut encore, dans ces cas de doute, s'appuyer de la maxime universelle qu'avaient les anciens gouvernemens helvétiens, que tout Suisse qui, en pays étranger, acceptait des fonctions publiques, exclusivement exerçables par les gens du pays, abjurait de fait, à l'instant, la qualité de Suisse et l'universalité des privilèges qui pouvaient y être attachés (Décision des ministres des relations extérieures et de l'intérieur, du 21 pluviose an 7).

Belges.

Lettre du ministre de la justice aux préfets : 20 pluviose an 11.

Plusieurs Belges actuellement attachés au service de l'empereur ou d'autres puissances, se sont persuadés qu'ils devaient être considérés comme étrangers ; et, partant de cette supposition, ils se sont crus dispensés de se conformer au sénatus-consulte du 6 floréal an 10, relatif aux émigrés. *Ces Belges sont dans l'erreur.* Mais le gouvernement, disposé à l'indulgence, vient de leur fournir les moyens de réparer cette erreur et de prévenir les suites qu'elle peut entraîner. En conséquence, tous les Belges actuellement au service de l'empereur ou de toute autre puissance étrangère, seront admis jusqu'au premier germinal prochain exclusivement, à déclarer, devant le préfet du département du lieu de leur domicile, si leur intention est, ou n'est pas, de demeurer français. En cas de déclaration affirmative, ils préteront, entre les mains du préfet, serment de fidélité à la république, avec renonciation formelle au service de l'empereur ou de toute autre puissance étrangère. Dans le cas contraire, ils seront tenus, dans un délai qui sera déterminé, de vendre les biens qu'ils possèdent en France, et ils seront considérés comme étrangers.

Par cette lettre, le ministre demande aux préfets un état contenant, 1°. la liste des individus qui auront fait des déclarations affirmatives ou négatives; 2°. leur âge, l'époque de leur entrée au service et leur grade actuel; et 3°. la désignation de leurs biens dans chaque département, en distinguant les forêts des autres fonds, et en déterminant leur consistance et les diverses essences de bois dont elles sont plantées.

Amnistie.

Sénatus-consulte du 6 floréal an 10. (B. 178.)

Art. 1er. Amnistie est accordée pour fait d'émigration, à tout individu qui en est prévenu et n'est pas rayé définitivement.

2. Ceux desdits individus qui ne sont point en France, seront tenus d'y rentrer avant le premier vendémiaire an 11.

3. Au moment de leur rentrée, ils déclareront devant les commissaires qui seront délégués à cet effet dans les villes de Calais, Bruxelles, Mayence, Strasbourg, Genève, Nice, Bayonne, Perpignan et Bordeaux, qu'ils rentrent sur le territoire de la république en vertu de l'amnistie.

4. Cette déclaration sera suivie du serment d'être fidèle au gouvernement établi par la constitution, et de n'entretenir, ni directement ni indirectement, aucune liaison ni correspondance avec les ennemis de l'état.

5. Ceux qui ont obtenu des puissances étrangères, des places, titres, décorations, traitemens ou pensions, seront tenus de le déclarer devant les mêmes commissaires, et d'y renoncer formellement.

6. A défaut par eux d'être rentrés en France avant le premier vendémiaire an 11, et d'avoir rempli les conditions portées par les articles précédens, ils demeureront déchus de la présente amnistie, et définitivement maintenus sur la liste des émigrés, s'ils ne rapportent la preuve en bonne forme de l'impossibilité où ils se sont trouvés de rentrer dans le délai fixé, et s'ils ne justifient en outre qu'ils ont rempli, avant l'expiration du même délai, devant les agens de la république envoyés dans les pays où ils se trouvent, les autres conditions ci-dessus exprimées.

7. Ceux qui sont actuellement sur le territoire français, seront tenus, sous la même peine de déchéance et de maintenue définitive sur la liste des émigrés, de faire dans le mois, à dater de la publication du présent acte, devant le préfet du département

où ils se trouveront, séant en conseil de préfecture, les mêmes déclarations, serment et renonciation.

8. Les commissaires et préfets chargés de les recevoir, enverront sans délai au ministre de la police, expédition en forme du procès-verbal qu'ils en auront dressé. Sur le vu de cette expédition, le ministre fera rédiger, s'il y a lieu, un certificat d'amnistie, qu'il enverra au ministre de la justice, par lequel il sera signé, et délivré à l'individu qu'il concerne.

9. Sera tenu ledit individu, jusqu'à la délivrance du certificat d'amnistie, d'habiter la commune où il aura fait la déclaration de sa rentrée sur le territoire de la république.

10. Sont exceptés de la présente amnistie, 1°. les individus qui ont été chefs de rassemblemens armés contre la république, 2°. ceux qui ont eu des grades dans les armées ennemies; 3°. ceux qui, depuis la fondation de la république, ont conservé des places dans les maisons des ci-devant princes français; 4°. ceux qui sont connus pour avoir été ou pour être actuellement moteurs ou agens de guerre civile ou étrangère; 5°. les commandans de terre ou de mer, ainsi que les représentans du peuple qui se sont rendus coupables de trahison envers la république; 6°. les archevêques et évêques qui, méconnaissant l'autorité légitime, ont refusé de donner leur démission.

11. Les individus dénommés en l'article précédent, sont définitivement maintenus sur la liste des émigrés; néanmoins le nombre n'en pourra excéder mille, dont cinq cents seront nécessairement désignés dans le cours de l'an 10.

12. Les émigrés amnistiés, ainsi que ceux qui ont été éliminés ou rayés définitivement depuis l'arrêté des consuls du 28 vendémiaire an 9, seront, pendant dix années, sous la surveillance spéciale du gouvernement, à dater du jour de la radiation, élimination, ou délivrance du certificat d'amnistie.

13. Le gouvernement pourra, s'il le juge nécessaire, imposer aux individus soumis à cette surveillance spéciale, l'obligation de s'éloigner de leur résidence ordinaire jusqu'à la distance de vingt lieues: ils pourront même être éloignés à une plus grande distance, si les circonstances le requièrent; mais dans ce dernier cas, l'éloignement ne sera prononcé qu'après avoir entendu le conseil d'état.

14. Après l'expiration des dix années de surveillance, tous les individus contre lesquels le gouvernement n'aura point été obligé de recourir aux mesures mentionnées en l'article précédent, cesseront d'être soumis à ladite surveillance; elle pourra s'étendre à la durée de la vie de ceux contre lesquels ces mesures auront été jugées nécessaires.

15. Les

15. Les individus soumis à la surveillance spéciale du gouvernement, jouiront au surplus de tous leurs droits de citoyens.

TITRE II.

Dispositions relatives aux biens. (Voy. Biens.)

INSTRUCTION.

Avis du conseil d'état, du 3 thermidor an 10.

Sur le rapport de la section de législation, à laquelle a été adjoint le citoyen Régnier, ensuite du renvoi à elle fait des questions suivantes :

1°. *Les individus éliminés ou rayés définitivement depuis le 28 vendémiaire an 9, doivent-ils être soumis aux conditions de l'amnistie ?*

2°. *Les prévenus d'émigration non rayés définitivement, dont le décès a précédé la publication de l'amnistie, peuvent-ils être amnistiés ?*

3°. *Ceux qui, existant encore au moment de l'amnistie, décéderaient avant le premier vendémiaire an 11, sans avoir rempli les conditions que le sénatus-consulte impose, peuvent-ils être amnistiés ?*

4°. *Les étrangers prévenus d'émigration, seront-ils soumis aux conditions de l'amnistie ?*

Le conseil d'état est d'avis, sur la première question, qu'elle est résolue par l'article premier du sénatus-consulte : « Amnistie est accordée pour fait d'émigration à tout individu qui en est prévenu, *et n'est pas rayé définitivement* » ; et comme l'élimination de la liste était aussi une radiation définitive, il est évident qu'il faut dire la même chose des *éliminés* que des *rayés* proprement dits. Ils sont soumis aux conditions portées dans leur arrêté. Celles de l'amnistie ne leur sont pas applicables.

Sur la seconde question, le conseil d'état pense que l'amnistie ayant été principalement accordée en faveur des familles des émigrés, il est tout-à-fait conforme à l'esprit du sénatus-consulte, d'étendre la grace aux héritiers, quand la mort a mis le prévenu lui-même hors d'état d'en profiter.

S'il eût vécu, il serait rentré dans les biens dont l'article 17 du sénatus-consulte fait remise aux amnistiés. Comment refuser la même grace à ses enfans républicoles et nés avant l'émigration ?

Il est bien entendu que ce qui vient d'être dit ne saurait s'appliquer aux héritiers des individus compris dans quelqu'unes des exceptions portées par l'article 10 du sénatus-consulte ; car, ces individus, s'ils eussent encore vécu au moment de l'amnistie, n'en auraient jamais profité personnellement ; leurs héritiers ne peuvent donc pas invoquer la considération puissante qui vient d'être relevée en faveur des héritiers des autres.

Sur la troisième question : la déchéance de l'amnistie n'est encourue qu'à défaut par l'émigré d'avoir rempli, avant le premier vendémiaire an 11, les conditions que le sénatus-consulte lui impose ; ainsi, s'il vient à mourir avant l'expiration du délai, son droit qui n'est point éteint, passe à son héritier, qui n'en doit demeurer déchu qu'à l'époque où le défunt lui-même eût encouru la déchéance.

Au reste, on suppose ici, comme sur la question précédente, que le défunt n'était point compris dans l'une des exceptions portées par l'article 10 au sénatus-consulte.

On doit observer que la plupart des conditions imposées par le sénatus-consulte à l'émigré lui-même, sont inapplicables à ses héritiers ; ainsi il doit suffire qu'avant le premier vendémiaire an 11, ceux-ci se présentent devant le préfet de leur domicile, séant au conseil de préfecture, et qu'après lui avoir représenté la preuve en bonne forme du décès de l'émigré, ils requièrent que le certificat de l'amnistie du défunt leur soit délivré en qualité d'héritiers, délivrance qui sera effectuée, s'il y a lieu, après l'accomplissement des formalités prescrites par l'article 8 du sénatus-consulte.

Sur la quatrième : l'amnistie est destinée à effacer le délit dont le prévenu s'est rendu coupable, en émigrant au préjudice des défenses portées par les lois de son pays ; or, il est certain que ce délit n'a pu être commis par l'étranger, et, où il n'y a pas de délit, il ne peut y avoir ni rémission, ni grace. Dans ce cas, l'acte qui constitue l'étranger en prévention doit être considéré comme non avenu.

Biens.

Confiscation des biens.

Le décret du 9 — 12 février 1792, est le premier qui ait mis sous la main de la nation et sous la surveillance des corps administratifs, les biens des émigrés.

Celui du 3o mars — 8 avril suivant, déclara que leurs biens et revenus étaient affectés à l'indemnité due à la nation.

Il ordonna, article 7, que les municipalités en feraient l'état dans le mois.

8. Et que l'administration centrale l'arrêterait, et le ferait afficher dans le mois suivant.

Celui du 14 août — 2 septembre de la même année, régla, article 5, que la confiscation des biens immeubles serait proclamée par trois affiches et publications successives dans les communes de la situation des biens, pour mettre les créanciers à portée de faire, dans le délai de deux mois, le dépôt de leurs titres au secrétariat de l'administration du district.

Le décret du 25 juillet 1793 ordonna de nouveau l'apposition des scellés sur tous les meubles, titres et effets de toute nature, et la mise du séquestre sur les biens immeubles de tous les émigrés et présumés émigrés qui ne justifieraient pas à l'instant de leur résidence en France.

Le décret du 3o mars — 8 avril 1792, déclara nulles toutes dispositions de propriété, d'usufruit et de revenus de ces biens, postérieures à la publication du décret du 9 - 12 février précédent.

Celui du 28 mars 1793, déclara biens confisqués en vertu de la mort civile dont il frappe les émigrés, toutes les substitutions ouvertes en leur faveur, ainsi que toutes successions échues depuis l'émigration, et à échoir pendant *cinquante ans.*

Et déclara nuls tous actes de vente, cession, transport, obligations, dettes et hypothèques faits et contractés par pères, mères ou ayeux d'émigrés, postérieurement à l'émigration de leurs héritiers présomptifs, ascendans ou descendans, à moins que les actes qui les contenaient n'eussent acquis une date authentique par dépôt public, ou jugement, antérieurement au premier février 1793.

3 *

Le décret du 25 juillet 1793, ordonna à tous dépositaire s tous fermiers et débiteurs, de déclarer à leur municipalité les biens, effets et sommes dues aux émigrés.

Ces déclarations furent lues dans les assemblées des conseils généraux des communes, et envoyées aux administrations de district et de département.

Elles dûrent être faites, à peine de restitution et d'amende, et les fonctionnaires négligens furent rendus responsables.

Le dénonciateur avait droit au huitième de la somme ou valeur découverte.

Le décret du 28 mars 1793, annulla tous les actes de liquidation, de collocation de créance et d'exécution des séparations et divorces prononcés depuis le premier juillet 1789.

Loi du 12 ventose an 8. (B. 11.)

VII. La confiscation ordonnée par l'article 93 de la constitution n'aura d'effet sur les biens des condamnés comme émigrés qu'après distraction préalablement faite des droits de la femme et des autres créanciers, et en outre, d'un tiers en nature sur la totalité des biens libres du condamné, quotité à laquelle demeurent fixés les droits naturels des enfans et descendans, quel que soit leur nombre.

Le ministre des finances a décidé que le séquestre ne devait point être mis sur les biens des prévenus d'émigration morts antérieurement à la loi du 19 fructicor an 5.

Restitution des biens.

Sénatus-consulte du 6 floréal an 10. (B. 178.)

Dispositions relatives aux biens.

16. Les individus amnistiés ne pourront, en aucun cas et sous aucun prétexte, attaquer les partages de présuccession, succession, ou autres actes et arrangemens faits entre la république et les particuliers, avant la présente amnistie.

17. Ceux de leurs biens qui sont encore dans les mains de la nation (autres que les bois et forêts déclarés inaliénables, par la loi du 2 nivôse an 4, les immeubles affectés à un service public, les droits de propriété ou prétendus tels sur les grands

canaux de navigation, les créances qui pouvaient leur appartenir sur le trésor public, et dont l'extinction s'est opérée par confusion, au moment où la république a été saisie de leurs biens, droits et dettes actives), leur seront rendus sans restitution de fruits, qui, en conformité de l'arrêté des consuls, du 29 messidor an 8, doivent appartenir à la république, jusqu'au jour de la délivrance qui leur sera faite de leur certificat d'amnistie.

Le présent sénatus-consulte sera transmis, par un message, aux consuls de la république.

Signé Tronchet, *président;* Chasset, Serrurier, *secrétaires.*

Les présumés émigrés rayés définitivement de la liste postérieurement à la vente de leurs biens, quoique ces biens soient rentrés sous la main de la nation par l'effet de la déchéance des acquéreurs, n'ont aucun droit à réclamer ces biens, ni en nature ni leur valeur.

Voyez, au chapitre hospices, *biens;* l'arrêté du 17 brumaire an 10, ou le bulletin 126 des lois.

Biens provenus de partages de présuccession.

Avis du 5 germinal an 10.

Le conseil d'état, ensuite du renvoi fait par le premier consul d'un rapport et projet d'arrêté du ministre des finances, tendant à faire décider par le gouvernement que les biens obvenus à la république, et définitivement réunis à son domaine par suite du partage de présuccession fait entre elle et les ascendans des prévenus d'émigration, seront rendus auxdits ascendans, lorsque le prévenu, après la consommation du partage, parviendra à se faire définitivement rayer de la liste des émigrés;

Pense que le projet d'arrêté proposé par le ministre, est contraire à la loi du 9 floréal an 3.

Le partage de présuccession qu'établit cette loi, est un véritable marché à forfait entre l'ascendant et la république, au moyen duquel celle-ci prend avant la mort de l'ascendant, la part de sa succession qu'elle n'eût dû obtenir qu'après son décès; mais elle ne l'obtient que moyennant d'importantes renonciations;

1°. La république renonce à prendre part dans le préciput de 20,000 fr. qu'emporte l'ascendant;

2°. Dans la part de successible que la loi lui accorde en sus ;

3°. Ce qui est bien plus important, elle renonce à toutes les successions directes et collatérales qui pourraient écheoir aux émigrés qu'elle représente.

Il étoit bien juste qu'en dédommagement de toutes ces renonciations, la part de succession qui lui est attribuée par le partage, demeurât définitivement réunie à son domaine, quels que pussent être les événemens postérieurs à la consommation du partage, et soit que les prévenus parvinssent ou non à se faire rayer définitivement.

Aussi la loi du 9 floréal a-t-elle tellement entendu que le lot obvenu à la république par l'événement du partage lui demeurât irrévocablement acquis, que l'article 10 ne veut pas, que ce lot éprouve aucun retranchement, même pour survenance d'enfans à l'ascendant depuis le partage, ce qui prouve bien que par ce partage, tout est consommé sans retour, et que quoiqu'il arrive, on n'a plus rien à se demander réciproquement.

En conséquence, le conseil d'état est d'avis que la proposition du ministre ne doit point être adoptée.

Biens.

Instruction du ministre des finances, relative aux dispositions de l'art. 16 du sénatus-consulte du 6 floréal an 10.

Il résulte de cette instruction, 1°. que ses dispositions doivent s'appliquer aux individus *rayés* et *éliminés* comme aux *amnistiés* ;

2°. Que les biens échus à la république par les partages de succession, et non encore vendus, ne doivent pas plus être rendus aux individus rayés, éliminés ou amnistiés, que ceux qui lui sont échus par le partage des présuccessions.

Restitutions de revenus ou de produits.

D'après une lettre du ministre des finances, du 9 vendémiaire an 11, les préfets ne doivent délivrer aucun mandat, soit pour créances d'émigrés, provisions, secours, restitution de coupes de bois, ou autres revenus séquestrés, sans lui avoir adressé l'arrêté et les pièces à l'appui, et reçu de lui une autorisation expresse.

Du 3 fructidor an 10.

Instruction sur les formalités à remplir avant de restituer des bois séquestrés.

Compétence des tribunaux pour le jugement des contestations sur l'exercice des droits dans lesquels les émigrés rayés, éliminés ou amnistiés ont été restitués.

Décret impérial du 3o thermidor an 12. (B. 14.)

Napoléon, Empereur des Français ;

Vu la réclamation présentée par les héritiers de la demoiselle Languedor-Becthomas, 1°. contre un arrêté du préfet du département de la Seine-Inférieure, du 19 brumaire an 12, lequel autorise le sieur Lambert Frondeville, rayé de la liste des émigrés, à faire le recouvrement des arrérages courus pendant son émigration, d'une rente dont ils sont débiteurs envers lui, ainsi qu'à régler avec eux le compte de divers objets de répétitions réciproques, fixés par un arrêté de l'administration centrale du même département, du 9 ventose an 5, et dont la compensation a été ordonnée par ledit arrêté ;

2°. Contre l'action judiciaire exercée par ledit sieur Lambert envers eux réclamans, relativement aux répétitions dont il s'agit ;

Ladite réclamation tendant, 1°. à ce que l'arrêté précité soit annullé, que tous les actes judiciaires faits à la requête dudit Lambert, le soient également, et que les tribunaux soient déclarés incompétens pour le débat dont est question ; 2°. à ce qu'il soit dit que les sommes à la décharge des réclamans, qui durant le cours du papier-monnaie ont été versées dans les caisses nationales, les ont libérés franc pour franc ; 3°. à ce qu'il soit déclaré que les biens restitués à la feu dame Grasville, rayée de la liste des émigrés, ne sont grevés de la portion de rente étant à sa charge dans celle due par la cohérie Languedor au sieur Lambert, que dans la proportion de ce qui reste aux héritiers de ladite dame Grasville des biens de la ligne Languedor, avec ce qui en a été aliéné par l'administration, et ce, à cause de la confusion qui s'est opérée lorsque la république réunissait la double qualité de créancière et de débitrice ;

Vu les mémoires et contredits du sieur Lambert Frondeville ;

Vu l'arrêté du 9 ventose an 5 ; celui du conseil de préfecture du 10 nivose an 11 ; la décision du ministre des finances , du 5 brumaire an 12 , et l'arrêté du préfet , du 19 du même mois ; la lettre du conseiller d'état ayant le département des domaines nationaux au préfet, en date du 14 floréal an 12; et l'arrêté de conflit du 8 prairial ;

Considérant que le jugement des contestations résultant de l'exercice des droits dans lesquels les émigrés rayés, éliminés ou amnistiés ont été restitués , appartient aux tribunaux, sous la seule condition de ne porter aucune atteinte aux actes administratifs, et que la confusion énoncée en l'art. 17 du sénatus-consulte du 6 floréal an 10, n'a lieu qu'en faveur de la république , et ne peut être opposée par les débiteurs émigrés à leurs créanciers émigrés, du moment où la main-mise nationale a cessé;

Le conseil d'état entendu,

Décrète :

Art. 1er. La réclamation des héritiers Languedor-Becthomas est rejetée.

2. Les parties sont renvoyées à continuer leur procédure devant les tribunaux judiciaires.

Voyez encore la loi du 25 prairial an 2 , administration, revendications.

Administration des biens.

Le décret du 9—12 février 1792 , fut le premier qui mit sous la main de la nation et sous la surveillance des corps administratifs , les biens des émigrés ou présumés tels.

Celui du 30 mars —8 avril suivant , attribua aux administrations de département la connaissance des difficultés sur le fait de l'absence, ou sur l'administration des biens séquestrés.

Celui du 12 mars 1793 investit l'administrateur des domaines nationaux de la même surveillance sur les biens des émigrés.

Il autorisa les administrations de département à faire payer les domestiques, ouvriers, fournisseurs et créanciers par titres authentiques, de sommes n'excédant pas 800 fr., et de préférence les rentes viagères pour prix d'immeubles ou de récompense de services; mais ceux-ci devaient donner caution en cas d'opposition de la part d'autres créanciers , pour garantir les événemens de la liquidation des dettes.

Le décret du 28 vendémiaire an 5 (Bul. 75.), déclara que

les biens des Français absens du territoire de la république avant le premier juillet 1789, dont la jouissance avait été accordée, antérieurement à cette époque, à leurs héritiers ou ayant droit, n'étaient pas compris dans les dispositions de la loi du 11 brumaire... qui ordonne le séquestre des biens des émigrés non rentrés à cette dernière époque.

Inventaire des biens.

Le décret du 30 mars —8 avril 1792, ordonna, article 4, qu'il serait dressé par les administrations de district, en présence de deux membres de la municipalité, des inventaires des meubles, effets mobiliers et actions.

L'article 2 de celui du 25 juillet 1793, ordonna de nouveau l'apposition des scellés sur le mobilier où cet acte conservatoire n'aurait pas été fait, par un commissaire de l'administration du district, pris hors son sein, et en présence de deux officiers municipaux. En cas de scellés antérieurs de la part des créanciers, ils durent être croisés.

3. Le commissaire dut faire mention des oppositions sur son procès-verbal.

5. La reconnaissance des scellés se fit dans la même forme que pour leur apposition.

Et ces commissaires durent alors procéder à l'inventaire des meubles, effets, titres et papiers trouvés sous les scellés.

6. Les titres et papiers furent envoyés à l'administration du district.

9. L'or, l'argent, et le cuivre furent envoyés aux hôtels des monnaies.

Les frais d'apposition, de garde, reconnaissance, levée de scellés et confection d'inventaire, durent être payés sur le prix des ventes.

Baux et fermiers.

Le décret du 30 mars —8 avril 1792, a autorisé les fermiers de biens d'émigrés à retenir leurs frais de voyages relatifs au séquestre de ces biens.

D'après la loi du 14 août —2 septembre, article 16, l'adjudicataire d'un bien d'émigré pouvait en expulser le fermier, en l'indemnisant, s'il avait un titre authentique antérieur au 9 février 1792. Cette indemnité devait être du quart, ou à dire d'experts, aux frais du fermier.

Le décret du 25 juin 1793, maintint, art. 34, les baux authentiques avant le 9 février 1792 sans préjudice du droit de résiliation accordé aux acquéreurs par le décret précédent.

En vertu de l'article 35, les cultivateurs ou fermiers sans bail ont joui des fruits ensemencés par eux.

Et d'après les articles 36 et 37, les acquéreurs de lots, ou une partie seulement de ces acquéreurs, ont pu évincer le fermier général, en l'indemnisant.

Par décret du 8 septembre 1793, tous les baux des biens d'émigrés qui comprenaient des parties de forêts alors exploitées, furent confirmés pour la présente année seulement.

Ceux qui s'étendaient à plus d'une année y furent réduits, et ceux pour une seule année, qui comprenaient des forêts non exploitées, furent annullés.

Ces dispositions ne furent applicables qu'aux baux faits par les corps administratifs postérieurement à la loi du 9 février 1792, et non aux baux conventionnels d'une date authentique et antérieure à cette loi. (Loi du 15 fructidor an 4.)

Ceux qui autorisaient les fermiers à abattre une plus grande quantité de bois qu'il n'était d'usage de le faire, furent également annullés, ou restreints à cette dernière quantité, sans diminution du prix du bail.

Les fermiers évincés purent conserver les terres sur estimation comparative par experts.

Furent exceptés les baux de bouches à feu, au roulement desquelles il était affecté une quantité de bois déterminée ; mais qui ne pourrait être que celle consumée avant l'émigration des propriétaires, et délivrée par les agens forestiers.

Le décret du 30 mars —8 avril 1792, avait autorisé à laisser le mobilier des émigrés à la garde des préposés du ci-devant propriétaire.

Mais le décret du 31 octobre, et celui du 25 juillet 1793, article 2, exigèrent que le gardien ne fût pas choisi parmi les parens, domestiques ou agens des émigrés.

Revendications.

Décret du 25 prairial an 2.

La convention nationale, après avoir ouï le rapport du comité de législation sur la pétition du cit. le Blanc fils, habitant de Beaumont; ensemble sur le référé fait par le tribunal du district de Mont-Unité, ci-devant St.-Gaudens, du point de savoir si les tribunaux sont compétens pour connoître des revendications faites par les citoyens, des fonds ci-devant possédés par des émigrés, ou si la loi du 25 juillet 1793 (v. st.) attribue aux corps, administratifs la faculté de prononcer, même sur la propriété, en pareil cas;

Considérant que les lois précédemment rendues n'attribuent aux corps administratifs que la connaissance des actions relatives aux dettes passives des émigrés, et non de celles en désistance qui auraient pu être dirigées contre eux ; qu'ainsi, et sur ce point, les choses sont restées dans le droit commun, et que, dans le cas particulier, la compétence judiciaire est d'autant moins douteuse, que le jugement d'une requête civile sort essentiellement des fonctions administratives;

Décrète qu'il n'y a lieu à délibérer.

Le présent décret ne sera point imprimé : il sera simplement inséré au bulletin, et expédition manuscrite en sera envoyée au tribunal du district de Mont-Unité, qui procédera de suite au jugement.

Arrêté du 29 messidor an 8. (B. 33.)

1. Toutes demandes en restitution ou indemnités, soit des fruits ou revenus échus des biens séquestrés jusqu'au jour de la radiation définitive des inscrits, soit du prix de la vente des biens séquestrés, à raison de l'inscription des propriétaires sur la liste des émigrés, ne peuvent être admises.

2. Les biens vendus antérieurement à la radiation définitive des inscrits, et qui, par défaut de paiement des adjudicataires, auraient donné ou donneront lieu de prononcer sur leur déchéance, seront revendus à la folle enchère comme domaines nationaux.

Vente et paiement des biens.

D'après le décret du 14 août —2 septembre 1792, les terres, vignes et prés des émigrés devaient être divisés par petits lots de 2, 3, ou au plus 4 arpens, pour être aliénés par bail à rente en argent, toujours rachetable au denier vingt.

Le mobilier, les maisons, édifices et bois, non susceptibles de division en faveur de l'agriculture, furent exceptés de ce mode d'aliénation.

Le décret du 2—6 septembre 1792, ordonna de nouveau la vente de ces biens, et en régla le mode.

Les meubles devaient être vendus à la criée, après les affiches et publications ordinaires, inventaires et récolement préalablement faits.

Les créanciers devaient être liquidés par l'administration centrale, de gré à gré; et en cas de difficulté, par le tribunal civil en dernier ressort, sur simples mémoires et sans frais.

Mais depuis le décret du 25 juillet 1793, jusqu'à la loi du 17 frimaire an 6, ces contestations ont dû être jugées par arbitres.

Les portions d'immeubles affectés aux créanciers, telles que douaires et autres réserves légales, devaient être distraites de l'aliénation, et continuer à être administrées par la nation.

Les ventes devaient continuer à se faire à bail à rente en argent, dans les formes prescrites pour les autres biens nationaux, et par petits lots.

Cependant l'enchérisseur, à prix égal, mais à deniers comptans, devait avoir la préférence.

Le décret du 25 juillet 1795, déclara de nouveau que les immeubles des émigrés seraient vendus dans les formes prescrites pour les domaines nationaux.

Il assura en même-tems à chaque chef de famille des communes où il y avait de ces biens, et qui n'avaient pas de biens communaux à partager, un arpent de biens d'émigrés à titre d'arrentement.

Mais cette disposition fut rapportée par le décret du 13 septembre suivant, qui donna la faculté aux chefs de famille non propriétaires, d'acquérir de ces biens jusqu'à concurrence de 500 francs, payables en vingt ans.

Et aux défenseurs de la patrie, pour le montant de leurs brevets de récompense, et leur tenir lieu des six cent millions de biens qui devaient leur être réservés d'après le décret du 27 juin précédent.

Les châteaux, parcs, maisons et grands emplacemens devaient se vendre conformément aux dispositions de la loi du 1er. avril de la même année.

Et le surplus devait être divisé, autant que possible, sans détériorer chaque corps de ferme ou domaine.

Les lots et portions devaient être faits par expert, de concert avec l'autorité municipale, et l'estimation sur le prix commun de chaque nature d'héritage dans la commune.

Les créanciers pouvaient faire assister à ces opérations, et y joindre leurs observations, pour être envoyées à l'administration du département.

Chaque lot devait être mis en vente séparément et sans soumission préalable, non plus que pour les biens non divisés.

Les affiches et publications devaient être faites comme pour les biens nationaux, et l'adjudication après la seconde publication.

Les adjudicataires n'étaient pas rendus solidaires.

Les biens devaient être vendus francs de toutes dettes, rentes et redevances foncières, dons, douaires et hypothèques.

La république se chargeait du remboursement des rentes et redevances foncières et droits réels sur le pied du denier vingt.

Ces capitaux devaient être prélevés de préférence sur le prix de l'héritage.

Les droits indivis des émigrés devaient être vendus.

La distraction s'en devait faire par deux arbitres nommés par l'administration, et même elle nommait encore le troisième en cas de partage. (Décret du 13 septembre 1793.)

Leurs droits de nue propriété furent aussi soumis à l'aliénation, ainsi que les domaines tenus par eux à titre d'engagement.

Les usufruits devaient être affermés.

Les ventes qui devaient se faire au chef-lieu du district l'étaient sans garantie de mesure, consistance ou valeur.

Cependant, s'il y avait erreur en même-tems dans la désignation des tenans et aboutissans, et dans la consistance annoncée, il y avait lieu à résiliation de la vente dans les deux mois de l'adjudication.

Il y avait encore lieu à résiliation, lorsque la vente renfermait une portion de bien qui ne devait pas être vendue.

Il n'était dû aucune indemnité de part ou d'autre, à moins que l'acquéreur n'eût déjà fait des dégradations.

Le paiement devait se faire en dix termes, le premier dans le mois, et les autres d'année en année.

Et en outre, dans le mois, les frais de division, estimation, et tous autres faits pour parvenir à la vente.

Ces paiemens pouvaient être faits en billets, mémoires de fournitures, obligations, contrats de rente perpétuelle sur des émigrés quelconques, le tout liquidé; ou à défaut, en donnant caution.

Les lois relatives à l'administration, aliénation et vente des bois nationaux, furent appliquées aux bois provenant des émigrés.

Le décret du 29 germinal an 3 (B. 159.), ordonna la vente

des maisons et bâtimens provenant des émigrés par voie de loterie, à 5o fr. le billet.

Celui du 8 prairial suivant (B. 15o), régla que les lots seraient composés moitié de biens-meubles et immeubles, et moitié de bons au porteur, admissibles en paiement de biens nationaux.

Enfin, celui du 22 floréal précédent (B. 144.) affecta au paiement des biens provenant des émigrés, les assignats démonétisés.

Créanciers.

D'après l'article 19 du décret du 3o mars — 8 avril 1792, lés créanciers d'émigrés, par titres authentiques, avant le 9 février de cette année, devaient être payés sur les revenus des biens, sans préjudice du droit de faire vendre ces biens.

Le décret du 14 août — 2 septembre suivant, régla que l'on vendrait de ces biens jusqu'à concurrence de ces dettes ; et que le surplus serait aliéné à titre de vente ou à bail à rente en argent toujours rachetable au denier vingt.

Le décret du 7 mars 1793 admit ces créanciers à acquérir les biens-meubles de leurs débiteurs, en remboursement de tout ou partie de leurs créances, en donnant caution jusqu'à leur liquidation.

Le certificat du dépôt des titres portant autorisation d'acquérir, devait suffire au créancier pour obtenir adjudication jusqu'à concurrence de sa créance. Le receveur de l'enregistrement en faisait mention en marge du certificat, sur le vu du procès-verbal de vente, et en informait l'administration centrale, qui, de son côté, en faisait mention en marge du titre déposé, pour y avoir recours lors de la liquidation définitive.

Frais de gardes et de commissaires aux ventes.

Le décret du 12 mars 1793 autorisa les administrations de district à arrêter les états, et à taxer les salaires des employés à la garde, inventaire, transport, criées et ventes de meubles. Ces états devaient être vérifiés par les administrations de département, et envoyés tous les mois à l'administrateur des domaines, avec l'indication des bases qui les auraient déterminés.

Il était défendu d'y comprendre tout autre objet.

Les taxes relatives aux frais d'inventaire, de criée et de vente, pouvaient être faites, soit en raison du tems employé à ces

opérations, soit en raison du produit des ventes de ces meubles.
- Les commissaires des administrations de district qui s'étaient déplacés pour assister aux ventes, devaient être remboursés de leurs dépenses, et les états arrêtés par les administrations de département, être envoyés à cet effet à l'administrateur des domaines.

Loi relative aux créances et droits sur les biens nationaux provenant des émigrés. Du premier floréal an 3. (B. 141.)

TITRE PREMIER.

Des titres de créance et de leur admissibilité.

I. Les créanciers des émigrés sont déclarés créanciers directs de la république, excepté ceux des émigrés en faillite, ou notoirement insolvables.

II. Sont reconnus créanciers des émigrés ceux dont les créances sont fondées sur des titres ayant une date certaine, antérieure à la promulgation de la loi du 9 février 1792, ou à l'émigration de leur débiteur, si elle est postérieure à cette époque.

III. La date certaine sera établie :

1°. Par l'enregistrement des actes, par leur dépôt public, ou par les jugemens dont ils auront été l'objet, pourvu que la date desdits enregistremens, dépôt public ou jugemens soit antérieure aux époques fixées par l'article précédent ;

2°. Par des actes passés par des officiers publics, enregistrés antérieurement à ces mêmes époques, dans lesquels pourraient se trouver relatés des titres sous signature privée, à la charge des émigrés, et dont l'identité sera reconnue ;

3°. Par la signature des personnes décédées antérieurement au 9 février 1792, ou à l'émigration du débiteur, si elle est postérieure à cette époque.

Dans ce cas, la signature sera vérifiée aux frais des réclamans par deux experts, dont l'un nommé par le directoire du district, et l'autre par lesdits réclamans, en présence d'un commissaire de ce même directoire et du préposé de l'agence des domaines, d'après la comparaison de la signature avec celle du décédé, apposée sur des actes authentiques. Les commissaires feront toutes les observations qu'ils jugeront convenables sur la présomption de fraude, de simulation et de lésion que pourraient présenter, soit

les actes, soit les circonstances dans lesquelles ils ont été souscrits; et lesdits actes ne seront reconnus pour valides que lorsque
les procès-verbaux de reconnaissance auront été approuvés par
les directoires de district et les administrations de département,
et en cas de difficultés par le comité des finances.

4°. Par l'inscription ou mention, faite antérieurement auxdites époques, des titres sous signature privée, à la charge des
émigrés, sur les registres, titres et papiers des débiteurs trouvés
sous les scellés, lorsque d'ailleurs le créancier sera saisi du titre
obligatoire, et que l'identité en aura été reconnue.

IV. Sont déclarés authentiques les titres de créance sur les
émigrés domiciliés dans les pays réunis à la république, qui auront une date certaine, d'après les règles qui existaient dans ces
pays avant l'établissement de l'enregistrement, et d'après celles
ci-dessus prescrites; savoir, dans le département du *Mont-Blanc*
avant le 10 novembre 1792; dans celui des *Alpes-Maritimes*,
pour ce qui concerne le territoire de Nice, avant le premier
février 1793, et celui de *Monaco* avant le 15 février de la même
année, et dans les autres *pays réunis* à la république, à l'époque
de la promulgation du décret de leur réunion.

V. Sont nuls et de nul effet, à l'égard de la république, tous
actes portant donation et libéralités faites par des émigrés domiciliés sur le territoire français, ou leurs fondés de pouvoirs,
qui n'auraient point acquis une date certaine, antérieure au
9 février 1792, ou aux époques déterminées par l'article précédent, s'ils ont été consentis par des émigrés des pays réunis
à la république, sans préjudice d'ailleurs de l'exécution de la
loi du 17 nivose an 2.

VI. Seront exécutées dans leur intégrité les dispositions rémunératoires en faveur des nourrices, instituteurs et domestiques,
contenues dans des actes ayant également une date certaine,
antérieure à la même époque.

Le défaut d'insinuation ne pourra être opposé à ces actes;
mais avant qu'ils puissent être admis, les réclamans seront tenus
de les faire revêtir de cette formalité.

Par la loi du 19 frimaire (B. 164.), les actes des émigrés contenant
des dispositions rémunératoires en faveur des nourrices, instituteurs
et domestiques (article 6 de la loi du premier floréal), ne sont soumis
qu'à un simple droit d'un franc pour l'insinuation.

Loi du 26 pluviose an 6. (B. 185.)

La promulgation de la loi du 9 février 1792, est celle qui a été
faite alors au lieu du domicile du débiteur émigré.

2. Pour

2. Pour prouver l'émigration postérieure à cette époque et à la date des titres, le créancier doit produire un certificat de l'administration municipale du lieu du domicile de l'émigré et de l'administration centrale, portant que cette émigration n'était pas connue avant cette époque, ni celle de la date de l'acte.

3. Ce certificat est enregistré dans les trois jours; il est signé au moins de trois membres de chaque administration, inscrit sur les registres et affiché pendant trois jours.

4. Si l'acte constate la présence du débiteur, il n'y a pas lieu au certificat.

5. Les administrations prennent d'ailleurs, tant au lieu du domicile de l'émigré, qu'auprès des agens et percepteurs des domaines et revenus nationaux, par les registres, états et notes des autorités constituées, par la commune renommée et par toutes autres voies, des renseignemens pour s'assurer qu'en effet l'émigration n'a pas été connue avant la promulgation de la loi du 9 février 1792, ni avant la date des titres, et elles font mention de leurs recherches dans le certificat.

6. S'il y a incertitude sur le domicile de l'émigré, il est fixé par le ministre des finances au lieu où l'émigré a été imposé à la contribution mobilière pour l'année qui a précédé son émigration.

7. Ces dispositions sont communes aux créanciers prétendant droit sur les biens indivis avec des émigrés, et à ceux ayant des titres de créances sur les parens d'émigrés dont la nation est appelée à recueillir la succession.

8. Néanmoins les administrations peuvent rejeter lesdits actes et titres, si elles reconnaissent qu'il y a eu erreur, fraude ou collusion de la part du créancier, en motivant leur rejet sur la preuve de l'erreur, de la fraude ou de la collusion.

Toutes dispositions contraires antérieures, sont rapportées.

VII. Sont exceptés des formalités prescrites par l'art. 3 ci-dessus :

1°. Les salaires des domestiques, seulement pour les trois dernières années de leurs services, en, par eux, rapportant un certificat de la municipalité, qui atteste la réalité et la durée de ces services, d'après le témoignage de quatre citoyens domiciliés dans la commune, et à Paris, dans la section ;

2°. Les fournitures faites pour les émigrés, avant la promulgation de la loi du 9 février 1792, ou l'émigration des débiteurs, si elle est postérieure à cette époque, sauf la prescription légale ;

3°. Les salaires des ouvriers pour travaux faits avant lesdites époques.

VIII. Les mémoires de travaux et fournitures seront vérifiés et réglés par experts.

IX. Les négocians et marchands seront tenus de produire à la municipalité leur livre de négoce à l'appui du mémoire dont ils réclameront le paiement.

X. Ces municipalités vérifieront si les mémoires sont conformes aux livres de compte, et certifieront au bas desdits mémoires le résultat de leur vérification.

Loi du 18 pluviose an 6. (B. 181.)

Art. 1er. La disposition du paragraphe n°. 2 de l'art. VII de la loi du premier floréal an 3, qui réserve la prescription contre les demandes en paiement des fournitures faites aux émigrés, s'applique aux salaires des ouvriers mentionnés dans le paragraphe n°. 3.

2. La prescription ne sera opposée aux ouvriers et fournisseurs que lorsqu'il y aura quatre années écoulées depuis la livraison des ouvrages ou marchandises, sans que le tems qui a couru depuis l'apposition du séquestre sur les biens du débiteur, puisse être compté.

3. Lorsqu'il s'agira d'ouvrages pour constructions nouvelles ou grosses réparations de bâtimens, la prescription du salaire des ouvriers ne courra que du jour où ils auront achevé lesdites constructions ou réparations. Lorsqu'il s'agira de soins donnés aux malades par médecins ou chirurgiens sans interruption, le délai ne sera compté que du jour de la cessation de la maladie ou des soins.

4. Il n'y aura pas lieu à opposer aux créanciers le laps de tems des quatre années, lorsqu'il y aura reconnoissance que la chose est due, par arrêté de mémoire, obligation, promesse de payer, ou par note indicative trouvée parmi les papiers du débiteur, ou lorsqu'il y aura sommation ou interpellation judiciaire faite par le créancier.

5. Les arrêtés de mémoire souscrits par les intendans, trésoriers, régisseurs ou autres agens des émigrés, qui étaient chargés de cette fonction, ayant une date antérieure à la promulgation de la loi du 9 février 1792, ou à l'émigration du débiteur si elle est postérieure, lorsque d'ailleurs il en est mention sur les registres ou sommiers de leurs maisons, font preuve suffisante que la chose est due.

6. La représentation des livres des marchands sera faite désormais à l'administration du département, chargée de la liquidation de la créance, et pour Paris au bureau de liquidation, qui feront la vérification ordonnée par l'article X de la loi du premier floréal, et le certifieront au bas du mémoire lorsque le réclamant aura son domicile au lieu où la liquidation se fait; et lorsqu'il aura son domicile ailleurs, il enverra à l'administration du département chargée de la liquidation, ou au bureau

de la liquidation pour le département de la Seine , extrait figuré de la partie de son registre où les fournitures sont portées ; lequel extrait sera certifié conforme au registre , par la municipalité de son domicile.

7. La vérification et le réglement par experts ne s'appliqueront point aux fournitures de meubles meublans, linge , hardes et autres effets mobiliers de cette nature , non plus qu'aux fournitures de comestibles.

8. La vérification pour les ouvrages et fournitures qui en sont susceptibles, ne peut être exigée si la chose ne subsiste plus ou a souffert changement ; auquel cas il sera fait visite des lieux , et il en sera dressé procès-verbal par les experts , qui vérifieront ce qui pourra l'être alors : le réglement sera fait sur l'exposé du mémoire.

9. La vérification et le réglement par experts ne seront point exigés pour les mémoires d'ouvrages et fournitures dont le montant n'excédera pas 2,000 francs , ou lorsqu'ils auront été réglés avec le débiteur, et le réglement signé de l'expert , et que le réglement ou note indicative d'icelui aura été trouvé parmi les papiers du débiteur.

10. Pour les ouvrages non susceptibles de vérification par leur nature , tels que les journées d'ouvriers dont il ne reste point de traces, et autres de ce genre , le réclamant sera tenu de rapporter attestation de quatre citoyens domiciliés au lieu où l'ouvrage a été fait, portant qu'ils en ont eu connoissance personnelle. Cette attestation sera donnée devant la municipalité du lieu , qui la certifiera.

11. Les maîtres particuliers de langues, d'arts et de sciences, sont exceptés pareillement des formalités prescrites par l'art. 3 de la loi du premier floréal , pour une année de leçons de leur art ou science, en rapportant des cachets scellés du sceau connu ou signés du nom de la personne qu'ils auront enseignée , et affirmant d'ailleurs la sincérité de leur répétition : s'ils réclament des fournitures de livres ou d'instrumens de leur art ou science , elles leur seront allouées jusqu'à concurrence de 300 francs.

12. Les instituteurs tenant pension seront également exceptés pour les pensions à eux dues pour des enfans d'émigrés, à partir d'une année avant la promulgation de la loi du 9 février 1792, ou avant l'émigration du débiteur si l'émigration est postérieure , et depuis ladite époque pour tout ce qui leur seroit dû , en justifiant par l'attestation de quatre citoyens domiciliés au lieu où ils tiennent leur pension , donnée devant la municipalité dudit lieu, qui la certifiera, que l'enfant dont ils récla-

4*

ment la pension, a continué d'être élevé et nourri dans leur maison pendant ledit tems; et à la charge par eux d'affirmer qu'ils n'ont rient reçu, directement ni indirectement, pour paiement de ladite pension.

13. Les domestiques seront également payés, outre les trois dernières années de leurs gages, antérieures à la promulgation de la loi du 9 février 1792 ou à l'émigration postérieure, de tout ce qui leur est dû jusqu'au séquestre mis par les administrations, au nom de la nation, sur les biens des émigrés, lorsqu'ils justifieront, dans les formes prescrites par le premier paragraphe de l'art. 7 de la loi du premier floréal an 3, que leurs services ont continué jusqu'à cette époque.

14. Sont aussi exceptés des dispositions des art. 2 et 3 de la loi du premier floréal an 3, les dispositions rémunératoires pour services rendus dans les maisons des ci-devant princes et autres émigrés : elle seront exécutées lorsqu'il en sera fait mention sur les registres ou papiers trouvés sous les scellés apposés après l'émigration du débiteur, ou sur les registres déposés à l'appui de leurs comptes, par les trésoriers des ci-devant princes, ou par les receveurs ou régisseurs des autres émigrés.

15. Les dispositions des articles précédens sont également applicables aux créanciers des condamnés et autres dont la confiscation des biens a été maintenue.

Une décision du gouvernement, transmise aux préfets dans les premiers jours de vendémiaire an 11, défend de liquider aucune créance sur des prévenus d'émigration, qui ont été rayés, éliminés ou amnistiés, même dans le cas où leurs biens auraient été vendus.

Débiteurs des émigrés.

D'après la loi du 30 mars —8 avril 1792, article 14, les débiteurs des émigrés ne peuvent payer qu'à la caisse du séquestre.

15. Les paiemens faits aux inscrits sur la liste, depuis la publication de cette liste, sont déclarés nuls, ainsi que ceux faits par anticipation et sans nécessité.

Le décret du 28 mars 1793, a confirmé ces dernières dispositions par l'article 41.

Le décret du 28 floréal an 3 (B. 149.), charge les corps administratifs d'exiger, à défaut de titres originaux des créances dues à la république, des débiteurs inscrits sur des registres, sommiers, ou carnets indicatifs de créances d'émigrés ou du ci-devant clergé, la déclaration des sommes dont ils sont débiteurs.

Ceux qui font de fausses déclarations, doivent être condamnés à une amende du quadruple des sommes dissimulées.

Elles sont jugées fausses, lorsqu'aux indications ci-dessus, on joint,

soit la preuve testimoniale , soit des indices tirés de quelques actes publics dont on peut conclure la légitimité de la créance.

L'administration centrale dénonce la fausse déclaration au préposé des
domaines, par arrêté pris sur l'avis de l'administration municipale.

Voyez aussi l'art. 31 de la loi principale.

TITRE II.

Dépôt des titres de créances.

Nota. Les délais accordés par les décrets des 2 septembre, 30 octobre
1792, et 13 janvier 1793 , ont été prorogés par décret du 26 nivose an 2,
jusqu'au premier germinal suivant.

XI. Tout créancier d'émigré, soit directement, soit à cause
de succession qui peuvent être échues audit émigré , est tenu de
faire le dépôt de ses titres de créance avec les pièces justificatives, au secrétariat de l'administration du département du domicile fixé à son débiteur par la liste générale des émigrés, dans
le délai de quatre mois après la publication de cette liste dans le
chef-lieu du canton , à peine de déchéance. (Loi du 27 prairial
an 4.)

Loi du 17 frimaire an 6. (B. 164.)

1. Les créanciers doivent représenter la grosse du titre constitutif
ou récognitif.

2. S'il n'a pas été délivré de grosse, la liquidation est faite sur la
représentation d'une expédition, à la charge par le créancier de rapporter un certificat du notaire ou dépositaire , qu'il n'a pas été délivré de grosse, ni qu'il n'a été fait aucun remboursement de la créance.

3. Les créanciers peuvent requérir le notaire de leur délivrer une
nouvelle expédition en remplacement des titres perdus ; mais dans
ce cas ils doivent joindre à cette expédition une déclaration qu'ils s'obli-
gent à rapporter la grosse si elle se retrouve, et qu'ils n'ont reçu
aucun paiement ou remboursement à compte, sous les peines de droit.

4. Si les titres ont été perdus dans les bureaux des administrations ,
le secrétaire en chef en donne un certificat , et le créancier obtient
sans frais de nouveaux titres; mais le notaire est payé par la trésorerie nationale sur le certificat du liquidateur.

XII. Les administrations de département indiquent dans la
proclamation qui doit, aux termes de l'art. 13 du titre 3 de la
loi du 25 brumaire dernier, servir de publication à la liste générale des émigrés, le jour auquel doit expirer le délai accordé
pour le dépôt des titres de créance sur les biens de ceux dont
les noms sont inscrits sur ladite liste. Cette proclamation est pu-

bliée et affichée deux fois à la distance d'une décade, dans les communes de leur arrondissement. Le délai court du jour de la première publication.

XIII. Il est ouvert par les administrations, un registre pour chaque liste générale d'émigrés qui est publiée, sur laquelle est mentionnée la date du dépôt des titres, et tenu note de leur nature et de leur montant, en capital et intérêts échus, avec indication exacte des noms, prénoms et domiciles des débiteurs et des créanciers. Ce registre est clos et arrêté à l'expiration des délais, et il ne peut plus être admis de titres pour y être inscrits, postérieurement à cette époque. Il est donné par le secrétaire aux créanciers un récépissé de chaque titre déposé.

XIV. Il fut accordé aux créanciers qui se trouvaient en déchéance aux termes des lois antérieures, un délai de trois mois, à compter de la promulgation de la présente loi, pour déposer leurs titres en conformité de l'art. 11, passé lequel délai ils ne devaient plus être admis à aucune répétition. Les délais près d'expirer furent prorogés en conséquence.

Ce délai a été successivement prorogé par les décrets des 22 thermidor et quatrième jour complémentaire an 3, d'un mois et même de trois, en faveur de ceux que des causes majeures avaient empêchés de profiter des premiers délais.

Les maris, tuteurs et tous autres administrateurs de biens, sont responsables du défaut de dépôt des titres de créances et droits de leurs femmes, pupilles et autres, et de représentation de l'union des créanciers. (Décret du 25 juillet 1793.)

XV. Ceux qui ont déja exercé des droits contre les émigrés, ou qui prétendraient avoir droit d'en exercer à quelque titre que ce soit, sont tenus de déposer, dans les délais prescrits par les articles 11 et 14 ci-dessus, leurs mémoires, titres, rôles de frais légitimement faits et autres pièces justificatives : à défaut de quoi, ils sont déchus de tous droits.

XVI. Les administrations de département où sont déposés les titres de créance sur les émigrés, adressent un extrait du registre mentionné en l'article 13 au ministre des finances, dans la décade du jour où le délai fixé pour le dépôt est écoulé.

TITRE III.

De la liquidation des créances.

SECTION PREMIÈRE.

Des agens de la liquidation.

XVIII. Les créances sur les émigrés sont liquidées définitivement par les administrations de département.
XXI. Il est établi à Paris, pour les créances sur les émigrés, un
bureau particulier de liquidation qui supplée en cette partie l'administration du département de la Seine.

SECTION DEUXIÈME.

Mode de liquidation.

XXVII. Les intérêts des créances exigibles qui n'en produisaient
pas de droit, courent du jour de la demande qui a été judiciairement faite, ou du jour du dépôt fait au secrétariat de l'administration du département; et à défaut de date constatée, du
jour où le délai fixé pour le dépôt est expiré. Quant aux créances à terme, ils courent du jour où lesdites créances deviennent
exigibles. Les intérêts sont de quatre pour cent sans retenue, ou
de cinq pour cent, également sans retenue, si cette clause a été
stipulée dans l'acte, sans préjudice de l'exécution de la loi du 19
ventose an 3, relative à la contribution à retenir sur le montant
de ces intérêts.
XXVIII. Les rentes ou prestations purement foncières et non
féodales, maintenues par l'art. 2 de la loi du 17 juillet 1793, ainsi
que les rentes constituées perpétuelles, sont liquidées au denier
vingt du capital des revenus effectifs, sans aucune déduction
pour les contributions publiques.
XXIX. Les pensions et rentes viagères en quelque manière
qu'elles soient constituées, sont liquidées d'après la loi du 23 floréal
de l'an 2, qui crée un grand livre de la dette viagère, par la
trésorerie nationale, à qui pour cet effet les administrations de
département font passer les titres, après en avoir fait prendre
l'extrait, qui demeure déposé dans leurs bureaux. Les rentes via-

gères dues par les émigrés peuvent être cumulées avec les rentes viagères dues par la nation, jusqu'au doublement du *maximum* déterminé par cette loi.

Rentiers viagers.

Décret du premier fructidor an 3. (B. 174.)

Les créanciers viagers et pensionnaires d'émigrés, et autres dont les biens sont frappés de la confiscation, seront inscrits sur le grand livre de la dette viagère, établi par la loi du 23 floréal an 2, soit d'après les bases et mode de liquidation qui y sont portés, soit pour le produit net de leurs anciennes rentes sur les mêmes têtes et sous les mêmes conditions de jouissance et survie stipulées dans les contrats et autres titres, étant dérogé à cet égard à ladite loi du 23 floréal.

Ceux qui voudront être liquidés suivant la loi du 23 floréal, seront tenus de fournir une déclaration de l'option qu'ils auront faite, soit par eux, soit par leurs fondés de procuration générale.

A l'égard de ceux qui voudront être liquidés d'après leurs contrats, ils ne seront tenus de fournir aucune déclaration d'option; leur silence en tiendra lieu.

2. Les déclarations d'option seront reçues par les administrations de département et le bureau de la liquidation des émigrés. Elles devront être faites dans le délai d'un mois (décret du 22 thermidor), ainsi que le dépôt des titres.

Arrêté du 15 prairial an 11. (B. 288.)

Art. 1. Les rentes viagères dues par l'État, possédées par des individus non prévenus d'émigration, sur la tête et pendant la vie d'un individu maintenu ou à maintenir sur la liste des émigrés, seront liquidées d'après les dispositions de la loi du 8 nivose an 6 : en conséquence, les art. 10, 11, 12, 13, 14, 15 et 16 de ladite loi, relatifs à la liquidation des rentes viagères assises sur têtes genevoises ou sur autres têtes conjointes, leur sont applicables.

2. Pour l'exécution de l'article précédent, le conseiller d'état directeur général de la liquidation ne fera procéder à la liquidation que sur certificat du ministre des relations extérieures, de l'existence de l'individu sur la tête duquel la rente est assise.

3. Tout créancier qui voudra profiter du bénéfice du présent arrêté, fournira, d'ici au premier vendémiaire prochain inclusivement, la déclaration d'option, soit en perpétuel, soit en viager; et s'il n'a pas opté pour du viager, il sera inscrit au grand livre de la dette publique consolidée perpétuelle.

4. Les propriétaires se conformeront, pour le surplus, aux lois existantes pour la liquidation et le paiement de la dette perpétuelle et viagère.

5. Le présent arrêté n'est pas applicable aux usufruits et rentes viagères dus par des particuliers, et constitués sur têtes d'individus maintenus ou à maintenir sur la liste des émigrés. La section des finances du conseil d'état présentera, dans le plus bref délai, le mode de la liquidation desdits usufruits ou rentes.

6. Les ministres des relations extérieures, des finances, et du trésor public, et le conseiller d'état directeur de la liquidation générale, sont chargés, chacun en ce qui le concerne, de l'exécution du présent arrêté, qui sera inséré au Bulletin des lois.

Loi du 8 *nivose an* 6. (B. 173.)

10. Il est dérogé à la loi du 8 floréal an 3, en ce qui concerne la liquidation des rentes viagères dues par la nation, assises sur têtes genevoises, hollandaises, lyonnaises et autres conjointes, connues vulgairement sous le nom de *trente-têtes*.

11. La liquidation de ces rentes se fera d'après les tables annexées à la loi du 23 floréal an 2; en conséquence il sera formé un capital de ces rentes telles qu'elles existaient au premier germinal an 5, lequel, conformément à l'article 24 de ladite loi, ne pourra excéder le capital primitivement fourni.

12. Les propriétaires de ces rentes pourront convertir ledit capital en une rente viagère sur leur tête, ou sur une autre à leur choix.

13. Dans ce cas, ils seront liquidés au grand livre de la dette viagère pour une somme annuelle calculée sur le capital liquidé, d'après le taux accordé à l'âge de la tête désignée par les tables, pourvu toutefois que cette somme annuelle n'excède pas le dixième du capital consolidé.

14, 15 et 16, relatifs au délai pour faire son option ou pour être liquidé en perpétuel. Ce délai était relatif à la présente loi.

XXX. Les rentes ou redevances perpétuelles ou viagères, qui se payaient en nature, sont estimées dans le lieu ou est situé le fonds affecté à la rente, d'après le prix moyen des denrées, calculé sur les quatorze années de produit antérieur au premier janvier 1792, distraction faite des deux années les plus fortes, et des années les plus faibles.

XXXI. Les créanciers d'un émigré qui se trouvent à-la-fois débiteurs de ce même émigré, sont admis à la compensation.

XXXII. Toute procédure contre les émigrés, pour raison de leurs dettes passives, ou de droits à exercer sur leurs biens, demeure éteinte. Les contestations pendantes à cet égard sont décidées par deux arbitres, dont l'un est nommé par l'administration du département du domicile du débiteur, et l'autre par la partie réclamante : dans le cas de non accord, lesdits arbitres s'adjoignent un tiers pour fixer la décision. Les frais sont à la charge de la partie contre laquelle les arbitres ont décidé.

1. La loi du 17 frimaire an 6 (B. 164.), autorise les créanciers à reprendre devant les tribunaux la poursuite des contestations déclarées éteintes par l'*article* 32 de la loi du premier floréal an 3.

2. Mais les demandes auxquelles ces reprises donnent lieu, doivent être signifiées aux administrations liquidantes, qui sont tenues d'y répondre par des mémoires signifiés dans la forme ordinaire.

3. Les originaux de ces mémoires sont remis au commissaire près le tribunal chargé de l'affaire; il en donne son récépissé.

4. Les administrations liquidantes n'ont près les tribunaux ni défenseurs officieux, ni procureurs fondés. Les commissaires près de ces tribunaux lisent les mémoires, et défendent la cause par tous autres moyens : le jugement doit en faire mention, à peine de nullité.

5. Elles peuvent consentir à l'arbitrage.

6. Les frais faits jusqu'au jugement sont à la charge du perdant, et liquidés par le tribunal civil.

XXXIII. Les droits des réclamans, reconnus par les arbitres, sont liquidés dans les mêmes formes que ceux des autres créanciers.

XXXIV. Sont maintenues les liquidations déjà faites conformément aux lois précédentes, pourvu qu'elles ne soient pas contraires aux dispositions de la présente loi.

XXXV. Les réclamations contre les arrêtés des administrations de département, relatifs à la liquidation des créances, sont jugées définitivement par le ministre des finances et le gouvernement.

XXXVI. Les administrations de département rendent, ainsi que le bureau de liquidation, tous les mois, au ministre des finances, un compte sommaire de leurs opérations, et indiquent en même tems le nombre et le montant des créances qu'ils ont liquidées, et de celles restant à liquider.

SECTION TROISIÈME.

Dispositions relatives à la solvabilité des débiteurs émigrés.

XXXVII. Aucune créance ne doît être définitivement liquidée que lorsqu'il est constaté que le débiteur n'est pas en état de faillite ou notoirement insolvable.

XXXVIII. Il est en conséquence dressé et envoyé, à chaque administration de département, par les administrations municipales, dans le mois de la publication de la liste supplémentaire, un état des émigrés domiciliés dans leur arrondissement, qui sont en faillite ou réputés insolvables, d'après la commune renommée.

XXXIX. L'état de faillite résulte de la saisie des biens des débiteurs à la requête de leurs créanciers, de contrats d'atermoiement ou de formation d'union ; et celui d'insolvabilité, de la déclaration que fera à cet égard, d'après la commune renommée, l'administration municipale du canton du domicile du débiteur, soit d'après sa propre connaissance, soit d'après les renseignemens qu'elle croira convenable de se procurer.

XL. Les préposés de l'agence des domaines sont également tenus de faire parvenir, aux administrations de département, dans le même délai, de semblables-renseignemens sur les émigrés domiciliés dans leurs arrondissemens respectifs.

XLI. Les administrations municipales indiquent avec exactitude dans leurs états, les noms, prénoms, qualités, profession et domicile de l'émigré insolvable : dans le cas où il ne s'en trouverait pas dans le canton, l'administration municipale est tenue d'en instruire l'administration centrale.

XLII. Il est envoyé, à la diligence du commissaire du pouvoir exécutif, un commissaire dans chaque canton qui n'a pas satisfait, dans le délai prescrit, aux dispositions des deux articles précédens. Les frais de transport et séjour des commissaires sont à la charge des membres de l'administration municipale.

XLIII. Les administrations de département, après avoir reçu les états particuliers des municipalités, et examiné s'il y a lieu à les rectifier, en forment un état général qu'elles font parvenir, dans la décade, au ministre des finances.

XLIV. Les administrations municipales de Paris adressent immédiatement au bureau de liquidation l'état des débiteurs insolvables de leur arrondissement.

XLV. Tout créancier néanmoins, en attendant l'exécution des dispositions prescrites par les articles précédens, peut obtenir la liquidation de sa créance, en rapportant un certificat de l'administration municipale de la commune du domicile de son débiteur, constatant que celui-ci n'est point en état de faillite ou d'insolvabilité.

Décret du quatrième jour complémentaire an 3. (B. 181.)

Les unions de créanciers formées postérieurement à l'émigration, et conformément à la loi du 25 juillet 1793, ne seront point regardées comme un caractère de faillite, s'il ne se trouve aucune déclaration ou reconnaissance de leur part dans les contrats d'union dont on puisse induire l'insolvabilité des débiteurs.

Loi du 17 frimaire an 6. (B. 164.)

Pour suppléer aux listes d'émigrés en faillite, tous notaires et autres dépositaires ont été tenus d'envoyer à l'administration centrale du département, un état certifié des unions et atermoiemens existans dans leurs dépôts sur des débiteurs émigrés.

2. Dans ce cas, les administrations centrales sont autorisées à procéder conformément aux articles 47 et suivans de la loi du premier floréal an 3, à la liquidation des créanciers de ces émigrés.

3. L'affirmation faite antérieurement à cette loi a pu être exigée de nouveau.

4. Nonobstant les articles 77 et 78 de celle du premier floréal, on a pu délivrer aux créanciers des reconnaissances de liquidation, mais ils n'ont pu en faire usage qu'en rapportant le certificat de non opposition exigé par ces articles.

Loi du même jour (B. 164.), relative au paiement des arrérages de rentes ou pensions dues sur des biens d'émigrés, et non encore liquidées pour l'an 4.

Union des créanciers.

XLVII. Les créanciers dont les débiteurs ont été déclarés en faillite ou insolvables, sont tenus, d'après l'avis qui leur en est donné par l'administration du département, de s'unir au chef-lieu du département du domicile desdits débiteurs. Leurs titres leur sont remis sur leur demande, ou aux commissaires des unions, s'ils sont déposés ailleurs.

Décret du 25 juillet 1793. Section 5 , § 2.

5. Tous les créanciers qui ont fait les déclarations et dépôts prescrits par les décrets des 2 septembre 1792 et 13 janvier 1793, et autres postérieurs, payés ou non payés par la république, sont tenus de se transporter en personne, ou par fondé de pouvoir, dans les quatre mois de

la publication de la liste des émigrés, au chef-lieu du département dans lequel le dernier domicile de l'émigré est fixé.

9. Celui qui ne se présente pas est censé consentir aux actes des autres.

22. Si la nation a des créances directes à répéter, ou remplace des créanciers émigrés, elle est représentée à l'assemblée par le préposé de la régie.

24. Les créanciers d'un autre émigré créancier y envoyent un commissaire.

20. Cette assemblée de créanciers nomme, à la pluralité des suffrages, un conseil ou directeur de l'union, ainsi que des conseils ou syndics, pour suivre et discuter les intérêts des créanciers unis. Un, au moins, de ces syndics, est pris parmi les créanciers chirographaires.

21. Ils ne sont pas obligés de s'unir, si leur nombre n'excède pas celui de douze.

18. Les articles du contrat d'union à former, se bornent à constater les noms, profession et domicile de chaque créancier; à la nomination du conseil et des commissaires ou syndics, indiqués ci–après; et à déterminer les pouvoirs et fonctions desdits syndics, consistant à poursuivre la vérification, affirmation et admission des créances de chaque créancier uni; à surveiller le recouvrement des créances actives et la régie des biens de leur débiteur, sans cependant qu'ils puissent s'y immiscer; à surveiller les opérations relatives aux ventes des biens; enfin, à former un projet d'ordre des créanciers, et à poursuivre la liquidation des créances et la distribution et contribution entre les créanciers.

19. Ils peuvent requérir à cet effet, de la régie ou de tous autres, la communication sans déplacer, des pièces et renseignemens propres à leur faire connaître l'actif de leur débiteur.

25. Les frais d'union sont réglés par l'assemblée générale des créanciers; ils ne peuvent excéder trois deniers pour franc, des sommes colloquées en ordre utile.

26. Le contrat d'union est présenté à l'homologation du département, dans le mois du jour de la première assemblée des créanciers, et devient obligatoire par l'homologation.

32. Toutes les déclarations, mémoires et titres de créanciers, sont cotés et paraphés par le secrétaire en chef de l'administration, et remis aux syndics de l'union.

33. Les syndics y joignent leurs observations, et un projet d'ordre des créanciers, et remettent le tout à l'administration.

14. L'administration statue, après avoir entendu contradictoirement les syndics et le préposé de la régie, sur les réclamations des créanciers, dans le mois.

15. En cas de réclamation contre la décision de l'administration centrale, elle est jugée définitivement par deux arbitres nommés par cette administration et par le réclamant, dans le mois; en cas de partage, les arbitres en nomment un troisième.

35. Avant de procéder à la liquidation définitive, l'administration du département communique les pièces au directeur de la régie.

XLVIII. Il y a près de chaque union, et à ses frais, un commissaire nommé par l'administration du département, qui est chargé d'en suivre toutes les opérations, et de stipuler les intérêts de la république, soit comme étant aux droits du créancier, soit comme étant à ceux du débiteur.

XLIX. Ce commissaire examine les titres, en discute la validité, et arrête le montant des créances contradictoirement avec les commissaires de l'union. Il dresse également, en concurrence avec lesdits commissaires, l'état de l'actif et du passif du débiteur. Dans les cas de difficultés, il en réfère à l'administration du département, pour y être statué.

L. S'il résulte de cet état, qui est préalablement visé par l'administration du département, que l'actif égale ou surpasse le passif, l'union cesse aussitôt, et les créanciers sont liquidés d'après les formes prescrites par la loi. L'état des frais d'union est arrêté par l'administration du département.

LI. Dans le cas contraire, les commissaires de l'union arrêtent, contradictoirement avec celui du département, l'ordre des créanciers admis, et le font passer à l'administration du département. L'ordre doit distinguer les sommes payables en assignats, et celles qui doivent l'être en reconnaissances admissibles en paiement de domaines nationaux, d'après les proportions établies ci-après pour les créanciers des émigrés solvables.

LII. L'administration du département délivre aux commissaires de l'union, et à mesure des recouvremens résultant des états fournis par les receveurs des revenus nationaux, déduction faite de tous frais légitimes et des sommes payées aux créanciers sur les produits versés, un mandat général pour les sommes qui doivent être payées en assignats, et des reconnaissances de liquidation définitives afférentes à chaque créancier pour celles qui doivent l'être en cette nature, d'après l'état qui leur est fourni à cet effet par lesdits commissaires. Les mandats sont payés sur les fonds quelconques provenant des versemens faits par les receveurs des revenus nationaux.

LIII. Dans tous les cas, les biens des débiteurs insolvables sont administrés et vendus par les corps administratifs comme les biens nationaux, et payés dans les mêmes termes : néanmoins les créanciers recevront le prix de la vente aussitôt qu'elle aura été effectuée, d'après les règles prescrites à leur égard par la présente loi.

LIV. Les dispositions des articles précédens ont été appliquées aux unions déjà existantes.

SECTION QUATRIÈME.

De la liquidation des droits des épouses et des enfans des émigrés.

LV. Les femmes des émigrés qui ont des créances ou reprises à faire valoir sur les biens de leurs maris, se pourvoient, à cet égard, comme les autres créanciers, et sont payées d'après le même mode. (Voy. *Confiscations*, loi du 12 ventose an 8.)

LVI. Toute femme d'émigré ayant droit à la communauté, est tenue de déclarer à l'administration du département du domicile de son mari, en faisant le dépôt de ses titres, si elle accepte la communauté, ou si elle y renonce; à défaut de ladite déclaration, les femmes d'émigrés sont censées avoir accepté la communauté.

LVII. Il leur est donné, à cet effet, communication de l'inventaire qui a dû être fait par suite de l'émigration de leurs maris. Si l'inventaire n'a pas encore eu lieu, il y est procédé en leur présence ou celle d'un fondé de pouvoir ; et dans ce cas le délai prescrit par l'article précédent ne court que du jour de la clôture de l'inventaire.

LVIII. Les tuteurs sont tenus de se conformer aux dispositions des articles précédens, pour les enfans mineurs qui sont dans le cas d'exercer les droits de leurs mères.

LIX. Les biens meubles et immeubles de la communauté sont partagés ou vendus comme les autres biens indivis avec les émigrés.

LX. Les ventes qui ont pu être faites jusqu'à présent de ces biens, sont maintenues, sauf le droit des femmes à la portion qui les concerne, tant dans le prix desdites ventes que dans les produits des biens perçus par les receveurs des revenus nationaux, depuis la promulgation de la loi du 9 février 1792, ou l'émigration de leurs maris, si elle est postérieure à cette époque.

LXI. Les femmes des émigrés ne sont mises en jouissance définitive de la portion qui leur revient dans les biens de la communauté, que lorsque les charges ou dettes en ont été connues.

LXII. L'état du passif de la communauté est constaté par l'administration de département, d'après les titres de créances qui doivent lui être transmis.

LXIII. Les créances de la communauté sont liquidées comme celles sur les biens indivis.

LXIV. Les dispositions prescrites par les articles précédens à l'égard des femmes d'émigrés communes en biens, sont applicables aux enfans d'émigrés qui se trouvent aux droits de leurs mères, et réciproquement à ceux des mères émigrées qui ont à exercer les droits de leurs pères, ainsi qu'aux maris des femmes émigrées.

LXV. Les droits des époux divorcés avec des émigrés, sont liquidés par les administrations de département, conformément aux dispositions de la présente loi, et de celle du 20 septembre 1792, sur le divorce.

LXVI. Les liquidations de droits, les collocations de créances et les actes d'exécution des séparations et des divorces, faits et prononcés depuis le premier juillet 1789, entre maris et femmes d'émigrés, ou dont l'un des deux serait émigré, sont nuls et de nul effet, sauf les droits des séparés ou divorcés qu'ils exerceront sur les biens de l'époux émigré, aux termes de l'article précédent.

Le décret du 13 ventose an 3 (B. 128.), rendit aux citoyens ayant été au service; aux époux quoique non divorcés, à leurs enfans et aux propriétaires, ou jouissant par indivis avec eux, la main-levée du séquestre mis sur les biens à eux appartenant; et les linges, hardes, bijoux, meubles et effets leur appartenant ou à leur usage journalier, sur un simple état.

Le décret du premier nivose précédent (B. 101.), avait sursis à la vente des biens des pères et mères des émigrés.

Celui du 9 floréal suivant (B. 140.), ordonna aux pères, mères, ayeuls et ayeules, et autres ascendans ou ascendantes dont un émigré se trouvait héritier présomptif et immédiat, comme représentant son père ou sa mère décédé, de faire dans deux mois à l'administration de leur district une déclaration sincère, affirmée sincère, comprenant tous les articles de leur mobilier, à l'exception des habits, linge de corps et hardes de la famille, avec la valeur vénale de chacun au tems alors présent.

Tous les articles de leurs immeubles, évalués de même avec l'indication de l'assiette, de la nature et de la contenance de chaque fond.

Tous leurs capitaux ou dettes actives avec l'indication de chaque débiteur.

Ce qu'ils avaient donné de leurs biens depuis le 14 juillet 1789, et même avant, à leurs enfans ou petits-enfans.

Et ce qu'ils en avaient vendu postérieurement à l'émigration, et au premier février 1793.

Enfin leurs dettes passives.

2. Ils furent tenus en outre d'y joindre les pièces justificatives avec l'état nominatif de leurs descendans successibles; les certificats de non émigration de ceux restés en France, et l'époque de l'émigration des autres.

Il ordonna aux administrateurs et commissaires du pouvoir exécutif, de dénoncer les soustractions et estimations frauduleuses venues à leur connaissance.

3 et 4. Ces déclarations devaient être faites, à peine d'amende et de déchéance des avantages de cette loi.

9. Les

9. Les corps administratifs furent chargés de procéder à la liquidation du patrimoine déclaré.

10. Les seuls biens donnés aux successibles avant le 14 juillet 1789, sauf ce qui peut être sujet à rapport, et les dettes passives contractées par dates certaines et antérieures à l'émigration, et au premier février 793, doivent être distraits de ce patrimoine.

11. Si le patrimoine liquidé n'excède pas 20,000 francs, l'administration déclare que la république en fait l'abandon à l'ascendant.

12. S'il l'excède, elle fait du surplus des 20,000 francs autant de parts égales qu'il y a de têtes ou de souches de successeurs présens et émigrés; l'ascendant compté en outre pour une.

13. Ensuite elle expédie à l'ascendant, en biens meubles, immeubles et capitaux:

1°. Le montant de ses dettes passives distraites;

2°. Les 20,000 francs prélevés à son profit;

3°. Sa portion du surplus;

Et 4°. celle de tous ses co-successeurs non émigrés.

16. Les portions des émigrés sont réunies aux domaines nationaux.

Les successeurs déjà remplis antérieurement ne sont pas comptés, et les donataires ne le sont qu'à raison des sommes qui leur restent dues.

17. Si l'émigré avait reçu par donation une valeur supérieure à la portion qui lui reviendrait, cette donation profite à la république.

Si l'on s'en est réservé l'usufruit, l'usufruitier est déclaré créancier viager de la république, et inscrit au grand livre.

Si la donation excède ce dont il était permis de disposer, l'administration liquide la somme sujète à rapport, et renvoie le donateur au grand livre.

19. Ces arrêtés sont imprimés et affichés; ils désignent avec soin les objets rendus aux successeurs et ceux réunis, ainsi que leurs valeurs déclarées.

20. Les successeurs qui veulent racheter les portions de la nation, sont admis à en faire leur soumission dans les deux décades de l'arrêté.

Le décret du 18 prairial an 3 (B. 154.), déclare que les lois relatives aux pères et mères d'émigrés, ne s'appliquent point aux pères et mères d'enfans nés hors mariage.

Le décret du 11 messidor an 3, ordonna la suspension de l'exécution de celui du 9 floréal précédent, relatif au partage des biens.

En conséquence, celui du 6 thermidor suivant (B. 165.), accorda aux pères et mères d'émigrés un secours provisoire sur les produits nets de leurs biens séquestrés, jusqu'à concurrence de 5,000 francs par tête, et de 2,500 francs par chaque enfant à leur charge.

Loi du 20 floréal an 4. (B. 46.)

Ceux sur les biens desquels le séquestre a dû être apposé en vertu de la loi du 17 frimaire an 2, sont admis à demander le partage ordonné par la loi du 9 floréal an 3.

Le séquestre tient à l'égard de ceux qui n'ont pas demandé ou ne demandent pas le partage.

Il sera établi ou rétabli sur les biens de ceux désignés dans l'article premier de la loi du 9 floréal.

Loi du 30 thermidor, même année. (B. 68.)

La disposition de l'article 93 de la loi du premier floréal an 3, n'est point applicable aux co-propriétaires, qui, avant l'existence de cette loi, avaient fait les justifications qu'elle prescrit, à l'administration de département ou du district, dans l'étendue duquel les successions aux-quelles ils ont droit ont été ouvertes, ou à celle du dernier domicile de l'émigré.

2. Ils ont en conséquence en droit au partage en nature des biens non encore vendus.

3. Pour cet effet ils ont dû, dans le délai d'un mois, se pourvoir de-vant les administrations centrales de département où il existait des biens dépendant des successions dans lesquelles ils avaient droit, autres que celles dont ils avaient déjà obtenu des arrêtés, et y produire ces ar-rêtés avec leurs titres constatant leur qualité, la propriété et la situation des biens.

Il résulte évidemment de la loi du 20 floréal an 4, que la loi du 9 flo-réal an 3, n'est pas remise en entier en vigueur, puisqu'elle maintient et ordonne même de nouveau la mise du séquestre sur les biens des pa-rens d'émigrés; et que d'un autre côté la loi du 20 floréal a rendu facul-tatif le partage que la première rendait obligatoire.

De là naît la question de savoir si la nation a entendu continuer la rénonciation aux successions à échoir aux émigrés, exprimée par les ar-ticles 25 et 26 de la loi du 9 floréal an 3; mais le directoire a observé à cet égard, qu'il n'était pas présumable que le corps législatif, en remet-tant le 20 floréal an 4, à la volonté des ascendans, de faire ou de ne pas faire le partage, ait voulu en même tems renoncer à toute succession, puisque c'eût été encourager les ascendans à ne pas demander le partage; que d'ailleurs il eût alors distingué les successions directes, des succes-sions collatérales, et eût particulièrement statué sur celles ouvertes entre les deux lois. Qu'enfin s'il eût eu l'intention par les lois intermédiaires des 29 fructidor an 3 et 25 vendémiaire an 4, de borner la successibilité de la nation aux successions ouvertes, il eût été encore obligé d'en dé-terminer l'époque à la publication de la loi du 9 floréal, d'après les dis-positions de l'article 25. (Décision du 19 germinal an 4.)

Au surplus, la loi du 8 messidor an 7 (B. 290.), a décidé la question.

Elle porte que les ascendans d'émigrés qui n'avaient pas obtenu ou demandé le partage des biens revenant à titre de succession directe ou collatérale auxdits émigrés avant le décret de suspension du 11 messidor, de celui du 9 floréal précédent, an 3, ont la libre disposition de toutes les successions qui ont pu leur échoir depuis ledit jour 9 floréal, sans que la république puisse y exercer aucun droit successif.

Mais que ceux qui, avant la publication du décret du 11 messidor, n'avaient pas satisfait à celui du 9 floréal précédent, ne pourraient jouir de ces successions qu'après que la nation en aurait recueilli sa portion, et de celles à venir en entier, qu'après la date de l'arrêté définitif de li-quidation de toutes celles échues jusqu'à cette époque.

Les héritiers de l'ascendant jouissent, dans les mêmes cas, des mêmes avantages.

La république recueille toutes les successions collatérales ou portions, auxquelles un émigré était appelé immédiatement comme parent plus proche, sauf la liquidation antérieure prévue par la première disposition.

Elle renonce à toutes autres successions collatérales, à écheoir à compter de la publication de cette loi.

Le décret du 30 mars — 8 avril 1792, article 17, conservait aux femmes, pères, mères et enfans des émigrés, la jouissance provisoire du logement et des meubles et effets mobiliers à leur usage, inventaire préalablement fait.

Art. 18. Ils pouvaient en outre obtenir un secours annuel réglé par l'administration du département, et dont le maximum ne pouvait être de plus du quart du revenu net pour un, du tiers pour quatre, et de la moitié s'ils étaient en plus grand nombre.

L'article 18 du décret du 14 août — 2 septembre de la même année, accorda au contraire, aux femmes, pères et mères, en usufruit, et aux enfans en propriété, une portion des biens confisqués, qui ne pouvait excéder le quart, réglé par l'administration centrale.

Cette dernière disposition fut encore rapportée par le décret du 13 septembre 1793.

Le décret du 9 septembre même année 1792, assujétit les pères et mères qui ne purent justifier de la résidence en France de leurs enfans, ou de leur emploi en pays étranger pour le service de la nation, a fournir à leurs frais un soldat à la patrie pour chaque enfant déclaré émigré.

Le décret du 12 du même mois régla que cette indemnité serait de deux hommes, et qu'à cet effet, les pères et mères paieraient la valeur de leur habillement, équipement, armement et solde de 75 centimes par jour, à la caisse du receveur.

Celui du 10 juillet 1793, donna aux parens d'émigré la faculté de retirer des mains des receveurs de district les capitaux des rentes qui leur étaient remboursées, ainsi que les produits des coupes extraordinaires de bois, en justifiant de l'emploi en acquisition des terres ou maisons, si mieux ils n'aimaient les constituer sur le trésor public.

Un autre du 17 frimaire an 2, ordonna le séquestre de leurs biens jusqu'à ce qu'ils eussent prouvé qu'ils avaient agi activement pour empêcher l'émigration de leurs enfans.

TITRE IV.

Paiement des créances.

LXVII. Il est délivré, au nom de la nation, par les administrations de département, et à Paris par le bureau de liquidation, aux créanciers dont les titres ont été ou seront jugés légitimes d'après la loi, des reconnaissances de liquidation définitive en paiement des sommes qui leur sont dues. La trésorerie nationale délivre de pareilles reconnaissances pour les capitaux de rentes viagères qu'elle liquide.

LXVIII. Les créances exigibles qui n'excèdent pas deux mille livres, et celles constituées dont le capital est au-dessous de mille livres, sont remboursées.

LXIX. Les reconnaissances de liquidation définitive des créances

5 *

exigibles , ainsi que celles des créances constituées, qui excèdent les sommes fixées par l'article précédent, sont admissibles en paiement des biens nationaux, sans distinction d'origine, ou en inscription sur le grand livre de la dette publique.

LXX. Le cumul des créances sur les émigrés a lieu pour l'exécution des deux articles précédens ; mais on n'y peut comprendre que celles qui sont liquidées par une même administration de département.

Décret du 28 fructidor an 3. (B. 178.)

Les administrations de département sont autorisées, pour l'exécution de cet article, à exiger des créanciers des émigrés, dont les créances n'excèdent pas 2,000 francs, ou dont les créances constituées présentent un capital au-dessous de 1,000 francs, une déclaration qu'ils ont ou qu'ils n'ont pas d'autres créances à exercer sur d'autres émigrés du même département, soit de leur chef, soit par cession ou transport, ou par toute autre cause, et une énonciation exacte du montant des créances qu'ils ont à exercer.

En cas de fausse déclaration, les créanciers sont punis d'une amende du double de la somme réclamée.

Il n'est point dérogé à la peine prononcée par l'article 74, en cas de fausse affirmation de créances.

LXXI. Ces reconnaissances peuvent être divisées, selon le vœu des créanciers, en autant de parties qu'ils le desirent, pourvu q 'elles ne soient pas au-dessous de mille livres. Les coupures desdites reconnaissances sont numérotées par première et dernière.

LXXII. Peuvent également les reconnaissances de liquidation définitive se céder ou transporter ; mais, dans ce cas, elles sont soumises au même droit d'enregistrement que les effets au porteur.

LXXIII. Lorsqu'il s'agit de reconnaissances de liquidation relatives aux créances personnelles solidaires sur des émigrés et non émigrés , une expédition desdites reconnaissances est transmise aux préposés de l'agence des domaines, pour qu'ils aient à poursuivre les co-débiteurs solidaires pour le paiement de la portion de ces créances à leur charge.

LXXIV. Tout créancier d'émigré , avant d'obtenir la reconnaissance de liquidation définitive de sa créance , est tenu de représenter à l'administration du département qui doit la lui délivrer, une attestation de la municipalité de son domicile, portant qu'il a affirmé devant elle, que sa créance est sincère, et qu'elle n'a point été acquittée. En cas de fausse affirmation, il est puni d'une amende égale au triple de la somme qu'il réclame.

LXXV. Jusqu'à la liquidation définitive, les arrérages des pensions, soit perpétuelles, soit viagères, continuent d'être payés sur l'ancien pied, d'après les mandats des administrations de département, l'authenticité des titres et la solvabilité du débiteur préalablement reconnues, aux termes de la loi, sauf la retenue de ce qui pourrait avoir été payé de trop, sur le premier paiement des arrérages après la liquidation.

Cette disposition est appliquée aux créanciers des parens d'émigrés, dont la succession est ouverte au profit de la nation, en se conformant à l'article 45, et sans préjudice des dispositions de l'article 112, si la succession est indivise avec des co-héritiers non émigrés. (Décret du 23 vendémiaire an 4. B. 195.)

LXXVI. Les paiemens provisoires autorisés par les articles 13 et 14 de la loi des 11 et 12 mars 1793, ont pu être faits dans les formes prescrites par la loi du 3 prairial pendant deux mois, à compter de la date de la présente loi, passé lequel terme, aucun paiement n'a dû être autorisé que conformément aux règles qu'elle prescrit.

Décret du 3 prairial an 2.

A compter du premier messidor, le paiement des créances de 800 francs et au-dessous, et les arrérages de rentes perpétuelles et viagères dues par les émigrés, a dû être fait à la trésorerie nationale, d'après la liquidation des corps administratifs.

Les frais d'administration sont payés de même par la trésorerie nationale.

LXXVII. Les créanciers en sous-ordre des émigrés peuvent faire opposition à la délivrance des reconnaissances de liquidation définitive, au profit de leurs débiteurs, entre les mains du receveur du droit d'enregistrement du chef-lieu du département. Le certificat d'opposition que leur délivre le receveur, est soumis à l'enregistrement et à un droit d'un franc.

LXXVIII. Aucune reconnaissance ne peut être délivrée par l'administration du département, sans que le receveur du droit d'enregistrement ait certifié au bas de l'arrêté de liquidation définitive, que la créance n'est grevée d'aucune opposition. Le certificat de non opposition est délivré gratuitement. Les oppositions sont faites, à Paris, au bureau établi à cet effet près la trésorerie nationale.

LXXIX. Les administrations de departement envoient tous les quinze jours au ministre des finances un bordereau certifié des reconnaissances de liquidation définitive qu'elles ont délivrées. Ce bordereau indique, 1°. les noms, prénoms et domicile du créancier et de l'émigré débiteur; 2°. le montant total de la créance en capital et arrérages ou intéréts; 3°. les sommes que le créancier a déclaré avoir reçues à-compte; 4°. celles qu'il a employées en paiement de domaines nationaux avant la liquidation définitive; 5°. le montant net des reconnaissances de liquidation définitive.

LXXX. Le ministre des finances vérifie sur le bordereau, si les arrérages ou à-comptes payés et les emplois faits en paiement de domaines nationaux par les créanciers ont été déduits dans la liquidation, et peut le rectifier en conséquence. Dans ce cas, le créancier est poursuivi en restitution par le receveur des revenus nationaux.

LXXXI. Il est expédié, par le ministre des finances, à la trésorerie nationale, un relevé des bordereaux de reconnaissance de liquidation définitive, échangeables contre des assignats. La trésorerie nationale fait verser sans délai le montant de ces reconnaissances dans les caisses des receveurs du district du domicile des créanciers, qui sont prévenus par lesdits receveurs de l'arrivée des fonds.

LXXXII. Le ministre des finances fait passer aux administrations de département le modèle des reconnaissances de liquidation définitive, ainsi que celui des bordereaux qu'elles doivent former en exécution de l'article 79.

LXXXIV. Les administrations de département et le directeur du bureau de liquidation sont autorisés à délivrer aux créanciers des émigrés des certificats du montant de la créance dont les titres ont été déposés, lesquels sont admissibles en paiement de domaines nationaux, à la charge par eux de justifier, ainsi qu'il a été prescrit, de la solvabilité de leurs débiteurs, et de donner bonne et suffisante caution de rapporter le montant de leur créance, avec les intérêts à cinq pour cent, dans le cas où tout ou partie ne serait pas admis par le résultat de la liquidation définitive.

LXXXV. Lorsque les créances sont employées en acquisition d'immeubles, le cautionnement exigé par l'article précédent, et qui peut être fourni par les créanciers eux-mêmes en immeubles libres, ne porte que sur les dégradations et détériorations qui auraient pu être commises dans ces immeubles, et sur les fruits provenant des biens pendant la jouissance de l'acquéreur.

LXXXVI. Au moment de la délivrance du certificat, à la suite duquel sera inscrit l'acte de cautionnement, le créancier ou son fondé de pouvoirs, est tenu d'émarger sur le titre le montant de la somme portée audit certificat, et de signer l'émargement.

LXXXVII. La copie du certificat au bas de laquelle il est fait mention du prix de l'adjudication, signée par le créancier et le commissaire aux ventes, et visée par l'administration centrale, est prise pour comptant par le receveur des revenus nationaux, si ce sont des immeubles adjugés, ou par l'huissier chargé du recouvrement, s'il s'agit d'adjudication du mobilier.

LXXXVIII. Les commissaires aux ventes des biens nationaux attestent en même tems, sur le certificat restant entre les mains du créancier acquéreur, le montant de l'adjudication qui lui a été faite. Chaque attestation est approuvée par le créancier ou son fondé de pouvoirs, et visée par l'administration du département.

LXXXIX. Les créanciers à qui il a été délivré des certificats, en conformité de l'article 84, n'obtiennent la délivrance de reconnaissance définitive qu'après avoir remis ces certificats à l'administration de département qui doit prononcer sur leurs créances.

XC. Les sommes portées sur les certificats, qui ont été employées en paiement de biens nationaux, soit qu'elles l'aient été en partie ou en totalité, sont mentionnées sur les reconnaissances de liquidation définitive : elles sont, ainsi que les à-comptes, payés sur les créances, imputées d'abord sur les arrérages et intérêts échus au jour de l'emploi, puis sur le capital.

XCI. Les intérêts desdites sommes cessent du jour de leur emploi en acquisition de biens nationaux.

XCII. Les reconnaissances de liquidation définitive délivrées par les administrations de département, portent intérêt à quatre pour cent par an, pendant deux mois seulement, à partir de leur date. Cependant les intérêts cessent au jour de l'emploi des reconnaissances en paiement de biens nationaux, s'il a lieu avant l'expiration de ce terme. Sont néanmoins exceptées les reconnaissances de liquidation qui n'étaient pas susceptibles d'intérêt.

TITRE V.

Des biens et droits indivis avec les émigrés.

La loi du 13 ventose an 3 (B. 111.), avait rendu commune aux co-propriétaires de biens d'émigrés, la main-levée du séquestre mis sur les biens des condamnés
Celle du 9 frimaire an 7 (B. 245.), rapporte cette disposition.

ordonne à la régie de faire rendre compte aux co-propriétaires de biens d'émigrés de la gestion qu'ils ont exercée, par état de recette et de dépense.

3. Ces comptes sont présentés aux administrations municipales pour être débattus et contredits, s'il y a lieu, et ensuite envoyés à l'administration centrale qui émet l'apurement définitif.

4. Ces administrations peuvent faire procéder à l'estimation des biens pour en régler les revenus. La régie nomme un expert, le fermier ou locataire un second, et à défaut dans les dix jours de délai fixés par l'arrêté de l'administration centrale, elle le nomme elle-même.

Le résultat de l'estimation ne peut être au-dessous du prix stipulé par les jouissans provisoires.

5. L'état et dégradation des biens s'établit par le même mode.

6. L'administration centrale fixe en conséquence la portion de jouissance, et la somme des dégradations dues à la république.

7. A défaut de reddition de compte dans le mois, l'administration centrale a dû en fixer le reliquat présumé.

8. A défaut de paiement, les co-propriétaires sont poursuivis à la requête du commissaire central (du préfet), et condamnés dans le mois.

9. Ces comptes sont dus pour les biens vendus en exécution de la loi du 28 ventose an 4.

XCIII. Tous biens possédés par indivis avec des émigrés, sont mis provisoirement sous le séquestre, sauf les exceptions résultant de la loi du 13 ventose dernier, relative aux linges, hardes, bijoux, meubles et effets des époux et citoyens à leur service.

XCIV. Les scellés son apposés sur le mobilier par l'administration municipale, à la diligence du commissaire exerçant près d'elle.

XCV. Il est sursis à toutes ventes jusqu'après le partage des biens ou la liquidation des droits indivis.

XCVI. Tout co-propriétaire avec des émigrés est tenu de justifier de sa qualité, ou de produire ses titres de propriété ou les extraits légalisés desdits titres, si les biens sont situés en plusieurs départemens, dans le délai de trois mois après l'ouverture des droits de la nation dans lesdits biens. Ce délai passé sans qu'il ait été satisfait aux dispositions ci-dessus, les biens indivis sont vendus en totalité, à l'expiration du délai, sauf les droits du co-propriétaire dans le prix de la vente, ainsi qu'il sera ci-après prescrit.

XCVII. Aussitôt que les co-propriétaires ont rempli les dispositions de l'article précédent, il est procédé, par un commissaire nommé par l'administration du département, et en présence d'un officier municipal et des co-propriétaires ou de leurs fondés de pouvoirs, à l'inventaire des titres trouvés sous les scellés,

ainsi qu'à celui des meubles et effets qui sont en même tems
évalués par deux experts, dont l'un nommé par l'administration
du département, et l'autre par lesdits co-propriétaires.

Décret du 28 fructidor an 5 (B. 179.), *relatif à l'article* 112
de la loi du premier floréal an 3.

La discussion préalable des créances sur les biens indivis avec des
émigrés, se fait ainsi qu'il suit :

2. Avant de procéder à la liquidation, l'administration centrale
convoque les co-propriétaires et les co-débiteurs à l'effet de prendre
communication des titres et demandes du créancier, elle joint à cette
assemblée un commissaire qui stipule les droits de la nation.

Les parties intéressées ont un jour par cinq lieues pour se rendre à
l'assemblée ; elles s'y présentent en personne ou par fondés de pouvoir.

Celles absentes involontairement de l'assemblée, y sont représentées
par le commissaire près le tribunal civil, ou le juge de paix.

On dresse procès-verbal des débats; le propriétaire d'une créance
contestée en est prévenu et averti de se trouver à une seconde assemblée, qui est de suite indiquée par le commissaire nommé par l'administration centrale.

Si le créancier ne lève pas les difficultés, elle sont jugées par arbitres, l'un nommé par ce créancier, et l'autre par les autres membres
de la seconde assemblée. Si ces derniers ne s'accordent pas pour cette
nomination, elle est faite par le juge de paix du canton, ou son premier
assesseur, si le juge de paix est membre de l'assemblée.

Celui du créancier est nommé de même, s'il refuse de le faire lui-
même.

Si toutes les parties réunies ne s'accordent pas pour choisir un sur-
arbitre, s'il est nécessaire, il est nommé d'office dans la même forme.

La difficulté jugée, l'administration centrale procède à la liquidation,
et impute les frais sur la chose ; en cas de contestation, les frais sont
supportés par la partie qui succombe.

Loi du 9 frimaire an 7. (B. 245.)

10. Les co-propriétaires in livis ont dû demander le partage dans le
mois, à peine de déchéance, et dans ce cas ils n'ont plus droit qu'à la
portion du prix de vente.

11. Ceux qui avaient demandé le partage ont dû faire connaître leur
expert dans la décade. A défaut, l'administration centrale a dû en nommer un pour eux, ainsi que pour ceux qui l'ont demandé dans le délai,
sans indiquer leur expert.

13. Les fonctions attribuées aux administrations de district dans
la loi du premier floréal an 3, sont remplies par l'administration centrale.

XCVIII. Les meubles, matières d'or et d'argent, et tous autres effets mobiliers susceptibles de partage, sont divisés par les mêmes experts en lots qui sont distribués, par la voie du sort, entre la nation et les co-propriétaires. Dans le cas de non accord pour l'estimation du partage, les experts s'adjoignent un tiers pour fixer la contestation.

XCIX. La portion afférente à la nation dans le numéraire, matières d'or et d'argent, effets et obligations, est déposée entre les mains du receveur des revenus nationaux.

C. Les co-propriétaires sont dûment prévenus par lettres à eux adressées par l'administration du département, au domicile qu'ils ont élu, d'assister, tant à la levée des scellés, qu'à l'estimation et au partage du mobilier indivis, ils sont suppléés par le commissaire du pouvoir exécutif près l'administration municipale, dans le cas où eux ou leurs fondés de pouvoirs sont absens, ou ne se rendent pas à l'invitation de l'administration centrale.

CI. Il est procédé à l'estimation et au partage des immeubles indivis, d'après les formes prescrites ci-dessus pour le mobilier. Dans tous les cas l'évaluation en est faite d'après un état détaillé de leur nature et consistance. Les experts sont tenus de prononcer dans le mois, à compter du jour où ils ont reçu leur commission.

CII. Dans le cas où les lots, tant pour les meubles que pour les immeubles, sont inégaux, les experts déterminent les sommes à rapporter par ceux à qui les lots les plus forts sont échus; les sommes sont réparties proportionnellement sur les autres. Le tirage des lots est fait publiquement, savoir : pour les meubles, dans la maison commune, par un officier municipal, en présence de deux officiers municipaux au moins, et pour les immeubles, à l'administration centrale.

CIII. Les papiers, titres ou extraits des titres trouvés sous les scellés, sont remis aux co-propriétaires pour la portion des biens qui les concerne respectivement.

CIV. L'inventaire et les procès-verbaux d'estimation ou de partage des meubles et immeubles indivis, sont déposés à l'administration du département, dans la décade du jour de l'opération terminée. On remet à l'administration du département et aux préposés de l'agence des domaines, un état sommaire des objets estimés et partagés.

CV. Le mobilier et les immeubles indivis, non susceptibles de partage, sont vendus d'après les formes prescrites pour les biens nationaux.

CVI. Le mobilier indivis est payé comptant par les acquéreurs. Quant aux immeubles, le prix en est acquitté, savoir, pour la portion afférente à la république, dans les termes fixés par la loi pour le paiement des domaines nationaux, et pour le surplus immédiatement après l'adjudication.

Les immeubles sont revendus à la folle enchère de l'acquéreur, qui n'effectue pas ces paiemens à ces époques respectives.

CVII. Le prix des ventes des biens immeubles possédés par indivis avec les émigrés, est versé par les acquéreurs ; savoir, pour ce qui se trouve dû à la nation, dans la caisse du receveur des revenus nationaux ; et pour ce qui est dû aux co-propriétaires, entre leurs mains, d'après la reconnaissance qui leur a été délivrée par l'administration du département, de la portion qui les concerne dans le produit de ces ventes.

CVIII. Les biens indivis sont payés par les acquéreurs, en monnaies de cours, pour le montant des portions afférentes aux co-propriétaires, qui ne peuvent être forcés à recevoir les autres valeurs admissibles en paiment de biens nationaux.

CX. Les frais relatifs à la régie, à l'inventaire, estimation et au partage, ainsi qu'à la vente des biens indivis, sont supportés par la nation et les co-propriétaires, dans la proportion de leurs droits respectifs. Ceux à la charge de la nation sont acquittés par le receveur des revenus nationaux, d'après les arrêtés de l'administration centrale.

CXI. Les créanciers des parens d'émigrés dont les successions sont ouvertes, sont tenus, à peine de déchéance pour la portion de leurs créances à la charge de la république, de déposer les extraits de leurs titres dûment légalisés au secrétariat de l'administration du département du domicile des parens décédés, dans les trois mois de la publication de la présente loi, à la charge toutefois par eux de représenter les originaux de ces titres lors de la liquidation de leurs créances.

CXII. Les créances sur les biens indivis sont liquidées par les corps administratifs, comme les autres créances sur les émigrés, mais pour la portion seulement qui concerne la nation, et après qu'elles ont été préalablement discutées par les parties intéressées : néanmoins les liquidations déja faites, conformément à la loi, par les corps administratifs, sont maintenues, sauf à répéter sur les co-partageans les portions de ces créances, qui ont été acquittées à leur décharge. Toute action de solidarité envers la nation, à raison desdites créances, demeure éteinte.

Le conseil des cinq cents avait pris une résolution pour la détruire en faveur de tous les contractans : le 13 germinal an 5, le conseil des anciens rejeta cette proposition.

Le 26 ventose an 6, le ministre des finances écrivait que la solidarité ne cessait pas d'exister entre tous autres contractans que la
nation.

Le 14 nivose an 10, le tribunal de cassation a jugé de même la
question, *in terminis.*

Décret du 29 *fructidor* an 3. (B. 178.)

La liquidation des créances sur les parens d'émigrés, dont les successions sont ouvertes au profit de la nation, est faite par les administrations de département, du domicile de ces parens, où la succession
est ouverte.

Le dépôt des titres se fait conformément à ce que prescrit la loi
du 17 prairial an 4.

CXIII. Les titres de créance sur les biens indivis avec les émigrés, ne sont admis à la liquidation, pour ce qui concerne la
république, qu'autant qu'ils sont revêtus du caractère d'authenticité exigé par la présente loi.

CXIV. Les titres à la charge des parens d'émigrés, dont la
nation est appelée à partager la succession, ne peuvent également
être valables, s'ils n'ont acquis une date certaine avant le premier février 1793 ; ou l'inscription de l'héritier émigré sur la
liste du district, si son émigration est postérieure à cette
époque.

CXV. Aucune créance sur les successions dans lesquelles la
nation a des droits, ne doit être définitivement liquidée pour
ce qui la concerne, que lorsqu'il est constaté que ces successions sont solvables par la comparaison de l'actif résultant, soit
des produits nets recouvrés, soit de la valeur et estimation des
biens inventoriés, avec le passif consistant dans le montant des
créances dont les titres ont été déposés à l'administration du
département.

Loi du 23 *vendémiaire* an 4. (B. 195.)

1. Lorsqu'un héritier a, avant son émigration, accepté purement
et simplement une succession, les créanciers de cette succession peuvent être liquidés directement sur l'héritier émigré, en faisant preuve
préalablement de solvabilité personnelle.

2. Ils le sont également dans le cas d'acceptation par bénéfice d'inventaire, en prouvant la solvabilité de la succession, conformément
à la loi du premier floréal an 3.

3. Dans l'un et l'autre cas, les créanciers de l'émigré peuvent demander leur liquidation sur la succession qui leur était échue, en
justifiant, par le certificat de l'administration du département, ou du

liquidateur à Paris, que tout les créanciers de la *succession* ont été liquidés, et que d'après l'actif, constaté selon l'article 115, il reste de quoi les payer, en tout ou en partie.

4. Les créanciers de l'émigré sont en outre tenus de prouver, par pièces authentiques, le droit de l'émigré à la succession sur laquelle ils réclament.

5. Il n'est pas dérogé à l'article 112.

CXVI. Dans le cas d'insolvabilité reconnue des parens d'émigrés, il est procédé à l'égard des unions des créanciers, ainsi qu'il est prescrit par l'article 48.

CXVII. Les créances sur les propriétés indivises avec les émigrés, sont payées d'après le même mode que celles sur les biens des émigrés, en ce qui concerne la part afférente à la nation.

Loi du 16 thermidor an 7.

Les créanciers des successions en ligne directe, échues depuis le 9 floréal an 3, sont payés sur les biens provenant de ces successions, jusqu'à concurrence.

Les titres doivent avoir une date authentique, pour les anciens départemens, celui du Mont-Blanc, et le territoire de Nice, avant le premier février 1793.

Pour le territoire de Monaco, avant le 15 février 1793.

Et pour les autres départemens réunis, avant l'époque de la promulgation des décrets de réunion, ou de l'émigration de ceux que la république représente.

Sont également payés les créanciers des successions directes, devenus tels par suite des lois des 24 germinal an 2, *relative au nouveau mode de comptabilité, établi par le décret du 23 août 1793; 28 pluviose an 3, sur le même objet, la comptabilité; et 27* frimaire an 4, *relative à la contribution à l'emprunt forcé.*

Il en est de même des sommes dues par l'ascendant, pour objets acquis et compris dans la succession ouverte.

Les créanciers de successions collatérales sont également payés sur les biens desdites successions, même ceux des successions collatérales composant la succession directe ouverte.

Tous ces créanciers doivent affirmer leurs créances sincères et véritables, devant l'administration municipale de leur domicile, et justifier de leurs titres et de leur affirmation à l'administration centrale du domicile de leur débiteur décédé, dans les quatre décades qui suivent l'apposition des scellés, *à peine* d'être traités comme les autres créanciers de l'état.

L'administration centrale avertit, par affiches et publication, cette main-mise sur les biens.

Les créanciers reçoivent des valeurs réelles sur le produit du mobilier, et en cas d'insuffisance, sur celui des immeubles, ou en retenant une portion de ces immeubles.

L'estimation des biens est faite par deux experts, dont l'un est nommé par les co-partageans, et l'autre par le directeur des domaines. La loi règle ensuite le mode d'estimation.

Une loi du 8 messidor précédent (B. 290,), établit d'autres règles relatives à la disposition des successions échues aux émigrés.

CXVIII. Toutes contestations relatives à la propriété des biens indivis avec les émigrés sont décidées par le tribunal civil.

CXX. Si les biens se trouvent compris dans plusieurs départemens, le partage en est dirigé par l'administration de celui du domicile de l'émigré, ou du parent d'émigré décédé.

Loi du 13 ventose an 5. (B. 111.)

Le partage des biens indivis provenant d'émigrés, vis-à-vis d'autres co-propriétaires, est dirigé par l'administration du département du domicile de l'émigré, ou du parent de l'émigré décédé, quand même il n'y aurait aucun bien immeuble situé dans le département du domicile.

CXXI. Tout co-propriétaire avec des émigrés est tenu, dans le délai de trois mois après l'ouverture des droits de la nation, de déclarer s'il se trouve, relativement à des biens indivis, dans les termes de l'article précédent.

CXXII. Dans le cas où le partage général est demandé par les co-propriétaires, il n'est point procédé dans les départemens au partage partiel des biens, mais seulement à leur estimation.

CXXIII. Pour l'exécution de l'article 120, les administrations centrales de la situation respective des biens indivis, envoient, après les avoir visés, les inventaires et procès-verbaux relatifs à l'évaluation, tant du mobilier que des immeubles, à l'administration du département du dernier domicile de l'émigré ou du parent d'émigré, décédé dans les deux décades, à compter du jour où ces inventaires et procès-verbaux leur ont été transmis.

CXXIV. L'administration du département fait, d'après lesdits inventaires et procès-verbaux, procéder au partage, en présence des co-propriétaires ou de leurs fondés de pouvoir, dûment prévenus à cet effet, par deux arbitres, dont l'un est nommé par elle, et l'autre par les co-propriétaires ou leurs fondés de pouvoirs.

CXXV. Le tirage des lots se fait devant l'administration du département.

CXXVI. Les successions ouvertes avant le 14 juillet 1789, dans lesquelles la nation a des droits à exercer, sont partagées conformément aux lois et coutumes existantes. Quant à celles ouvertes depuis cette époque, le partage sera réglé d'après les dispositions de la loi des 17 nivose, 22 et 23 ventose, et 9 fructidor an 2, relatives aux donations et successions.

CXXVII. Aussitôt l'opération terminée, la copie du procès-verbal de partage, dûment certifiée, est transmise par l'administration du département, à chacune des autres administrations de département de la situation des biens. Il en est également délivré une copie certifiée à chacun des co-partageans.

CXXVIII. Il est envoyé au ministre des finances par les administrations de département qui, d'après les dispositions de la présente loi, ont fait procéder au partage des biens indivis avec les émigrés, un extrait sommaire certifié des procès-verbaux de ce partage, dans deux décades après qu'il a été effectué.

CXXIX. Il n'est point dérogé par la présente loi aux dispositions de la loi du 13 ventose an 3.

CXXX. Toutes dispositions des lois antérieures, relatives à l'objet de la présente, sont rapportées.

Le décret d'ordre du jour, du 28 pluviose an 2, porte que d'après l'article 20 de la quatrième section de la loi du 25 juillet 1793, la nation doit supporter les usufruits dont les biens des émigrés sont légitimement grévés.

D'après l'arrêté du 11 frimaire an 7 (B. 249.), 1°. les administrations de département, et à Paris le liquidateur de la dette des émigrés, sont autorisés à liquider les dettes des individus portés sur la liste des émigrés, *et qui ne sont rayés que provisoirement ;* et ce, suivant le même mode que celui qui est prescrit pour les créanciers des émigrés maintenus définitivement.

2°. Cette liquidation ne doit avoir lieu que sur la demande des créanciers des émigrés, et de leur consentement.

3°. En cas de liquidation, il sera tenu état particulier des liquidations opérées sur chaque émigré rayé provisoirement, afin de pouvoir en compter en cas de radiation définitive.

Actes faits par les émigrés avant ou après leur amnistie.

Avis du conseil d'état, approuvé le 26 fructidor an 13 (B. 58.), sur les questions suivantes :

Iere. Les émigrés amnistiés par le sénatus-consulte du 6 floréal an 10, sont-ils censés réintégrés dans leurs droits civils à dater de cette époque, ou seulement de celle de la délivrance de leur certificat d'amnistie ?

2°. Les contestations qui peuvent avoir lieu entre eux et leurs parens républicoles sur des successions ouvertes dans cet intervalle, sont-elles de la compétence de l'autorité administrative ?

Vu le sénatus-consulte du 6 floréal an 10,

L'arrêté du 8 messidor an 7 et celui du 5 floréal an 11, tous deux relatifs aux biens des émigrés;

Considérant, sur la première question, que le sénatus-consulte du 6 floréal an 10 a établi entre la personne et les biens de l'amnistié une distinction dont il convient de faire ici l'application; que l'article 15, en rendant aux amnistiés, sauf la surveillance spéciale du gouvernement, leurs droits de citoyen peut bien faire considérer comme valables les mariages et autres contrats civils qu'ils ont faits depuis le sénatus-consulte, mais sans déroger à l'article 17, qui ne les considère comme réintégrés dans leurs biens pour les parties exceptées de la confiscation et ne leur attribue les fruits que du jour de la délivrance de leur certificat d'amnistie;

Considérant, sur la deuxième question, qu'il y a également lieu de distinguer; qu'en effet, s'il s'agit d'une succession en ligne directe, ouverte antérieurement au 1er. messidor an 11, époque jusqu'à laquelle la république s'est réservé les droits de l'émigré, la matière est administrative, comme tous les autres points contentieux de cette espèce; mais que s'il s'agit d'une succession ouverte depuis cette époque du 1er. messidor, quoique antérieurement à la délivrance du certificat d'amnistie, le débat entre l'amnistié et ses parens rentre dans le droit commun, sauf à ces derniers à faire valoir l'abandon que l'état leur a fait, et pour lequel il ne leur doit ni garantie ni des juges spéciaux à perpétuité, sans quoi le but évident de cette mesure eût été manqué;

Est d'avis, sur la première question, que les actes de l'état civil et autres que l'amnistié a pu faire depuis le sénatus-consulte du 6 floréal an 10, quoique antérieurement à la délivrance de son certificat d'amnistie, sont valables, quant aux capacités civiles, mais sans dérogation à l'article 17 du même sénatus-consulte, concernant ses biens et droits y relatifs;

Sur la deuxième question, que les contestations qui peuvent avoir lieu entre les amnistiés et leurs parens républicoles, pour successions ouvertes avant la délivrance du certificat d'amnistie, mais postérieurement au 1er. messidor, sont du ressort de l'autorité judiciaire.

ENREGISTREMENT.

Sommaire.

Lois depuis 1790, en ce qui concerne les rapports de l'administration de l'enregistrement avec les administrations de département. — Actes des autorités administratives, sujets ou non soumis au droit d'enregistrement. — Table alphabétique des actes sujets à l'enregistrement et des droits dus.

Nota. Cette table comprend les dispositions de la loi du 27 ventose an 9. Il sera toujours bon, au surplus, de la consulter.

Loi du 27 ventose an 9, additionnelle. — Droits de greffe dans les tribunaux civils et de commerce. — Formalités pour les saisies-arrêts et oppositions entres les mains des préposés de l'enregistrement.

Enregistrement (1).

La loi du 8 — 15 mai 1791, portant création des régies des *douanes*, et de *l'enregistrement*, et du *timbre*, veut :

5. Qu'immédiatement après la nomination des régisseurs généraux et des préposés en chef dans les départemens, le ministre des finances donne connaissance de ces dernières aux administrations de département, et que les régisseurs leur envoient, ainsi qu'aux administrations de district, (aux sous-préfets) l'état des employés inférieurs qui doivent exercer dans leur territoire.

8. Tout receveur de l'une ou l'autre régie est tenu d'adresser au receveur du département, avec les fonds qu'il lui fait passer, un état de sa recette brute, des frais de perception, et de la somme effective qu'il verse. Il envoie en même tems un double certifié de ces états à l'administration du département et à celle de l'arrondissement.

9. Les administrations de département et d'arrondissement

---

(1) La loi portant établissement de la formalité de l'enregistrement est du 5 — 19 décembre 1790.

sont tenues de vérifier les caisses et registres des receveurs de différentes régies établies dans leurs arrondissemens respectifs.

La loi du.... 27 mai 1791, portant organisation de la régie des droits d'enregistrement, porte :

Titre 5, article 60. Les marchés pour les approvisionnemen de papiers seront passés au rabais, après affiches et publications, et en présence de l'administration du département. Il sera déposé à son secrétariat des échantillons du papier que l'adjudicataire se sera obligé à fournir, et un double du traité pou y avoir recours au besoin.

Délais.

Loi du 22 frimaire an 7. (B. 248.)

20. Les actes des corps administratifs et municipaux doiven être envoyés à l'enregistrement dans les vingt jours de leu date.

26. Ils sont enregistrés par le bureau dans l'arrondissemen duquel l'administration exerce ses fonctions, dans le délai d'u mois fixé par l'article 13 de la loi du 19 décembre 1790, au peines de l'article 49. (Loi du 9 vendémiaire an 6.)

29. Les droits sont acquittés par les secrétaires en chef d ces administrations.

37. Sauf le cas où les parties n'ont pas consigné aux main de ces secrétaires, dans le délai pour l'enregistrement, le montant des droits.

Alors ces secrétaires fournissent au receveur du droit, de extraits certifiés des actes, dont les droits n'ont pas été déposés, à peine de 10 francs d'amende par décade de retard e du double droit.

41. Ils ne peuvent délivrer en brevet, copie ou expédition aucun acte soumis à l'enregistrement sur la minute ou l'original, ni faire aucun autre acte en conséquence, avant qu'il ait été enregistré, quand même le délai pour l'enregistremen ne serait pas encore expiré, à peine de 50 francs d'amende e du double droit.

42. Ils ne peuvent non plus faire ou rédiger un acte en vertu d'un autre sous signature privée, ou passé en pays étranger, l'annexer à leurs minutes, ni le recevoir en dépôt, ni en délivre extrait, copie ou expédition, s'il n'a été préalablement enregistré, aux mêmes peines.

44. Les copies ou expéditions doivent rappeler, par une

transcription littérale, la quittance des droits, à peine de 10 fr. d'amende.

46. La fausse mention est punie de la peine relative au faux. *Voyez* Code pénal.

47. Il est défendu aux administrations centrales et municipales de prendre aucun arrêté en faveur de particuliers, sur des actes non enregistrés, à peine des droits dûs.

48. L'arrêté doit faire mention du paiement et du montant du droit, la date et le bureau où il a été acquitté.

49. Les secrétaires en chef tiennent un répertoire à colonnes, sur lequel ils inscrivent, jour par jour, sans blanc ni interligne, et par ordre de numéros, tous les actes des administrations qui doivent être enregistrés sur les minutes, à peine de 10 francs d'amende.

50. Chaque article de ce répertoire contient, 1°. son numéro; 2°. la date de l'acte; 3°. sa nature; 4°. les noms et prénoms des parties et leurs domiciles; 5°. l'indication des biens, leur situation et le prix, lorsqu'il s'agit d'actes qui ont pour objet la propriété, l'usufruit ou la jouissance de biens fonds; 6°. la relation de l'enregistrement.

51. Ils présentent tous les trois mois leur répertoire au receveur du droit d'enregistrement, pour qu'il soit visé par lui et le nombre d'actes inscrits arrêté, à peine de 10 fr. d'amende par chaque décade de trimestre de retard.

52. Ils sont tenus en outre de le représenter à toute réquisition des préposés de l'enregistrement, à peine de 50 francs d'amende.

En cas de refus, le préposé requiert l'assistance de l'agent ou de l'adjoint de la commune, pour dresser en sa présence son procès-verbal de refus.

53. Ces répertoires sont cotés et paraphés par le président de l'administration.

54. Les secrétaires en chef, les dépositaires des registres de l'état civil, ceux des rôles des contributions publiques, des archives et dépôts de titres et actes publics, sont tenus également de les communiquer, sans déplacer, auxdits préposés, et de leur laisser prendre sans frais les renseignemens, extraits et copies qu'ils jugent nécessaires aux intérêts de la république, à peine de 50 francs d'amende pour refus constaté, ainsi qu'il est dit en l'article 52.

Ces communications n'ont pas lieu les jours de repos, ni pendant plus de quatre heures pendant chacun des autres jours.

55. Les notices décadaires des actes de décès, sont trans

crites sur un registre particulier tenu par les secrétaires en chef.
Ils en envoient tous les trois mois un relevé certifié et sur
papier libre au receveur de l'enregistrement, à peine de 3o fr.
d'amende par mois de retard.

Actes enregistrés en débet dont le droit sera dû par les parties condamnées.

Les actes des commissaires de police.
Ceux des gardes champêtres et forestiers.
Ceux des juges de paix pour faits de police.
Ceux faits à la requête des commissaires impériaux près les
tribunaux.

Actes exempts de la formalité de l'enregistrement.

1°. Les actes des administrations publiques.
2°. Les mandats et ordonnances de paiement, les rescriptions
sur les caisses nationales.
3°. Les quittances de contributions, droits, créances et revenus payés à la nation ; celles pour charges locales, et celles
des traitemens des fonctionnaires et employés salariés par la
république.
4°. Les ordonnances de décharge ou de réduction, remise
ou modération d'impositions, quittances, rôles et extraits
d'iceux.
5°. Les récépissés donnés aux percepteurs, et les comptes de
recettes ou gestions publiques.
6°. Les actes de naissance, sépulture et mariage, et les extraits
qui en sont délivrés.
7°. Tous les actes et procès-verbaux, et jugemens concernant
la police générale et de sûreté, et la vindicte publique, excepté
ceux des huissiers et gendarmes.
8°. Les légalisations de signatures d'officiers publics.
9°. Les affirmations de procès-verbaux d'employés, de gardes
et agens salariés par la république.
10°. Tous les actes relatifs au service militaire de mer.
11°. Les passe-ports délivrés par l'administration publique.

Table alphabétique des actes sujets à la formalité de l'enregistrement et des droits qui sont dus à la république, en raison de la nature desdits actes.

Loi du 22 frimaire an 7. (B. 248.)

Nota. Les lettres italiques *d p*, veulent dire droit proportionnel; celles *d f*, droit fixe.

Ayez soin aussi de consulter la loi qui suit, du 27 ventose an 9.

ABANDONNEMENT. Ceux des biens, volontaires ou forcés, *d f*, 5 francs. Ceux pour faits d'assurance ou grosse aventure, *d p*, 50 cent. pour 100 fr.; en tems de guerre, il n'est dû qu'un demi-droit.

ABSTENTION. Tout acte contenant abstention, doit être enregistré sur la minute; il est soumis au *d f*, d'un fr.

ACCEPTATION. L'acte d'acceptation est enregistré sur minute. Lorsque l'acceptation est pure et simple, *d f*, un franc par chaque acceptant et pour chaque succession. Les acceptations de transport ou délégation des créances à terme, faits par acte séparé, *d f*, un franc, lorsque le droit proportionnel a été acquitté.

ACQUIESCEMENT. Il est enregistré sur minute, *d f*, un franc, lorsque l'acte n'est pas fait en justice; et deux francs lorsqu'il est passé au greffe du tribunal.

ACTES. — Nomenclature des actes qui sont exempts de la formalité de l'enregistrement. Délai dans lequel doivent être enregistrés ceux qui y sont assujétis. (Voyez, *article 20*, *huissiers, notaires, administration, seing privé.*) Tout acte qui ne contient que l'exécution, le complément et la consommation d'un acte antérieurement enregistré, *d f*, un franc. Les actes civils judiciaires et extrajudiciaires qui ne se trouvent dénommés dans aucun des paragraphes de la loi, *d f*, un franc. Les actes des huissiers lorsqu'ils ne peuvent être soumis au droit proportionnel, *d f*, un franc, pour chaque demandeur ou défendeur, en quelque nombre qu'ils soient, excepté les co-propriétaires, co-intéressés, associés, experts ou témoins, lesquels ne sont considérés que comme une seule personne et ne payent qu'un seul droit. Les actes refaits pour cause de nullité, et qui ne contiennent aucun changement, *d f*, un franc. Les actes de dépôt, d'acquiescement, décharge, exclusion de tribunaux, affirmation de voyage, désaveu, opposition à remise de pièces et autres actes passés au greffe des tribunaux civils, *d f*, deux francs. (*Voyez* NOTORIÉTÉ.)

ACTIONS. Les cessions d'actions mobiliaires des compagnies et sociétés d'actionnaires, sont assujéties à la formalité de l'enregistrement, *d p*, 50 centimes par 100 francs.

ADJUDICATIONS. Celles à la folle-enchère, lorsque le prix n'est pas supérieur à la précédente adjudication, si elle a été enregistrée, *d f*, un franc. Celles au rabais pour constructions, réparations, entretien, approvisionnemens et fournitures, dont le prix est à la charge du trésor national ou des établissemens publics, *d p*, 5o cent. par 100 francs. Marchés et adjudications pour le service des ministères de la guerre, de la marine et des ponts et chaussées, écluses, desséchemens, travaux dans les ports et pavage à la charge du trésor public, *d f*, un franc. (Loi du 7 germinal an 8 et arrêté du 15 brumaire an 12.) Adjudications et marchés par les villes, pour fournitures relatives à l'armement contre l'Angleterre, *d f*, un franc. Cautionnemens desdites adjudications, *d p*, 5o cent. par 100 francs. Adjudications au rabais des contributions directes, 5o cent. par 100 francs, sur la somme à laquelle s'élève la remise du percepteur. Les adjudications au rabais, autres que celles ci-dessus faites entre particuliers, et qui ne contiendraient ni vente, ni promesse de livrer des marchandises, denrées, etc., *d p*, un franc par 100 francs. Les portions acquises par licitation de biens meubles, indivis, *d p*, 2 francs par 100 francs. Les adjudications et autres actes translatifs de propriétés de meubles, récoltes sur pied, coupe de bois, et autres objets mobiliers, *d p*, 2 francs par 100 francs. Celles à folle-enchère de biens mobiliers, même droit, mais seulement sur ce qui excède le prix de la précédente adjudication. Les adjudications de biens immeubles à titre onéreux, *d p*, 4 francs par 100 francs.

ADMINISTRATION. Les actes des administrations centrales et municipales, soumis à la formalité de l'enregistrement, doivent être enregistrés dans le délai de vingt jours.

ADOPTION. Les actes d'adoption doivent être enregistrés sur minute, *d f*, un franc.

AFFIRMATIONS. Tous actes d'affirmation de voyage ou de créance, sont enregistrés sur minute, *d f*, 2 francs. Les affirmations de procès-verbaux des employés, gardes et agens salariés par la république, sont exempts de l'enregistrement.

AGENS *Ruraux et Forestiers.* — Procès-verbaux et rapports des agens ruraux et forestiers, *d f*, un franc. Ils sont enregistrés en *debet.*

APPELS. — Tout acte d'exclusion sur appel doit être enregistré sur minute. Déclaration et signification d'appel de jugemens des juges de paix aux tribunaux civils, *d f*, 5 francs. Déclaration et signification d'appel des jugemens des tribunaux civils, de commerce et d'arbitrage, *d f*, 10 francs.

APPRENTISSAGE. Les brevets d'apprentissage, lorsqu'ils contiennent stipulation de sommes payées, ou non, *d p*, 5o cent. par 100 francs.

ARBITRES. Les nominations d'arbitres doivent être enregistrées sur minute, *d f*, un franc. Les jugemens préparatoires ou d'instruction, rendus par les arbitres, 2 francs. Les jugemens d'arbitrage, contenant des dispositions définitives, qui ne peuvent donner lieu à un droit proportionnel au-dessus de 3 francs, *d f*, 3 francs.

ARRÊTÉS *de compte.* Droit proportionnel, un franc par cent francs.

ASSURANCE. Les abandonnemens pour fait d'assurance ou grosses aventures, *d p*, 5o centimes par 100 francs sur la valeur des objets abandonnés; en tems de guerre il n'est dû qu'un demi-droit. Les actes et contrats d'assurance , *d p* , 5o centimes par 100 francs sur la valeur de la prime; en tems de guerre il n'est dû qu'un demi-droit.

ATERMOIEMENT entre débiteurs et créanciers, *d p* , 5o centimes par 100 francs sur le montant de l'obligation du débiteur , déduction faite des remises.

ATTESTATION pure et simple , *d f*, un franc.

AUTORISATIONS. Tout acte contenant autorisation doit être enregistré sur minute. Autorisation pure et simple, *d f*, un franc.

AVIS *des parens.* Doivent être enregistrés sur minutes. Les avis de parens, autres que ceux contenant nomination de tuteurs et curateurs, *d f*, un franc. Ceux contenant nomination, *d f*, 2 francs.

AVOUÉS. Serment, *d f*, 15 francs. Significations d'avoué à avoué , *d f*, 25 centimes.

BAUX. Les baux, sous-baux, cessions ou subrogations de baux sous seing-privé, de biens immeubles , doivent être enregistrés dans les trois mois de leur date. Baux de pâturage et de nourriture d'animaux , *d p*, 25 centimes par 100 francs sur les deux premières années, et demi-droit sur les années suivantes. Les baux à cheptel et reconnaissances de bestiaux , *d p*, 25 centimes par 100 francs, sur le prix exprimé dans l'acte, ou à défaut, d'après l'évaluation. Baux pour nourriture de personnes, lorsque les années sont limitées, *d p*, 5o centimes par 100 francs sur le prix cumulé des années du bail; il n'y a lieu qu'au demi-droit pour les baux de nourriture de mineurs. Baux à ferme et à loyer, sous-baux , subrogations et cessions de baux , *d p*, 75 centimes par 100 francs pour les deux premières années, et 20 centimes par 100 francs pour les autres. Baux à rentes perpétuelles. ceux à vie et ceux dont la durée est illimitée, *d p*, 4 francs par 100 francs. Baux des barrières, *d f*, un franc. (Loi du 7 germinal an 8.)

BILAN. Tout acte de dépôt doit être enregistré sur minute. Bilan, *d f*, un franc. Dépôt de bilan, *d f*, 2 francs.

BILLETS. Billet à ordre, *d p*, 5o centimes par 100 francs. Billets simples, *d p*, un franc par 100 francs.

BREVETS D'APPRENTISSAGE. Ne contenant ni obligations ni quittances, *f*, un franc.

BUREAUX *de paix et de conciliation.* Les procès-verbaux portant conciliation ou non conciliation, défauts ou congés , remise ou ajournement, sont enregistrés sur minutes. Lorsque les procès-verbaux ne contiennent aucunes dispositions qui puissent donner lieu au droit proportionnel, *d f*, un franc.

CASSATION. Le premier acte de recours au tribunal de cassation en matière civile, correctionnelle ou de police, *d f*, 15 francs. Expéditions des jugemens du tribunal de cassation, délivrées aux parties, *d f*, 25 francs.

CAUTIONNEMENS. Cautionnemens de personnes à représenter en justice, et ceux des sommes déterminées ou non déterminées , sont enregistrés sur minutes. Cautionnemens de personnes à représenter en justice, et certifications de cautions et cautionnemens, *d f*; cautionnemens de sommes et effets mobiliers , *d p* , 5o centimes par 100 francs.

Il n'y a lieu qu'à un demi-droit pour les cautionnemens de comptables envers la république. Cautionnemens des fermiers ruraux, moitié des droits perçus sur le prix de la ferme.

CÉDULES. Pour appeler en conciliation, sont exemptes du droit d'enregistrement.

CERTIFICATS. Les certificats de toute nature doivent être enregistrés sur minutes. Certificats purs et simples, ceux de vie et de résidence par chaque individu, *d f*, un franc. Certificats d'individualité, *d f*, un franc.

CESSION. La réunion de l'usufruit à la propriété, lorsqu'elle s'opère par acte de cession, et qu'elle n'est pas faite pour un prix supérieur à la dernière aliénation de la propriété, *d f*, un franc. Cession de biens meubles, récoltes sur pied, coupes de bois et autres objets mobiliers, *d p*, 2 francs par 100 francs. Cessions de rentes perpétuelles ou viagères, ou de pensions à titres onéreux, *d p*, 2 francs par 100 francs.

CITATIONS et autres actes des huissiers qui ne peuvent donner lieu à un droit proportionnel, un franc.

COLLATION d'actes et pièces, un franc par chaque acte, ou extraits collationnés.

COMMAND. Déclaration de command, lorsque la faculté a été réservée et que la déclaration a été faite dans les 24 heures, *d f*, un franc; 2 francs par 100 francs pour les adjudications de biens meubles, lorsque les déclarations sont faites après les 24 heures; 4 francs par 100 francs dans les ventes de biens immeubles, lorsque la déclaration a été faite passé le même délai.

COMMANDEMENS et autres actes des huissiers, qui ne peuvent donner lieu au droit proportionnel, *d f*, un franc.

COMMUNICATIONS. Les actes de communication de pièces doivent être enregistrés sur minutes. — Actes de communication de pièces au greffe des tribunaux civils, *d f*, 2 francs.

COMPROMIS. Lorsqu'ils ne contiennent aucunes obligations de sommes et valeurs, *d f*, un franc.

CONCILIATION. Les procès-verbaux de paix, portant conciliation, défauts ou congés, remises ou ajournemens, sont enregistrés sur minutes. — Lorsqu'ils ne contiennent aucunes dispositions qui puissent donner lieu au droit proportionnel, *d f*, un franc.

CONGÉS par les tribunaux faute de conclure, *d f*, un franc.

CONNAISSEMENT, *d f*, un franc par chaque personne à qui les envois sont faits.

CONSENTEMENS purs et simples, *d f*, 2 francs.

CONSIGNATIONS. Tout acte de consignation est enregistré sur minute. — Consignation de sommes et effets mobiliers chez des officiers publics, lorsque l'acte n'opère pas la libération des opposans, *d f*, un franc.

CONTRAT DE MARIAGE. Sans désignations de biens ou sans autres dispositions que la déclaration de l'apport des conjoints, et sans stipulation avantageuse, *d f*, 3 francs. Les dispositions faites par contrats de mariage, et qui contiennent des libéralités, soumises à l'événement du décès, *d f*, 3 francs, indépendamment du droit du contrat. (*Voyez* donations.)

CONTRE-LETTRES. Celles qui ont pour objet une augmentation de prix, sont déclarées nulles. Cas où elles peuvent donner lieu à un triple droit.

CURATEURS. Procès-verbaux de nominations de curateurs doivent être enregistrés sur les minutes, *d f*, 2 francs.

DÉCHARGES. Celles pures et simples, *d f*, 1 franc. Celles que donnent les déposans, ou leurs héritiers, à des officiers publics, lorsque la remise des objets déposés leur est faite, *d f*, 1 franc. Celles données aux greffiers des tribunaux criminels, correctionnels et de police, lorsqu'il y a partie civile, *d f*, 1 franc. Les décharges de titres et pièces passées aux greffes des tribunaux civils, doivent être enregistrées sur les minutes, *d f*, 2 francs.

DÉCLARATIONS. Celles des héritiers, donataires ou légataires doivent être faites dans le délai de six mois, lorsque la succession est ouverte en France. Celles qui n'ont point été faites dans le délai utile, donnent lieu au paiement d'un demi-droit en sus. La peine est du double droit en cas d'omission. Les déclarations pures et simples en matière civile, *d f*, 1 franc. Déclarations de command. (*Voyez* command.)

DÉFAUT devant les tribunaux, *d f*, 1 franc. Ces actes sont enregistrés sur les minutes, dans les vingt jours de leur date.

DÉLÉGATIONS. Les acceptations de délégations, de créances à termes, faites par actes séparés, lorsque le droit proportionnel a été acquitté, et celles qui se font dans les actes même de délégations, quand le titre a été enregistré, *d f*, 1 franc. Les délégations de prix stipulées dans un contrat, sans énonciation de titre enregistré, *d p*, 1 franc par 100 francs.

DÉLIVRANCE DE LEGS. Délivrance de legs pure et simple, *d f*, 1 franc.

DÉMISSION de biens en ligne directe. (*Voyez* donations entre vifs pour le droit.)

DÉPÔTS. Tous actes de dépôts, consignations, ou dépôts de bilan, doivent être enregistrés sur les minutes. Dépôts d'actes et pièces, de sommes ou effets mobiliers, chez des officiers publics, lorsqu'ils n'opèrent pas la libération des opposans, *d f*, 1 franc. Actes de dépôt aux greffes des tribunaux criminels, correctionnels et de police, lorsqu'il y a partie civile, *d f*, 1 franc. Actes de dépôts faits aux greffes des tribunaux civils, *d f*, 2 francs. Actes de dépôt de bilan, registres, sommes et pièces, aux greffes des tribunaux de commerce, *d f*, 2 francs.

DÉSAVEU passés aux greffes des tribunaux civils, *d f*, 2 francs.

DÉSISTEMENS purs et simples, *d f*, 1 franc.

DEVIS d'ouvrages et entreprises qui ne contiennent ni obligations ni quittance, *d f*, 1 franc.

DIRECTION. Contrat de direction des créanciers, *d f*, 3 francs, indépendamment du droit particulier, comme obligation si l'acte contient obligation. Abandonnement de biens pour être vendus en direction, *d f*, 5 francs.

DIVORCE. Acte de divorce, *d f*, 15 francs.

DOMMAGES-INTÉRÊTS en matière civile, criminelle, correctionnelle et de police, *d p*, 2 francs par 100 francs.

DONATIONS. Donations entre vifs de biens meubles en ligne directe, *d p*, 1 franc 25 centimes par 100 francs, et de moitié droit si elles sont faites par contrat de mariage aux futurs. Donations entre vifs par des collatéraux et autres personnes, de biens meubles, *d p*, 2 francs 50 centimes par 100 francs. Il n'est dû que moitié si elles sont faites par contrat de mariage aux futurs. Donations entre vifs de biens immeubles en ligne directe, *d p*, 2 francs 50 centimes par 100 francs. Et moitié droit si elles sont faites par contrat de mariage aux futurs. Donations entre vifs de biens immeubles, par des collatéraux et autres personnes, *d p*, 5 francs par 100 francs. Il n'est perçu que moitié droit si elles sont faites par contrat de mariage aux futurs. Les donations demeurent assujéties à la formalité de l'insinuation comme par le passé.

DOUBLE DROIT. Actes sujets au paiement du double droit, faute d'enregistrement dans le délai utile. (*Tit. 6 de la loi.*)

ÉCHANGES. Échanges de biens immeubles, *d p*, 2 francs par 100 francs. Retours d'échanges de biens immeubles, *d p*, 4 francs par 100 fr. Les échanges faits avec la république sont enregistrés gratuitement.

EFFETS NÉGOCIABLES de particuliers ou de compagnies, *d p*, 50 centimes par 100 francs.

ÉMANCIPATIONS. Les émancipations doivent être enregistrées sur minute. Actes d'émancipations, *d f*, 5 francs par chaque émancipé.

ENCHÈRES. Doivent être enregistrées sur minutes. Les enchères, hors celles faites en justice, sur des objets en vente ou sur des marchés à passer, lorsqu'elles sont faites par acte séparé de l'adjudication, *d f*, 1 franc. Enchères passées aux greffes des tribunaux civils, *d f*, 2 francs. (*Voyez folle-enchère.*)

ENGAGEMENT de biens immeubles, *d p*, 2 francs par 100 francs.

ÉTAT CIVIL. Expédition des ordonnances et procès-verbaux de l'état civil, contenant indication de jour, ou prorogation de délai pour la tenue des assemblées préliminaires aux mariage et divorce, *d f*, 2 francs. Actes de naissance, sépulture et mariage reçus par les officiers de l'état civil, et les extraits qui en sont délivrés, sont exempts de la formalité de l'enregistrement.

EXCLUSION. Tout acte d'exclusion de tribunaux sur appel, est enregistré sur minute; actes d'exclusion de tribunaux civils, *d f*, 2 fr.

EXPÉDITIONS. — Celles des actes qui doivent être enregistrés sur minutes, ne payent aucun droit d'enregistrement. La première expédition des actes soumis à l'enregistrement, sur expédition, paye le droit fixe ou le droit proportionnel s'il y a lieu, et chacune des autres paye le droit fixe. Expéditions de jugemens. (*Voyez jugement.*)

EXPERTISE. Dans le cas où elle produit un capital plus fort au moins d'un huitième que celui déclaré, le déclarant doit le double droit sur le supplément de l'estimation. (Loi du 27 ventose an 9.)

EXPERTS. Les nominations d'experts doivent être enregistrées sur minutes, *d f*, 1 franc. Procès-verbaux et rapports d'experts, *d f*, 1 franc.

EXPLOITS. Doivent être enregistrés dans les quatre jours. Les exploits et autres actes des huissiers, qui ne peuvent donner lieu au droit proportionnel, *d f*, 1 franc. Les exploits pour le recouvrement des contributions, *d f*, 1 franc, lorsque la somme principale excède 25 francs. Ils sont enregistrés gratuitement lorsqu'il s'agit de cote de 25 francs et au-dessous. Des significations d'avoué à avoué, 25 centimes pour chaque avoué.

FOLLE-ENCHÈRE. Les adjudications à la folle-enchère, lorsque le prix n'est pas supérieur à la précédente adjudication, si elle a été enregistrée, *d f*, 1 franc. Adjudication à la folle-enchère de biens mobiliers, *d p*, 2 francs par 100 francs, mais seulement sur ce qui excède le prix de la précédente adjudication. Adjudication à la folle-enchère de biens immeubles, *d p*, 4 francs par 100 francs sur ce qui excède le prix de la précédente adjudication.

GARANTIE. Les actes de garantie mobiliaire, *d p*, 50 centimes par 100 francs.

GREFFIERS. Les greffiers ne peuvent faire enregistrer les actes qui sont soumis à cette formalité, qu'au bureau de l'arrondissement dans lequel ils exercent leurs fonctions. Les droits d'enregistrement pour les actes et jugemens qui doivent être enregistrés sur minute, à l'exception des jugemens rendus à l'audience, sont acquittés par le greffier, ainsi que les droits des actes passés et reçus au greffe, extraits, copies et expéditions qu'ils délivrent. Peine contre les greffiers qui auraient négligé de faire enregistrer leurs actes dans le délai utile. Peine contre les greffiers qui auraient délivré des expéditions quelconques, soumises à la formalité de l'enregistrement sans que lesdits actes aient été enregistrés, ou qui auraient fait d'autres actes en conséquence et par suite des premiers, sans que les premiers aient été enregistrés. *Double droit.*

GROSSE AVENTURE. Les abandonnemens pour grosse aventure, *d p*, 50 centimes par 100 fr., et moitié en tems de guerre. Obligation à la grosse aventure, *d p*, 50 centimes par 100 francs.

HUISSIERS. Les exploits et procès-verbaux des huissiers doivent être enregistrés dans les quatre jours. Les huissiers ne peuvent faire enregistrer leurs actes qu'au bureau de leur résidence, ou au bureau du lieu où ils les ont faits. Les droits d'enregistrement des actes du ministère des huissiers, doivent être payés par l'huissier qui les a faits. Peine contre les huissiers qui auraient négligé de faire enregistrer leurs actes dans le délai utile. Peine contre les huissiers qui auraient délivré des actes ou des expéditions quelconques, soumis à la formalité de l'enregistrement, sans que lesdits actes aient été enregistrés, ou qui auraient fait d'autres actes, en conséquence et par suite des premiers, sans que les premiers aient été enregistrés. *Droit et amende de 25 fr.* Les actes des huissiers qui ne peuvent donner lieu au droit proportionnel, sont soumis au *d f* d'un franc par chaque demandeur ou défendeur, en quelque nombre qu'ils soient, excepté les co-propriétaires, co-intéressés, experts ou témoins, lesquels sont considérés comme ne formant qu'une seule personne.

IMMEUBLES. Les mutations de biens immeubles par décès, en ligne directe, *d p*, 1 franc par 100 francs. Les échanges de biens immeubles, *d p*, 2 francs par 100 francs. Les engagemens de biens immeubles, *d p*, 2 francs par 100 francs. Les transmissions de biens immeubles, qui s'effectuent par décès entre époux, *d p*, 2 francs 50 centimes par 100 francs. Les transmissions des biens immeubles à titre onéreux, *d p*, 4 francs par 100 francs. Les portions indivises de biens immeubles, acquises par licitation, *d p*, 4 francs par 100 francs. Les retours d'échange et de partage de biens immeubles, à raison de 4 francs par 100 francs. Les mutations de biens immeubles, entre collatéraux et entre personnes par testament ou autre acte de libéralité à cause de mort, *d p*, 5 francs par 100 francs.

INSTANCES. Les actes de reprise d'instance doivent être enregistrés sur minutes, *d f*, 2 fr. Les instances avec la régie ont lieu sans le concours des avoués par simples mémoires.

INTERDICTION. Jugement du tribunal civil, portant interdiction, lorsqu'il ne contient aucune condamnation de sommes, ou lorsque le droit proportionnel ne s'élèverait pas à 15 francs, *d f*, 15 fr.

INVENTAIRE de meubles, titres et papiers, *d f*, 2 francs pour chaque vacation.

JUDICIAIRE (*Acte*). Les actes judiciaires, soumis à l'enregistrement sur minutes, doivent être enregistrés dans les vingt jours. Ceux dont il ne reste pas de minutes au greffe, ou qui se délivrent en brevet, doivent être enregistrés dans le délai de vingt jours.

JUGEMENS. Les oppositions à délivrance de titres ou jugemens, les jugemens portant transmission d'immeubles, et ceux par lesquels il est prononcé des condamnations sur des conventions sujètes à l'enregistrement, sans énonciation de titres enregistrés, doivent être enregistrés sur minutes. Jugemens préparatoires et interlocutoires des juges de paix et leurs jugemens définitifs lorsque le droit proportionnel ne s'élèverait pas à 1 fr., *d f*, 1 fr. Jugemens des juges de paix, portant renvois ou décharges, déboutés d'opposition, validités de congés, expulsions, condamnation en réparation d'injures et tout jugement définitif qui ne donne pas ouverture au droit proportionnel, *d f*, 2 fr. Jugemens préparatoires et d'instruction, rendus par les tribunaux civils et par les arbitres, *d f*, 2 fr. Jugemens portant résolution de contrats de vente pour défaut de paiement, et avant l'entrée en jouissance, *d f*, 2 francs. Expéditions des jugemens des tribunaux civils en première instance ou sur appel, portant acquiescement, acte d'affirmation, d'appel, conversion d'opposition en saisie, débouté d'opposition, décharge et renvoi de demande, déchéance d'appel, péremption d'instance, déclinatoire, entérinement de procès-verbaux et rapports, homologation de contrat d'union, d'atermoiement, injonction de procéder à inventaire, licitation, partage ou vente, main-levée d'opposition ou de saisie, nullité de procédure, maintenue en possession, résolution de contrat ou de clause de contrat pour cause de nullité radicale, publication judiciaire de donation, bénéfice d'inventaire, rescision, soumission et exécution de jugement, et généralement tous jugemens des tribunaux civil, de commerce ou d'arbitres, contenant des dispositions définitives, qui ne peuvent donner lieu à un droit d'enregistrement, au-dessus de 3 fr., et qui ne sont point classés dans la loi, *d f*, 3 fr. Jugement portant interdiction, et ceux de séparation entre époux, lorsqu'ils ne contiennent aucune condamnation de sommes, ou lorsque le droit proportionnel ne serait pas dans le cas de s'élever au-dessus de 15 fr., *d f*, 15 fr. Expédition de jugemens des juges de paix, tribunaux civils, de commerce, d'arbitres, tribunaux criminels, correctionnels et de police judiciaire, portant condamnation, collocation ou liquidation de sommes mobiliaires, intérêts et dépens, *d p*, 60 cent. par 100 fr. Jugement préparatoire ou d'instruction, des tribunaux de commerce, *d f*, 2 fr. Les jugemens des tribunaux criminels, correctionnels et de police, ne sont soumis à l'enregistrement que sur les expéditions lorsqu'elles sont requises par les parties civiles ou autres intéressés. Le droit d'enregistrement de ces expéditions, lorsqu'il n'y a pas de condamnations de sommes et valeurs, ou lorsque le droit proportionnel ne pourroit pas s'élever à 1 franc, est le *d f*, d'un franc. Lorsque ces jugemens prononcent des dommages et intérêts, il y a lieu à un droit proportionnel de 2 fr. par 100 fr. Lorsque le droit proportionnel a été acquitté sur un premier jugement, la perception sur les jugemens ultérieurs, n'a lieu que pour le supplément des condamnations, et faute de supplément elle a lieu pour le droit fixe. En cas de condamnation sur une demande non établie par titre enregistré, la perception a lieu, comme s'il y avait un titre, indépendamment du droit de l'acte ou jugement qui a prononcé la condamnation. Les jugemens rendus en matière de contribution, à quelque somme qu'ils puissent monter, donnent lieu à un droit de 1 fr. Les jugemens rendus par les juges de paix pour faits de police, sont enregistrés en *debet*. Jugemens du tribunal de cassation. (*Voyez* CASSATION).

LÉGALISATIONS. Les légalisations de signatures des officiers publics, sont exemptes de la formalité de l'enregistrement.

LEGS. Les délivrance de legs, purs et simples, *d f*, 1 fr.

LETTRES-DE-CHANGE. Les lettres-de-change sont exemptes de la formalité de l'enregistrement.

LETTRES *de voiture*, *d f*, 1 fr. pour chaque personne à qui les envois sont faits.

LETTRES *missives*. Lettres missives lorsqu'elles ne contiennent ni obligations ni quittances, *d f*, 1 fr.

MANDEMENS. Les mandemens pour assigner les opposans à scellés sont enregistrés sur minutes, *d f*, 1 fr.

MARCHÉS. Les marchés pour constructions, réparations, entretiens, approvisionnemens et fournitures, dont le prix est à la charge du trésor national, des administrations ou des établissemens publics, *d p*, 50 cent. par 100 fr. Ceux faits pour le service de la marine, de la guerre, des ponts et chaussées, écluses, desséchemens, travaux dans les ports et pavage à la charge du trésor public, *d f*, 1 fr. Cautionnement desdits marchés, *d p*, 50 cent. par 100 fr. Les marchés, autres que ceux dont il est parlé ci-dessus, faits entre particuliers, et qui ne contiendraient ni vente ni promesse de livrer des marchandises, denrées, etc., *d p*, 1 fr, par 100 fr. Les marchés d'objets mobiliers à titre onéreux, *d p*, 2 fr. par 100 fr.

MARIAGES. Les contrats de mariage sans désignations de biens, ou qui ne contiennent d'autres dispositions que les declarations de l'apport des conjoints, sans aucune stipulation avantageuse, *d f* 3 fr. Les dispositions faites par contrat de mariage, et qui contiennent des libéralités soumises à l'événement du décès, *d f*, 3 fr., indépendamment des droits de contrat. (*Voyez* Donations).

Meubles. Les mutations de biens-meubles, qui s'effectueront par décès en ligne directe, *d p*, 25 cent. par 100 fr. les mutations de biens-meubles entre collatéraux, et autres personnes, soit par successions, soit par testamens ou autres libéralités, à cause de mort *d p*, 1 fr. 25 cent. par 100 fr.; il n'est dû que moitié droit pour celles qui ont lieu entre époux. Les ventes, cessions et autres actes translatifs de propriété de récolte, coupe de bois et autres objets mobiliers, *d p*, 2 fr. par 100 fr. Les portions acquises par licitations de biens-meubles indivis, *d p*, 2 fr. par 100 fr. Les retours de partage de biens-meubles : *d p*, 4 fr. par 100 fr.

Minutes. Nomenclature des actes qui doivent être enregistrés sur minutes. Les actes judiciaires soumis à l'enregistrement sur minutes, doivent être enregistrés dans les vingt jours.

Mutations. Les mutations de propriété ou d'usufruit par décès, sont enregistrées au bureau de la situation des biens. Les mutations de biens-meubles, qui s'effectueront par décès en ligne directe, *d p*, 25 cent. par 100 fr. Les mutations de biens-immeubles par décès en ligne directe, *d p*, 1 fr. par 100 fr. Les mutations de biens-meubles entre collatéraux et autres personnes, soit par succession, soit par testament ou autres actes de libéralité, à cause de mort, *d p*, 1 fr. 25 cent. par 100 fr.; il n'est dû que la moitié pour celles qui auraient lieu entre époux. Les échanges de biens-immeubles, *d p*, 2 fr. par 100 fr. Les mutations de biens-immeubles entre collatéraux et autres personnes, par testament ou autre acte de libéralité, à cause de mort, *d p*, 5 fr. par 100 fr. Mutations entre-vifs de biens-immeubles, *d p*, 1 fr. 25 cent. par 100 fr.

Nomination d'experts ou d'arbitres, *d f*, 1 fr. Les procès-verbaux de nomination de tuteurs et de curateurs, *d f*, 2 fr.

Notaires. Les actes des notaires doivent être enregistrés dans les dix jours, lorsque le notaire réside dans la commune où le bureau est établi, et dans les quinze jours lorsqu'il n'y réside pas. Les notaires ne peuvent faire enregistrer leurs actes qu'au bureau de l'arrondissement dans lequel ils résident. Les droits d'enregistrement des actes notariés, doivent être payés par le notaire devant lequel ils ont été passés. Peine contre les notaires qui auraient négligé de faire enregistrer leurs actes dans le délai utile. Peine contre les notaires qui auraient délivré des actes ou expéditions quelconques, soumis à la formalité de l'enregistrement, sans que lesdits actes aient été enregistrés, ou qui auraient fait d'autres actes en conséquence, et par suite des premiers sans que les premiers aient été enregistrés. *Double droit ou amende de 50 fr.*

Notoriété. Les actes de notoriété doivent être enregistrés sur minutes, *d f*, 1 fr.

Obligations. —Consenties par actes contenant transmission de propriété, ne sont point assujéties à un droit particulier d'enregistrement, lorsqu'elles ont un rapport direct à l'acte dont elles font partie. Celles à la grosse aventure, *d p*, 50 cent. par 100 fr. Obligations pures et simples, *d p*, 1 fr. par 100 fr.

Oppositions à levée de scellés par comparence personnelle, doivent être enregistrées sur minutes, *d f*, 1 fr. Celles formées aux greffes à la délivrance de titres ou jugemens, procès-verbaux ou rapport, doivent être également enregistrées sur minutes, *d f*, 2 francs. Celles à publications de séparations, *d f*, 2 fr. Jugement portant conversion d'opposition en saisie, débouté ou main-levée d'opposition, lorsqu'ils ne peuvent donner lieu à un droit proportionnel au-dessus de 3 francs, *d f*, 3 fr.

ORDONNANCES. Celles pour assigner les opposans à scellés sont enregistrées sur minutes, *d f*, 1 fr. Celles sur requêtes doivent être enregistrées sur minutes. Les ordonnances des juges des tribunaux civils, sur requêtes, celles de référé, de compulsoire et d'injonction; celles portant permission de saisir-gager, revendiquer ou vendre; celles des commissaires du directoire exécutif, *d f*, 2 fr. Celles des tribunaux de commerce, *d f*, 2 fr.

PARTAGE. Ceux des biens-meubles et immeubles entre co-propriétaires, *d f*, 3 fr. En cas de retour, le droit est perçu au taux réglé pour les ventes. Les retours de partage de biens-meubles, *d p*, 2 fr. par 100 fr. Les retours de partage de biens-immeubles, *d p*, 4 francs par 100 fr. Les partages dans lesquels la république est intéressée, sont enregistrés gratuitement.

PASSE-PORTS. Les passe-ports sont exempts de la formalité de l'enregistrement.

PIÈCES. Les actes de communication de pièces, doivent être enregistrés sur minutes, *d f*, 2 fr.

POSSESSIONS. Les prises de possessions en vertu d'actes enregistrés, *d f*, 1 fr.

POUVOIRS. Les pouvoirs simples ne portant aucune obligation envers le constitué, *d f*, 1 fr.

PRÉSENTATIONS devant les tribunaux, *d f*, 1 fr.

PRISÉES DE MEUBLES, *d f*, 1 fr.

PROCÈS-VERBAUX. *Voyez* scellés, tuteurs, curateurs, avis de parens, émancipations, bureaux de paix. — Ceux des huissiers doivent être enregistrés dans les quatre jours. Ceux des employés, gardes, commissaires, séquestres, experts, agens forestiers et ruraux, sont soumis à un droit fixe de 1 franc. Ceux de délits et contraventions aux règlemens généraux de police ou de contribution, *d f*, 1 fr. Les procès-verbaux des juges de paix, ceux des commissaires du directoire exécutif près les tribunaux, ceux des commissaires de police et des gardes champêtres et forestiers pour faits de police, sont enregistrés en *debet*.

PROCURATIONS. Les procurations simples ne contenant aucune obligation envers le constitué, *d f*, 1 fr.

PROMESSES. Celles d'indemnités indéterminées et non susceptibles d'estimation, *d f*, 1 fr. Celles de payer, *d p*, 1 fr. par 100 fr.

PROPORTIONNEL. (*Droit*) Valeurs sur lesquelles le droit proportionnel est assis.

QUITTANCES. Celles données par acte contenant transmission de propriété, ne sont point sujètes à un droit particulier d'enregistrement, lorsqu'elles ont un rapport direct aux actes dont elles font partie. Les quittances, remboursemens ou rachats de rentes et redevances de toute nature, *d p*, 50 cent. par 100 fr. Les quittances et autres actes et écrits portant libération de sommes et valeurs mobiliaires, 5o cent. par 100 fr.

RAPPORTS. Les rapports des employés, gardes, commissaires, séquestres, experts, agens forestiers et ruraux, sont soumis au droit fixe d'un franc. Ceux qui ont pour objet des faits de police, sont enregistrés en *debet*. Jugement portant entérinement de rapports lorsqu'ils ne peuvent donner lieu à un droit proportionnel de 3 francs, *d f*, 3 fr.

RATIFICATION pure et simple d'acte en forme, *d f*, 1 fr.

RÉCÉPISSÉS simples, *d f*, 1 fr.

RECONNAISSANCES. Celles de chargement par mer, *d f*, 1 franc par chaque personne à qui les envois sont faits. Celles pures et simples ne contenant aucune obligation ni quittance, *d f*, 1 fr. Celles de rentes dont les contrats sont justifiés en forme, *d f*, 1 fr. Celles de bestiaux, *d p*, 25 cent. par 100 fr. sur le prix exprimé dans l'acte, ou à défaut, d'après l'évaluation. Celles de créances et celles de dépôts de sommes chez les particuliers, *d p*, 1 fr. par 100 fr.

REMBOURSEMENS. Les remboursemens et rachats de rentes et redevances de toute nature, *d p*, 5o cent. par 100 fr.

RENONCIATION. Tout acte contenant renonciation doit être enregistré sur minute. Renonciation pure et simple à succession, legs, ou communauté, *d f*, 1 fr. par chaque renonçant, ou pour chaque succession. Celles à communauté, successions ou legs, passées aux greffes des tribunaux civils, *d f*, 2 fr.

RENTES. Les quittances de remboursemens ou rachats de rentes et redevances de toute nature, *d p*, 5o cent. par 100 fr. Les constitutions de rentes perpétuelles ou viagères, à titre onéreux, *d p*, 2 fr. par 100 fr.

REPRISES D'INSTANCE. Les actes de reprises d'instance doivent être enregistrés sur minutes. Reprise d'instance au greffe du tribunal civil, *d f*, 2 fr.

RÉPUDIATION. Tout acte contenant répudiation ou renonciation, doit être enregistré sur minute. Toute répudiation pure et simple à succession, legs ou communauté, donne lieu à un droit fixe d'un franc par chaque renonçant et pour chaque succession.

REQUÊTE. Les ordonnances sur requêtes doivent être enregistrées sur minute. Ordonnances des juges des tribunaux civils sur requêtes, celles de référé, de compulsoire et d'injonction ; celles portant permission de saisir-gager, revendiquer ou vendre : celles des commissaires du directoire exécutif, *d f*, 2 francs. Celles des tribunaux de commerce.

RÉSILIEMENT purs et simples, faits dans les 24 heures *d f*, 1 franc.

RÉSOLUTION de contrat avant tout paiement et toute jouissance, *d f*, 2 francs.

RESTITUTION. Il y a prescription pour toute demande en restitution de droits perçus après deux années, à dater du jour de la perception.

RÉTRACTATION. *d f*, 1 franc.

RETRAITS. Ceux exercés en vertu de réméré dans les délais stipulés, *d p*, 5o centimes par 100 francs. Ceux exercés après l'expiration des délais convenus par les contrats de vente, sous faculté de réméré, *d p*, ¼ francs par 100 francs.

RÉUNION. La réunion de l'usufruit à la propriété, lorsqu'elle s'opère par acte de cession, et qu'elle n'est pas faite pour un prix supérieur à la dernière aliénation de la propriété, *d f*, 1 franc.

RÉVOCATION, *d f*, 1 franc.

SCELLÉS. Les procès-verbaux d'apposition, de reconnaissance et levée de scellés doivent être enregistrés sur minutes, *d f*, 2 francs par chaque vacation. Les oppositions à levée de scellés par comparence personnelle, doivent être enregistrées sur minutes, *d f*, 1 franc. Les ordonnances et mandemens pour assigner les opposans à scellés, sont enregistrés sur minute, *d f*, 1 franc.

SECRÉTAIRES. Les secrétaires des administrations ne peuvent faire enregistrer les actes qui sont soumis à cette formalité qu'au bureau de l'arrondissement dans lequel ils exercent leurs fonctions. Les droits d'enregistrement pour les actes des administrations soumis à cette formalité, sont acquittés par le secrétaire. Peine contre les secrétaires qui auraient négligé de faire enregistrer les actes qui sont soumis à cette formalité dans le délai utile. Peine contre les secrétaires qui auraient délivré des actes ou expéditions quelconques, soumis à la formalité de l'enregistrement, sans que lesdits actes aient été enregistrés, ou qui en auraient fait d'autres, en conséquence et par suite des premiers, sans que les premiers aient été enregistrés. *Double droit.*

SEING PRIVÉ. Les actes sous seing privé, contenant transmission de propriété, baux, sous-baux, cessions ou engagemens d'immeubles, doivent être enregistrés dans les trois mois de leur date. Les actes sous seing privé peuvent être enregistrés dans tous les bureaux indistinctement. Ceux qui n'ont point été enregistrés dans le délai utile, sont assujétis au paiement du double droit.

SÉPARATIONS. Jugement portant séparation entre époux, *d f*, 15 francs, indépendamment des condamnations qui pourraient résulter du jugement, si elles étaient de nature a élever le droit proportionnel au-dessus de 15 francs.

SERMENT. Les actes de prestation de serment des greffiers et huissiers des juges de paix, gardes des douanes, gardes champêtres et forestiers, *d f*, 3 francs. Les prestations de serment des notaires, greffiers et huissiers des tribunaux civils, criminels, correctionnels et de commerce, et de tous employés salariés par la république, autres que ceux indiqués ci-dessus, *d f*, 15 francs. Des avoués, *d f* 15 francs.

SIGNIFICATIONS. Les significations et autres actes des huissiers, qui ne peuvent donner lieu au droit proportionnel, *d f*, 1 franc. Les significations pour les recouvremens des contributions, donnent lieu à un droit fixe d'un franc, lorsque la somme principale excède 25 francs. Elles sont enregistrées gratuitement lorsqu'elles ont pour objet une cote de 25 francs et au-dessous. Significations d'avoué à avoué, *d f*, 25 cent.

SOCIÉTÉS. Les actes de société, et dissolutions de sociétés qui ne portent ni obligations, ni libérations, ni transmissions de biens, meubles ou immeubles, *d f*, 3 francs.

SOUMISSIONS. Les soumissions, hors celles faites en justice sur des

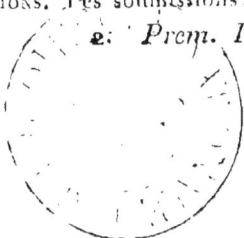

2. *Prem. Part.* 7

objets en vente, ou sur des marchés à passer lorsqu'elles seront faites par acte séparé de l'adjudication, *d f*, 1 franc.

Surenchères. Les surenchères doivent être enregistrées sur minutes, *d f*, 2 francs.

Testament. Les testamens déposés chez les notaires, ou par eux reçus, doivent être enregistrés dans les trois mois du décès du testateur. Les testamens et autres actes, qui ne contiennent que des dispositions soumises à l'événement du décès, *d f*, 3 francs. Les mutations de biens par testament, ou autre acte de libéralité, à cause de mort, *d p*, 1 franc 25 centimes par 100 francs, si la libéralité a pour objet des meubles, et 5 pour 100 si elle a pour objet des immeubles.

Titre-nouvel. Ceux dont les contrats sont justifiés en forme, *d f*, 1 fr.

Transactions. Les transactions qui ne contiennent aucune stipulation de valeur, ni dispositions soumises à un droit plus fort que 1 franc, *d f*, 1 franc. Celles qui contiennent stipulation de sommes et valeurs, *d p*, 1 franc par 100 francs.

Transmission. En cas de translation de propriété ou usufruit de meubles et immeubles, le droit d'enregistrement est perçu sur la totalité du prix, au taux réglé pour les immeubles, à moins qu'il ne soit stipulé un prix particulier pour les objets mobiliers. Les transmissions de biens immeubles qui s'effectuent par décès entre époux, *d p*, 2 francs 50 cent. par 100 francs. Les transmissions des biens immeubles, à titre onéreux, *d p*, 4 francs par 100 francs.

Transports. Les acceptations de transports de créances à terme, faits par actes séparés, lorsque le droit proportionnel a été acquitté, et ceux qui se font dans les actes même de transport, quand le titre a été enregistré, *d f*, 1 franc. Les transports de créances à terme, sans énonciation de titre enregistré, *d p*, 1 franc par 100 francs. Les transports de récoltes, coupe de bois et autres objets mobiliers, ceux de rentes perpétuelles et viagères, *d p*, 2 francs par 100 francs.

Tuteurs. Les procès-verbaux de nominations de tuteurs doivent être enregistrés sur les minutes, *d f*, 2 francs.

Union. Les contrats d'union de créanciers, *d f*, 3 francs, indépendamment du droit particulier, comme obligation, si l'acte contient obligation.

Ventes. Les ventes de récolte, coupe de bois et autres objets mobiliers, *d p*, 2 francs par 100 francs. Les ventes de biens immeubles, à titre onéreux, *d p*, 4 francs par 100 francs. Celles des prises, des navires et bris de navires passées par les officiers d'administration de la marine, doivent être enregistrées dans les vingt jours.

Vérification. Tout acte de vérification de créance doit être enregistré sur minute, *d f*, 2 francs.

Visa. Les *visa* de pièces et poursuites préalables à l'exercice de la contrainte par corps, *d f*, 1 franc.

Voyage. Tout acte d'affirmation de voyage est enregistré sur minute. Les affirmations de voyage faites aux greffes des tribunaux civils, *d f*, 2 francs.

Loi relative à la perception des droits d'enregistrement.
Du 27 ventose an 9. (B. 76.)

1er. A compter du jour de la publication de la présente, les droits d'enregistrement seront liquidés et perçus suivant les fixations établies par la loi du 22 frimaire an 7, et celles postérieures, quelle que soit la date ou l'époque des actes et mutations à enregistrer, sauf les modifications et changemens ci-après.

2. La perception du droit proportionnel suivra les sommes et valeurs, de vingt francs en vingt francs inclusivement, et sans fraction.

3. Il ne pourra être perçu moins de vingt-cinq centimes pour l'enregistrement des actes et mutations dont les sommes et valeurs ne produiraient pas vingt-cinq centimes du droit proportionnel.

Par ces deux articles on doit entendre, 1°. que le droit proportionnel fixé ne peut s'appliquer que de 20 fr. en 20 fr., et non à une fraction de 20; 2°. que si le capital est moins de 20 fr., on doit percevoir le droit comme s'il était de 20 fr; 3°. que sur ce premier cinquième de 100 fr. le droit ne peut être moindre de 25 cent.; mais que le droit proportionnel étant de 1 fr. par 100 fr. ou 100 cent. par 100 fr., si le principal est au-dessus de 20 fr., il doit être compté comme s'il était de 40, de 60, de 80, ou de 100 francs, et qu'alors le droit proportionnel d'un centime par franc fixé par la loi reprenait son cours pour produire 40, 60, 80 ou 100 cent. Ainsi si le capital est de 100 francs 50 cent., on doit 1 franc 25 cent.; s'il est de 120 fr. 50 cent., ou de 140 fr., on doit 1 fr. 40 cent.

4. Sont soumises aux dispositions des articles 22 et 38 de la loi du 22 frimaire, les mutations entre-vifs de propriété ou d'usufruit de biens-immeubles, lors même que les nouveaux possesseurs prétendraient qu'il n'existe pas de conventions écrites entre eux et les précédens propriétaires ou usufruitiers.

A défaut d'actes, il y sera suppléé par des déclarations détaillées et estimatives, dans les trois mois de l'entrée en possession, à peine d'un droit en sus.

5. Dans tous les cas où les frais de l'expertise autorisée par les articles 17 et 19 de la loi du 22 frimaire, tomberont à la charge du redevable, il y aura lieu au double droit d'enregistrement sur le supplément de l'estimation.

6. Les dispositions de la loi du 22 frimaire, relatives aux administrations civiles, et aux tribunaux alors existans, sont applicables aux fonctionnaires civils et aux tribunaux qui les remplacent.

7 *

7. Les actes et procès-verbaux de ventes de prises, et de navires ou bris de navires, faits par les officiers d'administration de la marine, seront soumis à l'enregistrement dans les vingt jours de leur date, sous la peine portée aux articles 35 et 36 de ladite loi du 22 frimaire.

L'article 37 leur est applicable pour le cas qui y est prévu.

8. Le droit d'enregistrement des baux à ferme ou à loyer, et des sous-baux, subrogations, cessions et rétrocessions de baux, réglé par l'art. 59 de la loi du 22 frimaire, §. 3, n°. 2, à un fr. par cent francs sur le montant des deux premières années, et à vingt-cinq centimes par cent francs sur celui des autres années, est réduit à soixante-quinze centimes par cent francs sur les deux premières années, et à vingt centimes par cent francs sur le montant des années suivantes.

S'il est stipulé, pour une ou plusieurs années, un prix différent de celui des autres années du bail ou de la location, il sera formé un total du prix de toutes les années; et il sera divisé également, suivant leur nombre, pour la liquidation du droit.

9. Le droit d'enregistrement des cautionnemens de baux à ferme ou à loyer, sera de moitié de celui fixé par l'article précédent.

10. L'article 69 de la loi du 22 frimaire, §. 4, n°. 1, et §. 6, n°. 2, est applicable aux démissions de biens en ligne directe.

11. Le droit proportionnel est porté à deux pour cent sur le montant des dommages-intérêts en matière civile, ainsi qu'il est réglé par l'article 69 de ladite loi, §. 5, n°. 8, pour les dommages-intérêts en matière criminelle, correctionnelle et de police.

12. Les jugemens portant résolution de contrats de vente pour défaut de paiement quelconque sur le prix de l'acquisition, lorsque l'acquéreur ne sera point entré en jouissance, ne seront assujétis qu'au droit fixe d'enregistrement, tel qu'il est réglé par l'article 68 de la loi du 22 frimaire, §. 5, n°. 7, pour les jugemens portant résolution de contrats, pour cause de nullité radicale.

13. La dernière disposition du n°. 30 du §. 1er. de l'art. 68 de la loi du 22 frimaire, est applicable aux actes d'appel compris sous les §§. 4 et 5 du même article.

14. Les actes de prestation de serment sont soumis à l'enregistrement sur les minutes, dans les vingt jours de leur date, sous les obligations et peines portées aux articles 35 et 37 de ladite loi du 22 frimaire.

Ceux des avoués sont classés parmi les actes de cette nature, compris sous le n°. 4 du §. 6 de l'article 68. Ceux des gardes des barrières le sont sous le n°. 3 du §. 3 du même article.

15. Le droit d'enregistrement des significations d'avoué à avoué, dans le cours des instructions des procédures devant les tribunaux, est fixé à 25 centimes. Ces actes seront enregistrés dans les quatre jours de leur date, à peine de 5 francs d'amende pour chaque contravention, outre le paiement du droit.

16. Les présentations et les défauts de congés faute de comparoir, défendre ou conclure, qui doivent se prendre au greffe, sont soumis à un droit fixe d'un franc.

Ils s'enregistrent sur les minutes ou originaux.

Le délai pour l'enregistrement est le même que celui fixé par l'article 20 de la loi du 22 frimaire, pour les actes judiciaires; et les articles 55 et 57 de ladite loi leur sont applicables.

17. L'instruction des instances que la régie aura à suivre pour toutes les perceptions qui lui sont confiées, se fera par simples mémoires respectivement signifiés sans plaidoierie. Les parties ne seront point obligées d'employer le ministère des avoués.

Droits de greffe.

Loi portant établissement de droits de greffe au profit de la république, dans les tribunaux civils et de commerce. Du 21 ventose an 7. (B. 266.)

Art. 1er. Il est établi des droits de greffe au profit de la république, dans tous les tribunaux civils et de commerce.

Ils seront perçus, à compter du jour de la publication de la présente, pour le compte du trésor public, par les receveurs de la régie de l'enregistrement, de la manière ci-après déterminée.

2. Ces droits consistent,

1°. Dans celui qui sera perçu lors de la mise au rôle de chaque cause, ainsi qu'il est établi par l'art. 3 ci-après;

2°. Dans celui établi pour la rédaction et transcription des actes énoncés en l'art. 5;

3°. Dans le droit d'expédition des jugemens et actes énoncés dans les articles 7, 8 et 9.

3. Le droit perçu lors de la mise au rôle, est la rétribution due pour la formation et tenue des rôles, et l'inscription de chaque cause sur le rôle auquel elle appartient.

Ce droit sera, dans les tribunaux civils, de cinq francs, sur appel des tribunaux civils et de commerce ;

De trois francs pour les causes de première instance, ou sur appel des juges de paix ;

Et d'un franc cinquante centimes pour les causes sommaires et provisoires.

Dans les tribunaux de commerce, il sera pareillement d'un franc cinquante centimes.

Le tout sans préjudice du droit de vingt-cinq centimes qui est accordé aux huissiers-audienciers pour chaque placement de cause.

Le droit de mise au rôle ne pourra être exigé qu'une seule fois ; en cas de radiation, elle sera replacée gratuitement à la fin du rôle, et il y sera fait mention du premier placement.

L'usage des placets pour appeler les causes, est interdit ; elles ne pourront l'être que sur les rôles et dans l'ordre du placement.

4. Le droit de mise au rôle sera perçu par le greffier en y inscrivant la cause ; et le premier de chaque mois, il en versera le montant à la caisse du receveur de l'enregistrement, sur la représentation des rôles, cotés et paraphés par le président, sur lesquels les causes seront appelées, à compter du jour de la publication de la présente.

5. Les actes assujétis, sur la minute, au droit de rédaction et transcription, sont les actes

De voyage,

D'exclusion ou option de tribunaux d'appel,

De renonciation à une communauté de biens ou à succession,

D'acceptation de succession sous bénéfice d'inventaire,

De réception et soumission de caution,

De reprise d'instance,

De déclaration affirmative,

De dépôt de bilan et pièces,

D'enregistrement de société ;

Les interrogatoires sur faits et articles,

Et les enquêtes.

Il sera payé, pour chacun de ces actes, 1 fr. 25 centimes.

Les enquêtes seront en outre assujéties à un droit de 50 cent. par chaque déposition de témoins.

6. Les expéditions contiendront vingt lignes à la page, et huit à dix syllabes à la ligne, compensation faite des unes avec les autres.

7. Les expéditions des jugemens définitifs sur appel des tribunaux civils et de commerce, soit contradictoires, soit par
défaut, seront payées 2 francs le rôle.

8. Les expéditions des jugemens définitifs rendus par les
tribunaux civils, soit par défaut, soit contradictoirement, en
dernier ressort ou sujets à appel, celles des décisions arbitrales, celles des jugemens rendus sur appel des juges de paix,
celles des ventes et baux judiciaires, seront payées 1 fr. 25 cent.
le rôle.

9. Les expéditions des jugemens interlocutoires, préparatoires et d'instruction, des enquêtes, interrogatoires, rapports
d'experts, délibérations, avis de parens, dépôt de bilan, pièces
et registres, des actes d'exclusion ou option des tribunaux
d'appel, déclaration affirmative, renonciation à communauté
ou à succession, et généralement de tous actes faits ou déposés au greffe, non spécifiés aux articles 7 et 8, ensemble
de tous les jugemens des tribunaux de commerce, seront payées
1 franc le rôle.

10. La perception de ce droit sera faite par le receveur de
l'enregistrement, sur les minutes des actes assujétis au droit de
rédaction et transcription, sur les expéditions et sur les rôles
de placement de causes qui lui seront présentés par le greffier;
il y mettra son reçu, et il tiendra de cette recette un registre
particulier.

11. Le greffier ne pourra délivrer aucune expédition que les
droits n'aient été acquittés, sous peine de restitution du droit
et de cent francs d'amende, sauf, en cas de fraude et de malversation évidente, à être poursuivi devant les tribunaux, conformément aux lois.

12. Ne sont pas compris dans les droits ci-dessus fixés, le
papier timbré et l'enregistrement, qui continueront d'être perçus
conformément aux lois existantes.

13. Les greffiers des tribunaux civils et de commerce tien-
dront un registre coté et paraphé par le président, sur lequel
ils inscriront, jour par jour, les actes sujets au droit de greffe,
les expéditions qu'ils délivreront, la nature de chaque expédition, le nombre des rôles, le nom des parties, avec mention
de celle à laquelle l'expédition sera délivrée.

(*Voyez* les autres dispositions relatives aux droits des greffiers, au titre *Cours et Frais judiciaires.*)

Formalités pour les saisie - arrêts et oppositions entre les mains des préposés de l'administration de l'enregistrement et des domaines.

Décret du 13 pluviose an 13. (B. 3o.)

Art. 1ᵉʳ. Les saisie-arrêts et oppositions aux paiemens à faire par les préposés de l'administration de l'enregistrement et des domaines, pour les objets susceptibles d'être ainsi arrêtés, ne seront valables qu'autant qu'elles auront été notifiées au directeur de cette administration dans le département où le paiement devra être effectué, et que l'original en aura été visé par ce directeur, avec indication de la date et du numéro du registre par lui tenu à cet effet.

2. Les ordonnances, mandats et exécutoires (excepté ceux pour indemnité aux jurés, taxes à témoins, et autres frais de justice qui doivent être payés sur-le-champ), ne pourront être acquittés par les préposés qu'après qu'ils auront été revêtus du *visa* du directeur, constatant qu'il n'existe point de saisie-arrêt ni d'opposition.

3. Le ministre des finances est chargé de l'exécution du présent décret.

ÉTAT CIVIL.

Sommaire.

Officiers publics ordinaires et extraordinaires. — Peines qu'ils peuvent encourir en cette qualité. — Poursuites judiciaires contre eux. — Compétence ministérielle. — Filles enceintes. — Morts-nés. — Qualifications féodales ou nobiliaires. —. Prénoms. — Cérémonies religieuses. — Enregistrement des actes. — Contrainte pour obtenir des déclarations.

Actes : dispositions générales. — Fondés de pouvoirs. — Témoins ; lecture et signature des actes, paraphe des pièces. — Actes faits en pays étranger. — Mention d'actes judiciaires. — Altération, faux. — Feuilles volantes. — Paternité ; principes ; déclarations qui peuvent être refusées ou reçues. — Actes de naissance. — Reconnaissance des enfans naturels. — Décès : des sépultures et des lieux qui leur sont consacrés. — Translation de corps. — Concessions de terrains dans les cimetières. — Police des lieux de sépulture. — Pompes funèbres. — Actes de décès. — Inhumations. — Décès pendant un voyage de mer. — De parens de mineurs. — Des tuteurs ou curateurs. — Amendes encourues par les officiers de l'état civil pour n'avoir pas envoyé la notice des décès au receveur de l'enregistrement. — Actes de naissance, de mariage et de décès concernant les militaires hors du territoire de l'Empire. — Rectification des actes de l'état civil. — Formules d'actes. — Adoptions nouvelles. — Tutelle officieuse. — Adoptions anciennes.

Registres ; prohibitions, composition, dépôt. — Anciens registres. — Impression des formules d'actes. — Registres argués de faux. — Tables annuelles et décennales. — Extraits des registres. — Prix des extraits. — Dépositaires. — Responsabilité. — Vérification.

Mariages.
Conditions. — Enfans naturels. — Militaires et marins. — Prisonniers de guerre. — Déserteurs étrangers. — Etrangers. — Sourds-muets. — Mariage des présumés émigrés.

Prohibitions. — Les aveugles, imbécilles ou niais peuvent se marier. — Nègres. — Actes de notoriété. — Publications de promesses. — Oppositions. — Célébration. — Mariages

contractés en pays étranger. — Nullités. — Peines, contre les:
officiers publics relatives au mariage. — Mariages prétendus
illégaux. — Mariages antérieurs au premier janvier 1793 non
déclarés. — Des droits et des devoirs respectifs des époux.
— Des obligations qui naissent du mariage. — Dissolution
du mariage. — Des seconds mariages. — Cérémonies religieuses. — Publications par les ministres des cultes. — Divorces
nouveaux. — Antérieurs. — Des émigrés. — Des femmes de
militaires.

Des officiers publics par qui seront tenus les registres des naissances, mariages et décès.

Loi du 20 septembre 1792.

1er. Les maires des communes reçoivent et conservent les-
registres qui constatent les naissances, mariages et décès.

2. Les maires reçoivent les déclarations relatives à l'état
civil.

3. En cas d'absence ou empêchement légitime du maire, il
est remplacé par l'un des adjoints à la mairie.

Les officiers de l'état civil n'exercent aucune jurisdiction lorsqu'ils
reçoivent les déclarations ; ils ne sont que des instrumens passifs pour
la rédaction des actes (rapport fait au corps législatif par les orateurs
du gouvernement, lors de la proposition de la loi du 20 ventose an 11.

Officiers publics extraordinaires.

Loi du 18 floréal an 10. (B. 189.)

1. Lorsque la mer ou un autre obstacle rendra les communications difficiles, dangereuses ou impossibles entre le chef-
lieu d'une commune et les îles, îlots ou villages qui en dépendent, le gouvernement nommera ou fera nommer par le
préfet, selon la population de la commune, un adjoint au maire
en sus du nombre fixé par l'article 12, §. 3 de la loi du
28 pluviose an 8. Un arrêté du gouvernement, pris dans la
forme prescrite pour les règlemens d'administration, déterminera
chaque commune où cette nomination devra avoir lieu.

2. L'adjoint sera pris parmi les habitans de la partie de la
commune qui ne peut pas, en tout tems, communiquer avec

le chef-lieu; il sera chargé de la tenue des registres de l'état civil.

3. Pendant le tems de l'année où la communication sera impossible, la publication et l'affiche nécessaires pour la validité des mariages, pourra se faire dans le lieu où demeurera l'adjoint, et à la porte de sa maison, laquelle tiendra lieu de maison commune.

4. L'adjoint dont la nomination sera autorisée par le gouvernement en vertu de l'article premier, n'aura point de correspondance directe avec les autorités constituées, mais seulement avec le maire de la commune.

Il lui remettra, à la fin de chaque année, les registres de l'état civil clos et arrêtés, et le maire les réunira avec ceux du chef-lieu, pour en faire les dépôts ordonnés par la loi.

Etablissement d'un adjoint au maire dans les hameaux de Gèdre et de Gavarnie.

Arrêté du 3 brumaire an 11. (B. 22.)

Les consuls de la république, sur le rapport du ministre de l'intérieur;

Vu la loi du 18 floréal an 10;

Considérant que les communications des hameaux de Gèdre et de Gavarnie avec le chef-lieu de la commune de Luz, dont ils dépendent, sont impossibles pendant plus de six mois de l'année;

Le conseil d'état entendu,

Arrêtent:

Art. Ier. Il sera établi, conformément à la loi du 18 floréal dernier, un adjoint au maire de la commune de Luz, département des Hautes-Pyrénées, pris dans chacun des hameaux de Gèdre et Gavarnie.

2. Les adjoints exerceront les fonctions autorisées par ladite loi du 18 floréal, art. 2, 3 et 4.

Peines que peuvent encourir les officiers civils.

Amendes,

1°. Qui ne peuvent excéder 100 francs pour n'avoir pas exécuté les dispositions comprises dans les articles 34 et suivans,

jusques et compris l'article 49, relatifs à la forme des actes de
l'état civil : art. 5o.

2°. De 5oo francs pour avoir célébré un mariage avant que
l'opposition qui y auroit été faite ne fût levée : art. 68.

3°. Qui ne peuvent excéder 5oo francs pour avoir célébré le
mariage de *mineurs* sans le consentement de leurs parens;
4°. ou de *majeurs* qui n'auraient pas produit d'actes respectueux : art. 156 et 192.

5°. Si le mariage n'a pas été précédé des publications prescrites, ou si les intervalles dans les publications et célébration
n'ont point été observés : art. 192.

6°. Ou si le mariage n'a pas été célébré *publiquement* et
devant l'officier civil du domicile de l'une des parties : art. 193.

7°. De 5o fr. pour chaque mois de retard après les trois mois
de délai donnés pour l'envoi au receveur de l'enregistrement
du relevé des actes des décès survenus dans les trois mois
écoulés.

Emprisonnement de six mois au moins dans le troisième cas,
art. 156, et d'un mois au moins dans le quatrième, art. 157,
outre l'amende.

Dommages-intérêts dans le deuxième cas, outre l'amende fixe
de 5oo francs : art. 68.

Idem et poursuites criminelles pour altération, faux et inscription d'actes sur des feuilles volantes : art. 51 et 52.

Poursuites judiciaires contre les officiers de l'état civil.

Le 4 pluviose an 12, le conseil d'état a été d'avis que les
officiers de l'état civil pouvaient être poursuivis devant les
tribunaux sur la simple réquisition des procureurs-impériaux,
sans qu'il fût besoin de l'autorisation de l'autorité supérieure dont
parle l'article 75 de la constitution, et que cette faculté résultait
de la surveillance attribuée aux commissaires sur ces officiers
de l'état civil.

Cette opinion, qui doit être suivie jusqu'à ce qu'elle soit réformée,
renferme une exception à l'art. 75. Cet article constitutionnel ne fait
aucune distinction de circonstances, et la loi du 20 ventose an 11 ne
peut porter aucune dérogation à la constitution. Les fonctions d'officier
de l'état civil sont remplies par des agens du gouvernement. Ces fonctions
passera ent dans d'autres mains, que les citoyens qui les rempliraient
seraient encore des agens du gouvernement, parce qu'elles sont une
branche de l'administration générale ; et dans tous les cas, l'art. 75 de
la constitution devrait leur être applicable.

Compétence ministérielle.

Les dispositions administratives des lois sur l'état civil font partie des attributions du ministre de l'intérieur. Ainsi, c'est à lui à indiquer les additions ou les changemens à faire dans la rédaction des actes de l'état civil.

Cet avis du grand-juge ministre de la justice, du 6 fructidor an 11, est fondé sur l'arrêté du 19 floréal an 8 (art. 10), qui n'a pas été rapporté.

Art. 10. Le ministre de l'intérieur enverra aux préfets, qui les adresseront aux sous-préfets pour les faire passer aux maires et adjoints, des modèles des actes de naissances, décès, mariages, divorces et adoptions, pour assurer l'uniformité des actes de l'état civil dans toute la république.

Filles enceintes.

Les questions de savoir, 1º. si l'édit de février 1556, qui astreignait les femmes non mariées à faire leurs déclarations de grossesse;

2º. Pardevant qui elles devaient être faites;

Et 3º. quelle autorité devait poursuivre l'infraction à la loi, ont été faites au ministre de l'intérieur.

Il y a répondu plusieurs fois, et notamment le 18 brumaire an 6:

Que l'article 8 du décret du 12 brumaire an 2, portant : « Il faut l'aveu du père consigné dans des actes publics ou privés, ou une suite de soins non interrompus donnés par celui qui se reconnaît pour père de ceux qui en sont l'objet »; voulant que la preuve de la paternité ne pût résulter de liaisons dont l'existence n'exclut pas la possibilité de semblables liaisons avec d'autres individus, il en résultait que la déclaration de grossesse de la mère était inutile pour l'état de l'enfant ; que d'ailleurs les nouvelles lois ne lui en faisaient pas l'obligation sous ce point de vue;

Que quant à la conservation de l'enfant , le code criminel portait bien, article 17, paragraphe 1, du titre 2, une peine générale contre celui qui serait convaincu « d'avoir par breuvage, par violence ou par tout autre moyen, procuré l'avortement d'une femme enceinte »; mais que la loi s'est bien gardée de faire naître la pensée que la mère pût se rendre coupable d'un pareil crime ; que les nouveaux législateurs, voulant jusqu'ici rendre à la nature ses lois et ses droits, ont repoussé toute idée d'infanticide, et renversé les échafauds dressés contre la nature, par l'édit de 1556; que ce serait donc aller contre leur vœu, contre celui des lois , non seulement que d'obliger les femmes enceintes non mariées de déclarer leur grossesse, mais même de recevoir leur déclaration ;

Enfin, que l'on trouve encore une nouvelle preuve du vœu des lois à cet égard , dans le silence de celle du 20 septembre 1792 , relativement aux registres, que, dans l'hypothèse contraire , les officiers publics devraient tenir pour recevoir ces déclarations.

Morts-nés.

La loi veut que toutes les naissances et décès soient déclarés.

Les réglemens veulent que les enterremens soient faits sous l'inspection de l'autorité publique.

Il n'y a aucun inconvénient à recevoir les déclarations de naissance et de décès des enfans morts-nés ; mais il y en aurait de très-graves à ne pas le faire.

Si l'on n'était pas tenu à faire une déclaration de l'accouchement, ou avortement, on ne le serait pas non plus à faire celle de la mort de l'enfant, ni à requérir l'autorité publique de le faire inhumer. Cependant on ne peut le faire enterrer sans déclarer sa mort et sans que l'officier public ne l'ait vérifiée. Comment pourrait-on penser qu'il eût le devoir de la vérifier sans avoir celui de la constater !

Si l'on peut se dispenser de déclarer la mort de l'enfant mort-né, et conséquemment de le faire inhumer, on peut donc le jeter indifféremment sur un fumier. Une fille pourrait donc détruire impunément son enfant, à la faveur de cette dispense, en supposant qu'il est mort-né ; car on peut accoucher sans témoins, ou en présence de témoins intéressés au crime, etc.

Mais pour éviter tout autre inconvénient, il convient que chaque acte indique l'état de l'enfant au moment de l'accouchement. La formule de l'acte, sur le registre des naissances, ne doit plus être la même; dans le cas dont il s'agit, il faut que cet acte commence ainsi: *Le.... etc., le cit.* N** *nous a déclaré que* M*** , *son épouse , est accouchée aujourd'hui d'un enfant mort-né,* etc. La déclaration doit être certifiée par deux témoins.

Si l'enfant a vécu quelques instans, l'acte de naissance doit être rédigé dans la forme ordinaire, en y énonçant le tems pendant lequel l'enfant a eu vie, et conséquemment l'époque de sa mort, que l'on constate ensuite sur le registre des décès.

Qualifications féodales ou nobiliaires.

Lois des 30 juin et 16 octobre 1791, *et* 6 *fructidor an* 2. (B. 44.)

Il est défendu à tout fonctionnaire ou officier public de donner aucune des qualités de féodalité supprimées, soit par le décret du 16 juin 1790, soit par e présent, même avec les expressions de ci-devant à aucun Français , ni de les insérer dans aucun acte.

Il est expressément défendu à tout fonctionnaire public de désigner les citoyens dans les actes, autrement que par le nom de famille, et les prénoms portés en l'acte de naissance, ou les surnoms qui ont servi jusqu'ici à distinguer les membres d'une même famille, sans rappeler des qualifications féodales ou nobiliaires, ni d'en exprimer d'autres dans les expéditions et extraits qu'ils délivrent, à peine de destitution et d'une amende égale au quart de leur revenu, prononcée par le tribunal correctionnel.

Prénoms.

Loi du 11 germinal an 11. (B. 267.)

1. A compter de la publication de la présente loi, les noms en usage dans les différens calendriers et ceux des personnages connus de l'histoire ancienne, pourront *seuls* être reçus, comme prénoms, sur les registres de l'état civil destinés à constater la naissance des enfans ; et il est interdit aux officiers publics d'en admettre aucun autre dans les actes.

2. Toute personne qui porte actuellement comme prénom, soit le nom d'une famille existante ; soit un nom quelconque qui ne se trouve pas compris dans la désignation de l'article précédent, *pourra* en demander le changement, en se conformant aux dispositions de ce même article.

3. Le changement aura lieu d'après un jugement du tribunal d'arrondissement, qui prescrira la rectification de l'acte de l'état civil.

Ce jugement sera rendu, le commissaire du gouvernement entendu, sur simple requête présentée par celui qui demandera le changement, s'il est majeur ou émancipé, et par ses père et mère ou tuteur, s'il est mineur.

Voyez la partie relative aux noms, au titre *Noms*.

Cérémonies religieuses.

Loi du 7 vendémiaire an 4.

Articles 20 et 21. Tout fonctionnaire public chargé de rédiger les actes de l'état civil, qui fera mention dans ces actes des cérémonies religieuses, ou qui exigera la preuve qu'elles ont été observées, sera condamné à une amende qui ne pourra excéder 500 fr. ni être au-dessous de 100 fr.

Enregistrement.

Loi du 20 septembre 1792.

7. Les actes qui sont inscrits dans les registres, ne sont point sujets au droit d'enregistrement. Les expéditions de ces actes en sont également affranchies, sauf celles des actes de divorce, qui sont sujètes à un droit de 15 fr. (*Voy.* le titre *Enregistrement.*)

Contrainte.

Il résulte du silence du code civil et du vœu du législateur exprimé dans le rapport des orateurs du gouvernement, que la loi du 19 décembre 1792 est abrogée, et qu'on ne peut plus contraindre les parens à déclarer les naissances et décès, sauf les poursuites criminelles en cas de suppression, d'enlevement, ou de défaut de représentation de l'enfant, ou de recèlement de décès;

Ainsi, quoique l'article 77 oblige les parens d'un décédé à déclarer le décès pour obtenir de l'officier de l'état civil la permission de l'enterrer, cet officier ne peut pas forcer ces parens à venir ensuite, ou dès ce moment, en faire une déclaration authentique. Si même on veut supprimer le corps, l'officier de l'état civil, qui a une conviction morale et même physique de cette suppression, n'est pas obligé, en sa qualité d'officier public, de dénoncer le fait au procureur impérial. Ce soin paraît être laissé aux seules personnes intéressées.

Contraventions.

Voyez à la suite des officiers publics, *Peines contre les officiers publics.*

Dispositions générales.

Code civil. *Loi du 20 ventose an 11.*

40. Les actes de l'état civil seront inscrits, dans chaque commune, sur un ou plusieurs registres tenus doubles.

54. Les actes de l'état civil énonceront l'année, le jour et l'heure où ils seront reçus, les prénoms, noms, âge, profession et domicile de tous ceux qui y seront dénommés.

55. Les officiers de l'état civil ne pourront rien insérer dans les actes qu'ils recevront, soit par note, soit par énonciation quelconque, que ce qui doit être déclaré par les comparans.

42. Les actes seront inscrits sur les registres, de suite, sans aucun blanc. Les ratures et les renvois seront approuvés et signés de la même manière que le corps de l'acte. Il n'y sera rien écrit par abréviation, et aucune date ne sera mise en chiffres.

Fondés de pouvoir.

36. Dans les cas où les parties intéressées ne seront point obligées de comparaître en personne, elles pourront se faire représenter par un fondé de procuration spéciale et authentique.

On

On peut faire publier, sur la demande d'un fondé de pouvoir, des promesses de mariage. Un père, une mère, des bisaïeuls peuvent aussi se faire représenter à l'état civil pour constater par la présence et la signature d'un tiers, leur consentement à un mariage, etc.

Dans tous les cas, la procuration doit énoncer l'intention précise de celui qui la donne, et ne renfermer aucun autre objet que celui qui doit intéresser l'état civil; elle doit aussi être donnée par devant notaire et être enregistrée.

Témoins.

37. Les témoins produits aux actes de l'état civil ne pourront être que du sexe masculin, âgés de vingt-un ans au moins, parens ou autres; et ils seront choisis pas les personnes inté-ressées.

La loi du 20 septembre 1792, avait admis les deux sexes indistinc-tement.

Lecture et signature des actes.

38. L'officier de l'état civil donnera lecture des actes aux parties comparantes, ou à leurs fondés de procuration, et aux témoins.

Il y sera fait mention de l'accomplissement de cette for-malité.

39. Ces actes seront signés par l'officier de l'état civil, par les comparans et les témoins; ou mention sera faite de la cause qui empêchera les comparans et les témoins de signer.

Paraphe des pièces.

44. Les procurations et les autres pièces qui doivent demeu-rer annexées aux actes de l'état civil, seront paraphées par la personne qui les aura produites et par l'officier de l'état civil.

Elles seront déposées au greffe du tribunal, avec le double des régistres dont le dépôt doit avoir lieu audit greffe.

Actes faits en pays étranger.

47. Tout acte de l'état civil des Français et des étrangers, fait en pays étrangers, fera foi, s'il a été rédigé dans les formes usitées dans ledit pays.

2. *Prem. Part.* 8

48. Tout acte de l'état civil des Français en pays étranger sera valable s'il a été reçu, conformément aux lois françaises, par les agens diplomatiques, ou par les commissaires des relations commerciales de la république.

Ces deux articles semblent établir que les Français en pays étranger, peuvent y faire des actes civils de deux manières ; l'une en suivant le mode établi en pareil cas dans le pays où ils se trouvent ; l'autre en s'adressant aux agens de leur patrie établis dans ce pays étranger. Mais dans le premier cas, il faut encore que l'expédition de l'acte civil soit légalisée par l'un de ces agens, pour être reconnue par les autorités françaises. Il doit en être de même pour les actes produits par les étrangers.

Mention d'actes judiciaires.

49. Dans tous les cas où la mention d'un acte relatif à l'état civil devra avoir lieu en marge d'un autre acte déja inscrit, elle sera faite à la requête des parties intéressées, par l'officier de l'état civil, sur les registres courans ou sur ceux qui auront été déposés aux archives de la commune, et par le greffier du tribunal de première instance, sur les registres déposés au greffe ; à l'effet de quoi l'officier de l'état civil en donnera avis dans les trois jours au commissaire du gouvernement près ledit tribunal, qui veillera à ce que la mention soit faite d'une manière uniforme sur les deux registres.

50. Toute contravention aux articles précédens de la part des fonctionnaires y dénommés, sera poursuivie devant le tribunal de première instance, et punie d'une amende qui ne pourra excéder 100 francs.

Altération ; faux ; feuilles volantes.

52. Toute altération, tout faux dans les actes de l'état civil, toute inscription de ces actes faite sur une feuille volante et autrement que sur les registres à ce destinés, donneront lieu aux dommages-intérêts des parties, sans préjudice des peines portées au code pénal.

Principes sur la paternité.

Code civil. *Loi du 2 germinal an 11.*

312. L'enfant conçu pendant le mariage, a pour père le mari.

Néanmoins celui-ci pourra désavouer l'enfant, s'il prouve que pendant le tems qui a couru depuis le 300me. jusqu'au 180me. jour avant la naissance de cet enfant, il était, soit par cause d'éloignement, soit par l'effet de quelque accident, dans l'impossibilité physique de co-habiter avec sa femme.

Si donc dans l'état de mariage, et dans l'espace de dix mois, l'époux a été pendant les quatre premiers mois dans l'impossibilité physique de co-habiter avec sa femme, il peut désavouer l'enfant qui est né six mois (de trente jours) après son retour ou son rétablissement ; mais ces circonstances ne doivent point occuper l'officier de l'état civil, parce qu'il n'est pas juge ni des faits ni de l'état des personnes. Il ne peut que se renfermer dans le principe établi dans la première partie de l'article ci-dessus, sauf à l'époux à porter ses réclamations devant l'autorité judiciaire qui, seule, est compétente pour connaître des questions d'état.

Si cependant, une femme déclarait, comme cela est arrivé, que son enfant ne provient pas des œuvres de son mari, ou provient des œuvres d'un autre, l'officier public ne doit faire aucun cas de cette déclaration, soit parce qu'elle serait contraire au principe établi par l'article 312, soit parce qu'une déclaration contraire est immorale, et qu'une mère ne saurait être admise à disposer à son gré de l'état des enfans de son mari. (Décret du 19 floréal an 2.)

Il doit admettre au contraire la déclaration de paternité, malgré que le mariage ne lui paraisse pas constant et que le père soit absent, soit parce que cette déclaration n'influe en rien sur l'état de l'enfant, s'il n'est que naturel, ni ne compromet pas les intérêts civils de l'individu qui est désigné pour en être le père, et qui d'ailleurs ne reconnaît pas l'enfant ; soit parce qu'au contraire l'état de cet enfant serait cruellement compromis, s'il était légitime et que l'officier public eût refusé de le reconnaître pour tel sous le prétexte de ses doutes ou de l'absence du père.

Mais il ne doit pas recevoir, à cause de l'immoralité, la déclaration de paternité de l'époux d'une autre femme que l'accouchée. En effet, si l'on recevait la déclaration de l'époux adultère, on consacrerait une immoralité, et de plus, indirectement la bigamie, (*Voyez* au surplus l'article 335, *Actes de reconnaissance*, pag. 117.)

Des officiers publics exigent des témoins d'accouchement de femme non mariée, la déclaration du nom du père.

Cette demande est indiscrète et inutile ; indiscrète, parce qu'elle tend à compromettre un citoyen ; inutile, parce que la déclaration de la mère n'influe en rien sur l'état civil de l'enfant.

8 *

Celui-là seul est réputé père d'un enfant naturel, qui a fait volontairement la déclaration de sa paternité devant l'officier public. Cet officier ne doit donc recevoir de déclaration à cet égard que de l'individu non marié, s'il connaît le déclarant qui se prétendra père de l'enfant naturel, et il ne doit l'accompagner d'aucune note, apostille ou observation qui ne seraient pas du fait de la partie déclarante.

Enfin, une femme mariée, accouchée hors de son domicile, peut faire déclarer son enfant sous ses noms de famille personnelle; dans ce cas, et quoique l'officier civil sache que cette mère est mariée, il ne peut cependant refuser la déclaration, parce qu'il n'est pas le juge ni de l'identité de la mère, ni de l'état de l'enfant; mais il doit être de son devoir de faire connaître ses doutes au procureur impérial près du tribunal, pour que celui-ci fasse les recherches que les circonstances lui paraîtront exiger.

En général, l'officier public ne peut refuser d'admettre dans leur intégrité les déclarations, attestées, des personnes qu'il ne connaît pas.

Actes de naissance.

55. Les déclarations de naissance seront faites dans les trois jours de l'accouchement, à l'officier de l'état civil du lieu : l'enfant lui sera présenté.

Une loi du 19 décembre 1792, avait ordonné que ces déclarations fussent faites dans les trois jours, à peine de prison, qui ne pouvait excéder deux mois, et six mois en cas de récidive, sauf les poursuites criminelles en cas de suppression, d'enlèvement ou de défaut de représentation de l'enfant, ou de recèlement du décès; les déclarations de décès devaient être faites avant l'inhumation, à peine de prison, comme il est dit ci-dessus. Le silence de la nouvelle loi sur ces moyens coërcitifs, et le vœu du législateur, exprimé dans le rapport des orateurs du gouvernement, annoncent qu'ils sont abrogés.

56. La naissance de l'enfant sera déclarée par le père, ou, à défaut du père, par les docteurs en médecine ou en chirurgie, sages-femmes, officiers de santé ou autres personnes qui auront assisté à l'accouchement, et lorsque la mère sera accouchée hors de son domicile, par la personne chez qui elle sera accouchée.

L'acte de naissance sera rédigé de suite, en présence de deux témoins.

57. L'acte de naissance énoncera le jour, l'heure et le lieu de la naissance, le sexe de l'enfant, et les prénoms qui lui seront donnés, les prénoms, noms, profession et domicile des père et mère, et ceux des témoins.

58. Toute personne qui aura trouvé un enfant nouveau-né, sera tenue de le remettre à l'officier de l'état civil, ainsi que es vêtemens et autres effets trouvés avec l'enfant, et de déclarer toutes les circonstances du tems et du lieu où il aura été trouvé.

Il en sera dressé un procès-verbal détaillé, qui énoncera en outre l'âge apparent de l'enfant, son sexe, les noms qui lui seront donnés, l'autorité civile à laquelle il sera remis : le procès-verbal sera inscrit sur les registres.

(*Voyez* Hospices, où les enfans abandonnés sont reçus aux frais de l'État.)

59. S'il naît un enfant pendant un voyage de mer, l'acte de naissance sera dressé, dans les vingt-quatre heures, en présence du père, s'il est présent, et de deux témoins pris parmi les officiers du bâtiment, ou, à leur défaut, parmi les hommes de l'équipage. Cet acte sera rédigé, savoir, sur les bâtimens de l'État, par l'officier d'administration de la marine ; et sur les bâtimens appartenant à un armateur ou négociant, par le capitaine, maître ou capitaine du navire. L'acte de naissance sera inscrit à la suite du rôle d'équipage.

60. Au premier port où le bâtiment abordera, soit de relâche, soit pour toute autre cause que celle de son désarmement, les officiers de l'administration de la marine, capitaine, maître ou patron, seront tenus de déposer deux expéditions authentiques des actes de naissance qu'ils auront rédigés, savoir dans un port français, au bureau du préposé à l'inscription maritime ; et dans un port étranger, entre les mains du commissaire des relations commerciales.

L'une de ces expéditions restera déposée au bureau de l'inscription maritime, où à la chancellerie du commissariat ; l'autre sera envoyée au ministre de la marine, qui fera parvenir une copie, de lui certifiée, de chacun desdits actes, à l'officier de l'état civil du domicile du père de l'enfant, ou de la mère, si le père est inconnu : cette copie sera inscrite de suite sur les registres.

61. A l'arrivée du bâtiment dans le port du désarmement, le rôle d'équipage sera déposé au bureau du préposé à l'inscription maritime, qui enverra une expédition de l'acte de naissance, de lui signée, à l'officier de l'état civil du domicile du père de l'enfant, ou de la mère, si le père est inconnu : cette expédition sera inscrite de suite sur les registres.

Reconnaissance des enfans naturels.

La reconnaissance d'un enfant naturel sera faite par un acte authentique (*rédigé par l'officier de l'état civil*), lorsqu'elle ne l'aura pas été dans son acte de naissance.

62. L'acte de reconnaissance d'un enfant sera inscrit sur les registres, à sa date (*celle de la déclaration*); et il sera fait en marge mention de l'acte de naissance, s'il en existe un.

335. Cette reconnaissance ne pourra avoir lieu au profit des enfans nés d'un commerce incestueux ou adultérin.

336. La reconnaissance du père, sans l'indication et l'aveu de la mère, n'a d'effet qu'à l'égard du père.

337. La reconnaissance faite pendant le mariage, par l'un des époux, au profit d'un enfant naturel qu'il aurait eu, avant son mariage, d'un autre que de son époux, ne pourra nuire ni à celui-ci, ni aux enfans nés de ce mariage.

Néanmoins elle produira son effet après la dissolution de ce mariage, s'il n'en reste pas d'enfans.

338. L'enfant naturel reconnu ne pourra réclamer les droits d'enfans légitimes. Les droits des enfans naturels seront réglés au titre des *Successions.*

339. Toute reconnaissance de la part du père ou de la mère, de même que toute réclamation de la part de l'enfant, pourra être contestée par tous ceux qui y auront intérêt.

513. Le mari ne pourra, en alléguant son impuissance naturelle, désavouer l'enfant : il ne pourra le désavouer même pour cause d'adultère à moins que la naissance ne lui ait été cachée: auquel cas il sera admis à proposer tous les faits propres à justifier qu'il n'en est pas le père.

314. L'enfant né avant le cent-quatre-vingtième jour du mariage (avant six mois après le mariage), ne pourra être désavoué par le mari, dans les cas suivans : 1°. s'il a eu connaissance de la grossesse avant le mariage ; 2°. s'il a assisté à l'acte de naissance, et si cet acte est signé de lui, ou contient sa déclaration qu'il ne sait signer; 3°. si l'enfant n'est pas déclaré viable.

315. La légitimité de l'enfant né trois cents jours (dix mois) après la dissolution du mariage, pourra être contestée.

316. Dans les divers cas où le mari est autorisé à réclamer, il devra le faire dans le mois, s'il se trouve sur les lieux de la naissance de l'enfant;

Dans les deux mois après son retour, si, à la même époque, il est absent;

Dans les deux mois après la découverte de la fraude , si on lui avait caché la naissance de l'enfant.

317. Si le mari est mort avant d'avoir fait sa réclamation , mais étant encore dans le délai utile pour la faire , les héritiers auront deux mois pour contester la légitimité de l'enfant , à compter de l'époque où cet enfant se serait mis en possession des biens du mari , ou de l'époque où les héritiers seraient troublés par l'enfant dans cette possession.

318. Tout acte extrajudiciaire contenant le désaveu de la part du mari ou de ses héritiers , sera comme non avenu , s'il n'est suivi , dans le délai d'un mois , d'une action en justice , dirigée contre un tuteur *ad hoc* donné à l'enfant , et en présence de sa mère.

Voyez *le code civil pour les preuves de la filiation des enfans légitimes.*

340. La recherche de la paternité est interdite. Dans le cas d'enlèvement , lorsque l'époque de cet enlèvement se rapportera à celle de la conception , le ravisseur pourra être , sur la demande des parties intéressées , déclaré père de l'enfant.

341. La recherche de la maternité est admise.

L'enfant qui réclamera sa mère , sera tenu de prouver qu'il est identiquement le même que l'enfant dont elle est accouchée.

Il ne sera reçu à faire cette preuve par témoins , que lorsqu'il aura déjà un commencement de preuve par écrit.

342. Un enfant ne sera jamais admis à la recherche soit de la paternité , soit de la maternité , dans le cas où , suivant l'article 335 , la reconnaissance n'est pas admise.

Actes de mariage.

Voyez *Mariage* : conditions , consentemens , actes respectueux et enfans naturels; actes de notoriété; publications; oppositions , et célébration.

Des sépultures , et des lieux qui leur sont consacrés.

Décret impérial du 23 prairial an 12. (B. 5.)

Art. 1. Aucune inhumation n'aura lieu dans les églises , temples , synagogues , hôpitaux , chapelles publiques , et généralement dans aucun des édifices clos et fermés où les citoyens se réunissent pour la célébration de leurs cultes, ni dans l'enceinte des villes et bourgs.

2. Il y aura, hors de chacune de ces villes ou bourgs, à la distance de trente-cinq à quarante mètres au moins de leur enceinte, des terrains spécialement consacrés à l'inhumation des morts.

3. Les terrains les plus élevés et exposés au nord seront choisis de préférence ; il seront clos de murs de deux mètres au moins d'élévation. On y fera des plantations, en prenant les précautions convenables pour ne point gêner la circulation de l'air.

4. Chaque inhumation aura lieu dans une fosse séparée ; chaque fosse qui sera ouverte, aura un mètre cinq décimètres à deux mètres de profondeur, sur huit décimètres de largeur, et sera ensuite remplie de terre bien foulée.

5. Les fosses seront distantes les unes des autres de trois à quatre décimètres sur les côtés ; et de trois à cinq décimètres à la tête et aux pieds.

6. Pour éviter le danger qu'entraîne le renouvellement trop rapproché des fosses, l'ouverture des fosses pour de nouvelles sépultures n'aura lieu que de cinq années en cinq années ; en conséquence, les terrains destinés à former les lieux de sépulture seront cinq fois plus étendus que l'espace nécessaire pour y déposer le nombre présumé des morts qui peuvent y être enterrés chaque année.

Les décédés domiciliés dans une commune qui n'est pas chef-lieu de paroisse, doivent être enterrés dans le cimetière de leur-commune, s'il y en a un. Cette décision du ministre de l'intérieur est fondée sur ce que le cimetière de la commune, chef-lieu de paroisse, n'ayant pas été établi pour plusieurs communes, il arriverait que dans beaucoup de chefs-lieux le cimetière serait insuffisant.

Le même ministre a aussi décidé qu'en principe tout décédé devait être enterré dans le cimetière du lieu où il était mort, parce que c'était à l'autorité chargée de l'administration et de la police de ce lieu, ou commune, à veiller à ce que le corps reçût la sépulture dans un des lieux destinés à cet usage, et qu'elle ne pourrait exercer cette surveillance sur le territoire d'une autre commune où le décédé avait son domicile.

Cette décision n'est rendue que pour les cas où il ne s'agit pas d'exécuter l'art. 14 qui suit :

14. Toute personne pourra être enterrée sur sa propriété, pourvu que ladite propriété soit hors et à la distance prescrite de l'enceinte des villes et bourgs.

L'exercice de ce droit naturel, qui doit être précédé des opérations nécessaires pour empêcher la putréfaction de ces corps, réclame des mesures administratives contre l'abus qu'on pourrait en faire en les soustrayant par ce moyen à la surveillance de l'autorité publique. Lors de la déclaration du décès à l'officier public de la commune où il a eu lieu, on doit donc faire faire mention dans l'acte, des intentions, soit du décédé, soit de ses parens ou amis. L'officier public doit en outre dresser procès-verbal de l'état du corps au moment où on l'enlève ou à l'instant où on l'enferme dans la bière. Il délivre ensuite un passe-port motivé au conducteur du corps, et il adresse directement au maire du lieu où il doit être déposé, et ce aux frais des parens ou amis du décédé, une expédition de l'acte de décès, et une du procès-verbal de l'état du corps, afin que le maire de cette dernière commune veille à l'exécution du décret impérial.

Si le corps avait été embaumé, le lieu de son dépôt ainsi que la profondeur de la fosse deviendraient plus indifférens à la sollicitude de l'administration publique. Cependant elle ne pourrait permettre que ces corps embaumés fussent déposés dans une distance de l'enceinte de la ville, moindre que celle qui est prescrite par l'article 2, parce que l'article premier ne fait aucune exception, ni relativement à ces précautions contre la putréfaction, ni pour les chapelles ou autres lieux privés.

Le procès-verbal de remise du corps, peut être rédigé ainsi qu'il suit ;

Nous N***, maire de la commune de......, canton de....., arrondissement de......, département de......., déclarons que sur la demande du (ou des) citoyens N*** N*** fils, gendres, frères ou sœurs, mari ou femme, etc. de.... (les noms du décédé) dont le décès a été constaté aujourd'hui (ou hier) par moi en qualité d'officier de l'état civil, et inscrit sur le registre des décès dans ladite commune, je lui (ou leur) ai remis le corps du défunt qu'il est (ou qu'ils sont) dans l'intention de faire transporter dans la commune de..., canton de..., arrondissement de..., département de..., à la charge par lui (ou par eux) de le représenter au maire de ladite commune, auquel nous allons adresser une expédition du présent procès-verbal, que les réclamans ont signé avec nous.

Fait à......, le......, an......

L'original de ce procès-verbal doit être annexé au registre des décès.

Des concessions de terrains dans les cimetières.

10. Lorsque l'étendue des lieux consacrés aux inhumations le permettra, il pourra y être fait des concessions de terrains aux

personnes qui desireront y posséder une place distincte et séparée pour y fonder leur sépulture et celle de leurs parens ou
successeurs, et y construire des caveaux, monumens ou tom-
beaux.

11. Les concessions ne seront néanmoins accordées qu'à ceux
qui offriront de faire des fondations ou donations en faveur des
pauvres et des hôpitaux, indépendamment d'une somme qui sera
donnée à la commune, et lorsque ces fondations ou donations
auront été autorisées par le gouvernement dans les formes ac-
coutumées, sur l'avis des conseils municipaux et la proposition
des préfets.

12. Il n'est point dérogé, par les deux articles précédens, aux
droits qu'a chaque particulier, sans besoin d'autorisation, de faire
placer sur la fosse de son parent ou de son ami une pierre sé-
pulcrale ou autre signe indicatif de sépulture, ainsi qu'il a été
pratiqué jusqu'à présent.

13. Les maires pourront également, sur l'avis des administrations des hôpitaux, permettre que l'on construise dans l'er-
ceinte de ces hôpitaux, des monumens pour les fondateurs et
bienfaiteurs de ces établissemens, lorsqu'ils en auront déposé le
desir dans leurs actes de donation, de fondation ou de dernière
volonté.

De la police des lieux de sépulture.

15. Dans les communes où l'on professe plusieurs cultes,
chaque culte doit avoir un lieu d'inhumation particulier; et dans
les cas où il n'y aurait qu'un seul cimetière, on le partagera
par des murs, haies ou fossés, en autant de parties qu'il y a de
cultes différens, avec une entrée particulière pour chacune, et
en proportionnant cet espace au nombre d'habitans de chaque
culte.

16. Les lieux de sépulture, soit qu'ils appartiennent aux
communes, soit qu'ils appartiennent aux particuliers, seront
soumis à l'autorité, police et surveillance des administrations
municipales.

17. Les autorités locales sont spécialement chargées de maintenir l'exécution des lois et réglemens qui prohibent les exhu-
mations non autorisées, et d'empêcher qu'il ne se commette dans
les lieux de sépulture aucun désordre, ou qu'on s'y permette
aucun acte contraire au respect dû à la mémoire des morts.

Des pompes funèbres.

18. Les cérémonies précédemment usitées pour les convois, suivant les différens cultes, seront rétablies, et il sera libre aux familles d'en régler la dépense selon leurs moyens et facultés : mais hors de l'enceinte des églises, et des lieux de sépulture, les cérémonies religieuses ne seront permises, que dans les communes où l'on ne professe qu'un seul culte, conformément à l'art. 45 de la loi du 18 germinal an 10.

19. Lorsque le ministre d'un culte, sous quelque prétexte que ce soit, se permettra de refuser son ministère pour l'inhumation d'un corps, l'autorité civile, soit d'office, soit sur la réquisition de la famille, commettra un autre ministre du même culte pour remplir ces fonctions ; dans tous les cas, l'autorité civile est chargée de faire porter, présenter, déposer et inhumer les corps.

C'est-à-dire, que si le maire ne peut commettre un autre ministre du culte, il doit procéder à l'enterrement dans les délais prescrits, cet acte étant purement civil.

20. Les frais et rétributions à payer aux ministres des cultes et autres individus attachés aux églises et temples, tant pour leur assistance aux convois que pour les services requis par les familles, seront réglés par le gouvernement, sur l'avis des évêques, des consistoires et des préfets, et sur la proposition du conseiller d'état chargé des affaires concernant les cultes. Il ne sera rien alloué pour leur assistance à l'inhumation des individus inscrits aux rôles des indigens.

21. Le mode le plus convenable pour le transport des corps sera réglé suivant les localités, par les maires, sauf l'approbation des préfets.

22. Les fabriques des églises et les consistoires jouiront seuls du droit de fournir les voitures, tentures, ornemens, et de faire généralement toutes les fournitures quelconques nécessaires pour les enterremens, et pour la décence ou la pompe des funérailles.

Les fabriques et consistoires pourront faire exercer ou affermer ce droit, d'après l'approbation des autorités civiles sous la surveillance desquelles ils sont placés.

23. L'emploi des sommes provenant de l'exercice ou de l'affermage de ce droit, sera consacré à l'entretien des églises, des lieux d'inhumation, et au paiement des desservans : cet emploi

sera réglé et réparti sur la proposition du conseiller d'état chargé des affaires concernant les cultes, et d'après l'avis des évêques et des préfets.

24. Il est expressément défendu à toutes autres personnes, quelles que soient leurs fonctions, d'exercer le droit susmentionné, sous telle peine qu'il appartiendra, sans préjudice des droits résultant des marchés existans et qui ont été passés entre quelques entrepreneurs et les préfets ou autres autorités civiles, relativement aux convois et pompes funèbres.

25. Les frais à payer par les successions des personnes décédées, pour les billets d'enterrement, le prix des tentures, les bières et le transport des corps, seront fixés par un tarif proposé par les administrations municipales, et arrêté par les préfets.

26. Dans les villages et autres lieux où le droit précité ne pourra être exercé par les fabriques, les autorités locales y pourvoiront, sauf l'approbation des préfets.

27. Le ministre de l'intérieur est chargé de l'exécution du présent décret, qui sera inséré au Bulletin des lois.

Code civil. Loi du 20 ventose an 11.

77. Aucune inhumation ne sera faite sans une autorisation, sur papier libre et sans frais, de l'officier de l'état civil, qui ne pourra la délivrer qu'après s'être transporté auprès de la personne décédée, pour s'assurer du décès, et que vingt-quatre heures après le décès, hors les cas prévus par les réglemens de police.

Un décret impérial, du 4 thermidor an 13, défend de nouveau aux maires de souffrir, et à tout ministre d'un culte d'aller lever un corps ou de l'accompagner hors des églises et temples, qu'il ne leur apparaisse de l'autorisation ci-dessus prescrite.

78. L'acte de décès sera dressé par l'officier de l'état civil, sur la déclaration de deux témoins. Ces témoins seront, s'il est possible, les deux plus proches parens ou voisins, ou lorsqu'une personne sera décédée hors de son domicile, la personne chez laquelle elle sera décédée, et un parent ou autre.

79. L'acte de décès contiendra les prénoms, nom, âge, profession et domicile de la personne décédée; les prénoms et nom de l'autre époux, si la personne décédée était mariée ou veuve; les prénoms, noms, âges, professions et domiciles des déclarans; et s'ils sont parens, leur degré de parenté.

Le même acte contiendra de plus, autant qu'on pourra le savoir, les prénoms, noms, profession et domicile des père et mère du décédé, et le lieu de sa naissance.

80. En cas de décès *dans les hôpitaux militaires*, civils ou autres maisons publiques, les supérieurs, directeurs, administrateurs et maîtres de ces maisons, seront tenus d'en donner avis, dans les vingt-quatre heures, à l'officier de l'état civil, qui s'y transportera pour s'assurer du décès, et en dressera l'acte, conformément à l'article précédent, sur les déclarations qui lui auront été faites, et sur les renseignemens qu'il aura pris.

Il sera tenu en outre, dans lesdits hôpitaux et maisons, des registres destinés à inscrire ces déclarations et ces renseignemens.

L'officier de l'état civil enverra l'acte de décès à celui du dernier domicile de la personne décédée, qui l'inscrira sur les registres.

Il est sous-entendu que le maire doit, dans ce cas, comme dans tout autre, se conformer à la hiérarchie des pouvoirs, en adressant cet acte au sous-préfet de son arrondissement, pour que ce supérieur immédiat légalise sa signature et transmette l'acte au préfet, qui, après avoir légalisé celle du sous-préfet, envoie l'acte au préfet du département du domicile.

81. Lorsqu'il y aura des signes ou indices de *mort violente*, ou d'autres circonstances qui donneront lieu de le soupçonner, on ne pourra faire l'inhumation qu'après qu'un officier de police, assisté d'un docteur en médecine ou en chirurgie, aura dressé procès-verbal de l'état du cadavre, et des circonstances y relatives, ainsi que des renseignemens qu'il aura pu recueillir sur les prénoms, nom, âge, profession, lieu de naissance et domicile de la personne décédée.

82. L'officier de police sera tenu de transmettre de suite à l'officier de l'état civil du lieu où la personne sera décédée, tous les renseignemens énoncés dans son procès-verbal, d'après lesquels l'acte de décès sera rédigé.

L'officier de l'état civil en enverra une expédition à celui du domicile de la personne décédée, s'il est connu : cette expédition sera inscrite sur les registres.

Il ne résulte pas de cet article que l'officier de l'état civil doive faire mention dans l'acte de décès du genre de mort.

L'article 85 qui suit, avertit que *dans tous les cas de mort violente*, les actes de décès seront simplement rédigés dans les formes prescrites par l'article 79..

Déjà une loi du 21 janvier 1790, avait défendu de faire mention dans ces actes du genre de mort d'un condamné à cette peine. Cette disposition est renouvelée par l'article 85, et étendue aux décès dans les prisons et maisons de réclusion.

Les cas de mort violente, dont on ne doit pas faire mention dans les actes de l'état civil, autres que ceux spécifiés dans cette loi, sont le *duel* et le *suicide*, soit par des armes, soit par le poison, ou tout autre moyen.

83. Les greffiers criminels seront tenus d'envoyer dans les vingt-quatre heures de l'exécution des jugemens portant peine de mort, à l'officier de l'état civil du lieu où le condamné aura été exécuté, tous les renseignemens énoncés en l'article 79, d'après lesquels l'acte de décès sera rédigé.

84. En cas de décès dans les prisons ou maisons de réclusion et de détention, il en sera donné avis sur-le-champ, par les concierges ou gardiens, à l'officier de l'état civil, qui s'y transportera comme il est dit en l'article 80, et rédigera l'acte de décès.

85. Dans tous les cas de mort violente ou dans les prisons et maisons de réclusion, ou d'exécution à mort, il ne sera fait sur les registres aucune mention de ces circonstances, et les actes de décès seront simplement rédigés dans les formes prescrites par l'article 79.

86. En cas de décès *pendant un voyage de mer*, il en sera dressé acte dans les vingt-quatre heures, en présence de deux témoins pris parmi les officiers du bâtiment, ou, à leur défaut, parmi les hommes de l'équipage. Cet acte sera rédigé, savoir, sur les bâtimens de l'État, par l'officier d'administration de la marine ; et sur les bâtimens appartenant à un négociant ou armateur, par le capitaine, maître ou patron du navire. L'acte de décès sera inscrit à la suite du rôle de l'équipage.

87. Au premier port où le bâtiment abordera, soit de relâche, soit pour toute autre cause que celle de son désarmement, les officiers de l'administration de la marine, capitaine, maître ou patron, qui auront rédigé des actes de décès, seront tenus d'en déposer deux expéditions, conformément à l'article 60.

A l'arrivée du bâtiment dans le port du désarmement, le rôle d'équipage sera déposé au bureau du préposé à l'inscription maritime ; il enverra une expédition de l'acte de décès, de lui signée, à l'officier de l'état civil du domicile de la personne décédée : cette expédition sera inscrite de suite sur les registres.

Arrêté du directoire exécutif, du 22 prairial an 5.

Dans chaque commune, où ne réside pas un juge de paix, le maire ou son adjoint, est tenu de donner avis, sans aucun délai, au juge de paix du canton, ou à défaut, à son assesseur le plus voisin, de la mort de toute personne de son arrondissement qui laisse pour héritiers des pupilles, des mineurs ou des absens; à peine de suspension de fonctions.

Loi du 11 brumaire an 7, articles 22 et 41.

L'inscription aux hypothèques sur les tuteurs et curateurs, et celle au profit des époux mineurs, est requise par le commissaire près l'administration municipale (le maire), dans le cas où le subrogé tuteur et les parens ou amis qui ont concouru à la nomination des tuteurs et curateurs pour les premiers; les pères et mères et tuteurs sous l'autorité desquels les seconds ont contracté mariage, ne l'ont pas requise ou n'ont pas veillé à ce qu'elle fût faite en tems utile à la diligence de l'un d'eux (*Voyez* le mode et les délais au titre *hypothèque.*).

Amendes relatives aux actes de décès.

Comme officiers publics de l'état civil, remplissant les fonctions qui étaient attribuées, par la loi du 13 fructidor an 6 aux secrétaires en chef des administrations municipales de canton, les maires doivent, aux termes de l'art. 55 de la loi du 22 frimaire an 7 (B. 248.), faire tous les trois mois le relevé des actes de décès survenus dans les trois mois précédens, et envoyer ce relevé, fait sur papier libre on non timbré, dans les quatre mois de *janvier*, *avril*, *juillet* et *octobre*, au receveur de l'enregistrement de l'arrondissement, à peine d'une amende de 50 fr. pour chaque mois de retard. Le receveur doit donner un *récépissé* de l'envoi de ces notes, énonciatives des noms des décédés et de leurs successeurs dénommés dans l'acte.

En vertu de l'art. 64, le premier acte de poursuite pour le recouvrement des amendes encourues, est une *contrainte* décernée par le receveur ou préposé de la régie, visée et déclarée exécutoire par le juge de paix du canton où le bureau est établi. Cette contrainte doit être signifiée.

Son exécution ne peut être interrompue que par une opposition formée par le redevable, et motivée, avec assignation, à jour fixe, devant le tribunal de l'arrondissement. Dans ce cas, l'opposant est tenu d'élire domicile dans la commune où siége le tribunal.

L'instruction se fait par simples mémoires respectivement signifiés.

Il n'y a d'autres frais à supporter pour la partie qui succombe, que ceux du papier timbré, des significations et du droit d'enregistrement des jugemens.

Le tribunal peut accorder aux parties le délai qu'elles demandent pour produire leurs défenses; il ne peut néanmoins être de plus de trois décades.

Le jugement doit être rendu dans les trois mois, au plus tard, à compter de l'introduction des instances : il est rendu sans appel et ne peut être attaqué que par voie de cassation. (Article 65.)

La *contrainte* du préposé de la régie, quoique visée par le juge de paix, et les actes qui s'ensuivent pour son exécution, ne sont pas considérés comme des poursuites judiciaires, et il n'est pas nécessaire d'être autorisé par le gouvernement pour les décerner et les faire exécuter contre les maires.

Lorsqu'un maire forme opposition à une contrainte, c'est lui qui poursuit devant l'autorité judiciaire le préposé de l'enregistrement, et dans ce cas, il n'y a pas lieu non plus à demander l'autorisation du gouvernement. (Avis des ministres des finances et de l'intérieur.).

Une contrainte pour l'objet dont il est question, est plus comminatoire qu'exécutoire envers les maires illitérés, (il ne devrait pas y en avoir, parce qu'il y a incompatibilité de fait entre leurs fonctions et leur ignorance) ou négligens accidentellement; les préfets qui ne reconnaîtront que ces causes dans les fautes des maires, pourront avec confiance recourir à l'indulgence du gouvernement par l'intermédiaire du ministre des finances, et espérer d'en obtenir l'abolition de la contrainte.

Des actes de naissance, de mariage et de décès concernant les militaires hors du terrtioire de la république.

88. Les actes de l'état civil faits hors du territoire de la république, concernant des militaires ou autres personnes employées à la suite des armées, seront rédigés dans les formes prescrites par les dispositions précédentes; sauf les exceptions contenues dans les articles suivans.

89. Le quartier-maître dans chaque corps d'un ou plusieurs bataillons ou escadrons, et le capitaine commandant dans les autres corps, rempliront les fonctions d'officiers de l'état civil : ces mêmes fonctions seront remplies, pour les officiers sans troupes

roupes et pour les employés de l'armée, par l'inspecteur aux evues attaché à l'armée ou au corps d'armée.

90. Il sera tenu, dans chaque corps de troupes, un registre our les actes de l'état civil relatifs aux individus de ce corps, t un autre à l'état-major de l'armée ou d'un corps d'armée, our les actes civils relatifs aux officiers sans troupes et aux employés : ces registres seront conservés de la même manière que es autres registres des corps et états-majors, et déposés aux archives de la guerre, à la rentrée des corps ou armées sur le territoire de la république.

91. Les registres seront cotés et paraphés, dans chaque corps, ar l'officier qui le commande; et à l'état-major, par le chef de 'état-major général.

92. Les déclarations de naissance à l'armée seront faites dans es dix jours qui suivront l'accouchement.

93. L'officier chargé de la tenue du registre de l'état civil, evra, dans les dix jours qui suivront l'inscription d'un acte e naissance audit registre, en adresser un extrait à l'officier de 'état civil du dernier domicile du père de l'enfant, ou de la ière si le père est inconnu.

94. Les publications de mariages des militaires et employés à a suite des armées, seront faites au lieu de leur dernier domicile : lles seront mises en outre, vingt-cinq jours avant la célébration u mariage, à l'ordre du jour du corps, pour les individus qui iennent à un corps; et à celui de l'armée ou du corps d'armée, our les officiers sans troupes, et pour les employés qui en font artie.

95. Immédiatement après l'inscription sur le registre, de l'acte e célébration du mariage, l'officier chargé de la tenue du reistre en enverra une expédition à l'officier de l'état civil du dernier domicile des époux.

96. Les actes de décès seront dressés, dans chaque corps, par e quartier-maître; et pour les officiers sans troupes et les employés, par l'inspecteur aux revues de l'armée, sur l'attestation e trois témoins, et l'extrait de ces registres sera envoyé, dans es dix jours, à l'officier de l'état civil du dernier domicile du écédé.

97. En cas de décès dans les hôpitaux militaires ambulans ou édentaires, l'acte en sera rédigé par le directeur desdits hôitaux, et envoyé au quartier-maître du corps, ou à l'insecteur aux revues de l'armée ou du corps d'armée dont le écédé faisait partie : ces officiers en feront parvenir une exédition à l'officier de l'état civil du dernier domicile du écédé.

98. L'officier de l'état civil du domicile des parties auquel i aura été envoyé de l'armée expédition d'un acte de l'état civil, sera tenu de l'inscrire de suite sur les registres.

De la rectification des actes de l'état civil.

99. Lorsque la rectification d'un acte de l'état civil sera demandée, il y sera statué, sauf l'appel, par le tribunal compétent, et sur les conclusions du commissaire du gouvernement; les parties intéressées seront appelées, s'il y a lieu.

100. Le jugement de rectification ne pourra, dans aucun tems, être opposé aux parties intéressées qui ne l'auraient point requis, ou qui n'y auraient pas été appelées.

101. Les jugemens de rectification seront inscrits sur les registres par l'officier de l'état civil, aussitôt qu'ils lui auront été remis; et mention en sera faite en marge de l'acte réformé.

(Voyez *le prix des extraits à la suite du chapitre des* Registres.)

Formules des actes de l'état civil.

No. Ier.

Déclaration de naissance d'un enfant légitime, faite par le père.

L'an   le   du mois de   à heure du   pardevant nous (*énoncer ici la qualité du fonctionnaire public, s'il est maire ou adjoint de maire, ou s'il les remplace*), officier de l'état civil de la commune d   canton d   département d   est comparu N. (*mettre les nom, prénoms, âge, profession et domicile du déclarant*), lequel nous a présenté un enfant du sexe (masculin *ou* féminin), né (*indiquer le jour et l'heure*) de lui déclarant et de (*prénoms et nom de la femme*) son épouse, et auquel il a déclaré vouloir donner les prénoms de   Lesdites déclaration et présentation faites en présence de (*prénoms, nom, âge, profession, domicile du premier témoin*), et de (*même formalité pour le second témoin*); et ont, les père et témoins, signé avec nous le présent acte de naissance, après qu'il leur en a été fait lecture. (*Si un des comparans ne sait ou ne peut signer, il en sera fait mention.*)

(Suivent les signatures.)

Nº. 1 I.

Déclaration de naissance d'un enfant légitime, faite par l'accoucheur, ou la sage-femme, ou l'officier de santé, ou la personne chez qui la femme est accouchée ; le déclarant connaissant la mère de l'enfant.

L'an   le   du mois de
à   heure du   pardevant nous (*énoncer ici la qualité du fonctionnaire public, s'il est maire ou adjoint de maire, ou s'il les remplace)*, est comparu N. (*mettre les nom, prénoms, profession, domicile du déclarant)*, lequel (*ou laquelle*) nous a déclaré que le   du mois de   an   heure de   est né un enfant du sexe (masculin *ou féminin)*, en sa maison, sise (*désigner la rue, la section, l'arrondissement dans lequel se trouve la maison*)*, qu' (*il ou elle*) nous présente et auquel (*il ou elle*) a déclaré donner les prénoms de   lequel enfant est né de (*nom, prénoms, profession, demeure de la mère*), épouse *ou veuve ou divorcée* de (*nom, prénoms, demeure, profession du mari*) : ladite déclaration faite en présence de (prénoms, nom, âge, profession, domicile du premier témoin)*, et de (*même formalité pour le second témoin)* ; et ont, les déclarant et témoins, signé avec nous le présent acte de naissance, après qu'il leur en a été fait lecture. *Si un des comparans ne sait ou ne peut signer, il en sera fait mention.*)

(Suivent les signatures.)

Nº. 1 I I.

Déclaration de naissance d'un enfant naturel, faite par le père.

L'an   le   du mois de
à   heure du   pardevant nous (*énoncer ici la qualité du fonctionnaire public, s'il est maire, ou adjoint de maire, ou s'il les remplace)*, officier de l'état civil de la commune d   canton d   département d   est comparu N. (*mettre les nom, prénoms, âge, profession, demeure)*, lequel nous a déclaré que le   heure de   il est né un enfant du sexe (*masculin ou féminin*) qu'il nous présente et auquel il déclare donner les prénoms de   se reconnaissant pour être le père de cet enfant et l'avoir eu de (*prénoms, nom, demeure, âge de la mère. Si le père déclare les noms de la mère, il en sera fait mention comme ci-dessus ; mais s'il les tait, on ne peut le forcer à les déclarer*), lequel en-

9 *

fant est né en la maison, sise (*désigner la rue, la section ou l'arrondis-sement*) : la présente déclaration et présentation faites en présence de (*prénoms, nom, âge, profession, domicile du premier témoin*), et de (*même formalité pour le second témoin*) ; et ont, les père et témoins, signé avec nous le présent acte de naissance, après qu'il leur en a été fait lecture. (*Si un des comparans ne sait ou ne peut signer, il en sera fait mention.*)

(Suivent les signatures.)

No. I V.

Déclaration de naissance d'un enfant naturel, faite par toute autre personne que le père, le nom et l'état de la mère étant connus.

L'an   le   du mois de
à   heure du   pardevant nous (*énoncer ici la qualité du fonctionnaire public, s'il est maire ou adjoint de maire, ou s'il les remplace*) officier de l'état civil de la commune de   canton d   est comparu N. (*prénoms, nom, âge, profession, de-meure du déclarant*), lequel nous a déclaré que le   heure de   la dame ou demoiselle (*prénoms, nom, âge, profession, de-meure de la mère*) est accouchée dans la maison (*désigner la maison*), d'un enfant du sexe (*masculin ou féminin*), qu' (il *ou* elle) nous pré-sente, et auquel (il *ou* elle) donne les noms et prénoms de
lesdites déclaration et présentation faites en présence de (*prénoms, nom, âge, profession, domicile du premier témoin*), et de (*même for-malité pour le second témoin*) ; et out, les déclarant et témoins, signé avec nous le présent acte de   après qu'il leur en a été fait lecture. (*Si un des comparans ne sait ou ne peut signer, il en sera fait mention.*)

(Suivent les signatures.)

No. V.

Déclaration de naissance d'un enfant naturel, faite par un fondé de procuration du père.

L'an   le   du mois de
          heure du   pardevant nous (*énoncer ici la qualité du fonctionnaire public, s'il est maire ou adjoint de maire, ou s'il les remplace*), officier de l'état civil de la commune d   canton d   département d   est comparu N. (*mettre les nom, prénoms, âge, profession et domicile du déclarant*), lequel, en vertu de la procuration spéciale et authentique du   passée à   le   du mois de   an   par-devant notaire, à   enregistrée à   le

de lui paraphée et annexée au présent registre, nous a déclaré que le
heure de il est né en la maison (*désigner*
la maison , la rue , la section et l'arrondissement) , un enfant naturel
du sexe (masculin *ou* féminin) , né de lequel enfant il
nous présente , et auquel il donne les noms et prénoms de
Lesdites déclaration et présentation faites en présence de (*prénoms,*
nom , âge , profession , domicile du premier témoin) , et de (*même for-*
malité pour le second témoin) ; et ont , les déclarant et témoins , signé
avec nous le présent acte , après que lecture leur en a été faite.

Nº. V I.

Déclaration faite au sujet d'un enfant trouvé.
Formule du procès-verbal.

L'an le du mois de
à heure du pardevant nous (*énoncer ici la qualité du*
fonctionnaire public , s'il est maire ou adjoint de maire, ou s'il les
remplace) , officier de l'état civil de la commune de
canton de département de
Est comparu N. (*prénoms, nom, âge, demeure, profession*) , qui
nous a déclaré que le heure étant seul (*ou*
en compagnie de (*désigner les noms, prénoms, etc., de ceux qui étaient*
présens) (il *ou* elle) a trouvé dans la rue , *ou* au lieu du (*désigner*
avec exactitude la rue , la place , ou le lieu où a été trouvé l'enfant) un
enfant tel qu' (il *ou* elle) nous le présente , emmailloté *ou* vêtu des
(*détailler les vêtemens*) et du linge marqué des lettres (*ou des*
chiffres). Après avoir visité l'enfant, avons reconnu qu'il
était du sexe qu'il paraissait âgé de (*désigner l'âge apparent, véri-*
fier si l'enfant a quelques marques sur le corps , ou s'il se trouve dans
ses vêtemens quelque écrit ou marque destinés à le faire reconnaître ;
dans ce cas , désigner ce qu'on y a trouvé, ou exprimer qu'on n'y a rien
trouvé) : de suite avons inscrit l'enfant sous les nom et prénoms de
et avons ordonné qu'il fût remis à
De quoi avons dressé procès-verbal en présence de
et de qui ont signé avec nous , après que lecture
leur a été faite du contenu au présent procès-verbal.

Nº. V I I.

Reconnaissance d'enfant, faite par le père ou
la mère après l'inscription de l'enfant sur les
registres des actes de l'état civil.

L'an le du mois de
à heure du pardevant nous (*énoncer ici la qualité du*
fonctionnaire public , s'il est maire ou adjoint de maire , ou s'il les

remplace), officier de l'état civil de la commune de
canton de   département de
   Est comparu N. (*nom, prénoms, âge, profession, domicile*), lequel (*ou laquelle*) nous a déclaré qu'il (*ou elle*) se reconnaît père
(*ou mère*) d'un enfant du sexe   qui nous a été présenté le
        et que nous avons inscrit sur les registres de
l'état civil, sous les noms de   lequel il (*ou elle*)
a eu avec N.   (*nom, prénoms, âge, profession, demeure. Le
déclarant est libre de ne pas désigner la personne avec laquelle il a eu
l'enfant* : ladite déclaration faite en présence de *prénoms, nom,
âge profession, domicile du premier témoin*) et de (*même formalité pour le second témoin*); et ont, les déclarant et témoins, signé
avec nous le présent acte, après qu'il leur en a été fait lecture. (*Si un
des comparans ne sait ou ne peut signer, il en sera fait mention.*)

(Suivent les signatures.)

No. VIII.

Reconnaissance d'enfant, faite par le père et la mère conjointement.

   L'an   le   du mois de
à   heure du   pardevant nous (*énoncer la qualité du
fonctionnaire, s'il est maire ou adjoint de maire, ou s'il les remplace*),
officier de l'état civil de la commune de   canton
de   département de
   Sont comparus N. (*prénoms, nom, etc.,*), et la N. (*prénoms, nom,
etc.*), lesquels ont déclaré qu'ils se reconnaissent père et mère d'un enfant du sexe   qui nous a été présenté le
et que nous avons inscrit sur les registres de l'état civil, sous les noms
de   lequel enfant est né d'eux le   du
mois de   l'an   : ladite déclaration faite en présence
de (*prénoms, nom, âge, etc., du premier témoin*) et de (*même formalité pour le second témoin*); et ont, les père, mère et témoins, signé
avec nous le présent acte, après qu'il leur en a été fait lecture. (*Si
un des comparans ne sait ou ne peut signer, il en sera fait mention.*)

No. IX.

Formules des publications de mariage entre majeurs.

   L'an   le   dimanche du mois
de   nous (*la qualité du fonctionnaire*), officier de l'état
civil de la commune de   département de
canton et municipalité de   après nous être transporté devant la principale porte d'entrée de la maison commune, à

l'heure de   avons annoncé et publié pour la première fois (*si c'est la seconde publication*, pour la seconde publication) qu'il y a promesse de mariage entre *prénoms, nom, âge, profession, domicile de l'homme*), majeur, fils de (*prénoms, nom, profession du père*), et de (*même formalité pour la mère. S'il est veuf ou divorcé, il sera fait mention de son précédent mariage*), et demoiselle (*prénoms, nom, âge, profession et demeure*), fille majeure, née de (*prénoms, noms, professions des père et mère*); laquelle publication, lue à haute et intelligible voix, a été de suite affichée à la porte de la maison commune. De quoi avons dressé acte.

No. X.

Formules de publication pour des mineurs assistés de leurs père et mère, ou de l'un d'eux.

L'an   le   dimanche du mois de   nous (*qualité du fonctionnvire*), officier de l'état civil de la commune de   département de   canton et municipalité de   après nous être transporté devant la principale porte d'entrée de la maison commune, à l'heure de   avons annoncé et publié pour la première fois (*si c'est la seconde publication*, pour la seconde publication) qu'il y a promesse de mariage entre (*prénoms, nom, profession, âge, domicile de l'homme*), mineur, assisté de (*prénoms, nom, âge, domicile, profession*) son père, et de (*même formalité*) sa mère (*s'il n'y a que le père présent, il ne sera fait mention que de lui ; si le père était décédé, l'officier de l'état civil se fera représenter l'acte de décès, et en fera mention ; si le père et la mère sont décédés, et que l'aïeul ou l'aïeule soient encore vivans, il sera fait mention du consentement de ceux-ci ; il en sera de même si les époux ne sont assistés que par des tuteurs*); et demoiselle (*nom, prénoms, etc.*), fille de (*mêmes formalités pour les parens de la future épouse*); laquelle publication, lue à haute et intelligible voix, a été de suite affichée à la porte de la maison commune. De quoi avons dressé acte.

No. XI.

Formule de l'acte de mariage entre majeurs, dont les pères et mères sont consentans ou décédés.

L'an   , le   du mois de   pardevant nous (*la qualité du fonctionnaire public*), officier de l'état civil de la commune de   canton et municipalité de   département d   sont comparus N. (*prénom, nom, âge, lieu de naissance, profession, domicile*), majeur, fils de (*nom, prénoms, profession du père*), et présent et consentant (*ou bien*), consentant ainsi qu'il résulte de la procuration passée à le devant N. notaire , laquelle sera annexée au présent acte. (*Si le père est mort, mettre*) : décédé à   le comme il est constaté par l'acte de décès délivré à le   ou par acte de notoriété dressé à par le juge de paix le   et homologué par le président du tribunal de première instance séant à   ) , et de dame (*nom , prénoms de la mère. Et en cas de décès du père , mentionner de la même manière le consentement ou le décès de la mère*) ; et demoiselle (*nom , prénoms , âec , lieu de naissance . profession , domicile*) , fille majeure de N. et N. (*nom, prénoms , etc. du père et de la mère de la femme , avec les énonciations et distinctions indiquees ci-dessus pour les père et mère du mari*) ; lesquels nous ont requis de procéder à la célébration du mariage projeté entre eux , et dont les publications ont été faites devant la principale porte de notre maison commune ; savoir : la première le   du mois de   de l'an   de   à l'heure de   et la seconde le   du mois de   de l'an   de   à l'heure de   (*s'il a été fait des publications en d'autres lieux que dans la commune où se célèbre le mariage, il en sera fait mention*). Aucune opposition audit mariage ne nous ayant été signifiée, faisant droit à leur réquisition, après avoir donné lecture de toutes les pièces ci-dessus mentionnées, et du chapitre VI du titre du Code civil intitulé du *Mariage*, avons demandé au futur époux et à la future épouse s'ils veulent se prendre pour mari et pour femme : chacun d'eux ayant répondu séparément et affirmativement , déclarons, au nom de loi , que N.   et la demoiselle   sont unis par le mariage. De quoi avons dressé acte , en présence de (*prénoms, nom , âge, domicile du premier témoin* et de (*même formalite pour le second, le troisième et quatrième témoins. Si les témoins sont parens, il sera fait mention du degré de parenté , et duquel des époux ils sont parens ou alliés*) ; lesquels, après qu'il leur en a été aussi donné lecture, l'ont signé avec nous et les parties contractantes.

N°. XII.

Formule de célébration pour des mineurs assistés de leurs père et mère , ou de l'un d'eux.

L'an   le   jour du mois de   pardevant nous (*qualité du fonctionnaire*), officier de l'état civil de la commune de   département de canton et municipalité de   sont comparus N. fils mineur, assisté de   son père , et de dame sa mère, et demoiselle   fille mineure , assistée de son père, et de   sa mère. (*Si le père d'un des deux époux est mort, on mettra*) : assisté de sa mère seulement, son père étant décédé, comme il est constaté par acte de décès délivré à   le   *ou par* acte de notoriété dressé à   par le juge de paix de   et homologué par le président du tribunal de première instance séant à   ) ; lesquels nous ont requis de procéder à la célébration du mariage projeté entre eux, et dont les publications ont été faites devant la principale porte de notre maison commune ; savoir : la première, le   du mois de l'an   à l'heure de   et la seconde, le   *(s'il a été fait des publications dans d'autres lieux que dans la commune où se célèbre le mariage, il en devra être fait mention).* Aucune opposition audit mariage ne nous ayant été signifiée, faisant droit à leur réquisition ; après avoir donné lecture de toutes les pièces ci-dessus mentionnées, et du chapitre VI du titre du Code civil intitulé *du Mariage*, avons demandé au futur époux et à la future épouse s'ils veulent se prendre pour mari et pour femme : chacun d'eux ayant répondu séparément et affirmativement, déclarons, au nom de la loi, que N. et N.   sont unis par le mariage. De tout ce avons dressé acte en présence de (*prénoms, noms, etc. des quatre témoins. Si les témoins sont parens, il sera fait mention du degré de parenté, et duquel des époux ils sont parens ou alliés*) ; lesquels, après qu'il leur en a été aussi donné lecture, l'ont signé avec nous et les parties contractantes.

Nᵒ. XIII.

Formule de célébration du mariage pour un mineur né de parens inconnus.

L'an   le   du mois de   devant nous (*qualité du fonctionnaire*), officier de l'état civil de la commune de   département de canton et municipalité de   sont comparus N. mineur, fils de parens inconnus, suivant son acte de naissance inscrit sur le registre de la commune de   le accompagné de N.   nommé par le jugement du du mois de   de l'an   rendu par le tribunal de première instance de   département de tuteur pour assister ledit mineur dans la célébration de son mariage, et N.   assistée de N. *nom, prénoms, âge, profession, domicile*), son père, et de N. (*nom, prénoms*), sa mère ; lesquels nous ont requis de procéder au mariage projeté entre eux, et dont les publications ont été faites devant la principale porte de notre maison commune ; savoir : la première le   du mois de l'an   à l'heure de   et la seconde le (*s'il a été fait des publications dans d'autres lieux que la commune où se célèbre le mariage, il en sera fait mention*). Aucune opposition audit mariage ne nous ayant été signifiée, faisant droit à leur réquisition, après avoir donné lecture de toutes les pièces ci-dessus mentionnées, et du chapitre VI du titre du Code civil intitulé *du Mariage*, avons demandé au futur époux et à la future épouse s'il veulent se prendre pour mari et pour femme : chacun d'eux ayant répondu séparément et affirmativement, déclarons, au nom de la loi, que N.   et N.   sont unis par le mariage.

De tout ce avons dressé acte, en présence de (*prénoms, noms, etc. des témoins*), lesquels, après qu'il leur en a été aussi donné lecture, l'ont signé avec nous et les parties contractantes.

N.º X I V.

Formule de célébration de mariage, pour lequel il n'a été fait qu'une publication en vertu d'une dispense.

L'an   le   du mois de devant nous (*qualité du fonctionnaire*), officier de l'état civil de la commune de   département d- canton et municipalité de   sont comparus N. (*prénoms, nom, âge, profession, domicile* (fils de) *noms, prénoms, profession du père*). et de dame (*nom, prénoms de la mère*), et N.) *nom prénoms, âge, profession, domicile*), fille de   et de   (*mettre les énonciations ordinaires comme dans les formules précédentes*), lesquels nous ont requis de procéder à la célébration du mariage projeté entre eux, et dont la première publication a été faite devant la principale porte de notre maison commune, le   du mois de   l'an   à l'heure de   et dont la seconde n'a pas eu lieu, en vertu de la dispense délivrée, au nom du gouvernement, par le procureur impérial près le tribunal de première instance de l'arrondissement de   laquelle dispense nous ayant été présentée, est restée déposée au secrétariat de la commune. Aucune opposition audit mariage ne nous ayant été signifiée, faisant droit à leur réquisition, après avoir donné lecture de toutes les pièces et du chapitre VI dn titre du Code civil intitulé *du Mariage*, avons demandé au futur époux et à la future épouse s'ils veulent se prendre pour mari et pour femme : chacun d'eux ayant répondu séparément et affirmativement, déclarons, au nom de la loi, que N.   et N, sont unis par le mariage. De tout ce avons dressé acte, en présence de (*nom, prénoms, âge, domicile des témoins. Si les témoins sont parens, il sera fait mention du degré de parenté, et duquel des époux ils sont parens ou alliés*); lesquels, après qu'il leur en a été aussi donné lecture, l'ont signé avec nous et les parties contractantes.

N.º X V.

Formule de célébration de mariage pour des majeurs qui ont adressé des actes respectueux à leurs ascendans.

L'an   est comparu N.   fils de   et de dame   lequel nous ayant exhibé l'acte respectueux fait le

du mois de   an   par   notaire adressé à   et le second,
fait le   du mois de   an   par   notaire adressé à (*mettre*
le nom de l'ascendant, et s'il est père, aieul (ou bisaïeul ; est
aussi comparue N.   (*prénoms, nom, âge, lieu de naissance,*
domicile de la future épouse), assistée de   et de (*son père, sa mère.*
ou l'ascendant, ou le tuteur qui l'assistera ; ou s'il y a eu des actes
respectueux, en faire mention dans les mêmes termes que de ceux du
futur époux), lesquels nous ont requis de procéder à la célébration
du mariage projeté entre eux, et dont les publications ont été faites
devant la principale porte de notre maison commune; savoir : la première, le   et la seconde le   Nulle autre opposition
n'étant survenue audit mariage, nous (*la qualité du fonctionnaire*
public), officier de l'état civil de la commune de   vu les actes
respectueux mentionnés ci-dessus, desq els il résulte que les formalités
requises par la loi ont été remplies, et que les délais sont expirés,
faisant droit à ladite réquisition, après avoir donné lecture aux parties contractantes et aux quatre témoins ci-dessous dénommés, des
actes ci-dessus relatés, et du chapitre VI du titre *du Mariage* du Code
civil, faisant droit aux réquisitions des parties, déclarons, au nom
de la loi, que N.   et N.   sont unis par le mariage.
De tout ce avons dressé acte, en présence de (*noms, prénoms, âge,*
domicile des témoins. Si les témoins sont parens, il sera fait men-
tion du degré de parenté, et duquel des époux ils sont parens ou
alliés) ; lesquels, après qu'il leur en a été aussi donné lecture,
ont signé avec nous et les parties contractantes.

Nº. XVI.

Formule d'acte de mariage, à la célébration
duquel sera survenue quelque opposition dont
main-levée aura été obtenue, soit par consen-
tement, soit par jugement.

L'an   est comparu N.   fils de   et de
est aussi comparue N.   fille de   et de (*mettre les*
énonciations ordinaires comme dans les formules précédentes) ; et vu
l'opposition à nous signifiée le   par   huissier près le tribunal   au nom de   ou de   (*prénoms, nom,*
profession, domicile de l'opposant), par laquelle il (*ou* elle) nous
déclare s'opposer à ce qu'il soit procédé à la célébration du mariage
de   , laquelle opposition a été levée par sa déclaration en
date du   passée devant   notaire à   (*ou, si*
l'opposition a été levée par jugement, a été levée par jugement du
tribunal de   en date de   signifié à nous le
par   huissier) ; après avoir donné lecture aux parties et aux
témoins, de toutes les pièces ci-dessus mentionnées, et du chapitre VI
du titre du Code civil intitulé *du Mariage*, nous avons demandé au
futur époux et à la future épouse s'ils veulent se prendre pour mari
et pour femme : chacun d'eux ayant répondu séparément et affirmativement, déclarons, au nom de la loi, que N.   et N.

sont unis par le mariage. De tout ce avons dressé acte en présence de *(noms , prénoms , age , domicile des témoins. Si les témoins sont parens , il sera fait mention du degré de parenté , et duquel des époux ils sont parens ou alliés)*, lesquels ont signé avec nous et les parties contractantes, après que lecture du tout leur a été faite.

No. XVII.

Formule de mariage à la suite duquel est faite la reconnaissance d'enfans nés précédemment.

L'an   le   du mois de   devant nous (*la qualité du fonctionnaire*) officier de l'état civil de la commune de   département de   sont comparus N. (*prénoms , nom , age , profession , domicile*), fils de   (*nom , prénoms , profession du père*), et de   (*nom , prénoms de la mère*), et N.   *nom , prénoms , âge , profession , domicile*) fille de   et de   (*mettre les énonciations ordinaires , comme dans les formules précédentes , et selon les espèces auxquelles elles s'appliqueront*); lesquels nous ont requis de procéder à la célébration du mariage projeté entre eux, et dont les publications ont été faites devant la principale porte de notre maison commune ; savoir : la première, le   du mois de   de l'an   à l'heure de   et la seconde , le   (*s'il a été fait des publications en d'autres lieux que dans la commune où se célèbre le mariage , il en devra être fait mention*). Aucune opposition audit mariage ne nous ayant été signifiée , faisant droit à leur réquisition , après avoir donné lecture de toutes les pièces ci-dessus mentionnées , et du chap. VI du titre du code civil intitulé *du Mariage* , avons demandé au futur époux et à la future épouse s'ils veulent se prendre pour mari et pour femme : chacun d'eux ayant répondu séparément et affirmativement , déclarons , au nom de la loi , que N.   et N.   sont unis par le mariage. Et aussitôt lesdits époux ont déclaré qu'il est né d'eux un *ou* des enfans inscrits sur le registre de l'état civil de la commune de   en date du   et sous les noms de   lequel (*ou* laquelle *ou* lesquelles) ils reconnaissent pour leur fils (*ou* leur fille *ou* filles).

De tout ce avons dressé acte en présence de   (*noms , prénoms , âges, domiciles des témoins. Si les témoins sont parens , il sera fait mention du degré de parenté , et duquel des époux ils sont parens ou alliés*); lesquels, après qu'il leur en a été donné aussi lecture , ont signé avec nous et les parties contractantes.

N°. XVIII.

Formule de mariage contracté avec dispense de degrés.

L'an   le   du mois de   devant nous (*la qualité du fonctionnaire*), officier de l'état civil de la commune de   département de   canton et municipalité de   est comparu N.   (*prénoms , nom , âge , profession , domicile*), fils de (*nom , prénoms , profession du père*), et de (*nom , prénoms de la mère ; les détails ordinaires comme aux formules précédentes*); lequel nous a déclaré qu'il est dans l'intention de s'unir en mariage avec N.   sa nièce ou tante , avec l'autorisation de la dispense de degré , que lui a accordée S. M. I. le   enregistrée au greffe du tribunal de première instance de l'arrondissement de   et dont il nous a présenté une expédition délivrée par le greffier dudit tribunal , le   Est aussi comparue N.   (*prénoms , nom , âge , profession , domicile*), fille de (*nom , prénoms , profession du père*), et de (*nom , prénoms de la mère*), laquelle nous a déclaré qu'elle est dans l'intention de s'unir en mariage avec N.   en vertu de la dispense de degré ci-dessus mentionnée , lesquels nous ont requis de procéder à la célébration du mariage projeté entre eux , et dont les publications ont été faites devant la principale porte de notre maison commune ; savoir : la première , le   du mois de   de l'an   à l'heure de   et la seconde le   (*s'il a été fait des publications en d'autres lieux que dans la commune où se célèbre le mariage , il en devra être fait mention*). Aucune opposition audit mariage ne nous ayant été signifiée , faisant droit à leur réquisition , après avoir donné lecture de toute les pièces ci-dessus mentionnées et du chapitre VI du titre du Code civil intitulé *du Mariage* , avons demandé au futur époux et à la future épouse s'ils veulent se prendre pour mari et pour femme : chacun d'eux ayant répondu affirmativement , déclarons au nom de la loi , que N.   et N.   sont unis par le mariage. De tout ce avons dressé acte en présence de (*noms , prénoms , âge , domicile des témoins. Si les témoins sont parens , il sera fait mention du degré de parenté, et duquel des époux ils sont parens ou alliés*) ; lesquels , après qu'il leur en a été aussi donné lecture ont signé avec nous et les parties contractantes.

N°. XIX.

Acte de divorce sur la réquisition d'une des parties.

L'an   le   du mois de   pardevant nous (*qualité du fonctionnaire public*), officier de l'état civil de la commune d   département de   canton et municipalité de

Est comparu N.   (*nom, prenoms , âge, profession, domicile du déclarant*), lequel (*ou laquelle*) nous a déclaré que voulant faire procéder à la dissolution u mariage qui a eu lieu entre lui (*ou elle*) et N.   (*nom . prénoms , âge, profession, domicile de l'autre époux*), le   du mois de   an   à   municipalité   département, il a obtenu le   du mois de   an   un jugement du tribunal de première instance séant à   qui l'autorise à faire prononcer le divorce.

Vu l'expédition dudit jugement à nous remise, avec une copie en due forme de l'exploit de signification qui en a été fait à N.   (*nom de l'autre époux*) le   du mois de   an   . par huissier. Vu l'assignation à elle (*ou à lui*) donnée pour qu'il (*ou qu'elle*) eût à se trouver aujourd'hui en la maison commune, à l'heure de   afin d'entendre prononcer son divorce entre elle (*ou lui*) et N.   avec déclaration que faute de s'y trouver, il y sera procédé tant en son absence qu'en sa presence ; ladite assignation à elle (*ou à lui*) signifiée le   du mois de   an   par   huissier. Lesquelles pièces ci - dessus énoncées demeureront annexées au présent registre ; et attendu qu'il ne nous est apparu d'aucun recours par appel ou en cassation dudit jugement, et que les délais prescrits par la loi pour ce faire sont expirés (*cette phrase devra être retranchée ou modifiée s'il est intervenu un ou plusieurs jugemens confirmatifs du premier, et alors on fera mention de leur date et de leur signification à la suite de celle du premier jugement*) l'heure étant passée sans que N.   se soit présenté, nous officier de l'état civil, faisant droit à la réquisition de N.   (*du demandeur*) déclarons, au nom de la loi, que le mariage qui a eu lieu entre N.   et N.   (*répéter exactement les noms, prénoms, âge, profession, domicile des deux parties* est dissous par l'effet du divorce autorisé par le (*ou les*) jugemens ci-dessus relatés. Dont acte dressé en présence de N.   premier témoin et de N.   second témoin , lesquels ont signé avec nous, après que lecture du tout leur a été faite.

Nº. X X.

Acte de divorce par consentement mutuel.

L'an   le   du mois de   pardevant nous (*qualité du fonctionnaire public*), officier de l'état civil de la commune de   département de   canton et municipalité de

Est comparu. N.   lequel nous a déclaré vouloir faire procéder à la dissolution du mariage qui a eu lieu entre lui   et N.   le   à   comme il est autorisé par jugement rendu à   le   enregistré le   et dont il nous a remis expédition authentique.

Est aussi comparue N.   laquelle nous a déclaré être dans la même volonté, et nous requérir , en conséquence, de procéder de suite à la dissolution de son mariage avec N.   Nous   officier de l'état civil, en conséquence du jugement ci-dessus, et nulle opposition à son exécution ne nous ayant été signifiée, décla-

rons, au nom de la loi, qu'il y a dissolution du mariage d'entre
N.   et N.   par l'effet du divorce admis par le
jugement ci-dessus relaté, et rendu sur le consentement mutuel des
deux parties, dont acte dressé en présence tant des parties que de
N.   témoin, et de N.   témoin, lesquels ont signé avec
nous, après que lecture du tout leur a été faite.

No. X X I.

Acte de décès.

La loi défend qu'en cas de mort violente il en soit fait mention
dans l'acte de décès; ainsi il ne peut y avoir dans tous les cas
qu'une même formule.

L'an   le   du mois   de   pardevant nous (*qualité du fonctionnaire public*), officier de l'état civil
de la commune d   département d   canton et municipalité
d   sont comparus N.   et N.   (*on fera mention si
les déclarans sont parens ou voisins*), lesquels nous ont déclaré que le
         du mois de   heure de   N.   (*nom . pr noms,
âge, profession, domicile; si le défunt étoit garçon , marié . veuf ou
divorcé ; mettre, s'il se peut, les noms, prénoms, domicile de ses père
et mère*) est décédé le   du mois de   heure de
en la maison , n°.   rue   (*ou arrondissement ou section*) ; et
les déclarans ont signé avec nous le présent acte, après que lecture
leur en a été faite.

No. X X I I.

Formule d'adoption.

L'an   le   du mois   pardevant
nous (*qualité du fonctionnaire*) officier de l'état civil de la commune
de   département d   canton et municipalité de
sont comparus N.   (*noms, prénoms, etc. de l'adoptant*) et N.
(*même formalité pour l'adopté*), lesquels nous ont représenté le jugement du tribunal de première instance, séant à   rendu le
portant homologation de l'acte fait devant le juge de paix de
canton d   municipalité d   le   par lequel
N.   déclare adopter N.   et ledit N.   accepte
l'adoption à lui offerte par N.   ensemble le jugement de la
cour d'appel, séant à   rendu le   portant
confirmation du jugement du tribunal de première instance ; et lesdits
N.   et N.   nous ayant requis de procéder à la
célébration de l'adoption qui doit avoir lieu entre eux en conformité
des jugemens ci-dessus relatés ; nulle opposition ne nous étant survenue, nous   déclarons, au nom de la loi, que N.

a adopté et adopte N.   ici présent et acceptant ; dont acte
en présence de   et de   lesquels ont signé avec
nous, et après que lecture en a été faite.

De l'adoption et de ses effets.

343. L'adoption n'est permise qu'aux personnes de l'un ou de
l'autre sexe, âgées de plus de cinquante ans, qui n'auront, à
l'époque de l'adoption, ni enfans, ni descendans légitimes, et qui
auront au moins quinze ans de plus que les individus qu'elles se
proposent d'adopter.

344. Nul ne peut être adopté par plusieurs, si ce n'est par
deux époux.

Hors le cas de l'article 366 ci-après, nul époux ne peut
adopter qu'avec le consentement de l'autre conjoint.

345. La faculté d'adopter ne pourra être exercée qu'euvers
l'individu à qui l'on aura, dans sa minorité et pendant six ans
au moins, fourni des secours et donné des soins non interrompus, ou envers celui qui aurait sauvé la vie à l'adoptant,
soit dans un combat, soit en le retirant des flammes ou des
flots.

Il suffira, dans ce deuxième cas, que l'adoptant soit majeur,
plus âgé que l'adopté, sans enfans ni descendans légitimes ; et
s'il est marié, que son conjoint consente à l'adoption.

346. L'adoption ne pourra, en aucun cas, avoir lieu avant
la majorité de l'adopté. Si l'adopté, ayant encore ses père et
mère, ou l'un des deux, n'a point accompli sa vingt-cinquième
année, il sera tenu de rapporter le consentement donné à l'adoption par ses père et mère, ou par le survivant ; et s'il est majeur
de vingt-cinq ans, de requérir leur conseil.

347. L'adoption conférera le nom de l'adoptant à l'adopté, en
l'ajoutant au nom propre de ce dernier.

348. L'adopté restera dans sa famille naturelle et y conservera tous ses droits : néanmoins le mariage est prohibé entre
l'adoptant, l'adopté et ses descendans ;

Entre les enfans adoptifs du même individu ;

Entre l'adopté et les enfans qui pourraient survenir à l'adoptant, entre l'adopté et le conjoint de l'adoptant, et réciproquement entre l'adoptant et le conjoint de l'adopté.

349. L'obligation naturelle, qui continuera d'exister entre
l'adopté et ses père et mère, de se fournir des alimens dans les

cas

as déterminés par la loi, sera considérée comme commune à adoptant et à l'adopté, l'un envers l'autre.

35o. L'adopté n'acquerra aucun droit de successibilité sur les iens des parens de l'adoptant; mais il aura sur la succession de adoptant, les mêmes droits que ceux qu'y aurait l'enfant né en nariage, même quand il y aurait d'autres enfans de cette der- ière qualité, nés depuis l'adoption.

351. Si l'adopté meurt sans descendans légitimes, les choses onnées par l'adoptant, ou recueillies dans sa succession, et ui existeront en nature lors du décès de l'adopté, retourneront l'adoptant ou à ses descendans, à la charge de contribuer aux ettes, et sans préjudice des droits des tiers.

Le surplus des biens de l'adopté appartiendra à ses propres arens; et ceux-ci excluront toujours, pour les objets même pécifiés au présent article, tous héritiers de l'adoptant autres ue ses descendans.

352. Si du vivant de l'adoptant, et après le décès de l'adopté, es enfans ou descendans laissés par celui-ci mouraient eux- nêmes sans postérité, l'adoptant succédera aux choses par lui onnées, comme il est dit en l'article précédent; mais ce droit era inhérent à la personne de l'adoptant, et non transmissible à es héritiers, même en ligne descendante.

Des formes de l'adoption.

353. La personne qui se proposera d'adopter, et celle qui oudra être adoptée, se présenteront devant le juge de paix du omicile de l'adoptant, pour y passer acte de leurs consentemens espectifs.

354. Une expédition de cet acte sera remise, dans les dix ours suivans, par la partie la plus diligente, au commissaire u gouvernement près le tribunal de première instance dans le essort duquel se trouvera le domicile de l'adoptant, pour être oumis à l'homologation de ce tribunal.

355. Le tribunal, réuni en la chambre du conseil, et après être procuré les renseignemens convenables, vérifiera, 1°. si outes les conditions de la loi sont remplies; 2°. si la personne ui se propose d'adopter jouit d'une bonne réputation.

356. Après avoir entendu le commissaire du gouvernement, t sans aucune autre forme de procédure, le tribunal pronou-

cera , sans énoncer de motifs , en ces termes : *Il y a lieu* , o
Il n'y a pas lieu à l'adoption.

357. Dans le mois qui suivra le jugement du tribunal d
première instance , ce jugement sera , sur les poursuites de l
partie la plus diligente , soumis au tribunal d'appel , qui instruir
dans les mêmes formes que le tribunal de première instance , e
prononcera , sans énoncer de motifs : *Le jugement est confirmé*
ou *Le jugement est réformé ; et en conséquence , il y a lieu*
ou *il n'y a pas lieu à l'adoption.*

358. Tout jugement du tribunal d'appel qui admettra un
adoption , sera prononcé à l'audience , et affiché en tels lieu
et en tel nombre d'exemplaires que le tribunal jugera conve
nable.

359. Dans les trois mois qui suivront ce jugement , l'adop
tion sera inscrite , à la réquisition de l'une ou de l'autre de
parties , sur le registre de l'état civil du lieu où l'adoptant ser
domicilié.

Cette inscription n'aura lieu que sur le vu d'une expédition
en forme , du jugement du tribunal d'appel ; et l'adoptio
restera sans effet si elle n'a été inscrite dans ce délai.

360. Si l'adoptant venait à mourir après que l'acte consta
tant la volonté de former le contrat d'adoption a été reçu pa
le juge de paix et porté devant les tribunaux , et avant que ceux-c
eussent définitivement prononcé , l'instruction sera continuée e
l'adoption admise , s'il y a lieu.

Les héritiers de l'adoptant pourront , s'ils croient l'adoptio
inadmissible , remettre au commissaire du gouvernement tou
mémoires et observations à ce sujet.

De la tutelle officieuse.

361. Tout individu âgé de plus de cinquante ans , et san
enfans ni descendans légitimes , qui voudra , durant la minorit
d'un individu , se l'attacher par un titre légal , pourra devenir so
tuteur officieux , en obtenant le consentement des père et mèr
de l'enfant , ou du survivant d'entre eux , ou , à leur défaut
d'un conseil de famille , ou enfin , si l'enfant n'a point de paren
connus , en obtenant le consentement des administrateurs d
l'hospice où il aura été recueilli , ou de la municipalité du lieu d
sa résidence.

362. Un époux ne peut devenir tuteur officieux qu'avec l
consentement de l'autre conjoint.

363. Le juge de paix du domicile de l'enfant dressera procès-verbal des demandes et consentemens relatifs à la tutelle offi-ieuse.

364. Cette tutelle ne pourra avoir lieu qu'au profit d'enfans gés de moins de quinze ans.

Elle emportera avec soi, sans préjudice de toutes stipulations particulières, l'obligation de nourrir le pupille, de l'élever, de le mettre en état de gagner sa vie.

365. Si le pupille a quelque bien, et s'il était antérieurement n tutelle, l'administration de ses biens, comme celle de sa personne, passera au tuteur officieux, qui ne pourra néan-moins imputer les dépenses de l'éducation sur les revenus du pupille.

366. Si le tuteur officieux, après cinq ans révolus depuis la utelle, et dans la prévoyance de son décès avant la majorité du pupille, lui confère l'adoption par acte testamentaire, cette dis-position sera valable, pourvu que le tuteur officieux ne laisse point d'enfans légitimes.

367. Dans le cas où le tuteur officieux mourrait soit avant les cinq ans, soit après ce tems, sans avoir adopté son pupille, il sera fourni à celui-ci, durant sa minorité, des moyens de sub-sister, dont la quotité et l'espèce, s'il n'y a été antérieurement pourvu par une convention formelle, seront réglées soit amia-blement entre les représentans respectifs du tuteur et du pupille, soit judiciairement en cas de contestation.

368. Si à la majorité du pupille, son tuteur officieux veut l'adopter, et que le premier y consente, il sera procédé à l'adop-tion selon les formes prescrites au chapitre précédent, et les effets en seront, en tous points, les mêmes.

369. Si, dans les trois mois qui suivront la majorité du pupille, les réquisitions par lui faites à son tuteur officieux, à fin d'adop-tion, sont restées sans effet, et que le pupille ne se trouve point en état de gagner sa vie, le tuteur officieux pourra être condamné à indemniser le pupille de l'incapacité où celui-ci pourrait se trouver de pourvoir à sa subsistance.

Cette indemnité se résoudra en secours propres à lui procurer un métier; le tout sans préjudice des stipulations qui auraient pu avoir lieu dans la prévoyance de ce cas.

370. Le tuteur officieux qui aurait eu l'administration de quelques biens pupillaires, en devra rendre compte dans tous les cas.

10 *

Adoptions antérieures.

Loi du 25 germinal an 11. (B. 571.)

1. Toutes adoptions faites par actes authentiques depuis le 18 janvier 1792, jusqu'à la publication des dispositions du code civil relatives à l'adoption, seront valables, quand elles n'auraient été accompagnées d'aucune des conditions depuis imposées pour adopter et être adopté.

2. Pourra néanmoins celui qui aura été adopté en minorité, et qui se trouverait aujourd'hui majeur, renoncer à l'adoption dans les trois mois qui suivront la publication de la présente loi.

La même faculté pourra être exercée par tout adopté aujourd'hui mineur, dans les trois mois qui suivront sa majorité.

Dans l'un et l'autre cas, la renonciation sera faite devant l'officier de l'état civil du domicile de l'adopté, et notifiée à l'adoptant dans un autre délai de trois mois.

3. Les adoptions auxquelles l'adopté n'aura point renoncé, produiront les effets suivans :

Si ses droits ont été réglés par acte ou contrat authentique, disposition entre-vifs ou à cause de mort, faits sans lésion de légitime d'enfant, transaction ou jugement passé en force de chose jugée, il ne sera porté aucune atteinte auxdits acte, contrat, disposition, transaction ou jugement, lesquels seront exécutés selon leur forme et teneur.

4. En l'absence ou à défaut de toute espèce d'actes authentiques spécifiant ce que l'adoptant a voulu donner à l'adopté, celui-ci jouira de tous les droits accordés par le code civil, si, dans les six mois qui suivront la publication de la présente loi, l'adoptant ne se présente devant le juge de paix de son domicile, pour y affirmer que son intention n'a pas été de conférer à l'adopté tous les droits de successibilité qui appartiendraient à un enfant légitime.

Cette faculté d'affirmer l'intention, est un droit personnel à l'adoptant, et n'appartiendra point à ses héritiers.

5. Dans le cas où l'adoptant aurait fait l'affirmation énoncée dans l'article précédent et dans le délai prescrit par cet article, les droits de l'adopté seront quant à la successibilité, limités au tiers de ceux qui auraient appartenu à un enfant légitime.

6. S'il résultait de l'un des actes maintenus par l'article 3, que les droits de l'adopté fussent inférieurs à ceux accordés par

le code civil, ceux-ci pourront lui être conférés en entier par une nouvelle adoption dont l'instruction aura lieu conformément aux dispositions du code, mais sans autres conditions de la part de l'adoptant, que d'être sans enfans ni descendans légitimes, d'avoir quinze ans de plus que l'adopté, et, si l'adoptant est marié, d'obtenir le consentement de l'autre époux.

7. Les art. 347, 348, 349, 351, 352 du code civil, au titre *de l'adoption*, sont au surplus déclarés communs à tous les individus adoptés depuis le décret du 18 janvier 1792, et autres lois y relatives.

Registres de l'état civil. — Prohibitions.

Titre 6 de la loi du 20 septembre 1792.

5. Défenses sont faites à toutes personnes, autres que les fonctionnaires publics désignés, de s'immiscer dans la tenue de ces registres, et dans la réception des actes.

6. La présente loi ne nuit point cependant à la liberté qu'ont tous les citoyens de consacrer les naissances, mariages et décès par les cérémonies du culte auquel ils sont attachés, et par l'intervention des ministres de ce culte.

Mais il est défendu à tous juges, administrateurs et fonctionnaire publics quelconques, d'avoir aucun égard aux attestations que des ministres de culte, ou des individus se disant tels, pourraient donner relativement à l'état civil des citoyens, à peine d'une amende, depuis 100 jusqu'à 500 francs, et d'emprisonnement.

Loi du 18 germinal an 10. (B. 172.)

55. Les registres tenus par les ministres du culte, n'étant et ne pouvant être relatifs qu'à l'administration des sacremens, ne pourront dans aucun cas, suppléer les registres ordonnés par la loi pour constater l'état civil des Français.

D'après cette disposition, la loi du 5 vendémiaire an 4, reste dans toute sa force, en ce qui est relatif à l'état civil des citoyens et aux prohibitions faites à cet égard aux fonctionnaires administratifs.

(Voyez *actes*).

Code civil. *Loi du 20 ventose an* 11.

40. Les actes de l'état civil seront inscrits, dans chaque commune, sur un ou plusieurs registres tenus doubles.

La loi du 20 septembre 1792, avait établi trois registres doubles et un quatrième simple; les premiers pour recevoir les déclarations, 1°. des naissances et adoptions; 2°. des mariages et divorces; 3°. des décès, et le quatrième pour recevoir les minutes des publications de mariage et les actes préliminaires du divorce. Ce dernier registre simple est toujours nécessaire; il est, ainsi que les autres doubles, déposé au greffe du tribunal. Les motifs donnés pour n'établir qu'un registre double, sont bien moins fondés, moins généraux, que la confusion et les peines qu'il donnera pour la recherche des actes. Ce nouvel ordre détruit aussi la faculté de faire imprimer la formule des différens actes, et cependant ce mode avait été provoqué par la plupart des administrations départementales, pour obvier en grande partie aux inconvéniens de l'incapacité du plus grand nombre des maires. Aussi, le ministre de l'intérieur, qui d'ailleurs en a référé au gouvernement, a toujours conseillé aux préfets qui l'ont consulté, de maintenir la division des registres pour chaque nature d'actes.

Lois des 20 septembre 1792, 13 *brumaire an* 7 *sur le timbre*, *et* 7 *brumaire an* 2.

Art. 2 et 12. Les registres de l'état civil sont composés de papier timbré, fourni aux frais de chaque commune.

Ils sont envoyés à chaque municipalité par les préfets et sous-préfets, dans la première décade du mois de fructidor de chaque année (*à présent de* décembre).

Code civil.

41. Les registres seront cotés par première et dernière, et paraphés sur chaque feuille, par le président du tribunal de première instance, ou par le juge qui le remplacera.

Dépôt.

43. Les registres seront clos et arrêtés par l'officier de l'état civil, à la fin de chaque année; et dans le mois, l'un des doubles sera déposé aux archives de la commune, l'autre au greffe du tribunal de première instance.

44. Les procurations et les autres pièces qui doivent demeurer annexées aux actes de l'état civil, seront déposées, après qu'elles

auront été paraphées par la personne qui les aura produites, et par l'officier de l'état civil, au greffe du tribunal, avec le double des registres dont le dépôt doit avoir lieu audit greffe.

Aux termes de l'article 50, l'officier de l'état civil pouvant être poursuivi judiciairement et puni d'une amende de 100 francs, pour n'avoir pas fait ce dépôt, il doit exiger un récépissé du greffier du tribunal pour couvrir sa responsabilité, dans le cas de la perte du registre déposé.

C'est au commissaire du gouvernement près le tribunal civil à provoquer les mesures convenables pour la remise de ces registres. Ainsi rien n'empêche qu'il n'adresse directement aux officiers de l'état civil, les instructions et les observations nécessaires pour presser le dépôt de ces registres, lorsque ces officiers ne le font pas dans le terme voulu par la loi, il serait inutile, ou tout au moins superflu, que le préfet intervint dans ceci, puisque le commissaire près le tribunal est seul chargé de l'exécution de la loi en ce point. (Opinion du grand-juge ministre de la justice.)

Anciens registres à Paris.

La loi du 19 décembre 1792 portait que, dans les communes dont la population était de 50,000 habitans et au-dessus, les déclarations de *naissance* et de *décès* seulement. seraient faites d'abord devant le commissaire de police de la section ou du quartier, et ensuite, dans les 24 heures, à la maison commune, pour y faire dresser l'acte en représentant le procès-verbal du commissaire de police.

Une autre loi du 3 ventose an 3, supprima ce mode et établit dans chaque arrondissement un officier de l'état civil garde des archives, un substitut, un agent national et un secrétaire commis.

La constitution de l'an 3 ayant établi plusieurs municipalités dans les grandes villes, Paris fut divisé en douze arrondissemens municipaux, et l'état civil fit partie des attributions des administrations municipales de ces arrondissemens.

Enfin la loi du 28 pluviose an 8, portant rétablissement des mairies, a fixé l'état civil dans chacun des douze arrondissemens municipaux.

D'après la loi du 3 ventose an 3, tous les registres qui avaient servi à constater l'état civil des citoyens depuis le premier janvier 1793, ainsi que ceux des ci-devant paroisses, des hospices, des communautés religieuses, des protestans et autres, sous quelque dénomination qu'ils fussent connus, et les liasses et pièces relatives aux actes reçus, durent être transférés de la maison commune et de tous autres lieux, aux archives du département.

Dans les départemens.

Les registres de mariage ayant été tenus par canton, par le président de l'administration, depuis le premier vendémiaire an 7, jusqu'au premier vendémiaire an 9, en exécution de la loi du 13 fructidor an 6, n'appartiennent à aucune commune en particulier; aussi, ont-ils été déposés aux secrétariats des sous-préfectures.

Code civil.

46. Lorsqu'il n'aura pas existé de registres, ou qu'ils seront perdus, la preuve en sera reçue tant par titres que par témoins; et dans ce cas, les mariages, naissances et décès, pourront être prouvés, tant par les registres et papiers émanés des pères et mères décédés que par témoins.

Peut-être n'était-il pas nécessaire de faire prouver qu'il n'a pas existé de registres ou qu'il ont été perdus. Il suffirait que la partie réclamante produisît sur ces faits les déclarations des différens dépositaires des registres, sauf à d'autres parties intéressées à prouver le contraire. D'ailleurs, on ne voit pas comment il peut y avoir des témoins pour un fait qui n'a pas existé, et les titres à ce sujet doivent être aussi rares.

La loi ne dit pas, au surplus, si l'autorité publique fera rétablir les registres perdus, ni comment elle y procédera. L'art. 46 ne paraît être applicable qu'aux individus intéressés, puisqu'on doit faire la preuve d'un fait (l'absence des registres); qui ne peut être établie que par l'autorité même qui aurait à la faire, si l'article lui était applicable. Cependant, en retranchant cette première disposition de l'art. 1er., la seconde peut être exécutée sur la provocation de l'autorité; mais pour assurer le rétablissement de ces registres, il est nécessaire que le gouvernement le commande formellement aux tribunaux.

Cette mesure paraît être d'autant plus indispensable, que ces registres n'étant pas formés ou rétablis, on ne devrait pas inscrire sur aucun autre registre de l'état civil, les actes qui résulteraient de l'exécution de l'article 46, puisque la loi ne prévoit que le cas de la mention d'un acte nouveau, en marge d'un acte antérieur.

Cette loi ne prévoit pas non plus le cas, 1°. de l'omission d'une déclaration; 2°. de la destruction d'une partie des registres.

Dans son silence, il faut sans doute recourir au mode fixé par l'article 46, mais la preuve testimoniale n'étant pas d'un poids ni d'un caractère qui puisse suppléer aux preuves qui naissent de la possession ou des registres publics, beaucoup d'individus seront les victimes de l'arbitraire laissé sur cet objet, avant que le tribunal de cassation ait établi une jurisprudence uniforme; et d'ailleurs ce moyen introduit une seconde autorité législative, et beaucoup moins immuable que la loi.

Impression des formules d'actes.

Il est étonnant que toutes les administrations de département n'aient pas encore adopté le moyen indiqué par le ministre de l'intérieur, celui de faire imprimer les formules des actes, pour en former les registres de l'état civil.

Ces impressions faites par un seul imprimeur, et au rabais, pour tout le département, seraient peu couteuses pour chaque commune, en comparaison sur-tout, des inquiétudes, des démarches, des procès, et des frais qu'occasionnent aux citoyens les vices de rédaction des actes qui constituent leurs droits les plus chers. Elles en assureraient l'uniformité dans tout l'empire, diminueraient le travail difficile des maires, et assureraient la confiance, la tranquillité et la paix dans les familles.

Les indications de ce qu'auraient à remplir les officiers publics seraient en marge, comme pour les certificats de résidence.

La formalité du timbre ne peut être un obstacle à cette mesure, la loi autorisant les administrations à faire timbrer, à l'extraordinaire, les papiers qu'elles desirent.

La disposition de l'article 40 n'en présente pas non plus, puisqu'elle autorise un ou *plusieurs* registres, et que le ministre de l'intérieur a pensé qu'il convenait de maintenir la pluralité établie par la loi du 20 septembre 1792.

Registres demandés par les tribunaux comme pièces arguées de faux.

Loi du 3 brumaire an 4. (B. 204.)

528. Tout dépositaire public ou particulier de pièces arguées de faux, est tenu, sous peine d'y être contraint par corps, de les remettre, sur l'ordre qui en est donné, par écrit, par le directeur du jury ou par le juge de paix.

Cet ordre lui sert de décharge envers tous ceux qui ont intérêt à la pièce.

Il ne résulte pas de cette loi, que les registres courans de l'état civil doivent être livrés aux tribunaux, puisqu'à chaque instant ils peuvent être utiles, et que les parties intéressées sont punies d'amendes et de prison, si elles n'en font pas usage dans le délai de trois jours; et que d'ailleurs, il peut être du plus grand intérêt pour les citoyens d'y pouvoir recourir, et en faire usage à toute heure. Dans ce cas, les officiers publics ne peuvent donc être tenus qu'à délivrer ou laisser prendre des copies conformes des actes argués de faux, ou de communiquer les registres sans déplacer; le ministre de l'intérieur l'a décidé ainsi relativement à la ville de Lyon.

Mais les registres des années antérieures peuvent et doivent être livrés aux tribunaux, en vertu du jugement et sur récépissé.

Deux mois après la publication de la loi du 20 septembre, il dut être dressé un inventaire de tous les registres de l'état civil existant dans les greffes des tribunaux; et une expédition de cet inventaire et tous ces registres dûrent être transportés et déposés aux archives des départemens. (Art. 4. du tit. 6).

Les *Juifs*, et tous autres sectaires étrangers au culte romain, ayant été admis à l'exercice des droits de citoyen français, ont dû également déposer leurs registres de circoncision et autres, dans les greffes des municipalités d'alors.

Tables annuelles et décennales.

Loi du 20 septembre 1792.

8. Dans les quinze premiers jours du mois de vendémiaire de chaque année, il sera fait à la fin de chaque registre une table par ordre alphabétique des actes qui y seront contenus.

15. Tous les dix ans, les tables annuelles faites à la fin de chaque registre seront refondues dans une seule.

La première de ces tables générales fut faite en l'an 10, en exécution d'un arrêté du 25 vendémiaire an 9. (B. 48.).

16. Cette table décennale sera mise sur un registre séparé, tenu double, timbré, coté et paraphé.

17. L'un des doubles sera envoyé dans les quinze premiers jours du mois de germinal de la 11me. année, au dépôt général fixé par la loi.

MODÈLE.

| DÉPARTEMENT | *Table décennale des actes de*   *de* |
| d̃ | *la* (ville ou commune) *de* |

DÉPARTEMENT
d̃

ARRONDISSEMENT
d

VILLE OU COMMUNE
d

Table décennale des actes de   *de*
la (ville ou commune) *de*
depuis l'époque de l'exécution de la
loi du 20 décembre 1792, jusqu'au
premier vendémiaire an 11 de la
république française, dressée con-
formément aux dispositions de la-
dite loi et de l'arrêté des consuls,
du 25 vendémiaire an 9.

ACTES
de

NOMS ET PRÉNOMS des mariés, nouveaux-nés, individus morts.	DATES DES ACTES.
Aubert (Claude), marié à Françoise Chalais.	le 24 nivose an 7.
Baudin (Denis), marié à Louise-Philippine Aubert.	le 1er. germin. an 2.
Castel (Etienne), marié à Félicité-Marie Cauvin.	le 15 décemb. 1792
Durand (Pierre), marié à Emilie-Louise Gillot. . . .	le 1er. floréal an 5.
Erard (Louis-Antoine), marié à Julie Boisverd	le 3 pluviose an 4.
Froment (Pierre), marié à Denise-Geneviève Perrin. .	le 1er. j. comp. an 9.

Observations du ministre de l'intérieur. — Du 3 ventose an 9.

D'après les articles 16 et 17, la table doit être formée par les maires ; en conséquence, celui de chaque commune doit former, dans le courant de vendémiaire an 11, une table alphabétique pour chaque nature d'acte, à dater de l'époque de l'exécution de la loi du 20 septembre

1792, jusqu'au dernier jour complémentaire an 10. Le double de cette table, fait sur papier timbré, coté et paraphé par le maire, doit être envoyé au sous-préfet avant le premier frimaire : ce fonctionnaire l'envoie dans le mois au préfet, pour être déposé aux archives.

Les actes de divorce étant inscrits sur les registres des actes de mariage, doivent faire partie de la table décennale de cette nature d'acte ; mais il convient de les porter dans un chapitre particulier, à la suite des mariages.

Il en est de même des actes d'adoption, qui doivent faire partie de la table décennale des actes de naissance, et former un chapitre séparé à la suite de ces actes.

Extrait des registres.

Loi du 8 pluviose an 13. (B. 30.).

Le droit d'expédition des actes de l'état civil de la ville de Paris, dont la perception a été ordonnée par la loi du mois de nivose an 3 au profit de l'état, sera perçu désormais au profit de la ville de Paris ; en conséquence, elle sera chargée de toutes les dépenses relatives à l'expédition des actes de l'état civil, lesquelles ont été acquittées jusqu'à ce jour par la régie de l'enregistrement et du domaine.

Prix des extraits.

Loi du 20 septembre 1792.

19. Il ne sera payé que 30 centimes pour chaque extrait des actes de naissance, décès et publication de mariage, et 60 centimes pour chaque extrait des actes de mariage, non compris le timbre.

Loi du 19 décembre 1792.

3. Il sera payé pour chaque extrait d'acte préliminaire de divorce, la même taxe de 30 cent., que pour un extrait de publication de mariage.

2. Et pour chaque extrait d'acte de divorce, la taxe de 60 cent., comme pour un extrait.

8. Les municipalités des communes de 50,000 ames et au-dessus, peuvent se faire autoriser par l'administration du département, a percevoir pour les extraits des registres concernant l'état civil

des citoyens , une taxe plus forte que celle qui est fixée à
l'égard des autres communes de la République ; mais le *maximum*
de cette taxe ne peut excéder 5o centimes pour chaque extrait
d'acte de naissance, décès, publication de mariage ou d'acte
préliminaire de divorce ; et un franc pour chaque extrait d'acte
de mariage ou de divorce, non compris le timbre.

A Paris.

Loi du 3 ventose an 3.

21. Les droits d'expédition , à Paris, des actes de l'état civil ,
ne pourront excéder, savoir : 15 sous pour chaque extrait d'actes
de naissance, de décès ou de publication de mariage ,'et 1 liv. 10 s.
pour les extraits d'actes de divorce , ou ses préliminaires , et
pour ceux de mariage ou d'adoption , non compris le droit de
timbre , à peine de concussion.

Ces droits ont été perçus pour le compte du trésor public , jusqu'à l'é-
poque de la loi ci-dessus, du 8 pluviose an 13.

Code civil.

45. Toute personne pourra se faire délivrer par les dépositaires des registres de l'état civil , des extraits de ces registres. Les extraits délivrés conformes aux registres, et légalisés
par le président du tribunal de première instance , ou par le
juge qui le remplacera , feront foi jusqu'à inscription de faux.

Ces extraits peuvent être délivrés par les maires ou autres remplissant les fonctions d'officier de l'état civil, ou par le greffier du
tribunal où sont déposés les registres des années antérieures. Dans l'un
comme dans l'autre cas , la légalisation de ces extraits doit être faite
par le président du tribunal, parce que la loi n'établit aucune exception.
  Outre le droit fixé par les lois ci-dessus rapportées et le droit de timbre
qui est de 75 centimes, on perçoit encore 8 centimes, soi-disant pour
une contribution de *subvention de guerre* ; mais on peut s'assurer par
l'historique de cette contribution, au titre des contributions publiques,
que ce droit n'est pas dû depuis l'an 7.

Dépositaires.

31. Tout dépositaire des registres de l'état civil , sera civilement responsable des altérations qui y surviendront , sauf son

recours, s'il y a lieu, contre les auteurs desdites altérations. (art. 51.)

Le nouveau fonctionnaire qui doit prendre le dépôt des registres, doit donc les vérifier avec soin lorsqu'ils sont encore dans les mains de son prédécesseur, avant de s'en charger et d'en donner décharge au dépositaire qu'il remplace.

52 Toute altération, tout faux dans les actes de l'état civil, toute inscription de ces actes faite sur une feuille volante et autrement que sur les registes à ce destinés, donneront lieu aux dommages-intérêts des parties, sans préjudice des peines portées au code pénal.

Vérification.

53. Le commissaire du gouvernement près le tribunal de première instance sera tenu de vérifier l'état des registres lors du dépôt qui en sera fait au greffe; il dressera procès-verbal sommaire de la vérification, dénoncera les contraventions ou délits commis par les officiers de l'état civil, et requerra contre eux la condamnation aux amendes.

54. Dans tous les cas où un tribunal de première instance connaîtra des actes relatifs à l'état civil, les parties intéressées pourront se pourvoir contre le jugement.

Mariages; conditions.

Code civil.

148. Le fils qui n'a pas atteint l'age de vingt-cinq ans accomplis, la fille qui n'a pas atteint l'âge de vingt-un ans accomplis, ne peuvent contracter mariage sans le *consentement* de leurs père et mère : en cas de dissentiment, le consentement du père suffit.

149. Si l'un des deux est mort, ou s'il est dans l'impossibilité de manifester sa volonté, le consentement de l'autre suffit.

150. Si le père et la mère sont morts, ou s'ils sont dans l'impossibilité de manifester leur volonté, les aïeuls et aïeules les remplacent : s'il y a dissentiment entre l'aïeul et l'aïeule de la même ligne, il suffit du consentement de l'aïeul.

S'il y a dissentiment entre les deux lignes, ce partage emportera consentement.

Avis du conseil d'état approuvé le 4 thermidor an 13.
(B. 51.)

1°. Il n'est pas nécessaire de produire les actes de décès des pères et mères des futurs mariés, lorsque les aïeuls ou aïeules attestent ce décès ; et dans ce cas, il doit être fait mention de leur attestation dans l'acte de mariage.

2°. Si les pères, mères, aïeuls ou aïeules, dont le consentement ou conseil est requis, sont décédés, et si l'on est dans l'impossibilité de produire l'acte de leur décès ou la preuve de leur absence, faute de connaître leur dernier domicile, il peut être procédé à la célébration du mariage des majeurs, sur leur déclaration à serment, que le lieu du décès et celui du dernier domicile de leurs ascendans, leur sont inconnus. Cette déclaration doit être certifiée aussi par serment *des quatre témoins* de l'acte de mariage, lesquels affirment que, quoiqu'ils connaissent les futurs époux, ils ignorent le lieu du décès de leurs ascendans et leur dernier domicile. Les officiers de l'état civil doivent faire mention dans l'acte de mariage, desdites déclarations.

D'après cette rédaction, il semble qu'on entend que les quatre témoins doivent certifier pour l'*une* ou pour l'*autre* partie indistinctement, le décès ou l'absence de ses père et mère, aïeul ou aïeule : cependant il est d'usage que chaque partie choisisse deux des témoins, et il arrive souvent que les témoins d'une partie ne connaissent point ceux de l'autre et encore moins sa famille ; si l'on devait entendre dans ce sens l'avis du conseil d'état, le mode serait peu avantageux aux parties, et presque toujours il s'opposerait au succès de leurs vœux et de ceux même du gouvernement qui, par cet avis, a voulu les favoriser; on peut donc croire que le gouvernement a voulu établir que les seuls témoins de la partie intéressée, certifieraient par serment les faits qui intéresseraient cette partie.

On doit faire remarquer que l'avis du conseil d'état, n'indiquant point le fonctionnaire qui aura à recevoir le serment des parties et des témoins, il reste établi que c'est l'officier public qui doit le recevoir.

160. S'il n'y a ni père ni mère, ni aïeuls ni aïeules, ou s'ils se trouvent tous dans l'impossibilité de manifester leur volonté, les fils ou filles mineurs de vingt-un ans ne peuvent contracter mariage sans le consentement du conseil de famille.

73. L'acte authentique du consentement des pères et mères

ou aïeuls et aïeules, ou, à leur défaut, celui de la famille, contiendra les prénoms, noms, professions et domiciles du futur époux, et de tous ceux qui auront concouru à l'acte, ainsi que leur degré de parenté.

151. Les enfans *de famille* ayant atteint la majorité fixée par l'article 148, sont tenus, avant de contracter mariage, de demander, par un *acte respectueux* et formel, le conseil de leur père et de leur mère, ou celui de leurs aïeuls et aïeules, lorsque leur père et leur mère sont décédés, ou dans l'impossibilité de manifester leur volonté.

De *famille* : c'est-à-dire, ayant encore leurs père ou mère, aïeul ou aïeule (1).

152. Depuis la majorité fixée par l'article 148 (vingt-cinq et vingt-un ans), jusqu'à l'âge de trente ans accomplis pour les fils, et jusqu'à l'âge de vingt-cinq ans accomplis pour les filles, l'acte respectueux prescrit par l'article précédent, et sur lequel il n'y aurait pas de consentement au mariage, sera renouvelé deux autres fois, de mois en mois ; et un mois après le troisième acte, il pourra être passé outre à la célébration du mariage.

153. Après l'âge de trente ans, il pourra être, à défaut de consentement sur un acte respectueux, passé outre, un mois après, à la célébration du mariage.

Cette disposition est applicable aux filles après l'âge de 25 ans seulement. Cette application est une conséquence de l'article 152, et cette opinion est d'ailleurs conforme à celle du rapporteur du gouvernement, émise dans son discours au corps législatif.

154. L'acte respectueux sera notifié à celui ou ceux des ascendans désignés en l'article 151, par deux notaires ou par un notaire et deux témoins ; et, dans le procès-verbal qui doit en être dressé, il sera fait mention de la réponse.

155. En cas d'absence de l'ascendant auquel eût dû être fait l'acte respectueux, il sera passé outre à la célébration du mariage, en représentant le jugement qui aurait été rendu pour déclarer l'absence, ou, à défaut de ce jugement, celui qui aurait ordonné l'enquête ; ou, s'il n'y a point encore eu de

---

(1) Ou bien on a voulu distinguer par cette indication, les enfans non mariés de ceux qui déja l'avaient été.

jugement,

jugement, un acte de notoriété, délivré par le juge de paix du lieu où l'ascendant a eu son dernier domicile connu, qui contiendra la déclaration de quatre témoins appelés d'office par ce juge de paix.

Ces actes doivent être signifiés par deux notaires, et il doit en être dressé procès-verbal où l'on insère la réponse des père et mère.

Ces dispositions ont fait naître la question de savoir si les notifications qui n'ont été faites qu'à la mère, le père ne se trouvant point au domicile, ce qui empêchait qu'on fît mention de sa réponse, étaient valables. La *jurisprudence* du code civil rapporte n°. 86, un arrêt qui a décidé l'affirmative.

Enfans naturels.

158. Les dispositions contenues aux articles 148 et 149, et les dispositions des articles 151, 152, 153, 154 et 155, relatives à l'acte respectueux qui doit être fait aux père et mère dans le cas prévu par ces articles, sont applicables aux enfans naturels légalement reconnus.

159. L'enfant naturel qui n'a point été reconnu, et celui qui, après l'avoir été, a perdu ses père et mère, ou dont les père et mère ne peuvent manifester leur volonté, ne pourra, avant l'âge de vingt-un ans révolus se marier qu'après avoir obtenu le consentement d'un tuteur *ad hoc* qui lui sera nommé.

Militaires et marins.

La loi exige un domicile de 6 mois. On sait que le domicile ne se constitue que par la déclaration préalable que l'on veut fixer sa résidence dans la commune. (*Voyez* droits civils. On sait aussi que les militaires et marins en activité de service n'acquièrent point de domicile là où ils sont à raison de leur service. D'après ces principes, le militaire doit faire publier ses promesses de mariage dans le lieu où il avait établi et acquis un domicile de droit avant d'entrer au service, s'il ne l'a pas établi ailleurs depuis, dans la forme indiquée ci-dessus, et habité pendant six mois.

Outre cette publication dans le domicile de droit, on exige encore de ces militaires en activité, mais comme mesure de police recommandée par le ministre de la guerre, qu'ils rapportent un certificat du conseil d'administration de leurs corps, qu'il n'est pas à la connaissance des membres de ce conseil, que le réclamant soit engagé dans les liens du mariage.

Avec ces publications et certificats, ils peuvent être mariés par le maire de la commune du domicile de la future.

2. *Prem. Part.* 11

Avis du conseil d'état, approuvé le quatrième jour complémentaire an 13, sur la question de savoir *si les militaires ne peuvent contracter mariage que devant l'officier de l'état civil du domicile de l'un des époux, et si ce domicile doit être acquis, pour le militaire, par six mois d'habitation dans le lieu où le mariage sera célébré;*

Considérant que l'article 165 du code civil porte que le mariage sera célébré par l'officier civil du domicile de l'une des parties; que ce domicile, aux termes de l'article 74, est acquis par six mois d'habitation continue dans la même commune; que les articles 94 et 95 du code civil ne concernent que les militaires hors du territoire de l'Empire; qu'il n'y a nulle exception en faveur des militaires en activité de service dans l'intérieur,

Est d'avis que les militaires, lorsqu'ils se trouvent sur le territoire de l'Empire, ne peuvent contracter mariage que devant les officiers de l'état civil des communes où ils ont résidé sans interruption pendant six mois, ou devant l'officier de l'état civil de la commune où leurs futures épouses ont acquis le domicile fixé par l'article 74 du code civil, et après avoir rempli les formalités prescrites par les articles 166, 167 et 168.

Prisonniers de guerre.

Les prisonniers de guerre étrangers ne peuvent se marier en France. Des obstacles de fait et de droit, et des motifs politiques surabondans s'y opposent.

Il est de principe que tout militaire en garnison, en dépôt ou en station, n'acquiert pas de domicile par le seul fait de son séjour dans le lieu qu'il habite comme militaire.

Il est également de principe, que le militaire en activité de service n'est pas libre de sa personne, et qu'il ne peut, tant que dure son engagement, changer de patrie, et déclarer, dans un autre pays que le sien, qu'il veut dès ce moment y acquérir un domicile.

Le prisonnier de guerre, soumis, non seulement à son engagement, mais encore aux échanges que peuvent consentir les deux nations, et toujours soumis à la discipline militaire, ne peut donc acquérir le domicile voulu par la loi française.

D'un autre côté, s'il n'est pas porteur des papiers nécessaires dûment légalisés par un agent de la république, résidant dans son pays, soit pour établir sa majorité, soit pour justifier du consentement de ses père et mère, ou amis, à défaut de ses parens, il ne peut plus remplir ces conditions, ni la formalité de la publication de ses promesses de mariage dans le domicile qu'il a dans sa patrie, ou dans le lieu qu'habitent ses père et mère, parce que la république n'y a aucun agent pour certifier la vérité des actes qui seraient faits pour constater ces formalités.

Ce serait une erreur de croire que l'art. 71 du code civil leur offre un mode de suppléer au défaut d'acte de naissance ; car il exige un acte de notoriété, que ces prisonniers ne peuvent faire faire, puisqu'ils sont étrangers, et qu'aucun Français ne doit attester un fait qu'il ne peut connaître.

Sous le point de vue politique, il serait absurde d'admettre qu'ils pussent se marier, quoiqu'ils restassent soumis à l'échange. Le gouvernement ne peut vouloir une union qu'il a la volonté et le devoir de dissoudre au premier moment. On dit le devoir, parce que l'on pense qu'il doit toujours préférer les indigènes aux étrangers. Il ne peut être non plus dans sa politique, de permettre aux femmes et enfans français, de suivre leurs époux étrangers rendus à leur patrie par voie d'échange, ou par suite de traité de paix ; il ne peut vouloir non plus que ces femmes et enfans restent abandonnés et deviennent à charge à la société.

Mais après la paix signée et les échanges faits, tous les prisonniers qui n'ont pas demandé à être compris dans ces échanges, ou qui ont refusé de retourner dans leur patrie, ne peuvent plus être considérés comme prisonniers. On ne doit plus les regarder que comme des déserteurs ou de simples étrangers.

Dans cette position politique, ces ci-devant prisonniers de guerre peuvent être admis à contracter mariage dans leur patrie adoptive, s'ils y ont rempli les conditions voulues par les lois du pays où ils se trouvent.

Ils sont également habiles à recevoir le passeport nécessaire pour retourner dans leur pays, à l'effet de s'y procurer les papiers et consentemens qui peuvent leur manquer. s'ils croient pouvoir le faire sans danger, relativement à leur état de déserteur.

Ces papiers doivent toujours être visés par un agent du gouvernement français, résidant et accrédité près du gouvernement du pays dans lequel ces actes sont expédiés.

L'avis qui suit ne détruit point ces motifs de prohibition.

Avis du conseil d'état, approuvé le quatrième jour complémentaire an 13, sur la question de savoir *si un étranger, prisonnier de guerre en France, peut y contracter mariage ;*

Est d'avis que les mariages contractés en France par un étranger ou prisonnier de guerre, doivent produire les effets civils quant à l'état de la femme et des enfans ; mais que les conventions matrimoniales, en tout ce qui touche la successibilité, ne produisent d'effet en leur faveur qu'autant que les lois du pays dont est sujet cet étranger ou ce prisonnier de guerre, accorderaient le même avantage aux Français qui se marient dans ce pays étranger.

Cette décision porte spécialement sur les effets du mariage, et elle est conforme aux principes ; mais elle ne résout pas la question proposée. Il en résulte indirectement cependant qu'on ne voit pas de motifs politiques ou de principes militaires assez puissans pour prohiber les mariages des prisonniers de guerre. Ainsi, les maires ne doivent pas s'y opposer à raison de la qualité de ces étrangers, si d'ailleurs ils remplissent les conditions imposées aux Français pour pouvoir contracter mariage. Mais il peut être de leur devoir de prévenir leurs futures épouses des inconvéniens que doivent entraîner de semblables mariages.

Déserteurs étrangers.

Les obstacles politiques qui semblent s'opposer au mariage des prisonniers de guerre, ne sont point applicables aux déserteurs étrangers, qui d'ailleurs justifient de leur majorité ou du consentement de leurs père et mère

Par leur désertion, ils ont rompu leurs engagemens militaires, et se sont soustraits à l'échange, comme à la discipline militaire d'activité de service ; ils ont même renoncé à leur patrie et se sont mis sous la sauvegarde et la protection spéciale de la nation chez laquelle ils se sont réfugiés. Ils ont donc pu déclarer qu'ils voulaient s'y fixer, et y acquérir domicile, sauf la surveillance du gouvernement ; ils peuvent ensuite s'y marier, et devenir citoyens dans cette nouvelle patrie.

Étrangers.

L'étranger qui veut se marier en France, est soumis aux formalités établies par les lois françaises. La solemnité des actes est toujours subordonnée à la loi du pays où ils sont contractés.

Ainsi l'étranger doit justifier de son âge ; et s'il est mineur, du consentement de ses père et mère, ainsi que des publications de promesses, par des actes de son pays, légalisés par l'agent de la république française résidant dans ce pays. Sans cette légalisation, ces actes ne peuvent être reconnus en France comme authentiques.

Sourds-muets.

La législation administrative ne s'étant pas encore expliquée sur l'état civil des sourds muets de naissance, on doit se conduire à leur égard d'après les anciennes lois.

L'ordonnance de 1755 porte, art. 2, que le sourd et muet de naissance, ou par accident, qui ne sait ou ne peut écrire, ne peut valablement tester, parce que toutes dispositions par signes sont nulles.

Cette législation est conforme au droit romain, qui veut que le sourd et muet ne puisse ni stipuler, ni promettre. (Justinien, liv. 3. tit. 20.)

Elle est celle des tribunaux français. Ils nomment un curateur à l'interdiction d'un sourd et muet sortant de tutelle, à moins qu'il ne sache lire et écrire, parce qu'alors il a pu acquérir des idées et les étendre sur toutes les choses, et les exprimer par des signes certains.

Selon la législation ecclésiastique, le pape Innocent III décida que les sourds et muets pouvaient se marier, si leur consentement pouvait être exprimé *par des signes certains et infaillibles* (Denizart , mariage, art. 19).

D'après cette législation, il est constant que le sourd et muet de naissance , et même par accident , qui ne sait pas lire et écrire , est en état d'interdiction ; et que sous ce point de vue il ne peut se marier.

Il ne le peut encore , parce qu'il ne peut manifester , non à haute voix, comme le dit la loi , mais d'une manière ostensible et sensible à l'officier public, aux témoins, parties intéressées, et au public, sa volonté de se marier.

Mais qu'il le peut , s'il sait écrire , parce que ce moyen d'exprimer sa volonté , est aussi sensible aux yeux des témoins, que le serait le son de sa voix à leurs oreilles.

Aveugles , imbéciles , interdits.

Un aveugle , un imbécile, un niais ou faible d'esprit non interdits , sont susceptibles du mariage, parce qu'ils sont capables, moralement et civilement , d'avoir une volonté et de la manifester.

Mais un interdit ne peut contracter mariage , lors même qu'il jouirait par intervalles de sa raison, parce qu'il a perdu , par son interdiction juridique, la faculté d'exercer ses droits civils et de contracter. Le code civil veut qu'un imbécile ou un fou soit interdit.

Présumés émigrés.

Les officiers peuvent-ils refuser de procéder au mariage de présumés émigrés.

Le ministre de l'intérieur , d'après l'avis du conseil d'état et des consuls, a répondu à cette question , *qu'il n'appartenait point aux officiers publics de juger de l'état des personnes qui apportent ou viennent faire leur déclaration sur des actes de cette nature, et qu'ils devaient se renfermer dans le cercle des nullités exprimées dans la loi.*

Cette nouvelle décision abroge celle antérieure , qui ne permettait pas de recevoir ces déclarations.

Elle ne déroge point aux principes qui s'opposent au mariage des condamnés à la réclusion. (*Voyez* Prisons au livre de la police.)

Prohibitions.

146. Il n'y a point de mariage lorsqu'il n'y a point de consentement.

Par cette disposition, le législateur établit qu'on ne peut forcer personne à se marier.

144. L'homme avant dix-huit ans, la femme avant quinze ans révolus, ne peuvent contracter mariage.

145. Le gouvernement pourra néanmoins, pour des motifs graves, accorder des dispenses d'âge.

Arrêté du 20 prairial an 11. (B. 285.)

Art. 1er. Les dispenses pour se marier avant dix-huit ans révolus pour les hommes, et quinze ans révolus pour les femmes, et celles pour se marier dans les degrés prohibés, seront délivrées par le gouvernement, sur le rapport du grand-juge.

2. Le commissaire du gouvernement près le tribunal de première instance de l'arrondissement dans lequel les impétrans se proposent de célébrer le mariage, lorsqu'il s'agira de dispenses dans les degrés prohibés, ou de l'arrondissement dans lequel l'impétrant a son domicile, lorsqu'il s'agira de dispenses d'âge, mettra son avis au pied de la pétition tendant à obtenir ces dispenses, et elle sera ensuite adressée au grand-juge.

3. Les dispenses de la seconde publication de bans dont est mention dans l'article 164 du même livre du Code civil, seront accordées, s'il y a lieu, au nom du gouvernement, par son commissaire près le tribunal de première instance de l'arrondissement duquel les impétrans se proposent de célébrer leur mariage, et il sera rendu compte par ce commissaire, au grand-juge ministre de la justice, des causes graves qui auront donné lieu à chacune de ces dispenses.

4. La dispense d'une seconde publication de bans sera déposée au secrétariat de la commune où le mariage sera célébré. Le secrétaire en délivrera une expédition, dans laquelle il sera fait mention du dépôt, et qui demeurera annexée à l'acte de célébration de mariage.

5. L'arrêté du gouvernement portant la dispense d'âge ou celle dans les degrés prohibés, sera, à la diligence du commissaire du gouvernement, et en vertu d'ordonnance du président, enregistré au greffe du tribunal civil de l'arrondissement dans lequel le mariage sera célébré. Une expédition de cet arrêté, dans laquelle il sera fait mention de l'enregistrement, demeurera annexée à l'acte de célébration de mariage.

Code civil.

147. On ne peut contracter un second mariage avant la dissolution du premier.

161. En ligne directe, le mariage est prohibé entre tous les ascendans et descendans légitimes ou naturels, et les alliés dans la même ligne.

162. En ligne collatérale, le mariage est prohibé entre le frère et la sœur légitimes ou naturels, et les alliés au même degré.

163. Le mariage est encore prohibé entre l'oncle et la nièce; la tante et le neveu.

164. Néanmoins le gouvernement pourra, pour des causes graves, lever les prohibitions portées au précédent article.

Nègres.

D'après une circulaire du grand-juge ministre de la justice, du 18 nivose an 11, l'intention du gouvernement est qu'il ne soit reçu aucun acte de mariage entre des blancs et des négresses, ni entre des nègres et des blanches.

Actes de notoriété.

70. L'officier de l'état civil se fera remettre l'acte de naissance de chacun des futurs époux. Celui des époux qui serait dans l'impossibilité de se le procurer, pourra le suppléer en rapportant un acte de notoriété délivré par le juge de paix du lieu de sa naissance, ou par celui de son domicile.

71. L'acte de notoriété contiendra la déclaration par sept témoins de l'un ou de l'autre sexe, parens ou non parens, des prénoms, nom, profession et domicile du futur époux, et de ceux de ses père et mère, s'ils sont connus; le lieu, et, autant que possible, l'époque de sa naissance, et les causes qui empêchent d'en rapporter l'acte. Les témoins signeront l'acte de notoriété avec le juge de paix, et s'il en est qui ne puissent ou ne sachent signer, il en sera fait mention.

72. L'acte de notoriété sera présenté au tribunal de première instance du lieu où doit se célébrer le mariage. Le tribunal, après avoir entendu le commissaire du gouvernement, donnera ou refusera son homologation, selon qu'il trouvera suffisantes ou insuffisantes les déclarations des témoins, et les causes qui empêchent de rapporter l'acte de naissance.

On n'est pas dans le cas de produire un acte de notoriété, relativement aux décès des auteurs auxquels on a dû faire des actes respectueux (*Voyez*, au chapitre des conditions pour le mariage, l'avis du conseil d'état sur ce sujet.)

Le ministre des finances a donné des ordres pour que les droits du fisc, sur les actes de notoriété et ceux de leur homologation, fussent modérés en faveur des contractans sans fortune

Si les juges de paix exigeaient des honoraires qui excédassent les droits que la loi leur alloue, il faudrait s'en plaindre au procureur impérial près le tribunal civil.

On peut également réclamer près de ce tribunal contre les honoraires exigés par les avoués, dont on est forcé de se servir pour obtenir l'homologation des actes de notoriété.

Publications de promesses de mariage.

Pour demander la publication de ces promesses de mariage, il n'est pas nécessaire d'être présent dans le lieu du domicile où cette publication doit être faite. Il suffit de charger un citoyen de sa procuration spéciale, passée pardevant un notaire du lieu où l'on se trouve, à l'effet de demander cette publication. On sent que cette procuration doit indiquer tous les renseignemens nécessaires, et prescrits par l'art. 63, qui suit :

63. Avant la célébration du mariage, l'officier de l'état civil fera deux publications à huit jours d'intervalle, un jour de dimanche, devant la porte de la maison commune. Ces publications, et l'acte qui en sera dressé, énonceront les prénoms, noms, professions et domiciles des futurs époux, leur qualité de majeurs ou de mineurs, et les prénoms, noms, professions et domiciles de leurs pères et mères. Cet acte énoncera, en outre, les jours, lieux et heures où les publications auront été faites : il sera inscrit sur un seul registre, qui sera coté et paraphé comme il est dit en l'art 41, et déposé, à la fin de chaque année, au greffe du tribunal de l'arrondissement.

Ce délai de huit jours doit être pris dans l'acception ordinaire qui ne lui donne que l'étendue d'une semaine. On peut s'assurer à cet égard de l'intention du législateur, en remarquant la disposition de l'article 64 qui suit. Il veut que la célébration du mariage ne se fasse que le troisième jour après la seconde publication; et pour qu'on ne comprenne pas dans les trois jours celui de cette seconde publication, cette fois il a soin de spécifier qu'il n'en fera pas partie, en ajoutant, *et non compris* celui de la deuxième publication.

La précaution qu'a prise ici le législateur, prouve assez que dans les cas où il ne la prend point, on suit la règle générale : *dies termini computatur in termino.*

166. Les deux publications ordonnées par l'art. 63 ci-dessus, seront faites à la municipalité du lieu où chacune des parties contractantes aura son domicile.

167. Néanmoins, si le domicile actuel n'est établi que par six mois de résidence, les publications seront faites, en outre, à la municipalité du dernier domicile.

168. Si les parties contractantes, ou l'une d'elles sont, relativement au mariage, sous la puissance d'autrui, les publications seront encore faites à la municipalité du domicile de ceux sous la puissance desquels elles se trouvent.

169. Le gouvernement, ou ceux qu'il préposera à cet effet, pourront, pour des causes graves, dispenser de la seconde publication.

64. Un extrait de l'acte de publication sera et restera affiché à la porte de la maison commune pendant les huit jours d'intervalle de l'une à l'autre publication. Le mariage ne pourra être célébré avant le troisième jour, depuis et non compris celui de la seconde publication.

Oppositions aux mariages.

172. Le droit de former opposition à la célébration du mariage, appartient à la personne engagée par mariage avec l'une des deux parties contractantes.

173. Le père, et, à défaut du père, la mère, et, à défaut de père et mère, les aïeuls et aïeules peuvent former opposition au mariage de leurs enfans et descendans, encore que ceux-ci aient vingt-cinq ans accomplis.

174. A défaut d'aucun ascendant, le frère ou la sœur, l'oncle ou la tante, le cousin ou la cousine germains, majeurs, ne peuvent former aucune opposition que dans les deux cas suivans :

1°. Lorsque le consentement du conseil de famille, requis par l'art. 154, n'a pas été obtenu ;

2°. Lorsque l'opposition est fondée sur l'état de démence du futur époux ; et cette opposition, dont le tribunal pourra prononcer main-levée pure et simple, ne sera jamais reçue qu'à la charge, par l'opposant, de provoquer l'interdiction, et d'y faire statuer dans le délai qui sera fixé par le jugement.

175. Dans les deux cas prévus par le précédent article, le

tuteur ou curateur ne pourra, pendant la durée de la tutelle ou curatelle, former opposition qu'autant qu'il y aura été autorisé par un conseil de famille qu'il pourra convoquer.

176. Tout acte d'opposition énoncera la qualité qui donne à l'opposant le droit de la former; il contiendra élection de domicile dans le lieu où le mariage devra être célébré; il devra également, à moins qu'il ne soit fait à la requête d'un ascendant, contenir les motifs de l'opposition : le tout à peine de nullité, et de l'interdiction de l'officier ministériel qui aurait signé l'acte contenant opposition.

177. Le tribunal de première instance prononcera dans les dix jours sur la demande en main-levée.

178. S'il y a appel, il y sera statué dans les dix jours de la citation.

179. Si l'opposition est rejetée, les opposans, autres néanmoins que les ascendans, pourront être condamnés à des dommages-intérêts.

66. Les actes d'opposition au mariage seront signés sur l'original et sur la copie par les opposans ou par leurs fondés de procuration spéciale et authentique; ils seront signifiés, avec la copie de la procuration, à la personne ou au domicile des parties, et à l'officier de l'état civil, qui mettra son *visa* sur l'original.

67. L'officier de l'état civil fera, sans délai, une mention sommaire des oppositions sur le registre des publications; il fera aussi mention, en marge de l'inscription desdites oppositions, des jugemens, ou des actes de main-levée dont expédition lui aura été remise.

68. En cas d'opposition, l'officier de l'état civil ne pourra célébrer le mariage, avant qu'on lui en ait remis la main-levée, sous peine de 300 francs d'amende, et de tous dommages-intérêts.

69. S'il n'y a point d'opposition, il en sera fait mention dans l'acte de mariage, et si les publications ont été faites dans plusieurs communes, les parties remettront un certificat délivré par l'officier de l'état civil de chaque commune, constatant qu'il n'existe point d'opposition.

De la légitimation des enfans naturels.

331. Les enfans nés hors mariage, autres que ceux nés d'un

commerce incestueux ou adultérin, pourront être légitimés par le mariage subséquent de leur père et mère, lorsque ceux-ci les auront également reconnus avant leur mariage, ou qu'ils les reconnaîtront dans l'acte même de célébration.

332. La légitimation peut avoir lieu, même en faveur des enfans décédés qui ont laissé des descendans, et, dans ce cas, elle profite à ces descendans.

333. Les enfans légitimés par le mariage subséquent, auront les mêmes droits que s'ils étaient nés de ce mariage.

Mariage. *(célébration du)*

65. Si le mariage n'a pas été célébré dans l'année, à compter de l'expiration du délai des publications, il ne pourra plus être célébré qu'après que de nouvelles publications auront été faites dans la forme prescrite.

74. Le mariage sera célébré dans la commune où l'un des deux époux aura son domicile. Ce domicile, quant au mariage, s'établira par six mois d'habitation continue dans la même commune.

165. Il sera célébré publiquement devant l'officier civil du domicile de l'une des deux parties.

75. Le jour désigné par les parties après les délais des publications, l'officier de l'état civil, dans la maison commune, en présence de quatre témoins parens ou non parens, fera lecture aux parties, des pièces ci-dessus mentionnées, relatives à leur état et aux formalités du mariage, et du chapitre VI du titre *du mariage*, contenant *les droits et les devoirs respectifs des époux*. Il recevra de chaque partie, l'une après l'autre, la déclaration qu'elles veulent se prendre pour mari et femme; il prononcera, au nom de la loi, qu'elles sont unies par le mariage, et il en dressera acte sur-le-champ.

76. On énoncera dans l'acte de mariage,

1°. Les prénoms, noms, professions, âge, lieux de naissance et domiciles des époux ;

2°. S'ils sont majeurs ou mineurs ;

3°. Les prénoms, noms, professions et domiciles des pères et mères;

4°. Le consentement des pères et mères, aïeuls et aïeules, et celui de la famille, dans les cas ou ils sont requis.

5°. Le serment de la partie intéressée et celui de ses témoins que le lieu du décès et celui du dernier domicile de ses ascendans leur sont inconnus;

6°. Les actes respectueux, s'il en a été fait;

7°. Les publications dans les divers domiciles;

8°. Les oppositions, s'il y en a eu, leur main-levée, ou la mention qu'il n'y a point eu d'opposition;

9°. La déclaration des contractans de se prendre pour époux, et la prononciation de leur union par l'officier public;

10°. *La reconnoissance des enfans nés hors mariage;*

11°. Les prénoms, noms, âge, professions et domiciles des témoins, et leur déclaration s'ils sont parens ou alliés des parties, de quel côté et à quel degré. (*Voyez* les formules au chapitre des *actes.*)

Mariages contractés en pays étranger.

170. Le mariage contracté en pays étranger entre Français, et entre Français et étranger, sera valable, s'il a été célébré dans les formes usitées dans le pays, pourvu qu'il ait été précédé des publications prescrites par l'art. 63, chap. 3 du titre *des actes de l'état civil*, et que le Français n'ait point contrevenu au chapitre précédent.

171. Dans les trois mois après le retour du Français sur le territoire de la république, l'acte de célébration du mariage contracté en pays étranger, sera transcrit sur le registre public des mariages du lieu de son domicile.

Nullités.

180. Le mariage qui a été contracté sans le consentement libre des deux époux, ou de l'un d'eux, ne peut être attaqué que par les époux, ou par celui des deux dont le consentement n'a pas été libre.

Lorsqu'il y a eu erreur dans la personne, le mariage ne peut être attaqué que par celui des deux époux qui a été induit en erreur.

181. Dans le cas de l'article précédent, la demande en nullité n'est plus recevable, toutes les fois qu'il y a eu cohabitation continuée pendant six mois depuis que l'époux a acquis sa pleine liberté ou que l'erreur a été par lui reconnue.

182. Le mariage contracté sans le consentement des père et mère, des ascendans ou du conseil de famille, dans les cas où ce consentement était nécessaire, ne peut être attaqué que par ceux dont le consentement était requis, ou par celui des deux époux qui avait besoin de ce consentement.

183. L'action en nullité ne peut plus être intentée ni par les époux, ni par les parens dont le consentement était requis, toutes les fois que le mariage a été approuvé expressément ou tacitement par ceux dont le consentement était nécessaire, ou lorsqu'il s'est écoulé une année sans réclamation de leur part, depuis qu'ils ont eu connaissance du mariage. Elle ne peut être intentée non plus par l'époux, lorsqu'il s'est écoulé une année sans réclamation de sa part, depuis qu'il a atteint l'âge compétent pour consentir par lui-même au mariage.

184. Tout mariage contracté en contravention aux dispositions contenues aux articles 144, 147, 161, 162 et 163, peut être attaqué soit par les époux eux-mêmes, soit par tous ceux qui y ont intérêt, soit par le ministère public.

185. Néanmoins le mariage contracté par des époux qui n'avaient point encore atteint l'âge requis, ou dont l'un des deux n'avait point atteint cet âge, ne peut plus être attaqué, 1°. lorsqu'il s'est écoulé six mois depuis que cet époux ou les époux ont atteint l'âge compétent; 2°. lorsque la femme qui n'avait point atteint cet âge, avait conçu avant l'échéance de six mois.

186. Les père, mère, les ascendans et la famille qui ont consenti au mariage contracté dans le cas de l'article précédent, ne sont point recevables à en demander la nullité.

187. Dans tous les cas où, conformément à l'article 184 l'action en nullité peut être intentée par tous ceux qui y ont un intérêt, elle ne peut l'être par les parens collatéraux, ou par les enfans nés d'un autre mariage, du vivant des deux époux, mais seulement lorsqu'ils y ont un intérêt né et actuel.

188. L'époux au préjudice duquel a été contracté un second mariage, peut en demander la nullité, du vivant même de l'époux qui était engagé avec lui.

189. Si les nouveaux époux opposent la nullité du premier mariage, la validité ou nullité de ce mariage doit être jugée préalablement.

190. Le commissaire du gouvernement, dans tous les cas auxquels s'applique l'article 184 du présent titre, et sous les modifications portées en l'article 185, peut et doit demander la nullité du mariage, du vivant des deux époux, et les faire condamner à se séparer.

191. Tout mariage qui n'a point été contracté publiquement, et qui n'a point été célébré devant l'officier public compétent, peut être attaqué par les époux eux-mêmes, par les père et mère, par les ascendans et par tous ceux qui y ont un intérêt né et actuel, ainsi que par le ministère public.

192. Si le mariage n'a point été précédé des deux publications requises, ou s'il n'a pas été obtenu des dispenses permises par la loi, ou si les intervalles prescrits dans les publications et célébrations n'ont point été observés, le commissaire fera prononcer contre l'officier public une amende qui ne pourra excéder trois cents francs ; ou, contre les parties contractantes, et ceux sous la puissance desquels elles ont agi, une amende proportionnée à leur fortune.

193. Les mêmes peines prononcées par l'article précédent, seront encourues par les personnes qui y sont désignées, pour toute contravention aux règles prescrites par l'article 165, lors même que ces contraventions ne seraient pas jugées suffisantes pous faire prononcer la nullité du mariage.

194. Nul ne peut réclamer le titre d'époux et les effets civils du mariage, s'il ne représente un acte de célébration inscrit sur le registre de l'état civil, sauf les cas prévus par l'article 46, titre *des actes de l'état civil.*

195. La possession d'état ne pourra dispenser les prétendus époux qui l'invoqueront respectivement, de représenter l'acte de célébration du mariage devant l'officier de l'état civil.

196. Lorsqu'il y a possession d'état, et que l'acte de célébration du mariage devant l'officier de l'état civil est représenté, les époux sont respectivement non recevables à demander la nullité de cet acte.

197. Si néanmoins, dans le cas des articles 194 et 195, il existe des enfans issus de deux individus qui ont vécu publiquement comme mari et femme, et qui soient tous deux décédés, la légitimité des enfans ne peut être contestée sous le seul prétexte du défaut de représentation de l'acte de célébration, toutes les fois que cette légitimité est prouvée par une possession d'état qui n'est point contredite par l'acte de naissance.

198. Lorsque la preuve d'une célébration légale du mariage se trouve acquise par le résultat d'une procédure criminelle, l'inscription du jugement sur les registres de l'état civil assure au mariage, à compter du jour de sa célébration, tous les effets civils, tant à l'égard des époux qu'à l'égard des enfans issus de ce mariage.

199. Si les époux ou l'un d'eux sont décédés sans avoir

découvert la fraude, l'action criminelle peut être intentée par tous ceux qui ont intérêt de faire déclarer le mariage valable, et par le commissaire du gouvernement.

200. Si l'officier public est décédé lors de la découverte de la fraude, l'action sera dirigée au civil contre ses héritiers par le commissaire du gouvernement, en présence des parties intéressées et sur leur dénonciation.

201. Le mariage qui a été déclaré nul, produit néanmoins les effets civils, tant à l'égard des époux qu'à l'égard des enfans, lorsqu'il a été contracté de bonne foi.

202. Si la bonne foi n'existe que de la part de l'un des deux époux, le mariage ne produit les effets civils qu'en faveur de cet époux, et des enfans issus du mariage.

Décret impérial concernant M. Jérôme Bonaparte. Du 11 ventose an 13. (B. 33.)

NAPOLÉON , Empereur des Français;

Vu l'acte reçu par *Raguideau* , notaire à Paris , le 3 ventose an 13 , contenant une protestation de Madame notre mère contre le prétendu mariage de son fils, mineur, *Jérôme Bonaparte* , contracté en pays étranger , sans le consentement de sa mère , et sans publication préalable dans le lieu de son domicile;

Vu les articles 3], section Ire. , et 1er. , section II de la loi du 20 septembre 1792 ,

Les articles 63 , 148, 166, 168, 170, 171 et 183 du code civil,

Et le sénatus-consulte du 28 floréal an 13,

Le conseil d'état entendu ;

Considérant que le mariage d'un mineur, contracté en pays étranger, sans publication et sans le consentement des père et mère , est nul aux termes des lois françaises ;

Qu'il appartient au Chef de l'État d'intervenir dans tous les actes qui touchent à l'état de sa famille , et de prévenir ou réprimer de tout ce qui peut blesser sa dignité personnelle et offenser la majesté du trône ,

DÉCRÈTE:

Art. 1er. Défenses sont faites à tous les officiers de l'état civil de l'Empire , de recevoir sur leurs registres la transcription de l'acte de célébration d'un prétendu mariage que M. *Jérôme Bonaparte* aurait contracté en pays étranger.

2. Le présent décret sera inséré au bulletin des lois, et le grand-juge ministre de la justice est chargé d'en surveiller l'exécution.

Peines contre les officiers publics.

156. Les officiers de l'état civil qui auraient procédé à la célébration des mariages contractés par des fils n'ayant pas atteint l'âge de vingt-cinq ans accomplis, ou par des filles n'ayant pas atteint l'âge de vingt-un ans accomplis, sans que le consentement des pères et mères, aïeuls ou aïeules, et celui de la famille, dans le cas où ils sont requis, soient énoncés dans l'acte de mariage, seront, à la diligence des parties intéressées et du commissaire du gouvernement près le tribunal de première instance du lieu où il aura été célébré, condamnés à l'amende portée par l'article 192, et, en outre, à un emprisonnement dont la durée ne pourra être moindre de six mois.

157. Lorsqu'il n'y aura pas eu d'actes respectueux, dans les cas où ils sont prescrits, l'officier de l'état civil qui aurait célébré le mariage, sera condamné à la même amende, et à un emprisonnement qui ne pourra être moindre d'un mois.

Mariages prétendus illégaux.

On prétend que des femmes, dont les maris étaient militaires et ne sont point revenus des armées, passent à de nouveaux mariages sans justifier de la mort de leurs premiers maris; que, dans cette présomption, les ministres du culte refusent la bénédiction à ces mariages, mais que ces refus peuvent être considérés comme des actes d'intolérance.

Le gouvernement a observé, à ce sujet, que c'était à l'autorité civile seule qu'il appartenait de prendre les précautions indiquées par les lois pour empêcher qu'une femme ne puisse contracter un second mariage sans avoir justifié de la mort de son premier mari; aucun officier public de l'état civil ne peut marier une personne veuve sans s'être fait représenter l'acte mortuaire du conjoint décédé ou un jugement qui en tienne lieu; et si la femme qui se prétend veuve, allègue qu'elle est dans l'impossibilité de rapporter l'acte mortuaire de son premier mari, elle doit se pourvoir devant le tribunal, qui appréciera les circonstances alléguées, et admettra, s'il y a lieu, les preuves de décès qui auront été produites.

On a dit aussi que des militaires déserteurs, munis de congés prêtés par d'autres militaires, contractent mariage sous les noms portés dans ces congés, auquel cas les mariages étant nuls, on demandait quel serait le sort des enfans.

Le gouvernement a répondu qu'il était également du ressort *exclusif* de l'autorité civile de s'assurer que les pièces produites par un individu qui contracte mariage, lui appartiennent et lui sont personnelles.

Qu'il ne paraissait pas nécessaire de prendre à cet égard de nouvelles mesures législatives, et que si un officier de l'état civil se rendait coupable nable de malversation ou de négligence grave, il serait dans le cas d'être poursuivi devant les tribunaux.

Que, quant au sort des enfans nés de ées mariages qui paraissent illégaux, mais qui ne peuvent cependant être considérés comme tels que lorsqu'ils ont été contestés et réprouvés par des jugemens, il doit être réglé par les tribunaux d'après les lois générales sur la matière, à la réquisition des parties intéressées ou du ministère public.

Approuvé le 14 ventose an 11 par le premier consul,

Mariages antérieurs au 1er. *janvier* 1793 , *non déclarés devant les municipalités.*

Le conseil d'état, après avoir discuté un rapport du ministre de l'intérieur sur la question de savoir si un mariage contracté devant un officier civil est valable, quoique la déclaration n'en ait pas été faite devant l'officier public du lieu du domicile, conformément à la loi du 20 septembre 1792.

Est d'avis que l'article 9, section 4 de ladite loi, en prescrivant « à tous ceux qui, avant la publication de cette loi, » se seraient mariés devant les officiers civils, de venir dans la » huitaine, déclarer leur mariage devant l'officier public de leur » municipalité », a reconnu que les mariages ainsi contractés étaient valables, et que le défaut de déclaration ne peut rendre ces mariages nuls, puisque la déclaration n'a point été exigée par la loi, à peine de nullité. Le délai de huitaine n'est pas tellement impératif, que cette déclaration ne puisse être reçue postérieurement, moins pour valider les mariages, que pour en constater plus authentiquement l'existence.

Des droits et des devoirs respectifs des Epoux.

212. Les époux se doivent mutuellement fidélité, secours, assistance.

213. Le mari doit protection à sa femme, la femme obéissance à son mari.

214. La femme est obligée d'habiter avec le mari, et de le suivre par-tout où il juge à propos de résider : le mari est obligé de la recevoir et de lui fournir tout ce qui est nécessaire pour les besoins de la vie, selon ses facultés et son état.

215. La femme ne peut ester en jugement sans l'autorisation de son mari, quand même elle serait marchande publique, ou non commune ou séparée de biens.

216. L'autorisation du mari n'est pas nécessaire lorsque la femme est poursuivie en matière criminelle ou de police.

217. La femme, même non commune ou séparée de biens, ne peut donner, aliéner, hypothéquer, acquérir à titre gratuit ou onéreux, sans le concours du mari dans l'acte, ou son consentement par écrit.

218. Si le mari refuse d'autoriser sa femme à ester en jugement, le juge peut donner l'autorisation.

219. Si le mari refuse d'autoriser sa femme à passer un acte, la femme peut faire citer son mari directement devant le tribunal de première instance de l'arrondissement du domicile commun, qui peut donner ou refuser son autorisation, après que le mari aura été entendu ou dûment appelé en la chambre du conseil.

220. La femme, si elle est marchande publique, peut, sans l'autorisation de son mari, s'obliger pour ce qui concerne son négoce; et, audit cas, elle oblige aussi son mari, s'il y a communauté entre eux.

Elle n'est pas réputée marchande publique si elle ne fait que détailler les marchandises du commerce de son mari, mais seulement quand elle fait un commerce séparé.

221. Lorsque le mari est frappé d'une condamnation emportant peine afflictive ou infamante, encore qu'elle n'ait été prononcée que par contumace, la femme, même majeure, ne peut, pendant la durée de la peine, ester en jugement ni contracter, qu'après s'être fait autoriser par le juge, qui peut, en ce cas, donner l'autorisation, sans que le mari ait été entendu ou appelé.

222. Si le mari est interdit ou absent, le juge peut, en connaissance de cause, autoriser la femme, soit pour ester en jugement, soit pour contracter.

223. Toute autorisation générale, même stipulée par contrat de mariage, n'est valable que quant à l'administration des biens de la femme.

224. Si le mari est mineur, l'autorisation du juge est nécessaire à la femme, soit pour ester en jugement, soit pour contracter.

225. La nullité fondée sur défaut d'autorisation ne peut être opposée que par la femme, par le mari ou par leurs héritiers.

226. La femme peut tester sans l'autorisation de son mari.

Des obligations qui naissent du mariage.

203. Les époux contractent ensemble, par le fait seul du mariage, l'obligation de nourrir, entretenir et élever leurs enfans.

204. L'enfant n'a pas d'action contre ses père et mère pour un établissement par mariage ou autrement.

205. Les enfans doivent des alimens à leurs père et mère, et autres ascendans qui sont dans le besoin.

206. Les gendres et belles-filles doivent également, et dans les mêmes circonstances, des alimens à leurs beau-père et belle-mère; mais cette obligation cesse, 1°. lorsque la belle-mère a convolé en secondes noces ; 2°. lorsque celui des époux qui produisait l'affinité, et les enfans de son union avec l'autre époux, sont décédés.

207. Les obligations résultantes de ces dispositions sont réciproques.

208. Les alimens ne sont accordés que dans la proportion du besoin de celui qui les réclame, et de la fortune de celui qui les doit.

209. Lorsque celui qui fournit ou celui qui reçoit des alimens est replacé dans un état tel, que l'un ne puisse plus en donner, ou que l'autre n'en ait plus besoin en tout ou en partie, la décharge ou réduction peut en être demandée.

210. Si la personne qui doit fournir les alimens justifie qu'elle ne peut payer la pension alimentaire, le tribunal pourra, en connaissance de cause, ordonner qu'elle recevra dans sa demeure, qu'elle nourrira et entretiendra celui auquel elle devra des alimens.

211. Le tribunal prononcera également si le père ou la mère qui offrira de recevoir, nourrir et entretenir dans sa demeure, l'enfant à qui il devra des alimens, devra dans ce cas être dispensé de payer la pension alimentaire.

Dissolution du mariage.

227. Le mariage se dissout,
1°. Par la mort de l'un des époux ;
2°. Par le divorce légalement prononcé;
3°. Par la condamnation devenue définitive de l'un des époux; emportant mort civile.

Des seconds mariages.

228. La femme ne peut contracter un nouveau mariage qu'après dix mois révolus depuis la dissolution du mariage précédent.

Cérémonies religieuses.

Sur la foi de la validité des mariages par la seule bénédiction d'un
ministre de culte, les citoyens vivent dans le concubinage aux yeux de
la loi ; l'époux peut quitter à l'instant son épouse, sans que celle-ci
puisse s'y opposer ; elle ne peut recouvrer sa dot , encore moins les
avantages qui peuvent y être attachés , ni les conventions matrimoniales ; les enfans, sans moyen d'établir leur état, se trouvent dans la
classe des enfans nés hors mariage ; livrés à toutes les incertitudes des
événemens, ils ne peuvent réclamer leurs droits civils contre leurs parens, que par des procédures toujours ruineuses et souvent infruc-
tueuses. Cet apperçu des maux que produit nécessairement l'inobser-
vation des formes établies par les lois , a déterminé la disposition
ci-dessous de la loi du 18 germinal an 10 :

54. Les curés ne donneront la bénédiction nuptiale qu'à
ceux qui justifieront, en bonne et due forme, avoir contracté
mariage devant l'officier civil.

Arrêté du 1er. prairial an 10. (B. 191.)

Les rabbins ne pourront donner la bénédiction nuptiale qu'à
ceux qui justifieront, en bonne et due forme ; avoir contracté
mariage devant un officier civil.

Quoique les ministres protestans ne soient pas désignés dans ces dispositions, les principes avertissent suffisamment qu'elles leur sont
applicables.
La seule forme à adopter, et que cette loi exige, est de représenter
un extrait des registres de l'état civil, expédié par l'officier public dans
la forme authentique réglée par la loi.
La disposition de l'article 54 étant spéciale pour le mariage , ne détruit pas la faculté laissée aux ministres des cultes par l'article 20 de la
loi du 7 vendémiaire an 4, d'exercer leur ministère , relativement aux
naissances et décès, avant que les déclarations à l'officier public aient
été faites, sauf la permission d'inhumer donnée par le maire.
Il est aussi important à l'ordre public que les naissances et décès
soient déclarés à l'officier civil, soit pour éviter les suppressions et sup-
positions d'enfans, et pour assurer à ces derniers leurs droits civils , qui
ne peuvent être établis que par ces déclarations, soit pour prévenir ou
réprimer le crime de mort violente, et assurer en même tems l'ouverture des droits des héritiers ; mais les préfets, ni même le gouvernement,
ne peuvent appliquer aux naissances et décès la prohibition faite aux
prêtres relativement aux mariages, parce que le pouvoir administratif
ne peut créer une obligation que la loi n'a pas imposée.
Il est d'ailleurs à remarquer que toute défense doit être appuyée d'une
peine quelconque qui en fait la garantie ; or, ces peines ne peuvent être

appliquées que par les tribunaux, et ceux-ci ne peuvent infliger que celles que des lois ont déterminées.

Cette observation est applicable à toutes les défenses faites par le pouvoir administratif qui n'ont pas la loi pour base. Elles sont nécessairement nulles, abusives, et ne peuvent que compromettre et faire déconsidérer l'autorité.

Publications par les ministres des cultes.

Le gouvernement a réglé la formule qui suit pour les publications des bans qui seront faites par les prêtres :

» Vous êtes avertis que *tel* et *telle* nous demandent la bé-
» nédiction nuptiale : si vous étiez instruit de quelque empê-
» chement *canonique*, vous êtes invités à nous en donner con-
» naissance. Vous êtes également avertis que les parties se sont
» pourvues pardevant l'officier civil, pour remplir les formes
» voulues par la loi et nécessaires à la validité de leur union , et
» que nous ne leur conférerons le sacrement, qu'après qu'ils
» auront satisfait à l'article 54 de la loi du 18 germinal an 10. »

Les maires doivent veiller à ce que les prêtres qui desservent leurs communes se conforment exactement à cette formule. S'ils l'altéraient le moindrement , les maires devraient faire connaître aux préfets les changemens que ces prêtres y auraient faits.

(Voyez *au volume de la police, titre* Cultes, *les observations relatives à ces publications par les ministres du culte catholique.*)

Divorces.

Depuis la loi du 20 septembre 1792 jusqu'à la publication de celle qui suit , le divorce a pu avoir lieu :

1°. Par le consentement mutuel des époux;

2°. Sur la simple allégation de l'un d'eux d'incompatibilité d'humeur ou de caractère;

3°. Sur des motifs déterminés ; savoir, 1°. sur la démence, la folie ou la fureur de l'un des époux; 2°. sur la condamnation de l'un d'eux à des peines afflictives ou infamantes , 3°. sur les crimes , sévices ou injures graves de l'un envers l'autre ; 4°. Sur le déréglement de mœurs notoire; 5°. sur l'abandon de la femme par le mari ou du mari par la femme , pendant deux ans au moins ; 6°. sur l'absence de l'un d'eux, sans nouvelles au moins pendant cinq ans; 7°. sur l'émigration dans les cas prévus par les lois, notamment par le décret du 8 avril 1792.

Des causes du divorce.

Code civil. *Loi du 3o ventose an 11.*

229. Le mari pourra demander le divorce pour cause d'adultère de sa femme.

23o. La femme pourra demander le divorce pour cause d'adultère de son mari, lorsqu'il aura tenu sa concubine dans la maison commune.

231. Les époux pourront réciproquement demander le divorce pour excès, sévices ou injures graves, de l'un d'eux envers l'autre.

232. La condamnation de l'un des époux à une peine infamante, sera pour l'autre époux une cause de divorce.

233. Le consentement mutuel et persévérant des époux, exprimé de la manière prescrite par la loi, sous les conditions et après les épreuves qu'elle détermine, prouvera suffisamment que la vie commune leur est insupportable, et qu'il existe, par rapport à eux, une cause péremptoire de divorce.

Des formes du divorce pour cause déterminée.

234. Quelle que soit la nature des faits ou des délits qui donneront lieu à la demande en divorce pour cause déterminée, cette demande ne pourra être formée qu'au tribunal de l'arrondissement dans lequel les époux auront leur domicile.

235. Si quelques-uns des faits allégués par l'époux demandeur, donnent lieu à une poursuite criminelle de la part du ministère public, l'action en divorce restera suspendue jusqu'après le jugement du tribunal criminel, alors elle pourra être reprise, sans qu'il soit permis d'inférer du jugement criminel aucune fin de non recevoir ou exception préjudicielle contre l'époux demandeur.

236. Toute demande en divorce détaillera les faits : elle sera remise, avec les pièces à l'appui, s'il y en a, au président du tribunal ou au juge qui en fera les fonctions, par l'époux demandeur en personne, à moins qu'il n'en soit empêché par maladie; auquel cas, sur sa réquisition et le certificat de deux docteurs en médecine ou en chirurgie, ou de deux officiers de

santé, le magistrat se transportera au domicile du demandeur pour y recevoir sa demande.

237. Le juge, après avoir entendu le demandeur, et lui avoir fait les observations qu'il croira convenables, paraphera la demande et les pièces, et dressera procès-verbal de la remise de tout en ses mains. Ce procès-verbal sera signé par le juge, et par le demandeur, à moins que celui-ci ne sache ou ne puisse signer; auquel cas il en sera fait mention.

238. Le juge ordonnera, au bas de son procès-verbal, que les parties comparaîtront en personne devant lui, au jour et à l'heure qu'il indiquera; et qu'à cet effet, copie de son ordonnance sera par lui adressée à la partie contre laquelle le divorce est demandé.

239. Au jour indiqué, le juge fera aux deux époux, s'ils se présentent, ou au demandeur, s'il est seul comparant, les représentations qu'il croira propres à opérer un rapprochement : s'il ne peut y parvenir, il en dressera procès-verbal, et ordonnera la communication de la demande et des pièces au commissaire du gouvernement, et le référé de tout au tribunal.

240. Dans les trois jours qui suivront, le tribunal, sur le rapport du président ou du juge qui en aura fait les fonctions et sur les conclusions du commissaire du gouvernement, accordera ou suspendra la permission de citer. La suspension ne pourra excéder le terme de vingt-jours.

241. Le demandeur, en vertu de la permission du tribunal, fera citer le défendeur, dans la forme ordinaire, à comparaître en personne à l'audience, à huis clos, dans le délai de la loi; il fera donner copie, en tête de la citation, de la demande en divorce et des pièces produites à l'appui.

242. A l'échéance du délai, soit que le défendeur comparaisse ou non, le demandeur en personne, assisté d'un conseil s'il le juge à propos, exposera ou fera exposer les motifs de sa demande; il représentera les pièces qui l'appuient, et nommera les témoins qu'il se propose de faire entendre.

243. Si le défendeur comparaît en personne ou par un fondé de pouvoir, il pourra proposer ou faire proposer ses observations, tant sur les motifs de la demande que sur les pièces produites par le demandeur et sur les témoins par lui nommés. Le défendeur nommera, de son côté, les témoins qu'il se propose de faire entendre, et sur lesquels le demandeur fera réciproquement ses observations.

244. Il sera dressé procès-verbal des comparutions, dires et observations des parties, ainsi que des aveux que l'une ou l'autre pourra faire. Lecture de ce procès-verbal sera donnée

auxdites parties, qui seront requises de le signer ; et il sera fait mention expresse de leur signature, ou de leur déclaration de ne pouvoir ou ne vouloir signer.

245. Le tribunal renverra les parties à l'audience publique, dont il fixera le jour et l'heure ; il ordonnera la communication de la procédure au commissaire du gouvernement, et commettra un rapporteur. Dans le cas où le défendeur n'aurait pas comparu, le demandeur sera tenu de lui faire signifier l'ordonnance du tribunal dans le délai qu'elle aura déterminé.

246. Au jour et à l'heure indiqués, sur le rapport du juge commis, le commissaire du gouvernement entendu, le tribunal statuera d'abord sur les fins de non-recevoir, s'il en a été proposé. En cas qu'elles soient trouvées concluantes, la demande en divorce sera rejetée : dans le cas contraire, ou s'il n'a pas été proposé de fins de non-recevoir, la demande en divorce sera admise.

247. Immédiatement après l'admission de la demande en divorce, sur le rapport du juge commis, le commissaire du gouvernement entendu, le tribunal statuera au fond. Il fera droit à la demande, si elle lui paraît en état d'être jugée ; sinon, il admettra le demandeur à la preuve des faits pertinens par lui allégués, et le défendeur à la preuve contraire.

248. A chaque acte de la cause, les parties pourront, après le rapport du juge, et avant que le commissaire du gouvernement ait pris la parole, proposer ou faire proposer leurs moyens respectifs, d'abord sur les fins de non-recevoir, et ensuite sur le fond ; mais en aucun cas le conseil du demandeur ne sera admis, si le demandeur n'est pas comparant en personne.

249. Aussitôt après la prononciation du jugement qui ordonnera les enquêtes, le greffier du tribunal donnera lecture de la partie du procès-verbal qui contient la nomination déjà faite des témoins que les parties se proposent de faire entendre. Elles seront averties par le président, qu'elles peuvent encore en désigner d'autres, mais qu'après ce moment elle n'y seront plus reçues.

250. Les parties proposeront de suite leurs reproches respectifs contre les témoins qu'elles voudront écarter. Le tribunal statuera sur ces reproches, après avoir entendu le commissaire du gouvernement.

251. Les parens des parties, à l'exception de leurs enfans et descendans, ne sont pas reprochables du chef de la parenté, non plus que les domestiques des époux, en raison de cette

qualité; mais le tribunal aura tel égard que de raison aux dépositions des parens et des domestiques.

252. Tout jugement qui admettra une preuve testimoniale, dénommera les témoins qui seront entendus, et déterminera le jour et l'heure auxquels les parties devront les présenter.

253. Les dispositions des témoins seront reçues par le tribunal séant à huis clos, en présence du commissaire du gouvernement, des parties, et de leurs conseils ou amis jusqu'au nombre de trois de chaque côté.

254. Les parties, par elles ou par leurs conseils, pourront faire aux témoins telles observations et interpellations qu'elles jugeront à propos, sans pouvoir néanmoins les interrompre dans le cours de leurs dépositions.

255. Chaque déposition sera rédigée par écrit, ainsi que les dires et observations auxquels elle aura donné lieu. Le procès-verbal d'enquête sera lu tant aux témoins qu'aux parties : les uns et les autres seront requis de le signer; et il sera fait mention de leur signature, ou de leur déclaration qu'ils ne peuvent ou ne veulent signer.

256. Après la clôture des deux enquêtes, ou de celle du demandeur, si le défendeur n'a pas produit de témoins, le tribunal renverra les parties à l'audience publique, dont il indiquera le jour et l'heure; il ordonnera la communication de la procédure au commissaire du gouvernement, et commettra un rapporteur. Cette ordonnance sera signifiée au défendeur, à la requête du demandeur, dans le délai qu'elle aura déterminé.

257. Au jour fixé pour le jugement définitif, le rapport sera fait par le juge commis : les parties pourront ensuite faire, par elles-mêmes ou par l'organe de leurs conseils, telles observations qu'elles jugeront utiles à leur cause; après quoi le commissaire du gouvernement donnera ses conclusions.

258. Le jugement définitif sera prononcé publiquement : lorsqu'il admettra le divorce, le demandeur sera autorisé à se retirer devant l'officier de l'état civil pour le faire prononcer. (*Voyez* encore l'art. 264 et suivans.)

259. Lorsque la demande en divorce aura été formée pour cause d'excès, de sévices ou d'injures graves, encore qu'elle soit bien établie, les juges pourront ne pas admettre immédiatement le divorce; et alors, avant de faire droit, ils autoriseront la femme à quitter la compagnie de son mari, sans être tenue de le recevoir, si elle ne le juge à propos; et ils condamneront le mari à lui payer une pension alimentaire proportionnée à ses facultés, si la femme n'a pas elle-même des revenus suffisans pour fournir à ses besoins.

260. Après une année d'épreuves, si les parties ne se sont pas réunies, l'époux demandeur pourra faire citer l'autre époux à comparaître au tribunal, dans les délais de la loi, pour y entendre prononcer le jugement définitif, qui pour lors admettra le divorce.

261. Lorsque le divorce sera demandé par la raison qu'un des époux est condamné à une peine infamante, les seules formalités à observer consisteront à présenter au tribunal civil une expédition en bonne forme du jugement de condamnation, avec un certificat du tribunal criminel, portant que ce même jugement n'est plus susceptible d'être réformé par aucune voie légale.

262. En cas d'appel du jugement d'admission ou du jugement définitif, rendu par le tribunal de première instance en matière de divorce, la cause sera instruite et jugée par le tribunal d'appel, comme affaire urgente.

263. L'appel ne sera recevable qu'autant qu'il aura été interjeté dans les trois mois à compter du jour de la signification du jugement rendu contradictoirement ou par défaut. Le délai pour se pourvoir au tribunal de cassation contre un jugement en dernier ressort, sera aussi de trois mois à compter de la signification. Le pourvoi sera suspensif.

264. En vertu de tout jugement rendu en dernier ressort ou passé en force de chose jugée, qui autorisera le divorce, l'époux qui l'aura obtenu sera obligé de se présenter, dans le délai de deux mois, devant l'officier de l'état civil, l'autre partie dûment appelée, pour faire prononcer le divorce.

265. Ces deux mois ne commenceront à courir à l'égard des jugemens de première instance, qu'après l'expiration du délai d'appel ; à l'égard des jugemens rendus par défaut en cause d'appel, qu'après l'expiration du délai d'opposition ; et à l'égard des jugemens contradictoires en dernier ressort, qu'après l'expiration du délai du pourvoi en cassation.

266. L'époux demandeur qui aura laissé passer le délai de deux mois ci-dessus déterminé sans appeler l'autre époux devant l'officier de l'état civil, sera déchu du bénéfice du jugement qu'il avait obtenu, et ne pourra reprendre son action en divorce, sinon pour cause nouvelle ; auquel cas il pourra néanmoins faire valoir les anciennes.

Des mesures provisoires auxquelles peut donner lieu la demande en divorce pour cause déterminée.

267. L'administration provisoire des enfans restera au mari demandeur ou défendeur en divorce, à moins qu'il n'en soit autrement ordonné par le tribunal, sur la demande soit de la mère, soit de la famille, ou du commissaire du gouvernement, pour le plus grand avantage des enfans.

268. La femme demanderesse ou défenderesse en divorce, pourra quitter le domicile du mari pendant la poursuite, et demander une pension alimentaire proportionnée aux facultés du mari. Le tribunal indiquera la maison dans laquelle la femme sera tenue de résider, et fixera s'il y a lieu, la provision alimentaire que le mari sera obligé de lui payer.

269. La femme sera tenue de justifier de sa résidence dans la maison indiquée toutes les fois qu'elle en sera requise : à défaut de cette justification, le mari pourra refuser la provision alimentaire, et, si la femme est demanderesse en divorce, la faire déclarer non recevable à continuer ses poursuites.

270. La femme commune en biens, demanderesse ou défenderesse en divorce, pourra, en tout état de cause, à partir de la date de l'ordonnance dont il est fait mention en l'art. 238, requérir, pour la conservation de ses droits, l'apposition des scellés sur les effets mobiliers de la communauté. Ces scellés ne seront levés qu'en faisant inventaire avec prisée, et à la charge par le mari de représenter les choses inventoriées, ou de répondre de leur valeur comme gardien judiciaire.

271. Toute obligation contractée par le mari à la charge de la communauté, toute aliénation par lui faite des immeubles qui en dépendent, postérieurement à la date de l'ordonnance dont il est fait mention en l'article 238, sera déclarée nulle, s'il est prouvé d'ailleurs qu'elle ait été faite ou contractée en fraude des droits de la femme.

Des fins de non-recevoir contre l'action en divorce pour cause déterminée.

272. L'action en divorce sera éteinte par la réconciliation des époux, survenue soit depuis les faits qui auraient pu autoriser cette action, soit depuis la demande en divorce.

273. Dans l'un et l'autre cas, le demandeur sera déclaré non recevable dans son action; il pourra néanmoins en intenter une nouvelle pour cause survenue depuis la réconciliation, et alors faire usage des anciennes causes pour appuyer sa nouvelle demande.

274. Si le demandeur en divorce nie qu'il y ait eu réconciliation, le défendeur en fera preuve, soit par écrit, soit par témoins, dans la forme prescrite en la première section du présent chapitre.

Du divorce par consentement mutuel.

275. Le consentement mutuel des époux ne sera point admis, si le mari a moins de vingt-cinq ans, ou si la femme est mineure de vingt-un ans.

276. Le consentement mutuel ne sera admis qu'après deux ans de mariage.

277. Il ne pourra plus l'être après vingt ans de mariage, ni lorsque la femme aura quarante-cinq ans.

278. Dans aucun cas le consentement mutuel des époux ne suffira, s'il n'est autorisé par leurs pères et mères, ou par leurs autres ascendans vivans, suivant les règles prescrites par l'article 150 du titre *du Mariage*.

279. Les époux déterminés à opérer le divorce par consentement mutuel, seront tenus de faire préalablement inventaire et estimation de tous leurs biens meubles et immeubles, et de régler leurs droits respectifs, sur lesquels il leur sera néanmoins libre de transiger.

280. Ils seront pareillement tenus de constater par écrit leur convention sur les trois points qui suivent :

1º. A qui les enfans nés de leur union seront confiés, soit pendant le tems des épreuves, soit après le divorce prononcé;

2º. Dans quelle maison la femme devra se retirer et résider pendant le tems des épreuves;

3º. Quelle somme le mari devra payer à sa femme pendant le même tems, si elle n'a pas des revenus suffisans pour fournir à ses besoins.

281. Les époux se présenteront ensemble, et en personne, devant le président du tribunal civil de leur arrondissement, ou devant le juge qui en fera la fonction, et lui feront la déclaration de leur volonté, en présence de deux notaires amenés par eux.

282. Le juge fera aux deux époux réunis, et à chacun d'eux en

particulier, en présence des deux notaires, telles représentations et exhortations qu'il croira convenables ; il leur donnera lecture du chapitre IV du présent titre, qui règle *les Effets du Divorce*, et leur développera toutes les conséquences de leur démarche.

283. Si les époux persistent dans leur résolution, il leur sera donné acte par le juge, de ce qu'ils demandent et consentent mutuellement au divorce ; et ils seront tenus de produire et déposer à l'instant, entre les mains des notaires, outre les actes mentionnés aux articles 279 et 280.

1°. Les actes de leur naissance, et celui de leur mariage ;

2°. Les actes de naissance et de décès de tous les enfans nés de leur union ;

5°. La déclaration authentique de leurs père et mère ou autres ascendans vivans, portant que, pour les causes à eux connues, ils autorisent tel ou telle, leur fils ou fille, petit-fils ou petite-fille, marié ou mariée à tel ou telle, à demander le divorce et à y consentir. Les pères et mères, aïeuls et aïeules des époux seront présumés vivans jusqu'à la représentation des actes constatant leur décès.

284. Les notaires dresseront procès-verbal détaillé de tout ce qui aura été dit et fait en exécution des articles précédens ; la minute en restera au plus âgé des deux notaires, ainsi que les pièces produites, qui demeureront annexées au procès-verbal, dans lequel il sera fait mention de l'avertissement qui sera donné à la femme de se retirer, dans les vingt-quatre heures, dans la maison convenue entre elle et son mari et d'y résider jusqu'au divorce prononcé.

285. La déclaration ainsi faite sera renouvelée dans la première quinzaine de chacun des quatrième, septième et dixième mois qui suivront, en observant les mêmes formalités. Les parties seront obligées à rapporter chaque fois la preuve, par acte public, que leurs pères, mères, ou autres ascendans vivans, persistent dans leur première détermination ; mais elles ne seront tenues à répéter la production d'aucun autre acte.

286. Dans la quinzaine du jour où sera révolue l'année, à compter de la première déclaration, les époux, assistés chacun de deux amis, personnes notables dans l'arrondissement, âgés de cinquante ans au moins, se présenteront ensemble et en personne devant le président du tribunal ou le juge qui en fera les fonctions ; ils lui remettront les expéditions en bonne forme des quatre procès-verbaux contenant leur consentement mutuel, et de tous les actes qui y auront été annexés, et requerront du magistrat, chacun séparément, en présence néanmoins l'un de l'autre et des quatre notables, l'admission du divorce.

287. Après que le juge et les assistans auront fait leurs observations aux époux, s'ils persévèrent, il leur sera donné acte de leur réquisition et de la remise par eux faite des pièces à l'appui ; le greffier du tribunal dressera procès-verbal, qui sera signé tant par les parties (à moins qu'elles ne déclarent ne savoir ou ne pouvoir signer, auquel cas il en sera fait mention), que par les quatre assistans, le juge et le greffier.

288. Le juge mettra de suite, au bas de ce procès-verbal, son ordonnance portant que, dans les trois jours, il sera par lui référé du tout au tribunal en la chambre du conseil, sur les conclusions par écrit du commissaire du gouvernement, auquel les pièces seront, à cet effet, communiquées par le greffier.

289. Si le commissaire du gouvernement trouve dans les pièces la preuve que les deux époux étaient âgés, le mari de vingt-cinq ans, la femme de vingt-un ans, lorsqu'ils ont fait leur première déclaration ; qu'à cette époque ils étaient mariés depuis deux ans, que le mariage ne remontait pas à plus de vingt, que la femme avait moins de quarante-cinq ans, que le consentement mutuel a été exprimé quatre fois dans le cours de l'année, après les préalables ci-dessus prescrits avec toutes les formalités requises par le présent chapitre, notamment avec l'autorisation des pères et mères des époux, ou avec celle de leurs autres ascendans vivans en cas de prédécès des pères et mères, il donnera ses conclusions en ces termes, *La loi permet :* dans le cas contraire, ses conclusions seront en ces termes, *La loi empêche.*

290. Le tribunal, sur le référé, ne pourra faire d'autres vérifications que celles indiquées par l'article précédent. S'il en résulte que, dans l'opinion du tribunal, les parties ont satisfait aux conditions et rempli les formalités déterminées par la loi, il admettra le divorce et renverra les parties devant l'officier de l'état civil, pour le faire prononcer : dans le cas contraire, le tribunal déclarera qu'il n'y a pas lieu à admettre le divorce, et déduira les motifs de la décision.

291. L'appel du jugement qui auroit déclaré ne pas y avoir lieu à admettre le divorce, ne sera recevable qu'autant qu'il sera interjeté par les deux parties, et néanmoins par actes séparés, dans les dix jours au plutôt, et au plus tard dans les vingt jours de la date du jugement de première instance.

292. Les actes d'appel seront réciproquement signifiés tant à l'autre époux qu'au commissaire du gouvernement près du tribunal de première instance.

293. Dans les dix jours à compter de la signification qui lui

aura été faite du second acte d'appel, le commissaire du gouvernement près du tribunal de première instance fera passer au commissaire du gouvernement près du tribunal d'appel, l'expédition du jjugement, et les pièces sur lesquelles il est intervenu. Le commissaire près du tribunal d'appel donnera ses conclusions par écrit, dans les dix jours qui suivront la réception des pièces; le président, ou le juge qui le suppléera, fera son rapport au tribunal d'appel, en la chambre du conseil, et il sera statué définitivement dans les dix jours qui suivront la remise des conclusions du commissaire.

294. En vertu du jugement qui admettra le divorce, et dans les vingt jours de sa date, les parties se présenteront ensemble et en personne devant l'officier de l'état civil, pour faire prononcer le divorce. Ce délai passé, le jugement demeurera comme non avenu.

Des effets du divorce.

295. Les époux qui divorceront pour quelque cause que ce soit, ne pourront plus se réunir.

296. Dans le cas de divorce prononcé pour cause déterminée, la femme divorcée ne pourra se remarier que dix mois après le divorce prononcé.

297. Dans le cas de divorce par consentement mutuel, aucun des deux époux ne pourra contracter un nouveau mariage que trois ans après la prononciation du divorce.

298. Dans le cas de divorce admis en justice pour cause d'adultère, l'époux coupable ne pourra jamais se marier avec son complice. La femme adultère sera condamnée, par le même jugement et sur la réquisition du ministère public, à la réclusion dans une maison de correction, pour un tems déterminé, qui ne pourra être moindre de trois mois, ni excéder deux années.

299. Pour quelque cause que le divorce ait lieu, hors le cas du consentement mutuel, l'époux contre lequel le divorce aura été admis perdra tous les avantages que l'autre époux lui avait faits, soit par leur contrat de mariage, soit depuis le mariage contracté.

300. L'époux qui aura obtenu le divorce, conservera les avantages à lui faits par l'autre époux, encore qu'ils aient été stipulés réciproques et que la réciprocité n'ait pas lieu.

301. Si les époux ne s'étoient fait aucun avantage, ou si ceux stipulés ne paraissaient pas suffisans pour assurer la subsistance de l'époux qui a obtenu le divorce, le tribunal pourra lui accorder, sur les biens de l'autre époux, une pension

alimentaire , qui ne pourra excéder le tiers des revenus de cet autre époux. Cette pension sera révocable dans le cas où elle cesserait d'être nécessaire.

3o2. Les enfans seront confiés à l'époux qui a obtenu le divorce, à moins que le tribunal, sur la demande de la famille, ou du commissaire du gouvernement, n'ordonne , pour le plus grand avantage des enfans , que tous ou quelques-uns d'eux seront confiés aux soins, soit de l'autre époux, soit d'une tierce personne.

3o3. Quelle que soit la personne à laquelle les enfans seront confiés , les père et mère conserveront respectivement le droit de surveiller l'entretien et l'éducation de leurs enfans, et seront tenus d'y contribuer à proportion de leurs facultés.

3o4. La dissolution du mariage par le divorce admis en justice, ne privera les enfans nés de ce mariage, d'aucun des avantages qui leur étaient assurés par les lois, ou par les conventions matrimoniales de leurs père et mère; mais il n'y aura d'ouverture aux droits des enfans que de la même manière et dans les mêmes circonstances où ils se seraient ouverts s'il n'y avait pas eu de divorce.

3o5. Dans le cas de divorce par consentement mutuel, la propriété de la moitié des biens de chacun des deux époux sera acquise de plein droit, du jour de leur première déclaration , aux enfans nés de leur mariage : les père et mère conserveront néanmoins la jouissance de cette moitié jusqu'à la majorité de leurs enfans , à la charge de pourvoir à leur nourriture , entretien et éducation, conformément à leur fortune et à leur état ; le tout sans préjudice des autres avantages qui pourraient avoir été assurés auxdits enfans par les conventions matrimoniales de leurs père et mère.

De la séparation de corps.

3o6. Dans les cas où il y a lieu à la demande en divorce pour cause déterminée, il sera libre aux époux de former demande en séparation de corps.

3o7. Elle sera intentée , instruite et jugée de la même manière que tout autre action civile : elle ne pourra avoir lieu par le consentement mutuel des époux.

3o8. La femme contre laquelle la séparation de corps sera prononcée pour cause d'adultère, sera condamnée par le même jugement , et sur la réquisition du ministère public, à la réclusion dans une maison de correction pendant un tems déterminé,

qui

qui ne pourra être moindre de trois mois ni excéder deux années.

309. Le mari restera le maître d'arrêter l'effet de cette con-damnation, en consentant à reprendre sa femme.

310. Lorsque la séparation de corps prononcée pour toute autre cause que l'adultère de la femme, aura duré trois ans, l'époux qui était originairement défendeur, pourra de-mander le divorce au tribunal, qui l'admettra, si le deman-deur originaire, présent ou dûment appelé, ne consent pas im-médiatement à faire cesser la séparation.

311. La séparation de corps emportera toujours séparation de biens.

Loi du 26 germinal an 11. (B. 272.)

Divorces prononcés ou demandés avant la publi-cation du titre 6 du code civil.

Tous divorces prononcés par des officiers de l'état civil, ou autorisés par jugement avant la publication du titre du code civil relatif au divorce, auront leurs effets conformément aux lois qui existaient avant cette publication.

A l'égard des demandes formées antérieurement à la même époque, elles continueront d'être instruites, les divorces seront prononcés, et auront leurs effets conformément aux lois qui exis-taient lors de la demande.

Avis du conseil d'état sur les actes de divorce faits pendant la disparition des émigrés ou absens; du 11 prairial an 12, approuvé le 18 prairial an 12. (B. 6.)

Le conseil d'état, réuni au nombre de membres prescrit par l'article 75 du sénatus-consulte organique du 28 floréal an 12; après avoir entendu le rapport de la section de lé-gislation sur le renvoi qui lui a été fait de la question de savoir si les émigrés ou absens rentrés peuvent attaquer les actes de divorce faits pendant leur disparition.

Vu les dispositions des lois du 20 septembre 1792, celles de la loi du 26 germinal an 11 relative aux divorces faits ou aux demandes formées antérieurement à la publication de la loi du 30 ventose précédent, sur les divorces;

Vu pareillement les dispositions du sénatus - consulte du 6 floréal an 10,

Est d'avis que les émigrés ou absens ne peuvent attaquer les actes de divorce faits pendant leur disparition. Les actions qu'ils intenteraient à ce sujet, seraient également contraires au texte et à l'esprit des lois précitées, et elles tendraient à perpétuer une agitation et des souvenirs qu'il faut au contraire éteindre le plutôt possible. Les émigrés et absens rentrés ne peuvent examiner que le point de fait s'il existe un acte de divorce revêtu de sa forme extérieure et matérielle ; mais ils ne peuvent jamais être recevables à remettre en question l'affaire, et à discuter les causes du divorce. Il n'est pas à présumer que les tribunaux méconnaissent cette intention précise de notre législation ; et s'ils s'en écartaient, le tribunal de cassation ne balancerait pas à les y rappeler.

Avis du conseil d'état sur les preuves admissibles pour constater les décès des militaires (Séance du 12 germinal.), *approuvé le 17 germinal an 13.* (B. 41.)

Le conseil d'état est d'avis,

1°. Qu'il y aurait, comme l'observe le grand-juge lui-même, un extrême danger à admettre comme preuves de décès, de simples actes de notoriété fournis après coup, et résultant le plus souvent de quelques témoignages achetés, ou arrachés à la faiblesse ; qu'ainsi cette voie est impraticable ;

2°. Qu'à l'égard de l'absence, ses effets sont réglés par le Code civil en tout ce qui concerne les biens, mais qu'on ne peut aller au-delà, ni déclarer le mariage de l'absent dissous après un certain nombre d'années ; qu'à la vérité plusieurs femmes de militaires, peuvent, à ce sujet, se trouver dans une position fâcheuse ; que cette considération n'a point paru, lors de la discussion du Code civil, assez puissante pour les relever de l'obligation de rapporter une preuve légale, sans laquelle on exposerait la société à de déplorables erreurs, et à des inconvéniens beaucoup plus graves que les maux particuliers auxquels on voudrait obvier.

En cet état, le conseil estime qu'il n'y a pas lieu de déroger au droit commun, ni d'y introduire une exception que la législation n'a jamais admise.

FÉODALITÉ.

Loi du 4 août 1789.

1. Les droits et devoirs, tant féodaux que censuels, ceux qui tiennent à la main-morte réelle ou personnelle, et à la servitude personnelle, et ceux qui les représentent, sont abolis sans indemnité, et tous les autres déclarés rachetables, etc.

2. Le droit exclusif des fuies et colombiers est aboli : les pigeons seront enfermés aux époques fixées par les communautés (l'autorité municipale) : et durant ce tems, ils seront regardés comme gibier, et chacun aura le droit de les tuer sur son terrain.

3. Le droit exclusif de la chasse et des garennes ouvertes est pareillement aboli : tout propriétaire a le droit de détruire et faire détruire, seulement sur ses possessions, toute espèce de gibier, sauf à se conformer aux lois de police faites relativement à la sûreté publique. (Voyez *chasse*, au titre de la Police.)

4. Toutes les justices seigneuriales sont supprimées sans indemnité.

5. Les dîmes de toute nature, et les redevances qui en tiennent lieu, sous quelque dénomination qu'elles soient connues et perçues, même par abonnement, possédées par les corps séculiers et réguliers, par les bénéficiers, les fabriques et tous gens de main-morte, même par l'ordre de Malte, et autres ordres religieux et militaires, même celles abandonnées à des laïcs en remplacement et pour option de portion congrue, sont abolies.

Loi du 15 — 28 mars 1790.

TIT. 2, art. 1er. La main-morte personnelle, réelle ou mixte, la servitude d'origine, la servitude personnelle du possesseur des héritages tenus en main-morte réelle, celle de corps et de poursuite, les droits de taille personnelle, de *corvées* personnelles, d'échûte, de vide-main, etc. sont abolis sans indemnité.

8. Les droits de meilleur-cattel ou morte-main, de taille à volonté, de taille ou d'indire, aux quatre cas, de cas impérieux et d'aide seigneuriale, sont supprimés sans indemnité.

13 *

9. Tous droits qui, sous la dénomination de feu, cheminée, feu allumant, feu mort, fouage, monéage, bourgeoisie, congé, chiennage, gîte aux chiens, ou autres quelconques, perçus sur les personnes, sur les bestiaux ou à cause de la résidence, sont abolis sans indemnité.

10. Les droits de guet et garde, de chassipolerce et autres qui ont pour objet l'entretien des clôtures et fortifications des bourgs et des châteaux, sont supprimés sans indemnité, s'ils ne sont fondés sur une concession à cet effet, de terrain.

Les droits de pulvérage, levés sur les troupeaux passant dans les chemins publics des seigneurs.

Ceux de-banvin, vet-du-vin, étanche, ou autre quelconque, qui emportaient la faculté de vendre exclusivement pendant un certain tems de l'année, les vins ou autres boissons et denrées quelconques sont abolis.

12. Les droits sur les achats, ventes, importations et exportations de biens meubles, de denrées et de marchandises, etc. sont abolis sans indemnité.

Les droits de péage, de long et de travers, passage, hallage, pontonage, barrage, chamage, grande et petite coutume, etc. sont supprimés sans indemnité.

Les droits de péage, de long et de travers, passage et barrage, appartiennent à la république, et sont perçus à son profit, et les administrations de département sont tenues de faire faire les réparations et entretien dont ces droits sont grevés.

19. Les droits connus sous le nom de coutumes, hallage, havage, cohue, et généralement tous ceux qui étaient perçus en nature ou en argent, à raison de l'apport ou du dépôt des grains, viandes, bestiaux poissons et autres denrées et marchandises dans les foires, marchés, places ou halles, sont supprimés sans indemnité.

Les bâtimens et halles continuent à appartenir à leurs propriétaires; sauf à eux à s'arranger à l'amiable, soit pour les louer, soit pour leur aliénation, avec les municipalités des lieux. Les difficultés à cet égard sont décidées par l'administration du département.

21. Le mesurage et poids des farines, grains, denrées et marchandises, dans les maisons particulières, est libre dans toute la France.

Quant au service des places et marchés publics, il y est pourvu par les municipalités des lieux, qui, sous l'autorisation des administrations supérieures, fixent la rétribution juste et modérée des personnes employées au pesage et mesurage.

23. Tous droits de banalité des fours, moulins, pressoirs, boucheries, taureaux, vérats, forges et autres, ensemble les sujétions qui y sont accessoires, ainsi que les droits de verte-moute et de vent, le droit prohibitif de la quête, mouture, ou chasse des meûniers, sont supprimés sans indemnité.

Sont rachetables les banalités établies par une convention souscrite par une communauté et un particulier non seigneur.

Celles faites dans la même forme avec un seigneur, si celui-ci a fait à la commune quelqu'avantage de plus que de s'obliger à tenir perpétuellement en état, les moulins, fours ou autres objets banaux.

24. Et celles qui seront prouvées avoir eu pour cause une concession faite par le seigneur à la commune, de droit d'usage dans ses bois ou prés, ou de communaux en propriété.

Tit. 3, art. 5. Aucune municipalité, aucune administration d'*arrondissement* ou de département ne pourront, à peine de nullité, de prise à partie et de dommages-intérêts, prohiber la perception d'aucuns des droits seigneuriaux dont le paiement sera réclamé, sous prétexte qu'ils se trouveraient implicitement ou explicitement supprimés sans indemnité, sauf aux parties intéressées à se pourvoir par les voies de droit ordinaires, devant les juges qui doivent en connaître.

Si une commune se trouve intéressée, le conseil de préfecture examine ses titres, et l'autorise, s'il y a lieu, à poursuivre ses droits ou prétentions à la suppression sans indemnité.

Décret du 19 avril 1790.

Le droit de ravage, fautrage, préage, coisclage, parcours ou pâturage sur les prés, avant la fauchaison de la première herbe est aboli ; sauf indemnité, s'il a été établi par convention ou par concession de fonds ; et sans que, sous ce prétexte, il puisse être prétendu par ceux qui en ont joui, aucun droit de pâturage sur les secondes herbes ou regains, lorsqu'il ne leur est pas attribué par titre, comme un usage légal.

Loi du 3 mai 1790.

8. Lorsque le rachat de droits féodaux et censuels dépendans d'un fief appartenant à une communauté d'habitans, est proposé,

l'autorité municipale ne peut le liquider et en recevoir le prix, que sous l'autorité et avec l'avis des autorités administratives du département, lesquelles sont tenues de veiller au remploi du prix.

13. Pour liquider le rachat des droits fixes (tels que les cens et redevances annuelles en argent, grains, denrées ou fruits de récolte), il est formé d'abord une évaluation du produit annuel total des charges dont le fonds est grévé.

14. A l'égard des redevances en grains, il est formé une année commune de leur valeur, d'après le prix des grains de même nature du marché du lieu ou du plus prochain, pendant les quatorze années antérieures, desquelles on retranche les deux plus fortes et les deux plus faibles, pour former l'année commune sur les dix restantes.

15. Il en est de même pour les redevances en volailles, agneaux, cochons, beurre, fromage, cire et autres denrées dans les lieux où leur prix est porté dans les registres des marchés. A défaut le directoire du district (le préfet sur l'avis du sous-préfet) en forme un tableau estimatif sur le prix commun de ces sortes de denrées pour le paiement des redevances foncières, et ce tableau sert pendant dix ans. Le tout sans déroger aux évaluations portées par les titres, coutumes ou réglemens.

16. Il forme également le tableau des journées d'hommes, de chevaux, bêtes de travail et de somme, et des voitures, sur le taux ordinaire du prix de corvées réelles, pour servir pendant dix ans, sans déroger, etc.

17. Quant aux redevances, qui consistent en une certaine portion de fruits récoltés sur les fonds, tels que champarts, terrages, agriers, tasques et dîme, il est procédé par des experts nommés par les parties, ou d'office par le juge, à une évaluation de ce que le fonds peut produire en nature dans une année commune, et la quotité du droit à percevoir est fixée dans la proportion du produit de l'année commune du fonds évalué en la forme prescrite par l'art. 14, pour l'évaluation des redevances en grains.

18. Quant à celles des *banalités*, exceptées de la suppression sans indemnité, par l'article 24 de la loi du 25 — 18 mars 1790, lorsque les communautés d'habitans veulent s'en libérer, il est fait par des experts, choisis par les parties, ou nommés d'office par le juge, une estimation de la diminution que le four, moulin, pressoir et autre usine peut éprouver dans son produit annuel par l'effet de la suppression du droit de banalité, et de la liberté rendue aux habitans. N'entendant point au surplus déroger aux lois antérieures qui, dans quelques ci-devant provinces, autorisaient les communautés d'habitans à racheter,

sous des conditions particulières, les banalités auxquelles elles étaient assujéties.

19 et 20. Dans tous les cas où l'évaluation du produit annuel d'une redevance peut donner lieu à une estimation par experts, l'administrateur qui n'a pas la liberté de traiter de gré à gré, et conséquemment d'accepter une offre réelle, qu'il croit insuffisante, peut employer en frais d'administration ceux de l'expertise, jugés devoir rester à sa charge.

21. Le rachat de la somme à laquelle a été liquidé le produit annuel des droits de redevances fixes et annuelles, se fait, savoir : pour les redevances en argent et corvées, et pour le produit des banalités, au denier 20 ; et quant aux redevances en grains, volailles, denrées et fruits de récoltes au denier 25.

22. Tout redevable qui rachète un droit, est tenu de payer avec le capital du rachat, tous les arrérages dus, y compris l'année courante.

Loi du 23 juin 1790.

Les villes, bourgs, villages auxquels les ci-devant seigneurs ont donné leurs noms de famille, sont autorisés à reprendre leurs anciens noms.

Loi du 20 avril 1791, concernant l'abolition de plusieurs droits seigneuriaux, notamment de ceux qui étaient annexés à la justice seigneuriale, et le mode de rachat de ceux précédemment déclarés rachetables.

Loi du 25 août 1792, portant que tous les effets qui peuvent avoir été produits par la maxime : *nulle terre sans seigneur* ; par celle de l'enclave, par les statuts, coutumes et règles, soit générales, soit particulières, qui tiennent à la féodalité, demeurent comme non avenus, etc.

Loi du 28 août 1792, qui rétablit les communes et les citoyens dans les propriétés et droits dont ils ont été dépouillés par l'effet de la puissance féodale.

Loi du 7 décembre 1792, qui abolit toutes servitudes réelles, ou conditions portées par les actes d'inféodation ou d'accensement, et qui tiennent à la nature du régime féodal, moyennant le rachat.

Loi du 17 juillet 1793, qui supprime, sans indemnité, toutes redevances ci-devant seigneuriales et droits féodaux , même. ceux conservés par le décret du 25 août 1792.

Loi du 14 septembre 1793, qui ordonne l'enlevement des signes de royauté et de féodalité dans les églises et autre monumens publics.

Loi du 18 vendémiaire an 2 , qui prescrit les formes qui devront précéder la confiscation des terrains et édifices des particuliers, sur lesquels on aura laissé subsister des signes de royauté ou de féodalité.

Loi du 28 nivose an 2, interprétative des lois du 25 août 1792 ; et 9 brumaire an 2, relatives aux droits ci-devant féodaux.

Loi du 16 octobre 1791.

Noms et qualifications féodales.

4. Les notaires , et tous autres fonctionnaires et officiers publics , ne peuvent recevoir des actes où des noms, qualifications et titres féodaux , supprimés, seraient contenus et énoncés , à peine d'interdiction absolue de leurs fonctions.

5. Seront également destitués pour toujours de leurs fonctions , tous notaires, fonctionnaires et officiers publics qui auraient prêté leur ministère à établir les preuves de ce qu'on appelait ci-devant la noblesse.

6. Les préposés au droit d'enregistrement sont tenus d'arrêter les actes qui contiendraient quelques-uns de ces titres , et de les remettre au commissaire du gouvernement près le tribunal d'arrondissement.

Décret du 30 juillet 1791.

Il est défendu à tout fonctionnaire ou officier public, de donner aucune des qualités de féodalité supprimées, soit par le décret du 19 juin 1790, soit par le présent, même avec les expressions de ci-devant, à aucun français, ni de les insérer dans aucun acte.

Le décret du 19 — 14 juin 1792, ordonna le brûlement de tous les titres généalogiques qui se trouvaient dans les dépôts publics, et chargea de l'exécution les administrations de département.

Signes de royauté et armoiries.

Le décret du 1er. août 1793, ordonna la confiscation des parcs, jardins, enclos, maisons et édifices qui porteraient des armoiries ou signes de royauté, soit dans leur clôture, soit dans leur bâtisse.

Le décret du 18 vendémiaire an 2, ordonna la publication de cette loi dans chaque commune. Il portait en outre, que si huit jours après, ces signes n'avaient pas disparu, la municipalité déclarerait les terrains ou bâtimens confisqués.

La confiscation était proclamée par les administrations de département, sur les procès-verbaux des municipalités, constatant par énonciation expresse, que le décret avait été publié dans la commune.

Le décret du 3 brumaire an 2, déclara que ces premiers n'étaient pas applicables aux ouvrages de peinture, de sculpture, de gravure, d'imprimerie, aux modèles, machines et instrumens existans, mais défendit à tous artistes, imprimeurs, graveurs, et tous autres, de faire à l'avenir de ces signes de féodalité et de royauté sur leurs ouvrages.

L'abolition du régime féodal a exclu, pour l'avenir, les aliénations à titre d'acensement. D'après ce principe, le corps législatif ne peut plus autoriser dans les actes translatifs de propriété, la stipulation d'aucuns droits ou profits de mutation ni d'aucunes clauses qui présentent l'aspect des anciennes conditions et charges féodales.

Les ventes ou aliénations doivent donc être pures et simples; mais elles peuvent l'être moyennant une rente foncière, même exempte de toute retenue et imposition prévue et imprévue, toujours rachetable au denier vingt.

Loi du 26 juillet — 15 août 1790.

Chemins, places publiques et arbres y plantés.

ART. 1er. Le régime féodal et la justice seigneuriale, étant abolis, nul ne pourra dorénavant, à l'un ou à l'autre de ces deux titres, prétendre aucun droit de propriété, ni de voirie, sur les chemins publics, rues et places de villages, bourgs ou villes.

FORÊTS. — ADMINISTRATION.

Sommaire.

Principes. — Organisation de l'administration. — Attributions des autorités administratives de département et de communes. — Rapports des agens forestiers avec les autorités administratives. — Bois des quatre départemens de la rive gauche du Rhin. — Division de l'empire en arrondissemens forestiers de la marine. — Bois pour la marine. — Bois de bourdaine pour la fabrication de la poudre. — Droits de pâturage, pacage et autres usages dans les forêts nationales. — Agens forestiers; mode de poursuite devant les tribunaux. — Observations sur les droits respectifs des préfets et des agens forestiers. — Bois des communes; administration. — Des établissemens publics. — Des particuliers. — Chasse (fermage des droits de). — Compétence des préfets, relativement aux coupes de bois communaux. — Frais d'administration des bois des communes, etc. — Amendes forestières; emploi. — Mode de paiement des frais d'administration. — Paiemens anticipés et illégaux. — Frais d'administration comparés à la valeur des bois.

Foréts et bois.

Décret du 11 décembre 1789.

1er. Les forêts, bois et arbres sont mis sous la sauve-garde de la nation, de la loi, des tribunaux, des assemblées administratives, municipalités, communes et gardes nationales, qui sont expressément déclarés conservateurs desdits objets, sans préjudice des titres, droits et usages des communautés et particuliers., ainsi que des dispositions des ordonnances sur le fait des eaux et forêts.

2. Défenses sont faites à toutes communautés d'habitans, sous prétexte de droit de propriété, d'usurpation, et sous tout autre quelconque, de se mettre en possession, par voie de fait, d'aucun bois, pâturage, terres vagues et vaines, dont elles n'avaient pas la possession réelle au 4 août dernier (1789), sauf auxdites communautés à se pourvoir, par les voies de

droit, contre les usurpations dont elles croiraient avoir à se plaindre.

3. Tous délits commis dans les bois, et sur les arbres des chemins et lieux publics, dans les plantations et pépinières, sont poursuivis contre les prévenus, et punis sur les coupables, des peines portées par l'ordonnance d'août 1669, et autres lois.

4. Défenses sont fai'es à toutes personnes de vendre ou acheter en fraude, des bois coupés en délits, sous peine contre les vendeurs et acheteurs frauduleux d'être poursuivis selon la rigueur des ordonnances; la saisie desdits bois coupés en délit sera faite par les gardes des bois, gendarmerie et huissiers sur ce requis; mais la perquisition ne pourra en être faite, qu'en présence d'un officier municipal, qui ne pourra s'y refuser.

5. Les municipalités sont tenues de faire protéger par la garde nationale et autres troupes, l'exécution des jugemens et saisies, à peine d'en répondre en leur propre et privé nom.

6. Les municipalités sont autorisées à faire constituer prisonniers tous ceux qui sont trouvés en flagrant délit, tant de jour que de nuit.

La loi du 18 — 26 mars 1790, défendit aux apanagistes, engagistes donataires, concessionnaires et tout détenteur, à quelque titre que ce fût, des bois et forêts nationaux, et à tous échangistes dont les échanges n'étaient pas consommés, de faire aucune coupe de futaie et de taillis, qu'après en avoir reçu la permission de l'administration forestière, ainsi que pour abattre des arbres épars sur les biens domaniaux.

Elle leur défendit également d'arracher lesdits bois, de faire aucun défrichement, ni d'en changer la nature.

Toutes ces dispositions furent rendues communes aux départemens réunis de la Belgique (alors provinces).

Les municipalités furent chargées de veiller à l'exécution de cette loi.

Le décret du 15 — 19 janvier 1791, régla que les bois qui étaient vendus pardevant les officiers des eaux et forêts, continueraient à l'être, et que les autres le seraient par les administrations de district, déléguées à cet effet par celles de département;

Et que les préposés de la marine marqueraient avant les adjudications, les bois reconnus propres à la construction des vaisseaux de guerre, et ce aux prix convenus ou à dires d'experts.

Celui du 4 octobre 1793, autorise le ministre de la marine à faire faire des visites dans les bois de tous les citoyens, sans exception, à y faire marquer les bois jugés propres au service de la marine, et à les faire exploiter dans les tems convenables, à fur et à mesure des besoins de la république.

Loi du 15 — 29 *septembre* 1791.

1er. Toutes les forêts et bois nationaux sont l'objet d'une administration particulière.

2. Les bois tenus du domaine national, à titre de concession, engagement, usufruit ou autre titre révocable, sont soumis à la même administration.

3. Les bois possédés en gruerie, grairie, ségrairie, tiers et danger ou indivis entre la nation et des communes, y sont pareillement soumis.

4. Les bois appartenant aux communautés d'habitans, y sont également soumis.

5. Il en est de même des bois possédés par les maisons d'éducation et de charité, ainsi que par les établissemens de mainmorte étrangers.

6. Les bois appartenant aux particuliers ont cessé d'y être soumis, et il est libre à chaque propriétaire de les administrer et d'en disposer comme bon lui semble.

Loi du 16 *nivose an* 9. (B. 62.)

L'administration est composée de cinq administrateurs résidans à Paris.

Ils ont sous leurs ordres au plus
30	conservateurs.
200	inspecteurs.
300	sous-inspecteurs.
500	gardes principaux.
8,000	gardes particuliers.

9,030.

4. Leur traitement ne peut excéder, savoir :

Des administrateurs, 10,000 fr............	50,000 fr.
Des conservateurs, 6,000 fr.............	180,000
Des inspecteurs, 3,500 fr..............	700,000
Des sous-inspecteurs, 2,000 fr...........	600,000
Des gardes principaux, 1,200 fr..........	600,000
Des gardes particuliers, 500 fr...........	4,000,000
	6,130,000 fr.

5. Les arpenteurs reçoivent à titre de rétribution, et pour tous frais, deux francs par hectare de bois dont ils ont fait le mesurage ; et un franc cinquante centimes aussi par hectare de bois dont ils ont fait le récolement.

6. Les dépenses totales de l'administration forestière ne peuvent excéder cinq millions, y compris la dépense des demi-plantations et améliorations, et celle de 50,000 francs pour encouragemens.

7. Les fonctions attribuées par les lois actuelles, aux divers agens forestiers, sont remplies par les agens ci-dessus dénommés.

8. Il est fait un fonds pour les retraites par une retenue sur les traitemens, conformément à ce qui est prescrit pour la régie de l'enregistrement.

10. Toutes dispositions de lois et réglemens sur les bois et le régime forestier, auxquelles il n'est pas dérogé par la présente, continuent à être exécutées jusqu'à ce qu'il en ait été autrement ordonné.

Loi du 29 *septembre* 1791.

L'ordonnance de 1669 et les autres réglemens en vigueur continueront à être exécutés en tout ce à quoi il n'est pas dérogé par les lois nouvelles ; et néanmoins les formes prescrites pour l'adjudication des biens nationaux, seront substituées, dans la vente des bois, à celles ci-devant usitées.

1er. Les administrations locales et les municipalités sont chargées chacune dans son territoire, et selon l'ordre de son institution, de veiller à la conservation des bois, et de fournir main-forte pour cet effet, lorsqu'elles en sont requises par les préposés de l'administration forestière. (*Voyez* les autres dispositions au livre de la Police.)

Loi. 3. Les administrations locales peuvent, quand bon leur semble, visiter les bois nationaux et autres soumis au régime forestier, dans l'étendue de leur territoire, pour s'assurer de l'exactitude et de la fidélité des préposés. Ils envoient leurs procès-verbaux, soit à l'administration forestière, soit au gouvernement.

4. Le préfet délègue au sous-préfet de la situation des bois, les adjudications des ventes, ainsi que celles des travaux relatifs à l'entretien ou amélioration desdits bois. Les sous-préfets peuvent commettre les municipalités des lieux pour les menus marchés, dont le montant ne paraît pas devoir s'élever au-dessus de 200 francs. Quant aux adjudications des travaux qui s'étendent dans plusieurs arrondissemens, elle se font par le préfet.

5. L'autorité qui procède aux adjudications, reçoit les cautions et certificateurs des cautions des adjudicataires en présence et du consentement du préposé de la régie des droits d'enregistrement, chargé du recouvrement.

6. Les sous-préfets accordent les congés de cour ou décharges d'exploitations, d'après le consentement des inspecteurs, et en dressent acte au bas des procès-verbaux de récolement déposés en leurs secrétariats.

9. Les sous-inspecteurs font les balivages et martelages des ventes assises : pour cet effet ils ont chacun un marteau particulier qui leur est remis par l'administration forestière. et dont ils déposent l'empreinte tant au secrétariat du département, qu'à la sous-préfecture et au greffe du tribunal de leur arrondissement communal.

14. Ils ont des registres fournis par l'administration forestière, cotés et paraphés par les sous-préfets.

17. Ils adressent chaque mois copies certifiées de leurs procès-verbaux de visites au sous-préfet.

18. Ils déposent les plans et procès-verbaux d'assiette, balivage et récolement à la sous-préfecture, dans la quinzaine, après la clôture des opérations.

19. Ils se chargent sur un registre, également coté et paraphé, de la réception des procès-verbaux des gardes.

20. Ils assistent les commissaires des corps administratifs dans les descentes et vérifications qu'ils peuvent faire ; ils leur exhibent leurs registres s'ils en sont requis, et signent les procès-verbaux qu'ils dressent, ou expriment la cause de leur refus.

11. *D'après la nouvelle organisation de l'administration forestière, l'agent qui remplacera dans chaque département le conservateur ancien,* doit également avoir un marteau, dont l'empreinte est déposée dans les secrétariats de la préfecture, des sous-préfectures et aux greffes des tribunaux d'arrondissement.

13. Il indique le jour des adjudications, et en prévient le préfet et le sous-préfet de l'arrondissement : il donne les ordres nécessaires pour les affiches et publications.

14. Il dresse le cahier des charges et conditions de l'adjudication, et en fait remettre copie à la sous-préfecture, pour que les marchands puissent en prendre connaissance ; il fait viser ledit cahier par le sous-préfet.

15. Il assiste aux enchères et adjudications, et ne laisse allumer les feux que lorsque la mise à prix lui paraît se rapprocher de la valeur des bois à adjuger.

17. Il peut commettre le sous-inspecteur pour les menus marchés, tels que de chablis et arbres de délit, gissant ou saisis sur les délinquans, et à l'adjudication des pahages et glandées.

23. Les registres de cet agent supérieur sont cotés et paraphés par le préfet.

24. Il remet tous les trois mois à la préfecture, les résultats des visites des sous-inspecteurs, avec l'état des ventes des chablis et arbres de délit.

25. Il remet également à la préfecture le procès-verbal de ses visites, dans les deux mois au plus tard de leur clôture.

26. Dans le mois de la clôture des adjudications, il en dresse l'état, contenant l'indication et la contenance des coupes, la quantité des arbres vendus ou réservés, les noms, surnoms et demeures des adjudicataires, avec le montant du prix des ventes et les termes dans lesquels il doit être payé, et en envoie un double à la préfecture.

27. Incessamment après les récolemens, il dresse l'état des surmesures ou défaut de mesures qui se sont trouvés dans les ventes, et en envoie expédition à la préfecture, à la sous-préfecture et aux préposés chargés du recouvrement.

28. Il assiste, quand il en est requis, les commissaires du préfet dans les descentes et visistes qu'il est chargé de faire ou de faire faire dans les forêts, et signe leurs procès-verbaux ou exprime la cause de son refus.

5. Les conservateurs vérifient dans leurs tournées les sujets de plaintes portées à l'administration forestière ou qu'ils ont reçues ; ils reçoivent les renseignemens des préfets, qui peuvent

nommer des commissaires pris (*dans le conseil de préfecture*) pour être présens à leurs visites et opérations et leur faire telles observations et réquisitions qu'ils jugent convenables.

Par arrêté du 24 thermidor an 9 (B. 94.), l'administration générale des forêts fut chargée de dresser sans délai, par chaque conservation, l'état des bois et forêts actuellement sous la main de la république, et non aliénables aux termes de la loi du 2 nivose an 4. (B. 14.).

Arrêté du 27 messidor an 10. (B. 202.)

Vu les articles 1, 2, 3, 7 et 9 du titre 24; 1, 2 et 3 du titre 25 de l'ordonnance des eaux et forêts, du mois d'août 1669.

Art. Ier. Il sera, dans les délais ci-après déterminés, procédé aux arpentage, aménagement et bornage des forêts des *quatre départemens de la rive gauche du Rhin*, appartenant,

1°. A la nation, soit en vertu du traité de Lunéville, du 20 pluviose an 9, soit par l'effet des suppressions et de la main-mise nationale ordonnées par l'arrêté du 20 prairial an 10.

2°. Aux évêchés, cures, chapitres cathédraux et séminaires non supprimés, ou dont la loi du 18 germinal dernier ordonne ou permet l'établissement.

3°. Aux universités ou écoles centrales, lycées, gymnases, collèges, hospices, maladreries, hôpitaux, monts-de-piété, et autres établissemens d'instruction publique, de charité et de bienfaisance.

4°. Aux communautés d'habitans ;

Le tout dont il sera rédigé, en double expédition pour les forêts nationales, et en triple expédition pour les autres, procès-verbaux et plans figuratifs rapportés à l'échelle d'un, sur le papier, pour cinq mille sur le terrain, ou d'un décimètre pour cinq cents mètres.

2. Les opérations mentionnées en l'article précédent seront faites aux frais de ceux qui auront droit à la jouissance desdites forêts.

3. Le ministre des finances, après avoir recueilli l'avis des administrateurs généraux des forêts, est autorisé à déterminer, 1°. le délai dans lequel ces opérations auront lieu pour les forêts nationales et celles dont la main-mise nationale est prononcée par l'article 3 de l'arrêté du 20 prairial dernier ; 2°. les clauses et conditions suivant lesquelles il devra y être procédé ; 3°. le salaire des arpenteurs.

4. Quant aux forêts appartenant, soit aux établissemens religieux, d'instruction publique, de charité et de bienfaisance

nor

non séquestrées, soit aux communautés d'habitans, lesdits arpentage, aménagement et bornage, plans figuratifs et procès-verbaux, seront faits et parachevés dans le délai d'un an, à compter du jour de la publication du présent arrêté, faute de quoi faire dans ledit délai, et icelui passé, il y sera procédé à la diligence des administrateurs généraux des forêts nationales, aux frais des défaillans, contre lesquels sera décerné exécutoire par les préfets, qui pourront ordonner, si besoin est, le séquestre desdites forêts jusqu'à parfait paiement.

6. Dans le mois qui suivra le délai mentionné en l'article 4, une expédition des procès-verbaux et des plans figuratifs sera déposée à l'administration générale des forêts, entre les mains du conservateur des forêts desdits quatre départemens, résidant à Coblentz.

Une autre le sera au secrétariat de la préfecture du département de la situation.

La troisième expédition restera en la possession de celui qui aura droit à la jouissance desdites forêts.

A défaut par lui ou par l'arpenteur qu'il aura choisi, d'effectuer le dépôt ci-dessus prescrit, il y sera contraint de la même manière et ainsi qu'il est ordonné par l'article 4.

7. Les deux expéditions des procès-verbaux et plans figuratifs des forêts nationales et de celles séquestrées, seront déposées. l'une à l'administration générale des forêts, entre les mains dudit conservateur des forêts, l'autre au secrétariat de la préfecture de la situation.

9. Conformément aux lois qui régissent les départemens de l'intérieur, la quatrième partie au moins des forêts appartenant aux établissemens de main-morte désignés en l'article 4, sera toujours conservée en nature de futaie; et s'il ne se trouvait aucune futaie en toute l'étendue de leurs forêts, ou que celle qui y est à présent fût au-dessous de la quatrième partie de la totalité, ce qui manquera sera pris dans leurs taillis jusqu'à concurrence de ladite quatrième partie, pour être réservé et croître en futaie, dont le choix et le triage seront faits par les agens de l'administration générale des forêts, où le fonds pourra le mieux en porter, qui sera séparé du reste des taillis par bornes et limites, et réputé de pareille nature et qualité, sans qu'il soit permis d'en user, ou de couper aucun arbre que par les formes prescrites pour la futaie.

10. Après les réserves distraites et séparées, le surplus des bois taillis sera réglé et borné en coupes ordinaires de dix ans au moins, avec charge expresse de laisser par chaque hectare le même nombre de baliveaux de l'âge du taillis que celui laissé

dans les bois nationaux, outre tous les anciens et modernes et les arbres fruitiers, tous lesquels seront pareillement réputés futaie, et comme tels réservés dans toutes les coupes ordinaires, sans qu'en aucun cas on y puisse toucher, ainsi qu'au quart mis en réserve, qu'en vertu d'une permission expresse du gouvernement, en exécution de laquelle les adjudications et récolemens s'en feront avec les mêmes formalités que pour les bois nationaux.

11. Il est enjoint à tous ceux qui jouissent ou sont administrateurs des forêts appartenant aux établissemens de main-morte, de charger expressément leurs fermiers, économes, receveurs, marchands et adjudicataires, de faire en leurs bois taillis les mêmes réserves que celles ordonnées dans les bois nationaux, quoiqu'ils n'y fussent pas obligés par leurs baux, marchés et adjudications, à peine d'amende et confiscation, au profit du trésor public, du prix des ventes et bois abattus ; sauf leur recours, s'il y a lieu, contre ceux dont ils tiendraient leur droit de jouissance.

12. Seront tenus les adjudicataires d'observer dans leurs exploitations tout ce qui est prescrit pour celles des bois nationaux, et de faire procéder au récolement aussitôt que le terme de vidange sera expiré, à peine des amendes prononcées par les réglemens, et de demeurer chargés, sans recours ni modération, des délits qui se commettront dans la vente et dans les repousses.

13. Les arpentage, aménagement et bornage du tour prescrits par les articles 1, 4, 9 et 10, ne pourront être faits qu'en présence de l'inspecteur ou sous-inspecteur forestier de l'arrondissement, qui désignera les limites tant du quart de réserve que de l'aménagement du taillis, et qui signera les procès-verbaux desdites opérations.

14. Ces procès-verbaux, ainsi que les plans figuratifs, contiendront les mesures angulaires et linéaires, de manière à assurer la fixité et la reconnaissance non-seulement des limites extérieures, mais encore du quart de réserve et de l'aménagement des forêts.

15. Le présent arrêté qui sera inséré au bulletin des lois, et publié à la diligence du commissaire général dans les quatre départemens de la rive gauche du Rhin, y tiendra lieu de la promulgation des articles 1, 2, 3, 7 et 9 du titre 24; 1, 2 et 3 du titre 25 de l'ordonnance du mois d'août 1669.

*...struction pour les conservateurs , inspecteurs et
sous-inspecteurs forestiers.*

Du 7 prairial an 9.

L'ordre et la célérité du service dans toute administration
épendent essentiellement de l'uniformité des mesures d'exéution; et plus l'objet qu'elles concernent est étendu , plus il
mporte de le présenter sous des apperçus faciles à saisir.

Ce principe ne saurait mieux s'appliquer qu'aux forêts : elles
ont répandües sur un territoire aussi varié qu'il est vaste ; et
out ce qui intéresse leur conservation, donne lieu à un si grand
ombre de détails, que si tous les agens forestiers n'opéraient
as d'une manière uniforme, on n'obtiendrait que des résultats
ronnés ou incertains.

C'est pour parer à cet inconvénient et avoir sans cesse des
otions exactes sur la plus importante portion du domaine pu-
lic , que les administrateurs généraux des forêts ont cru devoir
racer à leurs coopérateurs la marche qu'ils auront à suivre.

DISPOSITIONS GÉNÉRALES.

Résidence.

1. Les conservateurs , inspecteurs et sous-inspecteurs fores-
ers résideront dans les chefs-lieux de leurs conservation, ins-
ection et sous-inspection, et ne pourront s'absenter de leurs
rrondissemens respectifs sans congé de l'administration.

Congés.

2. Les congés de plus d'une quinzaine entraîneront, pour
e tems qui excédera, la perte du traitement.

Archives.

3. Les titres , plans , papiers et documens relatifs à la pro-
riété , aux aménagemens et usages des bois seront recueillis
t rassemblés avec soin. Il sera fait un triage de ceux existans
lans les dépôts des ci-devant maîtrises , et déjà inventoriés ;

14 *

le conservateur se réservera ceux qu'il jugera lui être utiles ou nécessaires, et chargera des autres, les préposés correspondant immédiatement à lui, et qui auront dans leurs arrondissemens les bois que ces papiers concernent. Il sera fait de leur triage et répartition un double, signé du conservateur pour ceux dont il aura fait choix, et pour les autres, de l'agent dépositaire ; le double de ces divers états sera envoyé à l'administration. Il en sera usé de même relativement aux découvertes de papiers qui pourraient avoir lieu à l'avenir.

4. Ces titres, plans et papiers constitueront les archives de chaque conservation, inspection et sous-inspection ; et lors de vacance de ces places, il sera fait, tant de ces papiers que de la minute du livre-journal mentionné dans l'article ci-après, et de la correspondance administrative, un bref inventaire, au moyen duquel les nouveaux pourvus seront chargés de ces archives, et en répondront à la république.

Correspondance, registres et marteaux, etc.

5. Le sous-inspecteur correspondra avec l'inspecteur ou avec le conservateur, lorsque celui-ci sera son supérieur immédiat l'inspecteur, avec le conservateur ; et le conservateur, avec l'administration générale.

Ils seront tenus d'avoir à leurs frais un registre ou livre-journal, un sommier de correspondance, et un marteau particulier pour la marque des bois de délit et des chablis abattus.

6. Ces divers marteaux porteront pour empreinte le numéro de la conservation, et, de plus, la lettre *C.* pour le conservateur ; la lettre *I.* pour l'inspecteur, et les lettres *S. I.* pour le sous-inspecteur.

Conformément aux réglemens, l'empreinte du marteau du conservateur sera déposée au greffe du tribunal d'appel ; et celle des marteaux de l'inspecteur et sous-inspecteur aux greffes des tribunaux de première instance.

7. Indépendamment de ces marteaux, il y en aura un national uniforme, qui portera les lettres *R. F.* (*République Française*), et le numéro de la conservation.

Cette empreinte sera déposée aux greffes des tribunaux d'appel et de première instance.

Ce marteau sera déposé, hors le tems des opérations, dans un étui placé chez le premier agent de l'arrondissement forestier et fermant à trois clefs, dont l'une restera entre les mains de ce

gent, une autre en celles de l'agent correspondant, et la troi-
ème en celles du garde-général.

Uniforme.

8. Les conservateurs, inspecteurs et sous-inspecteurs seront
tenus d'avoir un cheval pour leur service, et de se montrer
vêtus de leur uniforme dans l'exercice de leurs fonctions.

9. Il ne s'exécutera rien dans les bois, en ce qui concerne le
régime forestier, que par les ordres de l'administration et sous
la direction de ses agens.

Tous actes publics relatifs à ce régime, porteront en tête :
Administration générale des forêts.

DISPOSITIONS PARTICULIÈRES.

DU CONSERVATEUR.

Sommier des bois.

1. Le conservateur formera, tant des bois nationaux de sa
conservation et des titres y relatifs, que des bois communaux,
et de ceux des hospices et maisons d'éducation nationale, un
sommier conforme au modèle n°. 1, annexé à la présente instruction. Aussitôt qu'il sera formé, il en transmettra un double,
en forme d'état, à l'administration.

Il tiendra, de ses opérations journalières, un registre dont le
modèle est pareillement ci-annexé sous le n°. 2. Il enverra chaque mois à l'administration un bref extrait, en deux colonnes,
de ce registre : l'une intitulée, *Opérations du mois*, l'autre
Observations.

Tournées, assiette et cahier des charges.

2. Il fera annuellement, dans le cours de pluviose, ventose et
germinal, la visite générale des bois de son arrondissement, la
vérification de l'état de leurs bornes, de celui des chemins intérieurs, et des fossés établis autour, et se fera remettre par les
inspecteurs et sous-inspecteurs, les projets ou états des coupes
de l'ordinaire subséquent : il les examinera, et désignera dans
un procès-verbal, conforme au modèle ci-joint sous le n°. 3,
l'arbre d'assiette indicatif de chaque coupe, et adressera suc-

cessivement à l'administration un double signé de lui, de ces états, dont le modèle est ci-annexé sous le n°. 4.

Arpentage.

3. Il fera faire, après qu'ils auront été approuvés, les arpentages des coupes dans les bois où un aménagement ou mise en regle ne les a pas encore déterminées invariablement ; il prescrira à l'arpenteur de dresser le plan géométrique de la coupe sur une échelle d'un décimètre pour 432 mètres, de l'orienter de manière que le nord soit toujours en haut et le sud perpendiculairement au-dessous, de rattacher, autant qu'il sera possible, ce plan à deux points fixes, tels que des clochers et établissemens publics qu'il y désignera, ainsi que les bornes, arbres de lisière, pieds corniers, chemins et fossés; il en sera fait deux expéditions, l'une pour rester à la conservation, et l'autre être envoyée à l'administration. Il veillera à ce que les procès-verbaux d'arpentage soient doubles conformément au modèle ci-annexé, sous le n°. 5. S'il survient quelque difficulté au sujet de l'arpentage et qu'il devienne nécessaire de réarpenter les coupes, il sera dressé de cette opération un procès-verbal conforme au modèle n°. 5 *bis*.

Coupes extraordinaires.

4. En cas qu'il y ait lieu à coupes extraordinaires, le conservateur, après en avoir vérifié la nécessité, fera dresser procès-verbal de l'état, âge, essence et nature des bois sur lequel elles devront être assises, et du nombre des réserves qu'elles comporteront sans nuire au recru. Il enverra ce procès-verbal à l'administration, à l'effet d'obtenir l'autorisation du gouvernement. Il formera de ces coupes un état particulier.

Cahier des charges.

5. Il arrêtera, d'après la loi et l'instruction de l'administration, les conditions du cahier des charges, et veillera à ce qu'il n'y soit rien inséré d'insolite, ou de préjudiciable au prix des ventes.

Empéchement pour cause d'absence ou autres motifs.

6. Si, pour absence ou autre motif, le conservateur était empêché de faire sa tournée, il en préviendrait l'administration, et demanderait l'autorisation nécessaire, à l'effet d'être suppléé par un inspecteur de la conservation, à qui il tiendrait compte des frais de tournée.

Récolement.

7. Le conservateur mettra au nombre de ses devoirs essentiels, le récolement des ventes usées de l'ordinaire précédent, ou la vérification du récolement, s'il se trouvait déjà fait. Il se fera représenter en conséquence les procès-verbaux d'arpentage et de balivage; s'assurera si les délimitations des ventes ont été respectées, si le nombre des baliveaux portes au procès-verbal existe, s'il n'en a pas été marqué un plus grand nombre qu'il n'y en est énoncé, s'il n'est survenu aucune substitution dans le choix qui en aura été fait, si ce choix est bon, si les adjudicataires n'ont pas outrepassé leurs droits, et n'ont porté aucun préjudice à la république, soit dans l'intérieur de la vente, soit au-dehors, à la distance prescrite par la loi, et si, en cas de souchetage, les formalités nécessaires ont été remplies.

Il veillera à ce que les procès-verbaux de récolement soient rédigés conformément au modèle ci-annexé, sous le n°. 6, et à ce qu'il soit procédé à cette opération par un arpenteur autre que celui qui aura fait l'assiette, mais en présence tant de ce dernier que de l'adjudicataire, ou eux dûment appelés.

Les sur-mesures ou moins de mesure qui pourront résulter de cette opération, seront mentionnés dans le procès-verbal de réarpentage; et le conservateur en dressera annuellement un état général conforme au modèle n°. 6 *bis*, qu'il transmettra à l'administration.

Usines.

8. Il visitera dans sa tournée les usines établies dans les bois, s'informera si le nombre de ces établissemens, notamment des scieries, excède ou non la possibilité des forêts; si les af-

fectations accordées à quelques-unes sont nécessaires et doivent être maintenues; et si, en renvoyant leurs entrepreneurs à s'approvisionner par les voies ordinaires du commerce, on porterait quelque préjudice à l'industrie.

Repiquement.

9. Il s'expliquera successivement sur les cantons vides qui peuvent être plantés ou ensemencés, et dressera, dans ce cas, un état conforme au modèle ci-annexé, sous le n°. 7. Il indiquera les moyens les plus économiques de repiquement des clairières de ventes, et les routes à faire dans les forêts pour les assainir, y rendre les incendies moins dangereux et donner à la sève plus d'activité.

Visa des livres-journaux.

10. Il s'assurera, tant par ce travail que par la représentation du registre ou livre-journal des inspecteurs et sous-inspecteurs, de leur exactitude, zèle et capacité; il visera ce registre, et rendra compte à l'administration de l'examen qu'il en aura fait.

Revue des gardes.

11. Il fera, lors de sa tournée, et dans les bois même, la revue des gardes, dont la réunion au cantonnement du garde-général ne les déplacera que pour quelques heures de leurs triages respectifs.

Il s'informera de leur tenue ordinaire, de leur demeure, de leur nombre, de leur service; il fera connaître au garde-général que sa responsabilité est intéressée à la mauvaise conduite des gardes particuliers, lorsqu'il néglige d'en rendre compte, il s'assurera s'il fait constamment sa tournée à cheval, et s'il n'a pas, avec les gardes qui lui sont subordonnés, des habitudes nuisibles au bien du service.

Embrigadement des gardes.

12. Par-tout où trois ou cinq gardes particuliers pourront se rassembler facilement et sans s'éloigner de leurs triages, le conservateur fera d'eux une sorte d'embrigadement, et nommera

pour chef celui d'entr'eux qui aura constamment montré un caractère actif et ferme ; il lui recommandera d'informer le garde-général des apparitions dans les bois des gens suspects, et de tout ce qui s'y passera de contraire à la sûreté publique ; et au garde-général, de transmettre avec célérité cette information à l'officier de la gendarmerie.

La brigade forestière se joindra, si cet officier le requiert, à la force armée, mais dans l'étendue de la forêt seulement.

13. Dans les arrondissemens forestiers où la dispersion des bois serait un obstacle à cet embrigadement, le conservateur prescrira aux gardes particuliers, en cas de rencontre de vagabonds ou gens sans aveu rôdant dans les bois, d'en informer sur-le-champ le garde-général, qui fera passer cette information à la gendarmerie, et l'aidera ou la fera aider pour les fouilles des bois, quand elles seront reconnues nécessaires.

Améliorations et encouragemens.

14. L'exemple de quelques gardes qui, en insérant des glands, faînes ou jeunes plants dans les clairières, pendant le cours de leurs visites journalières, sont parvenus à repeupler sans frais leurs triages, méritant d'être cité et encouragé, le conservateur annoncera aux gardes dont ces semis ou plantations feraient remarquer le zèle, qu'il demandera pour eux, à l'administration, des encouragemens et leur avancement.

15. Conformément à la loi du 29 septembre 1791, le conservateur proposera de prendre ces encouragemens sur la moitié du produit des amendes, déduction faite de tous frais de poursuites et de recouvrement.

Il s'assurera, en conséquence, du montant du produit net, et en rendra compte à l'administration.

16. Le conservateur comprendra ces divers objets dans un procès-verbal de tournée dont il enverra un double à l'administration, au plus tard, dans le courant de messidor.

Balivage et martelage.

17. Il remplira les fonctions d'inspecteur dans l'arrondissement du chef-lieu de sa résidence, y procédera en conséquence aux opérations du balivage et martelage, et s'adjoindra, à cet effet, le sous-inspecteur attaché à cet arrondissement, et le garde-général du canton, qu'il admettra à signer avec lui le procès-verbal de balivage et martelage, dont un modèle est joint à

la présente instruction, sous le n°. 8, ainsi que de l'état à former.

18. Dans le cas où, pour cause réelle d'empêchement, il ne pourrait procéder par lui-même à ces opérations, il commettra, pour le suppléer, un inspecteur ou sous-inspecteur des arrondissemens voisins, et en rendra compte à l'administration.

Il veillera à ce qu'il y ait toujours présens aux opérations de ce genre, trois agens, savoir, l'inspecteur, le sous-inspecteur, le garde-général, outre le garde du triage. Il n'y aura d'exception que pour les arrondissemens dont la grande étendue occasionnée par la rareté des bois, rendrait ce concours, sinon impossible, du moins extrêmement difficile : l'agent supérieur opérera, dans ce cas, avec le garde-général ou particulier seulement.

Bois de marine.

19. Pour faciliter et assurer les opérations des agens de la marine, le conservateur fera parvenir, soit directement, soit par les inspecteurs ou sous-inspecteurs, à l'officier du génie maritime de l'arrondissement, l'état des ventes de futaie, et baliveaux sur taillis qui devront avoir lieu chaque année, afin que cet officier puisse faire marquer les arbres propres aux constructions navales ; il donnera les ordres nécessaires pour que les charpentiers de marine soient accompagnés, dans leurs visites, par un garde-général ou particulier, et conservera pardevers lui un double des procès-verbaux de martelage relatifs à la marine que lui adresseront les contre-maîtres avant l'époque des adjudications, et dont il enverra copie à l'administration, en fructidor.

Affiches, estimations et adjudications.

20. Les affiches des ventes seront rédigées, autant que faire se pourra, par le conservateur, mais au moins par le premier agent de l'arrondissement forestier : elles contiendront les clauses les plus essentielles à une bonne exploitation et au meilleur prix des ventes.

21. Le conservateur prendra les mesures nécessaires pour que les ventes qui doivent se faire en présence des préfets ou sous-préfets, commencent en vendémiaire, et finissent au plus tard le 12 nivose suivant ; qu'elles se succèdent de manière à y favoriser la plus grande concurrence ; qu'il lui soit fourni successivement, par inspection et sous-inspection, l'état de celles qui auront été faites dans chaque arrondissement, et qu'il puisse en transmettre

à l'administration un état général, conforme au modèle n°. 9.

Il assistera lui-même aux ventes ; et s'il ne le peut , il se fera suppléer par l'inspecteur ou le sous-inspecteur de l'arrondissement forestier qui aurait fait l'estimation des coupes.

22. Ces estimations faites en commun , en même tems, par les mêmes agens qui auront procédé au balivage et martelage et à la suite de ces opérations, ne seront point mentionnées dans le cahier des charges , et ne seront connues que de ces agens, elles serviront de mise à prix des ventes , et les feux ne pourront être allumés que lorsque les offres égaleront le montant des estimations, ou s'en rapprocheront beaucoup , et qu'ils auront invité le fonctionnaire présent aux ventes à ouvrir les enchères : l'estimation des coupes sera signée des agens qui l'auront faite , et un double en sera envoyé au conservateur , en même tems que de celui du montant des ventes.

Dans le cas où les offres n'atteindraient pas l'estimation ou ne s'en rapprocheraient pas, les agens forestiers inviteront également ledit fonctionnaire à remettre la vente à un autre jour.

23. Rien n'étant plus contraire au succès des ventes que des taxes ou rétributions imposées aux adjudicataires, sous prétexte de salaire de secrétariat , ou pour tout autre motif, le conservateur opposera toute sa vigilance à toute introduction d'abus à cet égard , et dénoncera à l'administration ceux qui pourraient venir à sa connaissance.

24. Il ne pourra être imposé aux adjudicataires aucune autre charge que le paiement des droits de timbre et d'enregistrement, d'impression d'affiches, criées et publication , du décime pour franc, et de quatre expéditions du procès-verbal de vente ; une pour l'administration générale, une pour le conservateur , une pour l'inspecteur ou sous-inspecteur, et la quatrième pour le préposé de la régie du domaine national. Ces expéditions seront taxées modérément par le fonctionnaire qui aura procédé à la vente ; de laquelle taxe il sera fait mention au bas de chaque expédition.

Décharge d'exploitation.

25. Il donnera son consentement à la délivrance des congés de cour ou décharges d'exploitation , lorsqu'il aura vérifié par lui-même, et s'il ne le peut, par l'inspecteur ou sous-inspecteur , que les adjudicataires auront rempli leurs obligations: ce dont il sera dressé procès-verbal conforme au modèle ci-annexé,

n°. 11 ; et les congés de cour ne pourront être délivrés que sur le vu de ce procès-verbal.

Chablis et bois de délits.

26. Il se fera remettre les résultats des visites de l'inspecteur ou sous-inspecteur dans leur arrondissement, l'état des ventes de chablis et arbres de délits, et autres menus marchés, et les transmettra à l'administration.

Panages et glandées.

27. Le prix que la nation retire des pâturages, panages et glandées qui sont adjugés dans ses forêts, l'évaluation des coupes de bois affermées conjointement avec des usines ou affectées à leur alimentation, les droits d'usage que la nation exerce dans quelques forêts, le prix des feuilles dont profitent les adjudicataires en retard d'exploiter dans le délai porté au cahier des charges de leur adjudication , enfin le prix des sur-mesures qui ont lieu lorsque les coupes excèdent en étendues celles portées dans ce même cahier des charges, entrant dans la composition du produit des bois, le conservateur en formera, par exercice, un état conforme au modèle ci-annexé , sous le n°. 10. Il y portera en outre, comme cet état l'indique, le montant des moins de mesures que les adjudicataires trouvent quelquefois dans leurs coupes , et qui réduit d'autant le produit. Il transmettra cet état à l'administration générale , en envoyant l'état général des ventes.

28. Il ne provoquera ni ne fera provoquer de ventes de glandées, qu'après s'être assuré si le repeuplement des bois n'en éprouvera aucun préjudice.

Poursuites des délits.

29. Le prompt jugement des délits forestiers, et le recouvrement exact des amendes prononcées, seront regardés par le conservateur comme le moyen le plus propre à rétablir l'ordre dans les bois : en conséquence , il se fera fournir exactement l'état des procès-verbaux rapportés contre les délinquans , des jugemens rendus, et des recouvremens des amendes; il établira , à cet effet, sa correspondance non-seulement avec les agens qui lui sont surbordonnés, mais encore avec les commis-

saires du gouvernement près les tribunaux , et avec les directeurs de la régie du domaine national. Il fera dresser , desdits délits et jugemens, un état conforme au modèle ci-annexé, sous le n°. 12 , et en enverra , à la fin de chaque mois , un double à l'administration.

Droits d'usages.

3o. Il se fera rendre un compte exact des usages exercés dans les bois nationaux par des communes ou des particuliers , se fera représenter les titres primordiaux ou confirmatifs de ces usages ; examinera si l'exercice en est indispensable ou non aux habitans des cantons pour la subsistance de leurs bestiaux, si la suppression de ce droit , moyennant indemnité, dans le cas où il aurait été acquis à titre onereux , serait une disposition nécéssaire, et quel mode d'indemnité , soit en argent, soit par cantonnement , serait préférable ; il dressera du tout procès - verbal , qu'il transmettra avec son avis , à l'administration.

31. Il vérifiera et indiquera les cantons défensables , et en fera publier la déclaration dans les communes usagères.

Bois indivis et autres.

32. Il exercera la même surveillance sur les bois indivis avec la république, sur ceux des maisons nationales d'éducation et des hospices, sur ceux tenus de la nation par des particuliers à titre d'engagement ou d'usufruit , et généralement sur tous ceux soumis au régime forestier.

Bois communaux.

33. Il visitera les bois communaux , en surveillera la manutention , y fera procéder par l'inspecteur ou sous - inspecteur de l'arrondissement , aux opérations de balivage et martelage , veillera à la poursuite des délits qui s'y commettront, y empêchera toute délivrance extraordinaire qui n'aura pas été approuvée préalablement par le gouvernement ; et faute par les communes d'établir des gardes , il mettra l'administration à portée d'y pourvoir à leurs frais en lui indiquant des candidats.

34. Il arrêtera , conformément à la loi du 15 août 1792 , et

à celle du 29 floréal an 3, les vacations dont les communes seront tenues, pour les opérations de balivage et martelage de leurs coupes ordinaires délivrées en nature, veillera à ce qu'elles en versent le montant entre les mains du préposé de la régie du domaine national, pour être employé, sur les ordres du ministre des finances, à la restauration des bois nationaux. Il aura soin de former, de ces vacations, un état conforme au modèle ci-annexé, sous le n°. 13, et d'envoyer un double à l'administration.

Forêts situées sur plusieurs arrondissemens.

35. Les forêts qui se trouveront mi-parties entre deux inspections, sous inspections ou départemens d'une même conservation, ou entre deux conservations, seront sous la surveillance du sous-inspecteur, inspecteur ou conservateur qui aura dans son arrondissement la plus forte portion de leur contenance. S'il survient des difficultés à cet égard, le conservateur en référera à l'administration.

Aménagement.

36. La meilleure forme d'aménagement des bois dépendant de la nature et de l'exposition du terrain sur lequel ils sont assis, de l'étendue et du genre de consommation qui s'en fait, du tems que mettent les coupes à acquérir la plus haute valeur, du besoin d'arbres propres aux constructions navales, civiles et militaires, le conservateur examinera, dans chaque bois, la qualité et la profondeur du sol, quelles essences lui conviennent, et auxquelles les communes voisines donnent la préférence ; à quel âge peut s'obtenir le plus haut degré d'accroissement, et le plus haut prix du bois ; auquel de ces deux systèmes il sera utile de s'arrêter, ou des baliveaux sur taillis, et de la distinction du quart des bois à croître en futaie, ou de la répartition du sol du bois en taillis seulement, là où après quarante ans les arbres dépériraient ; et en boqueteaux de futaie sur les portions de terrain où les arbres pourraient profiter jusqu'à quatre-vingts ou cent ans et plus ; et en bordure autour des coupes du côté du nord et de l'ouest principalement : enfin quels nouveaux débouchés peuvent s'établir, soit par des routes ou canaux, soit par des établissemens d'industrie.

Le conservateur donnera successivement ses vues sur chacun de ces objets, à l'administration générale.

37. Dans les conservations où il existe, soit des bois dont il n'est tiré aucun parti à cause de la difficulté de leur accès, soit des montagnes pelées qui é aient autrefois ombragées d'arbres, le conservateur proposera aussi ses vues pour donner aux premiers la valeur dont ils sont susceptibles, en leur ouvrant des débouchés, ou en y établissant des usines, et pour restituer les autres à quelque autre culture et empêcher les éboulis de ces sols escarpés

38. Dans la quantité de terrains nationaux vagues à soumettre à la culture, le conservateur s'arrêtera d'abord à ceux qui sont les plus voisins des grandes communes, qui présenteraient plus de facilité pour le débit. Il examinera quelles essences conviennent au sol, et quel mode de repeuplement, de l'ensemencement ou de la plantation, serait préférable ; à combien se monterait la dépense dans l'un et l'autre cas, et quels en seraient les résultats.

Malgré la préférence à accorder à ces sortes de terrains, à raison de la localité, le conservateur ne négligera pas néanmoins ceux qui ne deviendraient pour la nation de quelque intérêt que dans un tems reculé.

Plantation des routes.

39. Le conservateur surveillera et fera surveiller les plantations des routes, et informera l'administration de l'état de ces plantations, des lignes de routes qui ne sont pas encore plantées, des moyens de parvenir à les planter, des avantages qui en résulteraient, des secours qu'on retirerait pour cet objet des pépinières départementales ou de celles des forêts. il s'opposera à toutes coupes des arbres existans, à moins qu'il ne lui apparaisse d'une autorisation du gouvernement, et à tout élagage de la part des riverains qui ne justifieraient pas de leur droit ou d'une permission légale ; il recommandera spécialement de rapporter des procès-verbaux contre tout délinquant, et de le poursuivre sans délai.

Plantation des chemins communaux.

40. Le conservateur exercera ou fera exercer la même surveillance sur les plantations de commune à commune, et à elles appartenantes, et sur celles des places communales, s'opposera

à tout abattage de ces arbres qui n'aurait pas été dûment autorisé, et fera poursuivre ceux qui se permettraient ces entreprises.

Il invitera dans le cours de ses tournées les communes à s'occuper des moyens de planter les terrains communaux.

Pépinières.

41. Il fera choix dans la forêt la plus centrale de son arrondissement, d'un terrain propre à l'établissement d'une pépinière d'arbres indigènes et exotiques, pour servir aux plantations des routes, des canaux, des vides et clairières des bois ; il adressera à cet égard à l'administration un mémoire contenant ses observations sur l'utilité dont pourrait être cet établissement, et les frais qu'il occasionnerait.

Chasse.

42. Le droit de chasse dans les bois nationaux faisant partie du domaine public, le conservateur chargera les divers agens de rapporter procès-verbal contre quiconque se livrerait à cet exercice dans ces bois sans une autorisation expresse, ou qui y serait rencontré armé d'un fusil hors les routes de passage ; il se fera au surplus représenter les permissions qui auraient été accordées, et en rendra compte à l'administration.

Quant à la chasse aux loups et animaux nuisibles, il veillera à ce que toutes les formalités prescrites à cet égard par l'arrêté du directoire exécutif, du 19 pluviose an 5, soient ponctuellement suivies, et recommandera de rapporter des procès-verbaux contre les individus appelés pour les battues et qui les abandonneraient pour la chasse du gibier ; il proposera la destitution des gardes qui auraient contrevenu aux dispositions des lois à ce sujet.

Péche.

43. Le conservateur empêchera également tout exercice de la pêche dans les portions de ruisseaux et rivières qui se trouvent dans les forêts, soit qu'ils y prennent naissance, soit qu'ils viennent d'ailleurs, et fera veiller sur les rivières navigables à ce que cet exercice n'ait lieu que conformément aux lois, et en conséquence rapporter des procès-verbaux contre tout individu
qui

qui employerait pour pêcher des instrumens nuisibles à la conservation de la pêche.

Il aura soin que les ruisseaux qui servent à la vidange et au
flotage des bois soient entretenus propres à cette destination.

Arbres renversés par les ouragans.

44. Lorsque des vents impétueux ou des ouragans auront causé
des renversemens d'arbres, il se portera ou prescrira aux agens
qui lui sont subordonnés de se porter sur-le-champ dans les bois
pour y constater les chablis et en dresser procès-verbal.

Incendies.

4.5 Même célérité sera recommandée en cas d'incendie dans
les bois ; les riverains seront appelés pour l'éteindre ; et s'ils s'y
refusent, il en sera dressé contre eux procès-verbal : toutes per-
quisitions, informations ou diligences seront faites pour décou-
vrir et faire poursuivre les auteurs de ces accidens, et il sera
aussi dressé procès-verbal de ces mesures.

Instances relatives à la propriété des bois.

46. Si des instances relatives à la propriété des bois sont portées au tribunal d'appel d'après le consentement et les instructions de l'administration, le conservateur fournira au commissaire du gouvernement les mémoires nécessaires au soutien des
intérêts de la république.

Propositions de candidats pour les places de gardes.

47. Lors de vacances de places de gardes généraux ou particul-
liers, le conservateur proposera trois candidats à l'administration.

Traitemens.

48. Les traitemens des inspecteurs, sous-inspecteurs et de
tous autres préposés des bois, ne seront acquittés que sur des
états de service visés par le conservateur. Il en formera un tableau conforme au modèle n°. 14, et l'enverra, signé de lui, à

l'administration. Il sera payé lui-même sur un certificat de service que l'administration lui adressera à la fin de chaque trimestre. Ces paiemens n'auront lieu que sous la retenue prescrite par la loi du 16 nivose an 9, et qui sera d'un pour cent.

Ports de lettres.

49. Il formera jour par jour des ports de lettres et paquets relatifs à l'administration des bois, un état conforme au modèle n°. 15; il en transmettra à la fin de chaque trimestre un double certifié de lui à l'administration.

Il se fera fournir pareil état en double par les inspecteurs et sous-inspecteurs qui auraient des ports de lettres et paquets à réclamer, les vérifiera avec soin, en s'assurant du contenu aux lettres et paquets, et en s'en faisant représenter les adresses ou enveloppes.

Il enverra à l'administration un des doubles de ces états certifié des inspecteurs ou sous-inspecteurs, et visé de lui.

L'administration prendra les mesures nécessaires pour le remboursement du montant de cette dépense.

DE L'INSPECTEUR.

Livre - journal.

1. Il fera coter et parapher son livre-journal par le conservateur; il y transcrira en substance tous les actes de ses fonctions sans exception; et il en remettra chaque mois au conservateur un extrait en deux colonnes; l'une intitulée *Opérations du mois*; et l'autre, *Observations*.

Tournées dans les bois.

2. Il fera en frimaire et nivose une tournée générale dans les bois de son inspection, et une autre en prairial et mois suivans, en même tems qu'il procédera aux balivages et martelages.

Il se fera représenter, lors de ses tournées, les registres des sous-inspecteurs, des gardes généraux et particuliers, arrêtera ces registres, et fera mention dans l'arrêté du lieu où il se trouvera, de la présence de l'agent forestier que le registre concerne, du quantième du mois, et il enverra un double de son procès-verbal de tournée au conservateur.

3. Il accompagnera, dans son arrondissement seulement, le
onservateur lors de sa tournée, sera présent aux ordres que celui-
i donnera aux arpenteurs pour les assiettes et au récolement
les ventes usées, et signera après lui les actes relatifs à son
nspection.

Balivage et martelage.

4. Dès la réception des états des coupes ordinaires, l'inspec-
eur désignera le jour le plus prochain pour, conjointement avec
e sous-inspecteur, commencer les opérations de balivage et mar-
elage, à eux joint le garde général, et les suivra sans interrup-
ion jusqu'à ce qu'elles soient consommées. S'il a dans son ins-
ection plusieurs arrondissemens, il y fera successivement les
nêmes opérations avec les sous-inspecteurs y existant, et en
lressera des procès-verbaux et états conformes aux modèles déjà
ìnoncés à cet égard sous le n°. 8, signés de lui, du sous-inspec-
eur et du garde général du cantonnement.

5. Il aura soin que la réserve soit bien espacée; il portera
lans les procès-verbaux le nombre exact et les essences des arbres
ıu'il aura balivés et martelés, et ne se permettra sous aucun
orétexte d'en marquer au delà du nombre qu'il aura indiqué
lans ce procès-verbal.

Il dressera, de concert avec le préposé de la régie du do-
naine, le cahier des charges des ventes, et se donnera les soins
nécessaires pour que la fixation des jours de vente soit la plus
avorable au commerce.

Assistance aux ventes.

6. L'inspecteur ou le sous-inspecteur sera toujours présent
ıux ventes, afin de concourir à prévenir toute association ten-
lant à obtenir les bois à vil prix, et de réclamer contre l'ouver-
ure des enchères tant que les offres n'égaleront pas ou ne se
approcheront pas des mises à prix résultantes des estimations.

7. Il s'opposera à la réception d'enchères de la part de gens
inconnus, à moins qu'elles ne se recommandent de cautions
solvables présentes à la vente. Il dressera des ventes de son inspection un état conforme au modèle n°. 9.

Menus marchés.

8. Il provoquera devant les maire et adjoint des communes la vente des arbres de délit et des chablis abattus qu'il trouvera marqués dans les bois ou qu'il aura lui-même marqués de son marteau, si l'estimation qu'il en aura faite n'excède pas deux cents francs. Il enverra au conservateur un état de ces menus marchés contenant le nombre des chablis, leur essence, le montant de l'estimation et celui de la vente. Cet état sera conforme au modèle n°. 16.

Ouverture des ventes.

9. Il ne laissera commencer les exploitations que lorsque l'adjudicataire aura satisfait aux conditions préalables portées au cahier des charges; et pendant que dureront ces exploitations, il veillera à ce qu'elles soient faites dans les bois ordinaires à tire et aire à fleur de terre et nette de chicots et broutilles; et dans les bois résineux, en suivant l'usage des lieux, et sans dommage.

Il veillera aussi à ce que les chemins ouverts pour la vente soient le moins nuisibles possible; qu'ils restent libres pour la vidange du bois, et soient les seuls dont on puisse faire usage. Il s'assurera si les bois qui en sortent ont la marque du marteau de l'adjudicataire. Il enverra au conservateur, en messidor, un procès-verbal indicatif des cantons où il peut être fait, sans inconvénient, des adjudications de glandées, et de la quantité de porcs à admettre en paisson.

Adjudicataires en retard d'exploiter.

10. Si les coupes ne sont pas consommées au tems porté au cahier des charges, il en dressera procès-verbal. Il saisira le bois encore sur pied et celui qui, étant abattu, ne se trouverait pas encore enlevé; il en poursuivra la confiscation. Si les coupes sont entièrement usées, il en fera le récolement conjointement avec le sous-inspecteur dans le tems prescrit par la loi.

Citation des délinquans.

11. Il se fera remettre exactement les procès-verbaux de

délits, citera au nom de l'administration, sans délai, les délinquans devant le tribunal d'arrondissement, fournira au commissaire du gouvernement les mémoires nécessaires pour obtenir de prompts jugemens, demandera à cet effet au président du tribunal d'assigner un jour par décade pour le jugement de ce genre d'affaires.

Assistance aux audiences.

12. Il assistera, autant que possible au jour indiqué, à l'audience du tribunal ; et s'il croit utile d'éclaircir quelques doutes ou de rappeler quelques dispositions des lois forestières, il demandera d'être entendu.

Exécution des jugemens.

13. Il pressera l'expédition des jugemens après le quatrième jour de leur date, s'il n'en a pas été appelé, et invitera en cas de retard le commissaire du gouvernement à le presser lui-même, et à faire signifier le jugement. Il mettra ensuite tous ses soins pour que, sur l'acte de signification de ce jugement, le préposé de la régie en poursuive diligemment l'exécution ; et s'il est besoin d'user du ministère d'huissier, il s'entendra avec ce préposé pour employer l'huissier le plus voisin, et éviter ainsi des frais onéreux à la république.

Frais de poursuites et recouvremens des condamnations.

14. Il s'assurera ensuite du montant de ces frais et du recouvrement des amendes ; il fournira chaque mois au conservateur un état déjà énoncé conforme au n°. 12. Il se fera fournir un semblable état par le sous-inspecteur de son arrondissement, dont il transmettra aussi un double au conservateur ; il demandera aux sous-inspecteurs les mêmes comptes qu'il aura à rendre lui-même au conservateur en exécution de ces instructions, et comprendra dans l'état les procès-verbaux rapportés tant par lui et par eux que par les gardes généraux et particuliers.

Revue des gardes.

15. Il fera lors de ses tournées même revue des gardes parti-

culiers que le conservateur, et se fera rendre compte de l'utilité
dont ils auront pu être à la gendarmerie pour l'arrestation
des malfaiteurs.

Double du Livre-journal.

16. Il se fera remettre chaque mois, par le sous-inspecteur ou
le garde général servant immédiatement sous lui, un double du
registre-journal de cet agent.

17. Tous les moyens d'amélioration rapportés dans le paragraphe premier, doivent être vérifiés et médités par l'inspecteur,
afin de se mettre à même de fournir au conservateur tous les
éclaircissemens dont celui-ci aura besoin pour répondre aux
demandes de l'administration.

DU SOUS-INSPECTEUR.

Livre-journal.

1. Il fera coter et parapher son livre-journal par le conservateur, s'il ressortit immédiatement à lui, ou par l'inspecteur
qu'il aura pour supérieur immédiat. Il inscrira dans ce registre
son travail de chaque jour et les rapports que lui auront faits les
gardes généraux et particuliers.

Tournées.

2. Il fera deux tournées générales, l'une en brumaire, l'autre
en prairial, dans les arrondissemens qui comprendront la totalité d'une inspection ou d'un département; il en fera quatre
dans les inspections divisées en plusieurs sous-inspections : elles
auront lieu en brumaire, nivose, germinal et fructidor. Il dressera
procès-verbal de ces tournées, et le fera signer par les gardes généraux à son passage dans leurs cantonnemens respectifs.

3. Il se fera représenter les registres des gardes généraux et
particuliers; il s'assurera par un examen fait avec soin, s'ils ont
rempli leurs obligations tant pour la tenue des bois que contre
les délinquans.

4. Il assistera le conservateur dans sa tournée, et lui fournira
tous les renseignemens par lesquels il pourra concourir à la
rendre utile : il assistera aussi à celles de l'inspecteur, qui auront

pour but des opérations conjointes ; il lui donnera d'ailleurs tous les renseignemens qu'il désirera de lui.

Etats à dresser.

5. Il dressera par trimestre l'état des gardes généraux et particuliers qui lui sont subordonnés ; il certifiera de leur service et de leur assiduité à leur poste ; il transmettra un double de cet état à l'inspecteur, qui le visera et le fera passer au conservateur.

6. Il dressera aussi, des rétributions dues aux arpenteurs, un état conforme au modèle ci-annexé n°. 17. Il en enverra pareillement un double à l'inspecteur, pour être par lui transmis au conservateur, qui y apposera le visa nécessaire pour le paiement.

7. Les fonctions et obligations du sous-inspecteur étant de même nature que celles de l'inspecteur, les instructions concernant celui-ci sont communes à l'autre.

Vu par le ministre des finances,

Signé, GAUDIN.

Nouvelle division de l'empire en arrondissemens forestiers de la marine.

Décret impérial du 9 *messidor an* 13. (B. 49.)

Nota. L'empire était divisé en cinq arrondissemens forestiers de la marine.

1. Le territoire de l'empire est divivisé en sept arrondissemens, au lieu de cinq, pour le martelage et l'exploitation des bois de marine.

2. Le premier de ces arrondissemens comprendra les départemens de l'Isère, Ain, Rhône-et-Loire, Mont-Blanc, Léman, Haute-Loire, Hautes-Alpes, Drôme, Ardèche, Lozère, Aveyron, Alpes-Maritimes, Basses-Alpes, Gard, Bouches-du-Rhône, Vaucluse, Hérault et Var ;

3. Le deuxième, Charente, Charente-Inférieure, Dordogne, Gironde, Lot-et-Garonne, Lot, Tarn, Gers, Haute-Garonne, Landes, Aude, Pyrénées-Orientales, Arriége, Hautes-Pyrénées et Basses-Pyrénées ;

4. Le troisième, Loiret, Loir-et-Cher, Indre-et-Loire,

Yonne, Vienne, Indre, Cher, Nièvre, Haute-Vienne, Creuse, Allier, Puy-de-Dôme, Cantal et Corrèze ;

5. Le quatrième, Ille-et-Vilaine, Loire-Inférieure, Vendée, Morbihan, Finistère, Côtes-du-Nord, Deux-Sèvres, Maine-et-Loire, Mayenne, Sarthe et Orne ;

6. Le cinquième, Seine, Seine-et-Marne, Seine-et-Oise, Marne, Ardennes, Aisne, Oise, Eure, Calvados, Manche, Seine-Inférieure, Somme, Pas-de-Calais, Nord, Eure-et-Loir ;

7. Le sixième, Dyle, Jemmape, Deux-Nèthes, Escaut, Lys, Sambre-et-Meuse, Meuse-Inférieure, Ourthe, Forêts, Roër, Sarre, Rhin-et-Moselle et Mont-Tonnerre ;

8. Le septième, Meurthe, Meuse, Moselle, Bas-Rhin, Haut-Rhin, Vosges, Haute-Marne, Aube, Haute-Saone, Côte-d'Or, Doubs, Jura, Saone-et-Loire.

Bois pour la marine.

Arrêté du 29 vendémiaire an 11. (B. 224.)

1. Les agens forestiers et ceux de la marine feront concurremment la recherche et reconnaissance, dans les bois nationaux, communaux et d'établissemens publics, des arbres-chênes propres à fournir des courbes, sans préjudice des recherches des autres bois propres à la construction, conformément aux réglemens.

2. Il sera dressé un état double, qui contiendra le nom des bois et le lieu de leur situation, le nombre des arbres de courbes disponibles ou d'espérance qui se trouveront dans ces bois.

3. Cet état, signé par les agens forestiers et de la marine dans chaque arrondissement, sera adressé tant au ministre des finances qu'à celui de la marine.

4. Lors des ventes des bois nationaux, les arbres susceptibles d'être abattus feront partie des adjudications, à la charge par les adjudicataires de les livrer aux fournisseurs de la marine : ceux d'espérance seront réservés.

5. Il sera accordé aux adjudicataires une prime d'encouragement pour chaque stère de courbes qu'ils livreront : cette

prime sera payée dans les termes fixés pour les bois de marine, et en sus des prix déjà réglés.

SAVOIR:

	Pour les ports de L'OCÉAN.	Pour le port de TOULON.
Pour le stère de 1ʳᵉ. espèce..	32ᶠ	14ᶠ
de 2ᶜ. espèce..	21	10
de 3ᵉ. espèce..	10	7

6. Tous les arbres qui seront marqués pour le service de la marine nationale sur les propriétés particulières, ne pourront être distraits de leur destination, sous les peines portées par les lois, et notamment par l'arrêt du conseil du 23 juillet 1748, contre les contrevenans.

7. Les propriétaires traiteront de gré à gré du prix de leurs bois avec les fournisseurs : en cas de difficulté, le prix sera réglé par experts contradictoirement nommés par les parties intéressées, ou départis par un tiers expert, si les deux premiers ne s'accordent pas.

8. Les ministres des finances et de la marine sont chargés de l'exécution du présent arrêté qui sera inséré au Bulletin des lois.

Loi du 9 floréal an 11. (B. 276.)

7. Le martelage pour le service de la marine aura lieu dans les bois des particuliers, taillis, futaies, avenues, lisières, parcs et sur les arbres épars.

La coupe des arbres marqués sera soumise aux règles observées pour les bois nationaux.

8. Le premier paiement s'effectuera avant l'enlèvement, qui ne pourra être retardé plus d'un an après la coupe ; faute de quoi, le propriétaire sera libre de disposer de ses bois.

9. En conséquence des dispositions des articles précédens, tout propriétaire de futaies sera tenu, hors le cas d'une urgente nécessité, de faire, six mois d'avance, devant le conservateur

forestier de l'arrondissement, la déclaration des coupes qu'il a l'intention de faire et des lieux où sont situés les bois.

Le conservateur en préviendra le préfet maritime dans l'arrondissement duquel sa conservation sera située, pour qu'il fasse procéder à la marque, en la forme accoutumée.

Martelage des arbres propres au service de la marine.

Arrêté du 28 floréal an 11. (B. 281.)

1. L'état des assiettes des ventes sera adressé, chaque année, le plutôt qu'il sera possible, par les conservateurs, aux officiers du génie maritime.

2. Les agens de la marine procéderont, sans délai, au martelage des arbres propres aux constructions, et toujours avant les adjudications : cette opération se fera simultanément, autant que possible, avec celle des agens forestiers.

3. Les agens de la marine qui, aux termes de l'article ci-dessus, n'auront pu terminer leurs opérations de martelage dans un département avant l'ouverture des ventes, en donneront avis, avant le 1er. vendémiaire, au conservateur, et lui indiqueront l'époque à laquelle ils devront les terminer. Le conservateur fera régler, d'après cet avis, les jours de vente, sans néanmoins excéder les délais prescrits par la loi pour les adjudications.

4. Le ministre de la marine distribuera des contre-maîtres, dans le nombre nécessaire pour faire ledit martelage.

5. Si, dans le cours des exploitations, les agens de la marine reconnaissent des arbres propres aux constructions, et qui n'auraient pas été marqués, ils en opéreront le martelage.

6. Il sera dressé procès-verbal détaillé de chaque martelage des bois de marine. Deux expéditions en seront remises, de suite à l'inspecteur forestier local, l'une pour rester en ses mains, l'autre pour être adressée au conservateur.

7. Les arbres marqués pour la marine dans les forêts nationales, sur les coupes ordinaires, feront partie des adjudications, aux charges, clauses et conditions portées aux articles 46, 47, 48, 49 et 50 du cahier général des charges de l'an 11 ; et pour les courbes, d'après les dispositions prescrites par l'arrêté du 29 vendémiaire dernier.

8. La valeur estimative des bois de marine fera l'objet d'une ou plusieurs traites à l'échéance du 30 germinal, qui suivra

celle de l'adjudication. Ces traites seront de sommes rondes, conformément à ce qui est prescrit par l'arrêté du 27 frimaire an 11.

9. Si les traites délivrées aux marchands de bois adjudicataires par les fournisseurs, pour livraisons qui leur seront faites, ne sont pas acquittées à leur échéance, le montant en sera ordonnancé par le ministre de la marine, au profit des marchands, sur le certificat de recettes provisionnelles des officiers du génie maritime, et prélevé sur les sommes qui pourraient être dues auxdits fournisseurs : dans le cas où il ne leur serait rien dû, les bois ainsi payés resteront au compte de la marine, pour être conduits dans les ports à ses frais.

10. Les arbres marqués dans les coupes annuelles des bois communaux et d'établissemens publics, seront payés par le fournisseur, au prix dont il conviendra, de gré à gré, avec les parties intéressées, ou qui sera réglé par deux experts contradictoirement nommés. En cas de partage entre les experts, il en sera choisi un troisième par les deux premiers, pour fixer le prix des bois par stère.

11. En exécution de la loi du 9 floréal présent mois, les agens de la marine se transporteront dans tous les bois particuliers en exploitation, pour y marquer les arbres propres à la marine : le prix de ces arbres sera réglé d'après les dispositions de l'article précédent.

12. Si les ports manquent de pièces d'assortiment ou d'une partie d'approvisionnement indispensable au service, le ministre des finances, d'après la demande de celui de la marine, l'avis de l'administration des forêts et la possibilité des bois, autorisera, pour l'an 12, soit dans les quarts en réserve, soit dans le nombre des baliveaux sur taillis, la coupe extraordinaire, et par jardinage, de la quantité d'arbres de belles dimensions qui sera jugée absolument nécessaire.

13. Le martelage de ces arbres sera fait en présence d'un agent forestier ; il en signera le procès-verbal, dont un double sera adressé à l'administration des forêts.

14. Les arbres marqués par extraordinaire seront adjugés dans les formes établies, et aux charges, clauses et conditions ci-dessus indiquées.

15. Tous les arbres qui seront marqués pour le service de la marine dans les forêts nationales, communales et d'établissemens publics, et sur les propriétés particulières, ne pourront être distraits de leur destination, sous les peines portées par les lois, et notamment par l'arrêt du conseil du 23 juillet 1748, contre les contrevenans.

16. Il ne sera apporté aucun obstacle au passage des bois de marine dans les pertuis et écluses établis sur les rivières navigables et flottables : lorsqu'ils se présenteront en concurrence avec des bois appartenant à des particuliers, la préférence leur sera accordée.

Réserve du bois de bourdaine pour la confection du charbon propre à la fabrication de la poudre.

Arrêté du 25 fructidor an 11. (B. 312.)

Vu l'ordonnance du 4 avril 1686, les arrêts du conseil des 11 janvier 1689, 23 août 1701 et 7 mai 1709.

1er. Le bois de bourdaine continuera d'être réservé pour la confection du charbon propre à la fabrication de la poudre.

2. Il ne sera fait aucune adjudication ou vente des coupes de bois dans les forêts nationales, dans celles des communautés d'habitans, des hospices et autres établissemens publics, qu'à la charge par les adjudicataires ou acquéreurs, de faire mettre à part tout le bois de bourdaine de trois, quatre et cinq ans de crue qui se trouvera dans lesdites adjudications ou ventes, et d'en faire des bottes ou bourrées de deux mètres de longueur sur un mètre cinquante centimètres de grosseur.

3. L'administration générale des poudres, ses commissaires et préposés, sont autorisés comme par le passé, à faire faire dans tous les tems la recherche, coupe et enlèvement du bois de bourdaine de l'âge de trois, quatre et cinq ans de crue, dans tous les bois ci-dessus dits dans lesquels il n'y aurait pas de coupes ouvertes vendues et adjugées.

4. Les dispositions des articles 2 et 3 ci-dessus sont applicables aux bois des particuliers, situés dans l'étendue de six myriamètres des fabriques de poudre, à l'exception de ceux qui sont clos et attenans aux habitations.

5. A cet effet, les préposés de l'administration des poudres feront prévenir de leurs recherches le conservateur, pour ce qui regarde les forêts nationales, communales et des établissemens publics, et les particuliers, pour leurs bois, ainsi que les maires et administrateurs, pour ceux qui appartiennent aux communes, hospices et établissemens publics.

6. Lesdits préposés ou leurs fondés de pouvoirs ne pourront procéder à cette recherche qu'après avoir justifié aux autorités administratives des lieux où les bois sont situés, de leurs pouvoirs délivrés par l'administration générale des poudres, et

visés par le préfet du département et le conservateur des forêts.

7. Lors de la recherche, coupe et enlèvement du bois de bourdaine, lesdits préposés seront tenus d'appeler et de se faire assister des gardes desdits bois et forêts, qui, lors de l'enlèvement, dresseront procès-verbal de la quantité de bottes ou bourrées fabriquées, et auxquels ils paieront, pour raison de ladite assistance, vingt-cinq centimes par chaque cent de bottes.

8. Le prix des bois de bourdaine sera payé sur le vu de ces procès-verbaux, à raison de vingt-cinq centimes la botte ou bourrée. Le montant en sera versé entre les mains des receveurs des domaines, pour ce qui aura été coupé et enlevé dans les bois nationaux : ce même prix sera augmenté d'un cinquième pour les bottes que les adjudicataires ou acquéreurs de bois auront réservées et livrées aux préposés de l'administration des poudres.

9. L'administration des poudres remettra à l'administration des forêts un état exact du nombre et de la situation des fabriques de poudres de la république. Les commissaires qui les dirigent, et les conservateurs des forêts, seront tenus de se concerter particulièrement, en ce qui pourra les concerner, avec les préfets des départemens, sur les mesures les plus convenables pour assurer l'exécution du présent arrêté.

Décret impérial du 16 floréal an 13.

1er. Le rayon de six myriamètres dans lequel l'administration des poudres et salpêtres est autorisée, par l'arrêté du 25 fructidor an 11, à faire rechercher, couper et enlever les bois de bourdaine, est porté à quinze myriamètres.

Droits d'usages.

D'après une loi du 28 ventôse an 11. (B. 262.)

1er. Les communes et particuliers qui se prétendirent fondés par titres ou possession en droits de pâturage, pacage, chauffage, et autres usages de bois dans les forêts nationales, tant pour bâtiment que pour réparations, furent tenus, dans les six mois qui suivirent la publication de la présente loi, de produire, sous récépissé, aux secrétariats des préfectures et sous-préfectures dans l'arrondissement desquelles les forêts prétendues grevées desdits droits se trouvent situées, les titres ou actes possessoires dont ils infèrent l'existence ; sinon, et ce délai passé, défenses leur furent faites d'en continuer l'exercice, à peine d'être poursuivis et punis comme délinquans.

2. Les communes et particuliers dont les droits d'usage ont été reconnus et fixés par les états arrêtés au ci - devant conseil, furent dispensés de la formalité prescrite par l'article précédent.

Ce délai fut prorogé de six mois pour les anciens départemens, et d'un an pour ceux de la Roër, de Rhin-et-Moselle, du Mont-Tonnerre et de la Sarre, par la loi du 14 ventôse an 12. (B. 351.)

Mais passé ces délais, la déchéance de tous droits dut être déclarée.

Mode suivant lequel les agens subordonnés à l'administration générale des forêts peuvent être traduits devant les tribunaux.

Arrêté du 28 pluviose an 11. (B. 249.)

L'administration générale des forêts est autorisée à traduire devant les tribunaux, sans avoir recours à la décision du conseil d'état, les agens qui lui sont subordonnés.

Attributions respectives des préfets et de l'administration forestière.

La conservation a des attributions spéciales.

Les préfets ont, sur l'objet, des attributions générales et spéciales.

Par la loi du 28 pluviose an 8, les préfets sont chefs de l'administration de leurs départemens respectifs.

Celle du 19 septembre 1791 leur attribue une surveillance générale sur les opérations de l'administration forestière.

L'article 18 du titre 5 veut que les agens forestiers déposent aux secrétariats de l'administration départementale les plans et procès-verbaux d'assiette, balivage et récolement.

Le titre 8 charge les corps administratifs de veiller à la conservation des bois; il les autorise à cet effet à les visiter, quand bon leur semblera, *pour s'assurer de l'exactitude et de la fidélité des préposés forestiers.*

Il veut que les adjudications se fassent par l'autorité administrative du département, et que cette autorité reçoive les cautions et leurs certificateurs.

Les inspecteurs sont tenus d'assister les fonctionnaires administratifs dans leurs visites.

Les registres des agens forestiers doivent être paraphés par l'autorité administrative, au secrétariat de laquelle les marteaux, même celui du conservateur, doivent être insculpés.

Enfin, l'article 10 du titre 12 règle les attributions spéciales des préfets, en voulant que les communes ne puissent vendre leurs coupes ordinaires, au lieu de les partager en nature, qu'en vertu de la permission de ces fonctionnaires sur l'avis du sous-préfet et de l'inspecteur forestier.

On voit par toutes les dispositions de cette loi, que les ventes et adjudications et la conservation des bois doivent toujours être instruites et traitées respectivement et conjointement par l'autorité administrative et les agens forestiers, qu'il doit exister entre ces deux administrations un concours de rapports et d'action pour instruire, éclairer et fixer d'autant plus l'opinion du gouvernement.

Les deux administrations exercent la même surveillance ; mais elles ont des pouvoirs distincts; l'administration forestière surveille la chose, les préfets surveillent en même tems la chose et les opérations des agens forestiers.

Cependant l'administration forestière a, comme on l'a dit d'abord, des fonctions spéciales, indépendantes de l'action des préfets, *sauf l'exercice de leur surveillance*. Ces fonctions sont : le régime intérieur des bois, c'est-à-dire, la conservation, le repeuplement, l'exploitation, les délits et leurs poursuites; elle peut avoir besoin de l'avis des préfets sur ces objets; mais c'est à elle à proposer au gouvernement les mesures propres à remplir le but de son institution.

Les attributions spéciales des préfets se composent des demandes des communes pour la vente ou la délivrance de leurs bois, parce que l'autorité administrative est la seule chargée de l'administration des biens communaux, qu'elle seule est à portée de connoître les besoins des communes et des habitans, d'en apprécier l'urgence et de déterminer l'étendue des secours à y appliquer. Les préfets doivent, sans doute, s'appuyer des connaissances spéciales et locales des agens forestiers, pour déterminer les quantités de bois à mettre à la disposition des communes, mais c'est à eux à décider ou proposer au gouvernement ce, qu'en dernière analyse, ils jugent convenable.

Il arrive que des inspecteurs, même des sous-inspecteurs, se permettent de former des saisies de fruits sur des propriétés cultivées par des particuliers, sous le prétexte que ces propriétés appartenaient aux communes ou à la république, et que conséquemment elles ont été usurpées. Cependant beaucoup de ces citoyens possèdent, en vertu de partages autorisés, de défrichemens encouragés, protégés; et sans s'inquiéter du titre en vertu duquel ils possèdent, les agens forestiers font main-basse sur le produit de leurs sueurs, établissent gardiens les con-citoyens de ces défricheurs, jettent l'alarme, le désespoir dans l'ame de ces cultivateurs, et créent des fermens de révolte entre les habitans, par un zèle aveugle et nuisible même à l'intérêt des communes.

On observe à ce sujet que les agens forestiers ne sont chargés que de la conservation et de l'amélioration des bois possédés actuellement par les communes ou par la république, ainsi que de la poursuite des délits commis dans ces bois; qu'ils peuvent même rechercher les usurpations qui ont pu être commises, mais qu'aucune loi ne leur attribue la poursuite directe des usurpateurs; elle n'appartient qu'à l'administration supérieure dans chaque département.

D'ailleurs, le mode d'une saisie de fonds ou de fruits avant aucune instruction judiciaire est indiscret, puisque d'après les principes judiciaires et notamment l'article 5 du titre 18 de l'ordonnance de 1667, le possesseur depuis an et jour qui conteste la légitimité du trouble, doit être maintenu en possession avant qu'aucune contestation s'engage sur la propriété.

Ces actes des agens forestiers sont donc illégaux sous le rapport de la compétence; nuisibles à la tranquillité; nuisibles aux intérêts des vrais propriétaires, par les frais inutiles qui tombent à leur charge; nuisibles à la société qui voit des récoltes utiles perdues en grande partie par l'effet inévitable d'une saisie, contraires, enfin, à toutes les règles, subversifs de la propriété, et capables de porter le désordre dans les départemens, puisqu'ils n'ont pour règle qu'un zèle aveugle et arbitraire.

Ces conséquences ont frappé le ministre de l'intérieur qui, bien persuadé qu'il n'y a de bien que ce qui est légal, que rien n'est légal, que ce qui est conforme à la loi, que telle juste que peut être en elle-même une action, elle ne l'est point, si elle n'est pas conforme à la loi, a décidé que les préfets devaient s'empresser d'annuller de semblables actes, et tous autres qui seroient contraires aux lois, faits par les agens forestiers.

La faculté reconnue dans l'autorité des préfets, est conforme aux principes constitutifs de cette autorité. La loi les institue *seuls* administrateurs dans chaque département; toutes les autres administrations ne sont que des émanations de cette autorité supérieure, sous la surveillance de laquelle sont essentiellement toutes leurs opérations.

Bois des communes.

Arrêté du 19 ventose an 10 (B. 170.), qui soumet les bois communaux au même régime que les bois nationaux, et confie leur administration, garde et surveillance aux mêmes agens.

Voyez cet arrêté au titre *commune*, ainsi que celui rendu postérieurement.

Titre 12 de la loi du 29 septembre 1791.

8. Les bois des communes sont visités par les préposés de l'administration forestière, savoir, par les sous-inspecteurs au moins deux fois chaque année, et une fois par les inspecteurs; ils sont pareillement visités au besoin par les commissaires de la conservation. Ces visites ont le même objet que dans les bois nationaux.

9. Les coupes ordinaires ne sont mises en exploitation que d'après le procès-verbal d'assiette, balivage et martelage du sous-inspecteur local, conformément aux divisions de coupes et aménagemens.

10. Les communes qui, pour leur plus grand avantage, jugent

ugent à propos de vendre leurs coupes ordinaires, au lieu de es partager en nature, ne peuvent le faire qu'en vertu de la permission (du préfet) sur l'avis du sous-inspecteur (et du sous-préfet).

11. Aucune coupe de futaie sur taillis ou de quart de réserve, ne peut être faite qu'en vertu de la permission du gouvernement, qui n'est accordée que pour cause de nécessité, et sur l'avis du préfet et de l'administration forestière. Il est procédé aux assiettes, balivage et martelage desdites coupes, ainsi que dans les bois nationaux.

Ordonnance d'août 1669, titre 25.

8. Il est défendu aux maires, échevins, syndics et habitans es communes, sans distinction, de faire aucune coupe au riage du quart de réserve pour la futaie, et aux officiers de le ermettre ou souffrir, à peine de 2,000 liv. d'amende contre hacun particulier, et en outre contre les officiers, de destitution; sauf, en cas d'incendie ou ruine notable des ponts, ports, murs et bâtimens publics, à se pourvoir pour en obtenir la permission.

12. Aucune coupe ordinaire ou extraordinaire ne peut être endue que pardevant l'administration de district (le sous-préfet) en la forme pour les ventes de bois nationaux. Il est rocédé aux adjudications, à la diligence du maire et en sa présence, ou en celle de son adjoint.

Arrêté du directoire exécutif, du 8 thermidor an 4.

Les affiches et le procès-verbal d'adjudication doivent faire mention de la permission du gouvernement.

Loi. 13. Les deniers provenant des ventes extraordinaires, ont versés par l'adjudicataire, entre les mains du receveur de arrondissement, pour être employés, sur l'avis (du sous-préfet) ordonnancé par (le préfet), conformément aux dispositions qui ont motivé la permission desdites coupes.

Le décret du 13 messidor an 2 ordonna leur versement à la trésorerie nationale. Aujourd'hui ils sont versés dans la caisse d'amortissement. Voyez *Communes*, 1er. vol.)

14. Les coupes ordinaires et extraordinaires sont sujetes au écolement; et les adjudicataires ou entrepreneurs doivent obtenir leur congé de cour, ou décharge d'exploitation. Il suffit

que le récolement des coupes ordinaires soit fait par le *sous-inspecteur.*

15. Les habitans ne peuvent enlever leurs chablis, qu'ensuite de la visite et reconnaissance du *sous-inspecteur.*

16. Il ne peuvent mettre leurs bestiaux en paturage que dans les cantons reconnus et déclarés défensables dans le procès-verbal de visite de l'*inspecteur.*

17. Les travaux de récépage, repeuplement et autres, sont ordonnés par le gouvernement, d'après les procès-verbaux des préposés à l'administration forestière, et sur l'avis de l'autorité administrative, qui entend préalablement les communes intéressées.

18. La poursuite des délits commis sur la futaie et dans les quarts de réserve, et celle des malversations dans les coupes et exploitations, sont faites par les préposés de l'administration forestière; sauf aux habitans à fournir les instructions convenables, et à se prévaloir des restitutions et indemnités qui sont prononcées contre les délinquans.

19. Toutes les opérations des préposés forestiers dans les bois des communes, sont faites sans frais, sauf les vacations des arpenteurs; mais les adjudicataires des coupes, tant ordinaires qu'extraordinaires, sont tenus de payer à la régie de l'enregistrement, un décime pour franc du prix de leur adjudication, outre et par-dessus icelui; et moyennant ce, les 26 deniers pour livre ci-devant établis, sont supprimés.

Ce décime doit continuer à être payé, mais dans la caisse du receveur de la régie pour indemniser la république des frais d'administration qu'elle paie, d'après la loi du 6 nivose an 9, pag. 119. (*Lettre du ministre des finances, du 28 vendémiaire an 10.*)

D'après les décrets des 7 brumaire, 25 ventose et 10 floréal an 3, les forêts nationales dans lesquelles les communes étaient rentrées en vertu de sentences arbitrales, ou celles dans la possession desquelles la nation avait ou devait avoir quelque intérêt, n'ont pu être vendues dans les formes usitées pour les bois nationaux, que par petits lots proportionnés à la population des communes, et le prix versé également à la trésorerie nationale.

Etablissemens publics.

Toutes les dispositions relatives aux bois des communes s'appliquent à l'administration de ceux des maisons d'éducation et de charité, et des établissemens de main-morte étraners, si ce n'est que les possesseurs n'ont pas besoin de la permission prescrite par l'article 10 pour la vente des coupes ordinaires ; et que les poursuites et autres fonctions attribuées aux ci-devant procureurs des communes ou officiers municipaux, appartiennent aux administrateurs desdites maisons et établissemens.

Loi du 9 floréal an 11. (B. 276.)

Du régime des bois appartenant aux particuliers, aux communes ou à des établissemens publics.

Des défrichemens.

Art. 1er. Pendant vingt-cinq ans à compter de la promulgation de la présente loi, aucun bois ne pourra être arraché et défriché que six mois après la déclaration qui en aura été faite par le propriétaire devant le conservateur forestier de l'arrondissement où le bois sera situé.

2. L'administration forestière pourra, dans ce délai, faire mettre opposition au défrichement du bois, à la charge d'en référer, avant l'expiration de six mois, au ministre des finances, sur le rapport duquel le gouvernement statuera définitivement dans le même délai.

3. En cas de contravention aux dispositions de l'article précédent, le propriétaire sera condamné par le tribunal compétent, sur la réquisition du conservateur de l'arrondissement, et à la diligence du commissaire du gouvernement, 1°. à remettre une égale quantité de terrain en nature de bois ; 2°. à une amende qui ne pourra être au-dessous du cinquantième et au-dessus du vingtième de la valeur du bois arraché.

4. Faute par le propriétaire d'effectuer la plantation ou le semis, dans le délai qui lui sera fixé après le jugement par le conservateur, il y sera pourvu à ses frais par l'administration forestière.

5. Sont exceptés des dispositions ci-dessus, les bois non clos, d'une étendue moindre de deux hectares, lorsqu'ils ne seront pas situés sur le sommet ou la pente d'une montagne, et les parcs ou jardins clos de murs, de haies ou fossés, attenant à l'habitation principale.

6. Les semis ou plantations de bois des particuliers ne seront soumis qu'après vingt ans aux dispositions portées à l'article premier et suivans.

Par l'article 9 porté au chapitre des bois pour le service de la *marine*, il est également défendu à tout propriétaire de faire aucune coupe de bois sans en avoir fait, six mois d'avance, la déclaration au conservateur forestier.

Outre les dispositions des articles 1, 5 et 9, relatifs aux propriétaires privés, l'ordonnance de 1669, titre 26, article 3, leur défend aussi d'exploiter leurs futaies sises à 5 myriamètres (10 lieues) de la mer, et à 1 myriamètre (2 lieues) des rivières navigables, sans en avoir fait préalablement leur déclaration, à peine de 3,000 fr. d'amende.

Et un réglement du conseil d'état, du premier mars 1757, a étendu cette prohibition, sous la même peine, aux bois de toute nature, en quelques lieux et à quelque distance de la mer et des rivières navigables qu'ils fussent situés.

D'après une décision du grand-juge ministre de la justice, du 30 vendémiaire an 12, ce réglement doit recevoir son exécution : ainsi, la peine pour la coupe d'un seul arbre en contravention à l'article 9 de la loi du 9 floréal an 11, est la confiscation des bois coupés et une amende de 3,000 fr.

Chasse.

Décret impérial du 25 prairial an 13.

Les maires des communes sont autorisés à affermer le droit de chasser dans les bois communaux, à la charge de faire approuver les conditions de la mise en ferme par le préfet et le ministre de l'intérieur.

Compétence relative à l'administration des bois communaux.

Par l'arrêté du 19 ventose an 10, les bois appartenant aux communes sont soumis au même régime que les bois nationaux ; et l'administration, garde et surveillance en sont confiées aux mêmes agens.

Pour l'exécution de ces dispositions, le ministre des finances a approuvé le 15 germinal an 11, une instruction qui porte, relativement aux fonctions des autorités administratives : « Les communes qui désirent obtenir la coupe ou la vente extraordinaire de leur quart de » réserve ou de partie, doivent adresser leurs demandes aux préfets » pour que ces administrateurs donnent leur avis ; les communes com- » muniquent ensuite cet avis à l'inspecteur forestier de leur arrondisse- » ment, qui visite les bois et donne également son avis en transmet- » tant les demandes au conservateur, qui, après avoir fourni ses ob- » servations, les adresse directement à l'administration forestière. »

Des préfets ont fait observer que par la marche tracée par cette instruction, l'avis de l'autorité préfectorale se trouvait soumis à la critique de l'autorité inférieure des conservateurs forestiers ; que la règle et l'usage avaient établi de faire donner les premiers avis par les autorités inférieures.

Le ministre de l'intérieur appuya ces observations près du ministre des finances, et d'après la réponse de ce dernier, le premier lui écrivit le 24 vendémiaire an 12 :

« J'ai vu avec plaisir que vous reconnaissiez, comme moi, que les agens forestiers ne devaient en aucune circonstance contrôler ou réformer les avis des préfets. Il résulte de votre opinion, qui est parfaitement conforme aux principes qui constituent l'autorité préfectorale, qu'elle doit exercer dans toute son intégrité le droit d'administrer les communes, que l'administration forestière semble confondre, relativement à leurs bois, dans le droit de conserver, qui lui est attribué.

» *Conserver* et *disposer* ou *administrer*, sont deux facultés concordantes, mais distinctes (1). Cette distinction de pouvoirs établie par la loi du 29 septembre 1791, et par toutes celles qui constituent le gouvernement tuteur des communes, est indispensable pour l'administration de ces communes.

» En effet, d'après le texte de la loi forestière d'août 1669, titre 25, article 8, les communes peuvent demander des coupes extraordinaires dans les cas d'*incendie*, ou ruine notable des *églises, ports, ponts, murs* et autres *edifices publics*.

» Dans tous ces cas, il ne s'agit pas de savoir si les bois du quart de réserve ont l'âge requis, ou s'ils dépérissent, mais seulement d'indiquer ceux des arbres qui peuvent être propres à satisfaire aux besoins de la commune.

» Ici, ce sont les besoins qui commandent, et c'est le préfet qui doit juger si ces besoins sont fondés. Mais ce point éclairci, l'administrateur doit encore savoir si les bois de la commune qui éprouve le besoin sont en état de lui fournir les matériaux nécessaires, et c'est alors que cet administrateur, *et non la commune administrée et demanderesse*, doit s'adresser aux agens forestiers pour recevoir d'eux les renseignemens sur ce second objet, afin de pouvoir proposer au gouvernement d'autoriser les mesures jugées convenables pour réparer les dommages essuyés. Je dis que *c'est au préfet à faire ces propositions au gouvernement* par l'intermédiaire direct des ministres, parce qu'il est la seule autorité locale chargée d'administrer les intérêts des communes, que lui seul a qualité pour donner son avis à ce sujet, et qu'il s'agit beaucoup moins dans l'hypothèse de la conservation des bois, que de pourvoir aux besoins extraordinaires des communes.

» Cette marche doit être également suivie pour la coupe d'une réserve entière dans les cas ordinaires, comme dans ceux de besoins extraordinaires, parce que c'est à l'administrateur à juger *en dernier lieu*, et sur tous les renseignemens relatifs à la qualité des bois, s'il est de l'intérêt de la commune et de l'intérêt public de faire cette coupe.

» Cette marche n'est qu'une conséquence du principe que vous avez établi dans votre réponse, et elle est tracée par les lois sur la matière, auxquelles les arrêtés du gouvernement n'ont point dérogé. Je suis persuadé qu'elle est celle que vous entendez que les agens forestiers suivent; je réponds en conséquence aux préfets qui m'ont consulté, et je ferai connaître en même tems votre avis à ce sujet aux préfets qui me manifesteront des doutes sur cette matière. »

_____

(1) Celui qui jouit de la dernière est nécessairement supérieur à celui qui ne jouit que de la première.

Frais d'administration.

En vertu du décret du 15—25 août 1792, les officiers des ci-devant maîtrises des eaux-forêts ont pour leurs journées, vacations et frais de voyages, à raison de 4 fr. 50 centimes par arpent, pour balivage et martelage des coupes ordinaires ou extraordinaires ; et 1 fr. 50 cent. par arpent de récolement de la coupe ou vente usée.

À l'égard des forêts de pins et sapins et des arbres épars, 25 centimes par pied d'arbre.

2. Il n'est alloué aux arpenteurs que le droit de réarpentage à raison de 75 cent. par arpent, quand même ils auraient procédé à l'assiette des coupes. (*Voyez* l'article 5 de la loi du 16 nivôse an 9, qui suit.)

3. La taxe est faite par l'administration centrale sur l'état et procès-verbaux des opérations de ces officiers.

4. Les arpenteurs sont payés sur le certificat des officiers, arrêté et ordonnancé par l'administration de département.

5. Les gardes qui ont travaillé aux martelages et récolemens, ont 25 cent. par arpent à partager entr'eux.

6. Les frais de poursuite de délits sont également visés et ordonnancés par les administrations de département, pour être payés par les receveurs de l'enregistrement.

7. Il en est de même pour les frais des greffiers des ci-devant maîtrises et des collecteurs d'amendes, des huissiers et greffiers des tribunaux, pour raison de l'administration des forêts.

Le décret du 29 floréal an 3, règle que la somme de 4 fr. 50 cent. accordée par l'article 1er. de la loi ci-dessus, sera perçue pour chacune des opérations qui se feront sur le taillis et la futaie sur taillis, lorsqu'elles auront lieu à des époques éloignées au moins d'un mois l'une de l'autre.

2. Si elles sont faites simultanément, il ne sera perçu que le droit entier pour l'une d'elles, et la moitié pour l'autre.

3. Dans tous les cas, il ne sera perçu qu'un droit de récolement pour toutes.

4. Il ne sera dû qu'un seul droit si l'opération se fait sur le taillis seul ou sur des massifs de futaie, sauf l'application dans tous les cas, de la loi du 4 pluviose an 3.

La loi dernière du 16 nivôse an 9, règle, article 5, que les arpenteurs recevront, à titre de rétribution et pour tous frais, 2 fr. par hectare de bois dont ils auront fait le mesurage, et 1 fr. 50 cent. par hectare de récolement.

Amendes forestières.

Loi du 2 ventose an 12. (B. 347.)

A compter du 1ᵉʳ vendémiaire an 13, le produit des amendes forestières, déduction faite de tous les frais de poursuite et de recouvrement, pourra être réparti annuellement entre les agens forestiers, à titre d'indemnité : il est dérogé, à cet égard, à l'article 15 du titre 15 de la loi du 29 septembre 1791.

Observations.

Par une lettre au préfet de la Haute-Loire, on a fait dire au ministre des finances, pour soustraire les mémoires de frais des agens forestiers à l'examen des préfets, qui doivent les ordonnancer sur les caisses publiques et municipales, que les conservateurs remplaçaient les ci-devant grands maîtres des eaux et forêts. Mais il est évident que c'est par erreur qu'on a fait cette comparaison, puisque les grands maîtres étaient une autorité indépendante et même un tribunal, et que toute leur autorité a été détruite par la loi du 29 septembre 1791, qui est la seule qui constitue les pouvoirs respectifs des conservateurs et des préfets remplaçant les administrations de département.

Par une circulaire du 18 thermidor an 11, le ministre des finances a écrit aux conservateurs des forêts que c'était à eux à régler les frais d'administration dus par les communes ou hospices aux agens forestiers, et que les préfets devaient se borner à expédier des ordonnances sur les receveurs de ces communes ou des hospices, d'après les états de ces frais arrêtés et fournis par les conservateurs.

Le ministre de l'intérieur a réclamé contre cette disposition, en observant à celui des finances que l'ordonnateur était le seul agent comptable et responsable, et qu'il ne devait pas se permettre de puiser dans les caisses des communes ou des hospices sans s'être assuré que ces débiteurs devaient réellement les sommes qui leur étaient demandées ; qu'il convenait bien que les conservateurs pouvaient vérifier les sommes dues aux autres agens forestiers et en former un état certifié, mais que les préfets, ordonnateurs, ne devaient délivrer les ordonnances demandées que sur le vu de toutes les pièces, et que ces pièces devaient rester entre leurs mains pour couvrir leur responsabilité.

Cette réclamation, fondée sur des principes incontestables, a eu son effet vis-à-vis de quelques préfets; mais on s'est aperçu que le ministre des finances n'avait cependant pas réformé sa décision générale. C'est donc aux préfets à défendre leurs droits en refusant d'ordonnancer jusqu'à ce qu'on ait justifié des frais par la production des pièces des parties prenantes.

Il arrive presque partout que les inspecteurs exigent des communes le paiement des frais de garde et d'administration de leurs bois, avant de leur accorder la permission de les exploiter, quoique ces frais doivent être pris sur le produit des coupes et être payés par les préposés de l'enregistrement en vertu d'ordonnances des préfets, et malgré que les maires ne peuvent rien payer sans y être autorisés par le préfet. Le ministre de l'intérieur a fait défendre aux maires, sous leur responsabilité, de payer aucuns frais aux agens forestiers avant qu'ils eussent été ordonnancés légalement, et fait recommander de dénoncer au préfet et à l'administration générale ceux de ces agens qui se permettraient d'exiger des paiemens anticipés sans vérification et susceptibles de former double emploi, ou de retarder les coupes par le refus des permis d'exploiter.

Frais d'administration comparés à la valeur des bois.

L'hectare évalué à 200 fr.

Les frais de garde, d'arpentage, balivage et exploitation par bûcherons, s'élèvent par hectare, d'après les états fournis par la conservation des forêts, à environ. . . . . 150 fr.

La contribution foncière, à. 40

Les frais de vente dans la forme prescrite pour celle des bois nationaux, ainsi qu'il a été réglé par une instruction du ministre des finances, du 15 germinal an 11, se composent de ceux qui suivent ; savoir ;

Impression des affiches	12 fr.	
Envoi et placardage.	5	
Au crieur	5	
Le décime par franc.	20	118
Papier timbré pour minute et sept expéditions. .	60	
Frais de sept copies de procès-verbaux.	14	
Enregistrement.	4	

Total des frais. . . . . 308 fr.

Déficit. . . . . 108 fr.

Ainsi les communes, loin de tirer avantage de leurs bois, ont à perdre annuellement des sommes considérables sur leur exploitation.

Elles perdent même 14 fr. de plus par chaque hectare au-dessus d'un, et la commune dont l'affouage est de deux hectares de la valeur de 400 fr., est obligée de faire pour 522 fr. de frais et de perdre 122 fr. ; celle qui a 3 hectares perd 136 fr. et ainsi de suite.

Exemple : une coupe de 15 hectares fut estimée à 240 fr. l'hectare. . . . . 3,600 fr.

Les frais indiqués dans le premier article ci-dessus
montèrent à. . . . . 2,728 fr.
La contribution-foncière à.   720
Ï s frais pour la vente à.   94   } 3,974
Le décime pour franc à.   360
Enregistrement.   70

Perte pour la commune de. . . . . - . . . . . .   374 fr.,
qui produit une perte progressive de 19 fr. 57 cent. par hectare en sus
du premier.

Il est évident, d'après ces faits, que les communes n'ont aucun intérêt à avoir des bois, puisqu'ils leur coûtent plus cher que si elles en
achetaient pour leur consommation.

Avant l'instruction du ministre des finances, l'exploitation des bois
communaux se faisait pour chaque propriétaire sous la surveillance du
maire, et la vente de la portion nécessaire pour le paiement du garde,
de la contribution foncière et des frais de martelage, se faisait sans
frais.

Ces derniers frais, ceux de martelage sont, au surplus, trop chers.

Gardes forestiers. Voyez *Forêts*, au code de la police.

GARDE NATIONALE.

Sommaire.

Historique. — Sexagénaires. — Principes sur sa dépendance. —
Composition. — Exemption de service et de remplacement.
— Marins et conscrits non en activité. — Dispenses pour cause
d'infirmités — Organisation ancienne. — Nomination des
officiers. — Renouvellement des officiers. — Rang des corps.
— Réception des bataillons. — Fonctions de la garde nationale. — Ordre de service. — Discipline. — Colonnes mobiles. — Instruction. — Du service de la garde nationale, de
sa nature et de son objet. — Des cas où son service est nécessaire. — Des fonctionnaires qui ont le droit de la requérir, de s'en faire escorter utilement et honorifiquement. —
Les cas où la force des armes peut être déployée. — De la
forme des réquisitions. — Des indemnités dues à la garde
nationale sédentaire. — Gardes municipales soldées. — Nouvelle organisation. — Compagnies de la réserve.

Garde nationale.

Le premier décret qui donna une existence politique à la garde nationale sédentaire, fut celui du 6 janvier—15 mars 1790, qui leur

ordonna de prêter serment sur la réquisition des corps administratifs et municipaux, de maintenir la constitution et de prêter main-forte à l'exécution des lois.

Le second, du 11—18 juin suivant, fit l'obligation de ce service à tous les Français qui voudraient conserver l'exercice des droits attachés à la qualité de citoyen, et leur commanda de se faire inscrire, en conséquence, sur un registre ouvert à cet effet dans chaque section de commune.

Les jeunes gens de dix-huit ans furent aussi soumis à cette inscription, pour pouvoir porter des armes et remplacer les citoyens dans leur service.

Il fut interdit à tout particulier non inscrit d'être armé.

Tout corps de milice bourgeoise, d'arquebusiers ou autres, furent supprimés, et leurs membres tenus de s'incorporer dans la garde nationale, sous l'uniforme commun et la co arde nationale.

Un premier décret du 19—23 juillet, même année, régla cet uniforme.

Mais il ne fut définitivement fixé que par ceux des 13 juillet et 29 septembre—14 octobre 1791, ainsi qu'il suit :

Habit bleu national ;
Doublure blanche ;
Passepoil écarlate ;
Parement et collet écarlate, et passepoil blanc ;
Revers blancs et passepoil écarlate ;
Manches ouvertes à trois petits boutons ;
Poches en dehors à trois pointes et trois boutons avec passepoil écarlate,
Le fleuron du retroussis écarlate ;
Veste et culotte blanches.

Le bouton doré fut changé successivement par les décrets des 5 septembre 1790, et 23 décembre 1791. Il fut réglé qu'il porterait une couronne civique, au milieu de laquelle il y aurait une devise, qui fut supprimée ensuite de la destruction de la royauté, avec le nom du district en entourage, et le numéro de la section.

Le décret du 28 prairial an 3, règle que les tambours porteront deux épaulettes aux trois couleurs, avec le retroussis de l'habit, les houpettes et pompons affectés à leur compagnie.

Les décrets des 18 décembre 1790, 28 janvier et 13 mars 1791, ordonnèrent la distribution, à la garde nationale sédentaire, de 161,963 fusils.

Le 29 septembre—14 octobre 1791, la garde nationale fut organisée. Les règles du service et de la discipline étant conservées, on les rappelera.

Un décret du 13—18 mars 1792, affecta deux pièces d'artillerie à chaque bataillon de garde nationale.

Ceux des 12, 13 et 22 frimaire an 3, réglèrent le service de la garde nationale de Paris, déjà arrêté par un réglement du 26 brumaire précédent, ainsi que les traitemens des adjudans et tambours.

Et ceux des 28 ventose, 4 et 10 germinal, 5 thermidor et quatrième jour complémentaire an 3, accordèrent des dispenses de service à divers fonctionnaires.

Sexagénaires.

Mais les sexagénaires et infirmes furent tenus, par celui du 22 frimaire an 3 (B. 98), de justifier de leur défaut de fortune pour être exempts de la taxe de remplacement.

Enfin, la loi du 9 brumaire an 3 (B. 178.), les dispensa de cette taxe de remplacement.

Et la loi du 4 vendémiaire an 5, régla qu'aucun citoyen valide ne pouvait être refusé pour le service, quel que fût son âge.

Enfin, les lois des 3 brumaire an 4, et 19 fructidor an 6, veulent que les marins et conscrits non en activité de service fassent le service de la garde nationale sédentaire, comme les autres citoyens.

Constitution de l'an 8.

48. La garde nationale sédentaire n'est soumise qu'à la loi. La garde nationale en activité est soumise aux règlemens d'administration publique.

84. La force publique est essentiellement obéissante; nul corps armé ne peut délibérer.

Composition.

D'après la loi du 29 septembre—14 octobre 1791 ;

1er. Les citoyens devoient s'inscrire pour le service de la garde nationale sur des registres qui étaient ouverts à cet effet à la mairie de la commune de leur domicile.

2. A défaut de cette inscription, ils demeuraient suspendus de l'exercice de leurs droits politiques, et de celui de porter des armes. (*D'après la constitution de l'an 8, il n'est pas nécessaire d'être inscrit au rôle de la garde nationale pour jouir des droits de citoyen.*)

3. Les gens déclarés suspects, sans aveu et mal intentionnés, n'y étaient pas inscrits.

4 Aucune raison d'état, de profession, d'âge, d'infirmités ou autre, ne pouvait dispenser de l'inscription ceux qui voulaient conserver l'exercice de leurs droits. (*Cette disposition a éprouvé des motifs de modifications par la loi qui suit, et même elle a été abrogée par la constitution de l'an 8, par le motif rapporté à l'article 2.*)

5. Tous les jeunes gens de *seize ans* (loi du 28 prairial an 3), fils de

citoyens, devaient y être inscrits pour pouvoir prendre l'inscription civique à vingt-un ans. (*Voyez l'observation ci-dessus.*)

6. Ils devaient y avoir été inscrits *cinq ans* (d'après la loi du 28 prairial) avant l'inscription civique. (*Idem.*)

9 On devait s'inscrire en personne ; les pères, mères et tuteurs pouvaient cependant faire inscrire leurs enfans absens pour leur éducation.

11. Les registres étaient doubles, et l'un des deux était envoyé par les maires aux (sous-préfets).

14. Les citoyens non inscrits ne pouvaient faire de service, mais ils étaient commandés à leur tour et remplacés, moyennant une taxe de la valeur de deux journées de travail, prononcée par le maire.

15. Ceux inscrits qui manquaient leur service, étaient également taxés à la même somme ; à la troisième fois dans l'année qu'ils avaient été contraints de payer cette taxe, ils étaient suspendus pendant un an de l'honneur de faire le service en personne. (*Ces dispositions libérales n'ont plus de force.*)

Les femmes, les filles et les veuves étaient exemptes de toute contribution.

16. Les fonctions de la garde nationale et celles des fonctionnaires publics qui ont le droit de requérir la force publique, sont incompatibles.

18. En cas de changement de domicile, le citoyen inscrit doit faire rayer son nom sur le contrôle de la commune ou section de commune qu'il quitte, s'il ne veut pas y être commandé de service et y payer la taxe de remplacement, en même tems qu'il ferait le service personnel dans la commune ou section de commune où il a pris un nouveau domicile.

La loi du 28 prairial an 3 (B. 156.) réglait,

1er. et 2. Que toutes les gardes nationales de la république seraient composées de tous les citoyens valides, âgés de seize à soixante ans.

Exemption de service et de remplacement.

3. Ne devaient pas être compris dans l'organisation, ni commandés pour aucun service, les membres du corps législatif, ceux du pouvoir exécutif ou des commissions qui le représentent, les juges des tribunaux et de paix, les membres des directoires de département et de district, les maires et officiers municipaux, les greffiers en chef, les receveurs des districts, les directeurs des postes aux lettres, les courriers de malles, les postillons de postes aux chevaux, les militaires en activité de service, les commissaires des guerres, les gardes des arsenaux et magasins de la république, les directeurs, officiers de santé et infirmiers des hôpitaux militaires, les employés aux transports et charrois militaires, les étrangers non naturalisés, les concierges des maisons d'arrêt, les guichetiers et les exécuteurs des jugemens criminels.

La loi du 27 ventose an 8, portant organisation des tribunaux, défendait également de comprendre les membres de l'ordre judiciaire dans l'organisation de la garde nationale.

Il résulte de cet article 3, que les fonctionnaires et agens y désignés ne devaient ni le service ni la taxe du remplacement.

4. Les ouvriers ambulans et non domiciliés, ceux travaillant dans les manufactures, sans domicile fixe, ne devaient point être non plus compris dans l'organisation; ceux d'entre eux qui étoient cautionnés par écrit, par les citoyens chez lesquels ils travaillaient, étaient admis dans les rangs des compagnies de leur quartier, lorsque la générale battait.

5. Les citoyens peu fortunés, domestiques, journaliers et manouvriers des villes ne devaient plus être compris dans les contrôles des compagnies, à moins qu'ils ne réclamassent contre cette disposition ; dans le cas où l'on battait la générale, ils devaient prendre place dans la compagnie de leur quartier, pour contribuer au secours ou à la défense commune.

La loi du 4 vendémiaire an 5, réglait qu'on ne pouvait refuser le service à aucun citoyen, quel que fût son âge.

Marins et Conscrits.

Loi du 3 brumaire an 4.

7. Tout citoyen français compris dans l'inscription maritime, qui n'est pas en activité de service, doit le service de la garde nationale dans l'arrondissement de son quartier.

Loi du 19 fructidor an 6.

23. Tout conscrit, tant qu'il n'est pas en activité, quoiqu'il soit attaché à un corps, doit faire le service de la garde nationale dans la commune qu'il habite.

Dispenses pour cause d'infirmités.

Arrêté du directoire exécutif, du 13 floréal an 7.

Les dispenses de service pour cause d'infirmité, sont accordées par les maires, sur l'avis d'un ou de plusieurs officiers de santé.

Organisation.

D'après la loi du 29 septembre—14 octobre 1791,
1er. La garde nationale était organisée par canton et par département.

Elle formait des compagnies, des bataillons, des brigades et des divisions.

Les compagnies se divisaient en deux pelotons, quatre sections et huit escouades. (Art. 7 du décret du 28 prairial an 3.)

Elles étaient composées de soixante-dix-sept hommes, dont un capitaine, un lieutenant, un sous-lieutenant, un sergent-major, quatre sergens, huit caporaux, soixante fusiliers et un tambour. (Même article.)

13. Les compagnies étaient formées des citoyens d'un même quartier, d'une même commune, ou des communes les plus voisines. (Art. 25 du décret du 28 prairial.)

14. Les communes qui ne pouvaient composer une compagnie, formaient des pelotons, des sections ou des escouades.

18. Les compagnies des communes les plus voisines formaient le bataillon.

22. Aucun officier des troupes soldées et de la gendarmerie ne peut être nommé officier des gardes nationales.

22. Les officiers et sous-officiers de tout grade n'étaient élus que pour un an, et ne pouvaient être réélus qu'après avoir été soldats pendant un an.

Mais la loi du 28 prairial, art. 42, modifia cette disposition, en établissant que ceux qui, par leur conduite et leur civisme, avaient mérité l'estime et la confiance de leurs concitoyens, pourraient être réélus. (*Voyez* à la suite, l'époque des réélections.)

Les bataillons étaient formés de dix compagnies. (Art. 6 du décret du 28 prairial.)

Chaque bataillon doit avoir une compagnie de grenadiers et une de chasseurs; mais ces compagnies s'étant montrées, à Paris, contre la liberté, en vendémiaire an 4, elles furent supprimées par la loi du 16 du même mois; et par arrêté du 2 germinal suivant, le directoire exécutif appliqua cette loi à tous les départemens, en exécution de la constitution de l'an 3, qui voulait que l'organisation et la discipline de la garde nationale fussent les mêmes pour toute la république.

Si un canton ne pouvait former un bataillon, il s'adjoignoit à un autre canton; alors les citoyens de ces deux ou trois cantons concouraient à la nomination des officiers du bataillon. (Art. 9 et 10 du décret du 28 prairial.)

Le bataillon était commandé par un chef de bataillon et par un adjudant. Il avait un porte-drapeau et un tambour-instructeur. (Art. 11, même décret.)

Les bataillons formaient des brigades composées de deux, trois ou quatre bataillons. (Art. 12 et 13.)

Chaque brigade était commandée par un chef de brigade et un adjudant. (Art. 14.)

Les brigades formaient des divisions composées depuis cinq jusqu'à dix brigades. (Art. 15 et 16.)

Chaque division était commandée par un chef de division et deux adjudans généraux. (Art. 17.)

Lorsque toutes les divisions étaient réunies pour un service actif, elles étaient commandées par un officier général nommé par le gouvernement. (Art. 18 du même décret.)

Il pouvait être formé des compagnies de canonniers, de cavalerie, d'élèves et de vétérans. (Art. 19, 20, 21 et 22.)

Nomination des officiers.

D'après la loi du 28 prairial an 3 (B. 156.),

25. Pour composer les compagnies et nommer les officiers, les citoyens se rassemblaient dans le chef-lieu du canton, ou par section dans les grandes communes, sur la convocation et sous la présidence de l'administration municipale ou du bureau central, par la voie de commissaires nommés à cet effet.

L'assemblée de soixante-dix-sept hommes désignait trois des plus anciens pour scrutateurs, et l'un des plus jeunes pour secrétaire.

26 L'assemblée prêtait le serment civique, et procédait ensuite à la nomination des officiers, par appel nominal, au scrutin de liste et à la pluralité relative, en désignant le capitaine, le lieutenant et le sous-lieutenant.

35. Elle faisait un second scrutin pour le sergent-major et les quatre sergens;

36. Et un troisième pour les huit caporaux.

A chaque scrutin, le président en proclamait le résultat.

Tous les scrutins étaient brûlés en présence de l'assemblée.

37. Le résultat de ces opérations était consigné dans un procès-verbal signé du bureau et des élus. Ce procès-verbal était transcrit sur les registres de l'administration municipale ou du bureau central, et envoyé à l'administration centrale.

38. Les capitaines, lieutenans et sous-lieutenans nommés, ils s'assemblaient pour nommer dans la même forme un chef de bataillon, un adjudant et un porte-drapeau. La majorité absolue était exigée pour le chef de bataillon.

Ils en dressaient procès-verbal, qui était également transcrit sur le registre de l'administration municipale ou du bureau central, et envoyé à l'administration centrale.

39. Cette dernière administration convoquait les chefs de bataillon et les capitaines de toutes armes pour la nomination des chefs de brigade et de division.

Renouvellement des officiers.

La loi du premier messidor an 7 (B. 288.) voulait que les élections de la garde nationale, dont le renouvellement annuel était fixé par la loi du 28 prairial an 3 au premier décadi de germinal, eussent lieu définitivement le 20 messidor, excepté le cas où les bataillons seraient en activité de service contre les ennemis de la république.

Les autres dispositions de la loi du 28 prairial furent maintenues.

Rang des corps.

D'après la loi du 29 septembre—14 octobre, on devoit, article 12, tous les ans, tirer au sort, savoir; dans le chef-lieu de département, le rang des divisions, des brigades et des bataillons;

Et dans les chefs-lieux de cantons, celui des compagnies;

Et à la tête des compagnies, le rang des pelotons, des sections et des escouades.

Réception des bataillons.

D'après la loi du 28 prairial an 3, le décadi qui suivait la nomination des officiers, le président de l'administration municipale faisait assembler les bataillons, en armes, et en présence de l'administration et du commissaire du pouvoir exécutif, placés au centre du bataillon, le président en avant, ayant à sa gauche le chef du bataillon, l'épée à la main; il lui disait : « Jurez-vous fidélité à la constitution ! »

Il répétait le serment précédé du oui.

Alors le président faisait battre un ban, et disait :

« Citoyens, au nom du peuple français, vous reconnaîtrez le citoyen
» N*** pour votre chef de bataillon, et vous lui obéirez en tout ce
» qu'il vous ordonnera pour la sûreté des personnes, la garantie des
» propriétés et le service de la république. »

Il lui donnait l'accolade fraternelle, et le récipiendaire se décorait des marques distinctives de son grade.

45. Immédiatement après, le commandant de bataillon recevait de même l'adjudant et le porte-drapeau, et tous les officiers, en se portant de droite à gauche.

46. Chaque capitaine recevait ensuite les sergens et caporaux.

48. Les procès-verbaux de toutes ces réceptions étaient rédigés par les secrétaires en chef, transcrits sur les registres des administrations municipales, et envoyés à l'administration centrale.

49. En cas de vacance, on procédait au remplacement le décadi suivant.

Fonctions.

Loi du 29 septembre — 14 octobre 1791.

1. Les fonctions de la garde nationale sédentaire sont de rétablir l'ordre, et maintenir l'obéissance aux lois.

2. Elle ne peut qu'obéir aux réquisitions, mais les chefs peuvent les exiger par écrit.

3. Elle n'est requise qu'à défaut, ou d'insuffisance de la gendarmerie ou de la force publique soldée.

4. Nul corps armé ne peut délibérer. (Et, art. 84 de la constitution de l'an 8.)

5. Elle

5. Elle ne peut se rassembler sans l'ordre de ses chefs.
Ceux-ci ne peuvent le donner sans une réquisition légale. Ils n donnent connaissance à la tête de la garde nationale.

6. Est excepté le service ordinaire et journalier.

7. En cas de flagrant délit, elle arrête les coupables.

8. Elle peut être mise en service permanent dans les cas 'alarmes et de troubles. Les chefs prennent les mesures d'exéution.

9. Dans tous les cas de réquisition particulière, les chefs euvent mettre en mouvement des détachemens, ou des comagnies entières.

10. La garde nationale, légalement requise, dissipe toutes meutes et attroupemens séditieux; elle saisit les coupables pris n flagrant délit, ou à la clameur publique, et les livre au juge e paix.

11. Elle a le pas sur la gendarmerie et les troupes soldées.
Le commandement appartient à la supériorité de grade, ou l'âge, en cas d'égalité. (*Voyez à la suite les décrets de l'an* 14.)
S'il s'agit d'action militaire, le commandement appartient à officier de la troupe soldée ou de la gendarmerie. (*Voyez, dem.*)

15. Un officier de garde nationale ne peut délivrer de carouches qu'en vertu d'une autorisation précise.

16. La garde nationale doit se rassembler tous les décadis, t s'exercer aux évolutions militaires et à tirer à la cible.

Il fut envoyé à cet effet, en vertu du décret du 4—11 juillet 1792, une nstruction au nombre de sept exemplaires pour chaque bataillon; mais ette disposition n'a plus d'exécution.

17. Les citoyens qui se présentent à une assemblée primaire, ommunale, électorale ou municipale, avec des armes de quelu'espèce qu'elles soient, doivent être avertis de se retirer, et oute délibération cesse jusqu'à ce qu'ils soient sortis.

18. Les armes délivrées par la république, sont inscrites à 'administration municipale, et les citoyens doivent les repréenter en bon état tous les trois mois et toutes les fois que 'administration le requiert, ou en payer la valeur.

Ordre de service.

D'après la loi du 29 septembre—14 octobre 1791,
Art. 1. L'ordre et le rang des bataillons, compagnies, etc., étant églés, tous les ans, par le sort, celui du service était déterminé sur

cette base, toutes les fois qu'il fallait rassembler et mettre en marche des bataillons.

2. Les bataillons étaient formés d'un nombre égal d'escouades tirée de chacune des compagnies.

3. Le tour commençait toujours par la première escouade de la première compagnie du premier bataillon, et continuait par la première escouade de la dernière compagnie, jusqu'à la première escouade de la deuxième compagnie du dernier bataillon, et toutes ces escouades formaient huit compagnies qui composaient un bataillon.

4. S'il fallait un second bataillon, le tour du service était repris dans le même ordre, à l'escouade où le précédent tour de service s'était arrêté

5 Chaque bataillon ainsi formé était divisé de la même manière que les bataillons primitifs, et sur le pied du taux moyen.

Il en était de même des compagnies.

6. Il y avait parmi les officiers de chaque grade un rang de piquet réglé par le sort. L'adjudant-général en tenait note.

7. Les officiers de chaque grade étaient appelés au commandement des compagnies, bataillons et détachemens, suivant le rang dont i vient d'être parlé.

8 Il y avait dans le détachement par compagnies et bataillons le même nombre d'officiers que dans l'organisation primitive.

9. Les mêmes règles étaient suivies dans chaque canton pour les petits détachemens; les escouades étaient tirées à tour de rôle de chaque compagnie du bataillon.

10. S'il fallait rassembler plusieurs compagnies, elles étaient formées par d'autres escouades, en commençant au point où le précédent tour de service s'était arrêté.

11 Elles étaient commandées par le même nombre d'officiers déterminé pour les compagnies primitives, et pris à tour de rôle, aux termes de l'article 6.

12. En cas d'invasion ou d'alarme subite, les citoyens marchent, à la réquisition du maire, dans l'ordre de leur organisation primitive.

13. Le service ordinaire ou extraordinaire des communes, se fait, selon le même tour de rôle, par demi-escouades ou par escouades, tirées des diverses compagnies, en reprenant toujours le rang de service au point où le précédent s'est arrêté.

Les chefs de la garde nationale sont responsables de l'abus qu'ils en feroient.

Les administrations de département veillent par elles mêmes et par les *sous-préfets*, à l'observation des lois sur cette partie de la force publique.

Discipline.

Loi du 29 *septembre* — 14 *octobre* 1791

1er. Les chefs de la garde nationale doivent toujours se rappeler qu'ils commandent à des citoyens.

2. Les citoyens ne sont tenus à la discipline, que pendant la durée de leur service.

3. Les chefs ne peuvent rassembler la garde nationale, s'ils n'en sont requis par l'autorité compétente.

Les citoyens se réunissent à l'ordre de leur chef.

S'ils n'y obéissent pas, les chefs les défèrent à la municipalité, qui prononce contr'eux la taxe de remplacement.

Cette taxe est de la valeur de deux journées de travail pour un service de vingt-quatre heures.

Elle n'est que d'une journée, si le citoyen n'a manqué qu'à un service momentané.

Cette taxe étant une contribution personnelle, le maire en forme un rôle, qu'il fait rendre exécutoire par le préfet, sur l'avis du sous-préfet. À défaut de paiement au moment de la signification par huissier, on procède à la saisie des meubles et effets, comme pour deniers publics.

En cas de réclamation, après le paiement, et non autrement, le sous-préfet prononce provisoirement et le préfet définitivement. (Arrêté du Directoire exécutif, du 13 floréal an 7.)

5 et 6. Les citoyens de service qui manquent, soit à l'obéissance, soit au respect dû à la personne des chefs, soit aux règles du service, sont punis des peines de discipline.

7. Elles sont les mêmes pour les officiers, sous-officiers et fusiliers.

8. La simple désobéissance est punie des arrêts, qui ne peuvent excéder deux jours.

9. Si elle est accompagnée d'un manque de respect ou d'une injure envers les officiers ou sous-officiers, la peine est des arrêts pendant trois jours, ou de la prison pendant vingt-quatre heures.

10. Si l'injure est grave, le coupable est puni de huit jours d'arrêts ou de quatre jours de prison.

11. Pour manquement au service ou à l'ordre, on est puni d'une faction de plus. (Réglement pour Paris.)

17 *

12. La sentinelle qui abandonne son poste, est punie de huit jours de prison.

Le détachement qui abandonne son poste, est puni de quatre jours de prison.

Si le commandant ne peut justifier de ses efforts pour en empêcher l'abandon, il est puni de quarante-huit heures de prison. S'il l'a aussi abandonné, il est en outre destitué.

13. Celui qui trouble le service par des conseils d'insubordination, est puni de sept jours de prison.

14. Si les condamnés ne se soumettent pas aux peines, le commandant du bataillon (président du conseil de discipline qui les a prononcées) donne ordre à un officier de la compagnie de prendre les moyens militaires nécessaires pour que force et respect demeurent à la loi. (Arrêté du directoire exécutif, du 13 floréal an 7.)

Les citoyens qui ne se rendent pas à un service extraordinaire, commandé pour dissiper des attroupemens, pour réprimer le brigandage, ou faire des patrouilles de nuit ou de jour sur les routes ou dans les communes, sont dénoncés sur-le-champ par le commandant à l'adjoint à la mairie, qui les dénonce à son tour au substitut du commissaire du gouvernement, pour être traduits devant le tribunal correctionnel. (Loi du 3 août 1791, art. 42 et 43, et arrêté du directoire, du 26 nivose an 6.)

15. Il y a un conseil de discipline par bataillon, composé du commandant en chef, de deux capitaines les plus âgés; du plus âgé des lieutenans; des deux plus âgés des sous-lieutenans; du plus âgé des sergens; des deux plus âgés des caporaux, et des quatre fusiliers les plus âgés dans chacune des compagnies, lesquelles les fournissent de six en six mois, par tour de quatre.

Ce conseil s'assemble par ordre du commandant en chef toutes les fois qu'il est nécessaire.

Ce commandant le préside.

16. Ce conseil délibère sur l'application des peines de discipline, et non sur toute autre matière.

Il ne peut prononcer de plus fortes peines que celles autorisées par la loi.

17. Il prononce sur les réclamations contre des peines de discipline subies.

18. Tout délit qui mérite de plus grande peine que celle de discipline, est renvoyé à la connaissance de l'adjoint à la mairie, s'il est de la compétence du tribunal de police, ou s'il appartient au tribunal correctionnel.

Le conseil de discipline doit observer que sa compétence ne commence que du moment où le citoyen a obéi à la convocation et a pris le service commandé, et que celui qui n'obéit pas à la convocation, ne doit être puni que par l'autorité municipale, d'une taxe de remplacement. (Conséquence de la loi, et arrêté du directoire exécutif, du 13 floréal an 7.)

La taxe de remplacement se verse dans la caisse de la municipalité, qui en tient registre, et sert à payer les remplaçans, à entretenir la propreté et la commodité du corps-de-garde, à réparer les caisses, et à subvenir aux menus frais des fêtes nationales.

La moralité et le civisme des remplaçans doivent être attestés par la municipalité ; ils doivent être citoyens.

Les commandans de poste doivent empêcher que ces remplaçans servent quarante-huit heures de suite. (même arrêté.)

Colonnes mobiles.

Un arrêté du directoire exécutif, du 17 floréal an 4, portait :

Art. 1. Il y a dans chacun des cantons de la république un détachement de la garde nationale sédentaire, toujours prêt à marcher, et dont les membres sont désignés d'avance.

Ce détachement est connu sous le nom de *colonne mobile.*

2. Il est égal au sixième de la totalité de la garde nationale de tout le canton, non compris les officiers et sous-officiers.

3. Il est renouvelé tous les six mois, à compter du jour où la première organisation a été approuvée par l'administration centrale. Les membres peuvent être réélus indéfiniment. (Arrêté du 2 frimaire an 5.)

L'administration centrale juge s'il est nécessaire de le renouveler extraordinairement.

4. Les membres ne cessent pas d'appartenir à la garde nationale sédentaire.

6. Ils ne se réunissent en colonnes mobiles que sur la réquisition écrite et formelle de l'autorité administrative.

7. Elles sont entrées en activité le premier messidor an 4.

8. Les administrateurs municipaux se réunissent tous les six mois, à partir du jour de la première organisation approuvée par l'administration centrale, pour fixer le nombre des membres de la colonne mobile et élire, dans la forme ordinaire, au scrutin et à la pluralité absolue les citoyens qui doivent la composer.

9. Ils nomment ensuite ses officiers et sous-officiers parmi les officiers et sous-officiers de mêmes grades de la garde nationale sédentaire.

11. A raison d'un caporal par huit hommes, d'un sergent par seize hommes, d'un lieutenant et d'un sous-lieutenant par trente-deux hommes, d'un capitaine par soixante-quatre hommes, et d'un chef de bataillon par six cent quarante hommes.

Il ne peut y avoir moins d'un capitaine, d'un lieutenant et d'un sous-lieutenant, quelle que soit la force de la colonne mobile.

Il y a un chef de bataillon pour trois compagnies, deux pour quatorze, et ainsi de suite.

Il y a en outre un tambour pour chaque compagnie, désigné par l'administration municipale.

12. Deux administrateurs sont chargés de former le tableau des diverses escouades, sections, pelotons, compagnies et bataillons, s'il y a lieu, en réunissant, pour former une escouade, les habitans du même quartier, les sections, les escouades les plus voisines, etc. etc.

14. L'administration municipale procède à fur et à mesure au remplacement des membres morts, ou autrement dégagés du service de la colonne.

15. Le tableau de la colonne mobile formé, il est remis au commissaire de canton, qui l'envoie avec ses observations au commissaire central; et celui-ci le soumet, avec ses observations, à l'examen de l'administration centrale.

Si elle en rejète des membres, ils sont remplacés par l'administration municipale, et les mêmes formes sont suivies jusqu'à l'approbation entière de l'état par l'administration centrale.

16. Alors l'administration municipale le fait afficher dans le lieu de ses séances, et avertit chaque membre de la colonne de sa nomination.

17. Dans la commune où il y a plusieurs administrations municipales, chacune d'elles procède pour son arrondissement particulier dans les mêmes formes.

18. Si plusieurs colonnes se réunissent, le chef le plus âgé commande, si l'administration centrale ou le commandant militaire n'ont pas nommé un chef particulier.

Indépendamment de cette mesure, les administrations municipales des communes au-dessus de dix mille habitans, et les administrations centrales pour toutes les autres, sont autorisées à mettre en réquisition permanente tous les citoyens inscrits aux rôles de la garde nationale sédentaire, dans tous les lieux où la sûreté des personnes ou des propriétés paraît menacée par les brigands, et la tranquillité compromise par quelque cause que ce soit.

Pendant le tems de cette réquisition permanente, l'ordre de service est une réquisition personnelle à celui à qui il est adressé. S'il n'y obéit pas, *l'adjoint à la mairie* le dénonce au juge de paix, conformément à l'article 83 de la loi du 3 brumaire an 4, pour être puni conformément à l'article 42 de celle du 3 août 1791. (Arrêté du directoire exécutif, du 25 nivose an 6.)

Les maires remplaçant les administrations municipales, c'est à eux à désigner les citoyens qui doivent composer les colonnes mobiles.

Instruction sur la garde nationale sédentaire et les rapports de l'autorité civile avec la force publique.

Arrêté du 13 *floréal an* 7. (B. 27.)

CHAPITRE PREMIER.

Du service de la garde nationale sédentaire, de sa nature et de son objet.

La garde nationale sédentaire, dans son organisation actuelle, existe sous deux rapports très-distincts ; comme force privée et propre à chaque commune, comme force publique et constituée.

Toutes les fois que les hommes se réunissent pour former une corporation, chacun d'eux, par une convention tacite et réciproque, met dans un dépôt commun la somme de moyens et de forces nécessaire pour le maintien de la société, la conservation de ses membres, et la défense de ses droits et de ses propriétés.

La garde et l'emploi de ce dépôt sont confiés à des administrateurs désignés sous différentes dénominations, et revêtus de pouvoirs plus ou moins étendus, suivant la nature et l'objet de l'association.

Dans les communes, ces administrateurs se nomment officiers municipaux ou agens municipaux. (art. 179 et 182 de la constitution.)

A ces magistrats appartient la direction des forces que chaque habitant de la commune a promis d'employer à la répression des délits qui pourraient en troubler l'ordre, et compromettre la sûreté des personnes ou des propriétés.

Ainsi toutes les fois que la municipalité ou l'agent municipal juge, dans sa sagesse, que l'intérêt de la commune exige un appel aux citoyens, il a le droit de les réunir, et de leur prescrire les mesures que les circonstances rendent nécessaires.

Par cette provocation, les administrateurs ne font autre chose que rappeler chaque citoyen à l'exécution d'un engagement d'autant plus sacré pour lui, qu'il l'a volontairement contracté ; d'un engagement qu'il n'est plus en son pouvoir de rompre parce qu'il est réciproque, et qu'en le recevant ses concitoyens en ont contracté un semblable envers lui. Celui qui refuse de prendre les armes à la voix de ses magistrats, c'est-à-dire, à la voix de ceux que leurs concitoyens ont constitués arbitres des mesures à prendre pour le maintien de l'ordre, se rend donc coupable d'une injustice palpable et d'une mauvaise foi bien caractérisée.

Il est injuste, parce qu'il refuse de partager les charges de la société, quoiqu'il en partage les avantages.

Il est de mauvaise foi, parce qu'il manque à ses engagemens.

Mais les citoyens ne doivent pas seulement être considérés dans leurs rapports avec les petites agrégations connues sous la dénomination de *communes;* ils font partie d'une association bien plus étendue : ils sont membres de la république; et par une convention encore bien plus éminemment obligatoire, ils ont mis à sa disposition toutes leurs forces, tous leurs moyens, toutes leurs facultés.

Comme partie intégrante du souverain, ils doivent à tous les citoyens protection et sûreté, comme portion dépendante de ce même souverain, ils doivent déférer à toutes les réquisitions qui leur sont faites par ses organes légitimes.

Ces organes sont les autorités supérieures, et, dans certains cas, les administrations municipales. Toute cette théorie est renfermée dans ce texte de la loi du 28 décembre 1789, constitutive des municipalités : « Pour l'exercice des fonctions pro-» pres et déléguées aux municipalités, elles auront le droit » de requérir les secours *nécessaires* des gardes nationales et » autres forces publiques ».

Dans cette disposition, le mot *nécessaires* est à remarquer : il donne aux administrateurs municipaux la mesure de leurs pouvoirs; il en est le régulateur; il apprend que ce n'est pas pour en user arbitrairement qu'ils en sont investis.

Cependant, quel que soit le motif de la réquisition, elle doit d'abord être exécutée; la garde nationale n'a pas le droit de la juger; pour juger, il faut délibérer, et il est écrit dans l'acte constitutionnel : « La force publique est essentielle-» ment obéissante; nul corps armé ne peut délibérer ». (art. 84.)

C'est encore ce que porte très-formellement la loi du 14 octobre 1791 : « Les citoyens et leurs chefs requis au nom » de la loi, ne se permettront pas de juger si les réquisitions » ont dû être faites; ils seront tenus de les exécuter provisoi-» rement sans délibération ».

Mais la réquisition exécutée, les citoyens peuvent la déférer à l'administration centrale, qui jugera de son utilité, et qui, remontant aux causes de la difficulté, examinera si les municipalités ; abusant du zèle des citoyens, n'exigent point de la garde nationale au - delà du service nécessaire, ou si, jalouses d'étendre leur autorité ; elle ne troublent point sa discipline intérieure. (Loi en forme d'instruction, du 12 août 1790.)

CHAPITRE II.

Des cas où le service de la garde nationale est nécessaire.

Le service de la garde nationale est nécessaire, et les fonctionnaires chargés de la police administrative doivent le requérir, toutes les fois que l'ordre public est troublé, ou que des symptômes alarmans peuvent faire craindre qu'il ne soit compromis. (Loi du 3 août 1791.)

Les gardes nationales doivent déférer à ces réquisitions, parce que les fonctions des citoyens servant dans la garde nationale, sont de rétablir l'ordre et de maintenir l'obéissance aux lois. (Loi du 14 octobre 1791, section 3, art. 1er.

L'ordre n'existe que lorsque les lois, et toutes les lois, sont exécutées d'une manière prompte, entière et uniforme.

Mais dans le nombre des lois, il en est dont les gardes nationales sont plus particulièrement chargées de protéger et d'assurer l'exécution ; ce sont celles qui ont pour objet,

La sûreté des personnes,

La conservation des propriétés,

La perception des contributions,

La circulation des subsistances,

L'exécution des lois et arrêtés sur les passe-ports, et des jugemens émanés des tribunaux.

Ainsi toutes les fois qu'il y a lieu de craindre que les lois ne soient violées, c'est le cas d'exiger de la garde nationale un service habituel et ordinaire ; et tel est le service que la garde nationale sédentaire fournit aux postes de surveillance dans les communes où il n'y a pas de garde nationale active, ou dans lesquelles elle est trop peu nombreuse pour occuper tous les postes et assurer le maintien de l'ordre.

Un service extraordinaire devient indispensable,

Lorsque des brigands infestent les routes, dévastent les campagnes et alarment les habitans des communes ;

Lorsqu'une fermentation sourde, une agitation plus ou moins sensible, dans les esprits, présagent des mouvemens insurrectionnels.

Alors les citoyens inscrits pour le service des gardes nationales, sont mis en état de réquisition permanente qui les oblige à un service habituel de vigilance. (Loi du 3 août 1791, art. 44 et 45.)

Mais s'il se forme des attroupemens séditieux, il faut des mesures encore plus répressives.

La loi imprime le caractère d'attroupement séditieux,

A tout rassemblement de plus de quinze personnes s'opposant à l'exécution d'une loi, d'une contrainte ou d'un jugement ;

A toute émeute populaire contre la sûreté des personnes, quelles qu'elles puissent être ; contre les autorités soit municipales, soit administratives, soit judiciaires ; contre les tribunaux civils, criminels et de police ; contre l'exécution des jugemens, et pour la délivrance des prisonniers ou condamnés ; contre la liberté ou la tranquillité des assemblées constitutionnelles ; contre la perception des contributions publiques ; contre la liberté absolue de la circulation des subsistances, des espèces d'or et d'argent dans l'intérieur ; contre celle du travail et de l'industrie ; (*Ibid.* art. 9 et 13.)

A tout rassemblement où il se fait des provocations pour la dissolution de la représentation nationale ou celle du gouvernement ; pour le meurtre de tous ou chacun des membres qui les composent ; pour l'invasion des propriétés publiques ; pour le pillage ou le partage des propriétés particulières, sous le nom de loi agraire, ou de toute autre manière. (Loi du 27 germinal an 4.)

Dans tous ces cas, l'attroupement doit être dissipé par la gendarmerie nationale, les gardes soldées, et les citoyens qui se trouveront de service dans les gardes nationales. (Loi du 3 août 1791)

Si ces forces sont insuffisantes, la troupe de ligne doit être requise, et subsidiairement les citoyens inscrits dans la garde nationale du canton où le trouble se manifeste. Les citoyens des communes troublées par les désordres sont tenus de prêter secours pour dissiper l'attroupement, saisir les chefs et principaux coupables, et pour rétablir la tranquillité publique et assurer l'exécution de la loi. (*Ibid.* art. 12.)

CHAPITRE III.

Des fonctionnaires auxquels la loi donne le droit et impose l'obligation de requérir la force publique.

Aucune partie de la garde nationale sédentaire ni de la garde nationale en activité ne peut agir pour le service intérieur, que sur la réquisition par écrit de l'autorité civile, dans les formes prescrites par la loi.

Dans le nombre des fonctionnaires publics dépositaires de l'autorité civile, quels sont ceux auxquels les lois confient le droit de mettre en action les gardes nationales? La réponse à cette question est dans la nature et la gravité des circonstances. Lorsque la tranquillité existe, et qu'il n'y a dans la commune aucune troupe de ligne, ou lorsque les cantonnemens sont insuffisans pour occuper tous les postes, la garde nationale sédentaire doit, pour le maintien de l'ordre et pour l'exécution des mesures de surveillance, un service journalier sur la réquisition de l'administration locale. Il est encore une autre occasion où les administrations municipales ont le droit de requérir la garde nationale sédentaire; c'est lorsqu'elles sortent, en cortège, soit pour une fête nationale, soit pour se rendre au lieu destiné pour la réunion des citoyens dans les cérémonies publiques.

Si l'ordre public est ouvertement menacé, si un service extraordinaire paraît indispensable pour prévenir les émeutes populaires, alors la garde nationale, comme il a été dit dans le chapitre précédent, doit être mise en état de réquisition permanente; et c'est encore aux administrations municipales à faire ces réquisitions, mais seulement dans les communes au-dessus de dix mille ames : dans les autres, ce droit appartient exclusivement aux administrations centrales. (Loi du 3 août 1791, art. 44 ; arrêté du directoire exécutif, du 26 nivose an 6.)

Mais, si des attroupemens séditieux attaquent les personnes et les propriétés, s'opposent à la perception des contributions et à l'exécution des jugemens, alors, comme cet état de choses exige non-seulement un plus grand développement de forces, mais plus d'intensité dans les moyens de répression, la loi concentre et régularise le droit de mettre la force publique en réquisition.

D'abord les coupables doivent être saisis par les citoyens qui se trouveront de service dans la garde nationale. (Loi du 3 août 1791, art. 10.)

Si les forces se trouvent insuffisantes, le commissaire du directoire exécutif près l'administration municipale (le maire) requiert la gendarmerie nationale et toute ou partie de la troupe de ligne qui se trouve dans le canton, en observant que la force publique ne peut être requise par les autorités civiles que dans l'étendue de leur territoire, et qu'elle ne peut se transporter d'un canton dans un autre sans y être autorisée par l'administration du département. (*Ibid.* art. 6 et 12.)

Cependant, si le le danger est imminent, l'administration municipale d'un canton (le sous-préfet) peut requérir la garde nationale des cantons voisins ; et en ce cas, l'administration requérante et les chefs requis sont tenus d'en rendre compte, au même instant, à l'administration départementale (au préfet). Alors le commissaire central, de concert avec l'administration (le préfet), requiert la réunion de tout ou partie des brigades de la gendarmerie du département, pour le rétablissement de la tranquillité publique. (Loi du 28 germinal an 6.)

Les officiers de la gendarmerie nationale, dans le cas où une augmentation de forces est nécessaire, sont autorisés à requérir la garde nationale, mais leur demande doit être adressée à l'administration municipale (au maire), qui requiert le commandant de la garde nationale de prêter main-forte à la gendarmerie : dans cette circonstance, le détachement de la garde nationale est toujours sous les ordres de l'officier de la gendarmerie chargé de l'exécution.

Enfin, si des troubles éclatent sur tous les points d'un département, l'administration centrale et le commissaire près d'elle (le préfet) doivent en informer le gouvernement, qui prescrit les mesures nécessaires pour le rétablissement de l'ordre. S'il est jugé nécessaire de rassembler toute la garde nationale d'un département, le gouvernement peut nommer un commandant temporaire.

S'il devient nécessaire, pour la répression du brigandage ou pour quelque cause que ce soit, de transporter la force publique d'un département dans un autre, alors le gouvernement l'ordonne.

Dans tous les cas, les administrations centrales (les préfets) ont, sous leur responsabilité, le droit de suspendre l'effet des réquisitions faites par les administrations municipales, par les commissaires près d'elles, et même par les commissaires près les départemens.

CHAPITRE IV.

Des cas où la force des armes peut être déployée.

Tout attroupement armé est un attentat à la constitution ; il doit être dissipé sur-le-champ par la force. (Constitution de l'an 3, art. 365. Elle est abrogée.)

Tout attroupement non armé doit être également dissipé, d'abord par voie de commandement verbal, et, *s'il est néces-saire*, par le développement de la force armée. (Art. 366, également abrogé. Mais ces dispositions sont dans d'autres lois.)

Tels sont les principes qui doivent régler la conduite des autorités civiles et militaires.

Dans le premier cas, nul délai, nul ménagement ; le déploiement de la force est indispensable.

Dans le second, ce moyen de rigueur ne doit être employé qu'avec prudence : la voie de la persuasion, ensuite du commandement verbal ; enfin, si ces deux moyens sont infructueux, le développement de la force armée ; voilà la marche que doivent suivre les autorités civiles et les dépositaires et agens de la force publique, appelés soit pour assurer l'exécution des lois, ordonnances, mandemens de justice ou de police, soit pour dissiper les émeutes populaires et attroupemens séditieux.

Ainsi, dans le cas d'une émeute populaire, avant d'employer la force des armes pour vaincre la résistance, il faut que *la nécessité de cette mesure* soit reconnue par un arrêté de l'administration centrale ou municipale : alors l'administration qui a délibéré, délègue un de ses membres ; arrivé avec la force armée au lieu du rassemblement, il prononce à haute voix ces mots : « Obéissance à la loi ; on va faire usage de la force : que » les bons citoyens se retirent. »

Si, après cette sommation trois fois réitérée, la résistance continue, et si les personnes attroupées ne se retirent pas paisiblement, la force des armes doit être à l'instant déployée contre les séditieux, sans aucune responsabilité des événemens ; et ceux qu'on peut saisir ensuite doivent être livrés aux officiers de police judiciaire, pour être poursuivis et jugés suivant la rigueur des lois. (Loi du 28 germinal an 6, art. 232.)

CHAPITRE V.

De la forme des réquisitions.

Les réquisitions adressées aux commandans soit des troupes de ligne, soit des gardes nationales, soit de la gendarmerie nationale, seront faites par écrit dans la forme suivante :

Nous.... requérons, en vertu de la loi, N..... commandant, etc., de prêter le secours de troupes de ligne, ou de la gendarmerie nationale, ou de la garde nationale, nécessaire pour repousser les brigands, etc., prévenir ou dissiper les attroupemens formés, etc., ou pour assurer le paiement de, etc., ou pour procurer l'exécution de tel jugement ou de telle ordonnance de police ; et pour la garantie dudit commandant, nous apposons notre signature. Fait à, etc.

Cette formule est consignée dans la loi du 3 août 1791. Celle du 28 germinal an 6 exige une formalité de plus dans les réquisitions à la gendarmerie nationale ; elle veut l'énonciation de la loi ou de l'arrêté qui l'ordonne.

On ne doit employer dans les réquisitions d'autres termes que ceux qui sont consacrés par l'acte constitutionnel. (Loi du 28 germinal an 6, art. 137.)

On ne voit dans les lois que les mots *réquisition*, *requérir* et *autoriser*; ainsi, l'autorité civile qui met en action la force publique, ne peut pas dire qu'elle *ordonne*, qu'elle *enjoint*, ou se servir d'autres expressions semblables.

A l'égard des colonnes mobiles, les citoyens qui les composent ne peuvent se réunir, en tout ou en partie, sous cette dénomination, que d'après une réquisition écrite et formelle des autorités constituées à qui les lois accordent le droit de réquisition. En toute autre circonstance, les citoyens qui composent ces colonnes se réuniront aux diverses compagnies de la garde nationale sédentaire du canton auxquelles ils seront respectivement attachés. (Arrête du directoire exécutif, du 17 floréal an 4, art. 16.)

Quant aux mesures d'exécution dans les cas ordinaires, et même lorsque les circonstances exigent que la garde nationale soit mise en réquisition permanente, c'est à l'autorité civile à les prescrire ; c'est elle qui doit déterminer les postes de service et fixer le nombre d'hommes qu'elle croit nécessaire. L'acte de l'administration municipale ou centrale, qui ordonne les réquisitions permanentes, doit déterminer en même tems le service dans chaque arrondissement de commune ou de canton, suivant les localités et les circonstances. (Arrêté du 26 nivose an 6.)

Mais dans les cas extraordinaires, c'est au commandant de la force publique qu'appartiennent les mesures d'exécution : il n'est pas permis à l'autorité civile de s'immiscer dans les dispositions qu'il croit devoir faire, et dans les opérations militaires qu'il juge à propos d'ordonner. (Loi du 14 octobre 1791, section 3, art 9.)

Dans toutes les circonstances, l'ordre et le rang des bataillons, des pelotons, sections et escouades de chaque compagnie, sont réglés par le sort; l'ordre du service est déterminé sur cette base, toutes les fois qu'il faudra rassembler et mettre en marche des bataillons de garde nationale. (*Ibid.* section 4, art. 1er.)

Lorsqu'une ou plusieurs colonnes mobiles sont réunies, le commandement appartient au plus ancien d'âge ; cependant, l'administration centrale ou le commandant de la force militaire dans le département, peuvent changer cet ordre et nommer un commandant particulier. (Arrêté du 17 floréal an 4.)

L'exécution des dispositions militaires appartient aux commandans des troupes de ligne..... S'il s'agit de faire sortir les troupes de ligne du lieu où elles se trouvent, la détermination du nombre est abandonnée à l'officier commandant, sous sa responsabilité. (Loi du 3 août 1791.)

Les autorités civiles, une fois qu'elles ont adressé leur réquisition conformément aux lois, ne peuvent s'immiscer, en aucune manière, dans les opérations militaires qui sont ordonnées par les chefs pour l'exécution desdites réquisitions, les chefs étant chargés, sous leur responsabilité, d'ordonner les mouvemens des brigades, et de les diriger dans les opérations qu'elles doivent exécuter : l'autorité civile qui a requis ne peut exiger qu'un compte ou rapport de ce qui a été fait en conséquence de sa réquisition. (Loi du 28 germinal an 6, art. 138.)

CHAPITRE VI.

DISPOSITIONS PÉNALES.

Négligence ou abus de pouvoirs.

1°. Les administrateurs municipaux et de département investis du droit de requérir la force publique, qui négligent d'user de ce droit lorsque la sûreté publique est compromise, ou qui abusent de ce droit pour vexer les citoyens, encourent non-seulement la destitution de leurs fonctions, mais encore la traduction devant les tribunaux.

Refus d'obéissance de la part des chefs de la garde nationale.

2°. Si les chefs de la garde nationale refusent d'exécuter les réquisitions qui leur sont faites, ils sont poursuivis à la requête de l'accusateur public, et punis conformément à l'article 4, section 5 de la seconde partie du code pénal, sans préjudice des peines plus graves prononcées par la loi contre les crimes attentatoires à la tranquillité.

Refus de la gendarmerie.

3°. Les chefs de la gendarmerie nationale, les commandans de brigade et les gendarmes qui n'obtempèrent pas aux réquisitions des autorités civiles dans les cas prévus par la loi, sont destitués de leurs fonctions d'après le compte rendu au directoire exécutif; ils sont, en outre, dénoncés à l'accusateur public, à la diligence du commissaire central; pour être jugés selon qu'il y a lieu, et punis, soit d'un emprisonnement qui ne peut être moindre de trois mois, soit des peines déterminées par la loi contre ceux qui attentent à la sûreté intérieure. (Loi du 28 germinal an 6, art. 233.)

Refus des citoyens.

4°. Si le refus d'obéissance provient des citoyens, la peine se gradue suivant le genre de service pour lequel ils avaient été commandés.

SERVICE ORDINAIRE.

Taxe de remplacement.

S'il s'agit d'un service ordinaire, il faut distinguer entre un service de vingt-quatre heures à un poste de surveillance, et un service momentané pour escorter les autorités civiles dans les fêtes nationales et décadaires,

Dans le premier cas, le citoyen commandé ou averti qui ne se présente pas en personne, et ne se fait pas remplacer, est soumis à une taxe de remplacement de la valeur de deux journées de travail.

Dans le second cas, par la considération que le service a moins de durée, la taxe ne doit être que d'une journée de travail. (Loi du 14 octobre 1791.)

Pour ôter lieu à toute évaluation arbitraire, la valeur de la journée de travail est réglée tous les trois mois par l'administration centrale, sur l'avis de chaque administration municipale.

Cette taxe de remplacement ne devant être considérée que comme une contribution personnelle, c'est aux administrations municipales à en prononcer l'application et à en ordonner le recouvrement.

Mode de recouvrement.

Ainsi, lorsque des citoyens faisant partie de la garde nationale sédentaire, sont commandés ou avertis pour un service ordinaire, et ne se font pas remplacer, le commandant dresse état nominatif des manquans, avec indication du jour et de la durée du service : il remet cet état au commissaire du directoire exécutif près l'administration municipale, lequel, en sa qualité d'agent particulier des contributions directes, forme un rôle de chaque taxe due.

Ce rôle est arrêté par l'administration municipale, qui le rend exécutoire, avec l'autorisation de procéder immédiatement et sans autre formalité, à la saisie des meubles et effets, en cas de refus de paiement lors de la notification et sommation qui sera faite par l'huissier chargé de le mettre à exécution.

Réclamation contre la taxe.

Si les citoyens taxés se croient fondés à réclamer contre cette taxe, ils doivent porter leurs réclamations, d'abord devant l'administration municipale, qui statue provisoirement, ensuite vers l'administration centrale, qui prononce définitivement ; en observant qu'aucune réclamation ne peut être admise sans qu'on ait justifié du paiement préalable de la taxe et des frais occasionnés pour son recouvrement, parce qu'il est de principe que tout rôle de contribution s'exécute provisoirement, sauf réclamation.

2. *Prem. Part.* 13

Versement de la taxe et son emploi.

Le montant de cette taxe doit être versé dans la caisse de chaque administration municipale, qui en tient registre.

Ces fonds sont destinés à payer les remplaçans qui ont été fournis par le commandant de chaque bataillon ; celui - ci délivre à chacun d'eux un *bon* pour leur valoir de titre à la caisse municipale.

L'excédant des sommes versées doit être employé à entretenir la propreté et la commodité des corps-de-garde, à réparer les caisses de chaque bataillon, et à subvenir aux menus frais des fêtes nationales et décadaires.

La somme due pour chaque remplaçant est déterminée par l'administration centrale, sur l'avis des administrations municipales, et eu égard à la durée du service.

C'est ici le moment d'observer que le choix des remplaçans intéresse essentiellement le maintien du bon ordre et la sûreté intérieure.

Les commandans doivent à leurs concitoyens de n'admettre que des hommes dont la moralité et le civisme soient garantis par chaque administration municipale de leur domicile.

Une autre précaution, non moins nécessaire, est d'empêcher les remplaçans d'être employés quarante-huit heures de suite.

SERVICE EXTRAORDINAIRE.

Peine correctionnelle.

Mais lorsqu'il s'agit d'un service extraordinaire, c'est-à-dire, de dissiper des attroupemens, de faire des patrouilles, soit de nuit, soit de jour, sur les routes et dans l'intérieur des communes, pour réprimer le brigandage ; comme alors le refus du service peut compromettre la tranquillité publique et la sûreté intérieure, et occasionner des maux incalculables, la peine que la loi inflige est aussi plus grave : les citoyens en pareil cas, qui ont refusé le service et ne se sont pas fait remplacer, sont punis par voie de police correctionnelle, et sont condamnés, suivant la gravité des circonstances, à un emprisonnement qui ne peut pas excéder un an. (Loi du 3 août 1791, art. 42 et 43.)

Mode de poursuites.

Dès-lors, toutes les fois qu'un citoyen légalement requis soit par billet, soit par avertissement, ne se présente pas et ne se fait pas remplacer, le commandant doit sur-le-champ en faire son rapport au commissaire du directoire exécutif près l'administration municipale, lequel dénonce cette contravention au juge de paix de l'arrondissement : celui-ci, agissant comme officier de police judiciaire, traduit le citoyen désobéissant devant le tribunal correctionnel. Si, par événement, quelque citoyen ainsi traduit se trouve indûment acquitté, le commissaire près le tribunal correctionnel doit interjeter appel au tribunal criminel ; et, s'il y a lieu, le commissaire près le tribunal criminel doit se pourvoir en cassation. (Arrêté du 26 nivose an 6.)

C H A P I T R E V I I.

Conseils de discipline.

Il faut distinguer, dans le service de la garde nationale, le service commandé, et l'exécution du service, son activité et sa durée.

Les citoyens commandés doivent se réunir à l'ordre de leur chef, c'est-à-dire, se présenter en personne, ou se faire remplacer par des citoyens de leur compagnie.

Celui qui manque en pareil cas, et n'obéit pas à l'ordre, n'est pas justiciable du conseil de discipline.

Ses chefs ne peuvent user envers lui d'aucun moyen de force, mais seulement en déférer à l'administration municipale, en remettant au maire l'état nominatif de ceux qui n'ont pas obéi et ne se sont pas fait remplacer, afin que ce maire prononce contre eux, et d'après le mode indiqué chapitre VI, la taxe de remplacement, s'il s'agit d'un service ordinaire, ou provoque la peine correctionnelle, s'il s'agit d'un service extraordinaire. (Loi du 14 octobre 1791, section 5, art. 3.)

Celui qui obéit à la convocation soit personnellement, soit comme remplaçant, est tenu d'exécuter les ordres du chef, tant qu'il est en état de service.

Dès-lors, si pendant la durée de ses services il manque soit à l'obéissance, soit au respect dû à la personne du chef, soit aux règles du service, il doit être puni des peines de discipline. (*Ibid.* art. 5 et 6.)

18 *.

Ici cesse la compétence de l'autorité administrative, et commence celle des conseils de discipline.

Ces conseils sont, en pareil cas, investis du droit d'indiquer les peines déterminées par la loi, sans pouvoir en prononcer de plus fortes que celles qu'elle établit.

Les décisions du conseil de discipline doivent s'exécuter provisoirement; sauf à ceux qui croiraient avoir droit de se plaindre de la punition infligée, à se pourvoir vers ce même conseil contre le chef qui, par un faux rapport, aurait provoqué une punition imméritée. (Art. 16 et 17.)

Quand la décision du conseil de discipline est notifiée au citoyen qui en est l'objet, il doit se soumettre et l'exécuter.

En cas de refus, le commandant, en sa qualité de président de ce conseil, doit, pour le maintien de cette décision, donner un ordre d'exécution, soit au capitaine, soit à tout autre officier de la compagnie, lequel prend les moyens militaires pour que force et respect demeurent à la loi, dont les membres du conseil de discipline n'ont été que les organes.

Si, au contraire, pendant la durée du service, un citoyen se rend coupable d'un délit qui emporte une peine autre que celles que les conseils de discipline peuvent appliquer, il doit être renvoyé vers l'adjoint au maire, s'il s'agit d'un délit punissable par le tribunal de simple police; et vers le juge de paix de l'arrondissement, qui agit comme officier de police judiciaire, s'il s'agit d'un délit qui entraîne une peine correctionnelle ou afflictive.

CHAPITRE VIII.

De ceux qui sont exempts du service de la garde nationale.

On ne peut commander pour aucun service les membres du corps législatif, du directoire exécutif, les ministres, les membres des administrations centrales et municipales, les commissaires du directoire exécutif, les secrétaires en chef, les juges des tribunaux et de paix, les greffiers en chef, les receveurs-généraux des départemens et leurs préposés, les payeurs généraux et divisionnaires, les directeurs des postes aux lettres, les courriers des malles, les postillons de postes aux chevaux, les militaires en activité de service, les commissaires des guerres, les gardes des arsenaux et magasins de la république; les directeurs, officiers de santé et infirmiers des hôpitaux militaires, les employés aux transports et charrois militaires, les étrangers non naturalisés, les concierges des maisons d'arrêt, les guichetiers, les exécuteurs des jugemens criminels. (Loi du 14 octobre 1791; loi du 28 prairial an 3 , art. 3.)

Le nouveau décret impérial ne porte aucune exception.

Les assesseurs des juges de paix, les instituteurs publics, les receveurs des domaines nationaux, lesprofesseurs des écoles de santé de Montpellier, Paris et Strasbourg, et les officiers publics de l'état civil, sont dispensés du service de la garde nationale pendant la durée de leurs fonctions. (Loi du quatrième jour complémentaire an 3.)

Cependant les fonctionnaires publics salariés par la république doivent être soumis au remplacement. (Loi du 14 octobre 1791 , section première, art. 16.)

A l'exception des juges etc. *Voyez la loi du 28 prairial an 3.*

La même dispense est accordée aux sexagénaires, infirmes, impotens et invalides, en observant

1°. Que les sexagénaires et les infirmes, quoique dispensés du service personnel, sont tenus de se faire remplacer, à moins qu'ils ne produisent un certificat de leur administration municipale, constatant que l'état de leur fortune ne leur permet pas de supporter les frais du remplacement. *Ibid.* art. 17 , loi du 22 frimaire an 3.)

2°. Qu'aucun citoyen valide et en état de porter les armes , quel que soit son âge, ne peut être refusé pour ce service. (Loi du 15 messidor an 3.)

Afin d'éviter les contestations et difficultés qui peuvent s'élever à l'occasion des infirmités prétendues, ceux qui voudront s'en prévaloir pour être dispensés du service, devront porter leurs réclamations vers l'administration municipale , qui, après avoir fait constater le genre d'infirmités par un ou deux officiers de santé qu'elle aura choisis et désignés, prononcera, s'il y a lieu , la dispense réclamée.

Deux observations termineront ce chapitre : la première est relative aux marins qui, sans être en activité, se croient exempts du service de la garde nationale, sous le prétexte qu'ils ne doivent pas deux sortes de service.

Leurs réclamations seraient fondées, si lorsqu'ils sont commandés pour un service maritime et employés dans un port de mer ou sur des vaisseaux , on exigeait d'eux le service ou remplacement dans la garde nationale sédentaire.

Quand ils sont dans leurs foyers, ils ne peuvent se refuser à la réquisition qui leur est faite, parce que, d'après la loi, tout citoyen français compris dans l'inscription maritime doit le service de la garde nationale dans l'arrondissement de son quartier. (Loi du 3 brumaire an 4, art. 7, concernant l'inscription maritime.)

La seconde observation concerne les jeunes citoyens faisant partie de la conscription : tant qu'ils ne sont pas en activité, quoiqu'ils soient attachés à un corps, ils font le service de la garde nationale sédentaire. (Loi du 19 fructidor an 6, art. 23.)

CHAPITRE IX.

Des indemnités dues à la garde nationale.

Les citoyens faisant le service ordinaire dans leurs arrondissemens respectifs, n'ont droit à aucune indemnité; ils remplissent un devoir que chaque habitant en état de porter les armes doit à son pays, pour le maintien de l'ordre social : en veillant à tour de rôle, les citoyens d'une même commune, d'un même canton, se protègent mutuellement contre toutes les atteintes qu'on pourrait porter à leurs personnes ou à leurs propriétés. Si, au contraire, des circonstances majeures exigent leur déplacement hors de leur arrondissement ; si la tranquillité d'un département se trouve compromise soit par les excès du brigandage, ou par une invasion de l'ennemi, et qu'il faille s'organiser et marcher en colonnes mobiles, il est juste de les indemniser du sacrifice qu'ils font de leur tems et de leurs veilles : aussi alors, tant qu'ils sont employés, ils reçoivent les fournitures et la solde accordées à l'armée active. (Loi du 2 thermidor an 2, tit. 8, art. 25.)

Il est d'autres circonstances où les gardes nationaux non soldés ont des droits à une indemnité.

1°. Ceux qui ont été légalement requis de se transporter hors de leur résidence pour l'exécution des actes et mandemens de justice, peuvent obtenir, chacun sur sa demande individuelle, l'indemnité de leurs frais de déplacement, sans préjudice des primes accordées par les lois aux citoyens qui auraient coopéré à l'arrestation des émigrés, prêtres réfractaires et autres désignés dans ces lois. (Arrêté du 6 messidor an 6.)

2°. Les primes accordées par les lois consistent dans une somme de cent francs pour quiconque découvre, fait arrêter ou arrête une personne rangée par la loi dans la classe des émigrés ou dans la classe des prêtres qui doivent être déportés. Cette récompense ne peut être reçue qu'après l'exécution du jugement, et sur les mandats des administrations centrales. (Loi du 14 février 1793 (vieux style) ; loi du 25 brumaire an 3 ; Arrêté du 10 messidor an 6 ; loi du 25 brumaire an 3 , tit. 4 , art. 14.)

Arrêté du 23 floréal an 7. (B. 278.)

Vu l'article 1er. de la loi du 9 septembre 1792 ; les articles 34 et 35, titre 8, 1re. section de la loi du 2 thermidor an 2 ; l'article 12 de l'arrêté du 22 germinal an 4 ; l'arrêté du 25 nivose an 7, et celui du 17 floréal an 4, qui ordonnent la formation de colonnes mobiles ;

Considérant qu'il existe des incohérences entre les dispositions de ces arrêtés, qui compromettent les intérêts du trésor public ;

Arrête :

1°. Les gardes nationales sédentaires qui d'après les réquisitions par écrit des généraux, seront employées à la défense des villes assiégées ; celles qui quitteront leurs foyers pour un service hors du territoire de leurs communes, recevront selon leur grade, et pendant leur déplacement, la solde, les vivres et les fourrages attribués à l'infanterie, ainsi qu'une indemnité de huit centimes et demi à chaque sous-officier et soldat pour leur tenir lieu d'habillement et d'équipement. La réquisition n'aura d'effet que pendant un mois au plus, à moins qu'elle ne soit renouvelée. Il en sera de même pour les colonnes mobiles éventuellement formées dans chacun des cantons, en exécution de l'arrêté du 17 floréal an 4, qui d'après la réquisition formelle et positive des administrations centrales, seront mises en activité pour le maintien de la sûreté publique, ou pour tout autre service d'ordre et de police générale qui exigerait leur déplacement.

2°. Les gardes nationales sédentaires qui, à défaut de troupes suffisantes dans la garnison des places de leur canton, seraient requises pour la garde des établissemens militaires, fortifications, forts, lignes, châteaux et places des côtes et frontières maritimes, qui seront jugés devoir être mis en état de défense, recevront pour chaque jour de service, la solde seulement attribuée aux mêmes grades dans les troupes de l'infanterie, et sans aucune fourniture ; les gardes montées d'un jour à l'autre ne compteront que pour un jour de service.

Les citoyens qui seront requis pour faire le même service dans les places d'un canton autre que le leur, auront droit à la même solde; mais, à raison de leur déplacement, les gardes montées d'un jour à l'autre compteront pour deux jours de service.

3°. Lorsque le déplacement de la garde nationale aura lieu pour l'exécution des mesures de répression ou de réparations déterminées par la loi du 10 vendemiaire an 4, sur la police intérieure des communes, il en sera usé de la manière prescrite par cette loi, et les dispositions subséquentes, pour l'acquittement des dépenses occasionnées pour ce déploiement de la force armée.

Formation d'une garde municipale pour la ville de Paris.

Arrêté du 12 vendémiaire an 11. (B. 221.)

Art. 1. Il sera formé une garde municipale pour le service de la ville de Paris.

2. La garde municipale de la ville de Paris sera composée de deux mille cent cinquante-quatre hommes d'infanterie, et de cent quatre-vingts hommes de troupes à cheval.

3. L'infanterie de la garde municipale de Paris formera deux régimens ; un destiné au service des ports et des grandes barrières, et un à celui de l'intérieur de la ville.

4. Le premier régiment sera divisé en deux bataillons, l'un destiné particulièrement au service des ports, et l'autre à celui des grandes barrières.

Celui qui sera destiné au service de l'intérieur de la ville de Paris, sera de même divisé en deux bataillons.

5. Les troupes à cheval de la garde municipale de Paris ne formeront qu'un seul corps, qui sera désigné par le nom d'escadron.

6. Nul ne pourra être admis dans la garde municipale de Paris, s'il n'est âgé de plus trente ans, et de moins de quarante-cinq ; s'il n'a la taille de 1 mètre 651 millimètres (ou 5 pieds 1 pouce) ; s'il n'a fait cinq campagnes pendant la guerre de la liberté ; s'il n'est porteur d'un congé militaire en bonne et due forme, et d'un certificat de bonne vie et mœurs ; s'il ne sait lire et écrire, et s'il ne prend l'engagement de servir pendant dix années dans ladite garde.

7. Nul ne pourra être fait officier subalterne, s'il n'a occupé dans les troupes de ligne un emploi du même genre, et s'il ne prouve avoir fait avec honneur les cinq campagnes exigées par l'article 6.

8. Nul ne pourra être fait officier supérieur, s'il n'a obtenu dans les troupes de ligne au moins le grade de capitaine, et s'il ne prouve avoir fait avec distinction les cinq campagnes exigées par l'article 6.

Organisation particulière de chacune des quatre divisions de la garde municipale de Paris.

9. L'état-major de chacun des régimens de la garde municipale de Paris sera composé ainsi qu'il suit :

1 chef de brigade.	1 tambour-major.
2 chefs de bataillon.	8 musiciens.
1 quartier-maître.	3 maîtres-ouvriers.
1 adjudant-major.	
5	12

Chaque bataillon de la garde municipale sera composé de cinq compagnies; chaque compagnie organisée ainsi qu'il suit :

1 capitaine.	4 sergens.
1 lieutenant.	8 caporaux.
1 sous-lieutenant.	2 tambours.
1 sergent major.	88 soldats.
4	102

10. L'escadron de la garde municipale sera organisé ainsi qu'il suit :

1 chef d'escadron.	1 trompette-maître.
1 adjudant-major.	4 maîtres-ouvriers.
1 quartier-maître.	

Il sera divisé en deux compagnies; chaque compagnie sera de 86 hommes, savoir :

1 capitaine.	2 maréchaux-des-logis.
1 lieutenant.	4 brigadiers.
1 sous-lieutenant.	2 trompettes.
1 maréchal-des-logis chef.	74 dragons.
4	82

De la solde de l'infanterie de la garde municipale de Paris.

ART. 11.

2 chefs de brigade à	10,000ᶠ	20,000ᶠ
4 chefs de bataillon à.	6,000	24,000
2 adjudans-majors à.	3,000	6,000
2 quartiers-maîtres, à.	1,800	3,600
2 tambours-majors, à	800	1,600
16 musiciens, à.	700	11,200
6 maîtres-ouvriers, à	700	4,200
20 capitaines, à.	3,000	60,000
20 lieutenans, à.	1,800	36,000
20 sous-lieutenans, à.	1,500	30,000
20 sergens-majors, à.	800	16,000
80 sergens, à.	700	56,000
160 caporaux, à.	600	96,000
40 tambours, à.	600	24,000
1,760 soldats, à.	500	880,000
2,154		**1,268,600**

12. La cavalerie de la garde municipale de Paris sera soldée ainsi qu'il suit :

1 chef d'escadron, à	7,000ᶠ	7,000ᶠ
1 adjudant-major, à.	3,700	3,700
1 quartier-maître, à	2,500	2,500
1 trompette-maître, à	1,500	1,500
4 maîtres-ouvriers, à	700	2,800
2 capitaines, à	3,700	7,400
2 lieutenans, à	2,500	5,000
2 sous-lieutenans, à	2,200	4,400
2 maréchaux-des-logis-chefs, à.	1,500	3,000
4 maréchaux-des-logis, à	1,400	5,600
8 brigadiers, à	1,300	10,400
4 trompettes, à	1,300	5,200
148 cavaliers, à	1,200	177,600
180		**236,100**

13. Au moyen de la solde ci-dessus, tous les individus qui composeront la garde municipale de Paris, seront tenus de s'équiper, s'habiller, s'entretenir, se nourrir, se chauffer, s'éclairer, se monter, nourrir et équiper leurs chevaux.

Ceux d'entre lesdits individus qui ne seront point logés par la ville de Paris, recevront un supplément de solde égal au douzième de leur solde respective.

La ville de Paris sera tenue en outre de fournir les corps-de-garde nécessaires à sa garde, et de les entretenir d'ustensiles, de bois et de lumières, conformément aux réglemens militaires.

14. La solde ci-dessus sera payée le 2 de chaque mois, pour le mois échu, sur des revues qui seront passées à chaque corps par l'un des maires de Paris, délégué à cet effet par le préfet de la Seine.

Le préfet ordonnancera le paiement des sommes qui seront dues à la garde municipale, au bas de l'extrait de revue qui lui sera présenté par le maire qui l'aura faite.

15. Pour assurer l'uniformité de l'habillement, de l'équipement, et la bonne tenue des sous-officiers et soldats de la garde municipale à pied et à cheval de Paris, il leur sera fait chaque jour, sur leur solde, une retenue de trente centimes.

Il sera fait de plus aux sous-officiers et soldats de la troupe à cheval, pour former une masse destinée à pourvoir à l'achat et renouvellement des chevaux, à leur nourriture et à leur harnachement, une retenue journalière d'un franc soixante cent.

16. Le produit de ces retenues sera versé dans la caisse respective des différens corps, et y restera en dépôt sous la surveillance du conseil d'administration.

17. Chacun des individus pour lesquels il aura été fait des retenues, aura à l'état-major de son corps un compte ouvert, dans lequel on portera, mois par mois, le produit des recettes qui auront été faites en son nom, et celui des dépenses qui auront été faites par lui.

Il sera fait à chaque sous-officier et soldat un décompte tous les trois mois : le résultat de ce décompte sera remis en totalité à chaque individu faisant partie de l'infanterie, lorsqu'il aura en masse une somme de cent francs, et qu'il sera convenablement équipé et vêtu. Quant aux individus faisant partie de la troupe à cheval, ils ne toucheront le résultat de leur décompte que du moment où étant convenablement équipés et vêtus, ils auront en masse une somme de six cents francs.

18. Lorsqu'un sous-officier, soldat ou dragon mourra ou

quittera le corps, tous les effets et deniers à lui appartenant lui seront remis ou à ses ayant-cause : toutefois le conseil d'administration pourra ordonner par une décision, que le cheval et son harnachement resteront au corps, en payant de suite au propriétaire le prix des objets réservés, et ce d'après une estimation faite par des experts contradictoirement nommés.

19. Il sera fait à tous les sous-officiers et soldats de la garde municipale tant à pied qu'à cheval, une retenue de quinze centimes par jour ; laquelle retenue sera versée dans la caisse municipale de la ville de Paris. Au moyen de cette retenue, il sera fourni chaque jour, par les soins du préfet de la Seine, une ration de pain semblable à celle qui est distribuée aux troupes de ligne.

De l'administration de la garde municipale de Paris.

20. L'administration de chacun des régimens de la garde de Paris sera confiée à un conseil composé, ainsi qu'il suit,

Du chef de brigade,
D'un chef de bataillon,
De deux capitaines,
D'un lieutenant.

Le conseil d'administration de la troupe à cheval sera composé

Du chef d'escadron,
De deux capitaines,
D'un lieutenant,
D'un sous-lieutenant.

Les quartiers-maîtres feront auprès du conseil les fonctions de secrétaire-greffier.

Les capitaines, lieutenans, sous-lieutenans, seront à tour de rôle, et pendant un an, membres du conseil d'administration.

En cas d'absence ou d'empêchement, les officiers supérieurs membres du conseil seront remplacés par les plus anciens du grade immédiatement inférieur ; les autres membres du conseil seront remplacés par ceux qui les suivront dans leurs colonnes respectives.

21. Trois des maires de Paris, nommés par le préfet de la Seine, rempliront près des deux régimens et de l'escadron de la garde municipale de Paris, les fonctions confiées aux inspecteurs aux revues.

Celui des maires de Paris qui fera auprès de chacun desdits corps les fonctions d'inspecteur aux revues, assistera aux délibérations du conseil, et aura le droit d'y faire toutes les réquisitions qui lui paraîtront utiles au bien-être du soldat et à l'amélioration de l'administration.

Il sera tenu registre desdites réquisitions, et le conseil délibérera sur chacune d'elles.

Tous les trois mois, le maire faisant les fonctions d'inspecteur arrêtera les comptes du corps, et s'assurera de l'existence, dans la caisse, des fonds qui devront y être déposés.

Le maire pourra exiger, après chaque revue de mois, que le conseil procède à l'examen des fonds en caisse.

Le maire prendra séance à la droite de l'officier qui présidera le conseil.

22. Le préfet de la Seine assistera aux conseils d'administration toutes les fois qu'il le jugera convenable; alors il les présidera.

Toutes les délibérations lui seront adressées dans les vingt-quatre heures : toutes celles à l'exécution desquelles il ne s'opposera point, par écrit, dans les vingt-quatre heures de leur réception, seront considérées comme ayant obtenu son approbation, et, comme telles, seront exécutées sans délai.

23. Chacun de ces conseils pourvoira, pour les sous-officiers et soldats, à l'achat, confection et renouvellement de tous les effets d'habillement et de grand équipement.

Le conseil de la troupe à cheval pourvoira de plus à l'achat et nourriture des chevaux et à leur harnachement.

Les individus qui ne seront point casernés, pourvoiront à leur logement, au moyen de l'indemnité fixée art. 13 : ils seront tenus de se loger dans les quartiers qui leur seront désignés par le chef de leur corps. Le logement leur sera payé de trois mois en trois mois.

Le conseil d'administration de chaque corps se conformera, pour tout ce qui est relatif à la tenue des contrôles et registres, à la confection de l'habillement et de l'équipement, à ce qui est prescrit pour le reste des troupes de la république.

Les frais de bureau seront arrêtés de trois mois en trois mois, et remboursés aux corps par la ville de Paris.

Ces frais ne pourront s'élever à plus de trois mille francs par an pour chaque régiment, et à plus de quinze cents fr. pour la troupe à cheval.

24. Chaque conseil d'administration rendra, chaque année, le compte de sa gestion à un conseil d'administration générale, composé ainsi qu'il suit :

Le préfet de la Seine;

Deux membres du conseil général du département faisant fonctions de conseil municipal;

Les maires qui auront fait, pendant l'année, les fonctions d'inspecteurs aux revues;

Deux officiers généraux ou supérieurs.

Les deux membres du conseil général du département et les deux officiers généraux ou supérieurs, seront nommés par le premier consul.

Ce conseil se fera rendre compte des recettes et des dépenses tant en argent qu'en denrées, marchandises et effets : il vérifiera et arrêtera les registres et comptes tant généraux que particuliers; il réglera le nombre et la quotité des soldes de retraite; il prononcera sur toutes les plaintes qui lui seront portées pour fait d'administration, et donnera tous les ordres qu'il croira utiles tant pour réformer les abus de tout genre que pour en prévenir le retour.

De l'habillement, de l'équipement et de l'armement.

25. La forme de la coiffure, de l'habit et chaussure des deux régimens d'infanterie de la garde municipale de Paris, sera la même que celle qui est établie pour l'infanterie de ligne.

L'escadron de troupes à cheval aura la coiffure, le vêtement et la chaussure semblables à ceux des dragons.

Le premier régiment aura l'habit vert, doublé de blanc, veste et culotte blanches, guêtres noires; paremens, collet et revers rouges.

Le second régiment aura l'habit rouge, veste et culotte blanches; paremens, collet et revers verts; guêtres noires.

L'infanterie portera le bouton jaune, tel qu'il a été fixé pour la garde nationale, avec ces mots pour légende : *Garde soldée de Paris.*

L'escadron de dragons portera l'habit gris-de-fer, paremens, collet et revers rouges, doublure gris-de-fer; le manteau à manches, aussi gris-de-fer; veste et pantalons jaune-chamois; boutons blancs, timbrés comme ceux de l'infanterie : les chevaux auront la taille et le harnachement des dragons.

Les différentes parties de l'habillement, de l'équipement et de la chaussure, seront confectionnées sous la surveillance des maîtres-ouvriers des divisions, et, autant que faire se pourra, par les soldats, leurs femmes et leurs enfans.

26. Les régimens d'infanterie seront armés à l'instar de l'in-

fanterie de ligne, et l'escadron de troupes à cheval à l'instar des dragons.

Ces armes seront fabriquées dans les manufactures nationales, fournies par le département de la guerre, à qui le prix en sera remboursé par la ville de Paris.

L'entretien des armes sera au compte individuel des officiers, sous-officiers et soldats ; elles seront réparées dans les divisions, sous la surveillance du maître-armurier de chacune d'elles.

De la première formation de la garde municipale de Paris.

27. Le premier consul nommera tous les officiers de la garde municipale de Paris, sur la présentation du préfet de la Seine, qui travaillera à cet effet avec le premier consul.

28. Les sous-officiers de l'état-major seront nommés lors de la première formation, par le préfet de la Seine, sur la présentation des chefs du corps, et ceux des compagnies sur la présentation des chefs des corps et des capitaines respectifs.

29. Les soldats seront reçus par les chefs des corps respectifs, mais ils ne seront définitivement admis que d'après une revue qui en sera passée par un des maires de Paris, délégué à cet effet par le préfet de la Seine.

De l'avancement.

30. Chacun des corps roulera sur lui-même pour l'avancement.

. 31. Les caporaux et brigadiers seront choisis par les capitaines des compagnies respectives, sur une liste générale déposée à l'état-major, formée chaque année par le concours de tous les sergens-majors du corps, et composée de trois individus pour chaque compagnie.

32. Les sergens et maréchaux-des-logis seront choisis par les capitaines, sur une liste générale déposée à l'état-major, formée chaque année par le concours des lieutenans et sous-lieutenans, composée de deux individus pour chaque compagnie. Les caporaux et brigadiers seuls pourront être inscrits sur cette liste.

33. Les sergens-majors et maréchaux-des-logis chefs seront nommés par les chefs du corps, sur une liste générale déposée

à l'état-major, formée par le concours de tous les capitaines; cette liste sera composée d'un individu pour chaque compagnie.

Les sergens et maréchaux-des-logis pourront seuls être portés sur la liste des sergens-majors et maréchaux-des-logis chefs.

Toutes ces listes seront formées au scrutin et à la majorité absolue des suffrages, en présence du chef du corps. Ces listes seront formées de nouveau chaque année, dans la première semaine de vendémiaire.

34. Tous les emplois d'officiers supérieurs et subalternes seront à la nomination du premier consul.

Un tiers dans chaque grade d'officiers subalternes sera donné à l'ancienneté; un tiers au choix dans le grade immédiatement inférieur; un tiers à des officiers des troupes de ligne en activité dans le même grade, ou dans un grade immédiatement inférieur.

Les officiers supérieurs seront pris indifféremment dans la ligne ou dans la garde, dans le même grade ou dans le grade immédiatement inférieur; le tout sur la présentation du préfet de la Seine.

35. Les adjudans-majors seront nommés par le premier consul, sur la présentation du préfet de la Seine, et la désignation triple faite par le chef du corps; ils seront pris parmi les lieutenans.

Les quartiers-maîtres seront nommés sur la désignation triple faite par le conseil d'administration.

Des retraites qui seront accordées aux individus qui composeront la garde municipale de Paris.

36. Les individus composant la garde municipale de Paris, obtiendront des retraites aux époques et sur les bases déterminées pour les troupes de ligne.

Pour fixer le taux de chaque solde de retraite, on cumulera le tems de service fait dans les troupes de ligne.

37. Les fonds pour le paiement des soldes de retraite seront faits au moyen d'une retenue de dix centimes par jour, qui seront prélevés sur la solde des sous-officiers et soldats, et d'un vingtième sur celle des officiers de tout grade.

Ces fonds seront versés chaque mois dans la caisse d'amortis-

sement,

sement, qui en paiera l'intérêt à cinq pour cent: l'intérêt sera, tous les six mois, accumulé aux capitaux.

Les retraites qui seront accordées, seront payées d'abord sur les intérêts; et, s'il est besoin, sur les capitaux déposés à la caisse d'amortissement.

Les administrateurs de la caisse d'amortissement adresseront chaque année, au conseil général du département de la Seine faisant les fonctions de conseil municipal, un compte général des fonds versés entre leurs mains.

Le conseil municipal fera connaître cet état de situation au conseil général d'administration de la garde de Paris, chargé de proposer le nombre et la quotité des soldes de retraite.

38. L'état de situation adressé par la caisse d'amortissement, et le tableau motivé des retraites qui aura été formé par le conseil général d'administration, l'état et le montant des soldes de retraites existantes, seront soumis aux consuls : nulle retraite ne sera accordée que d'après leur approbation.

Du service, discipline et police de la garde municipale de la ville de Paris.

39. Les individus composant la garde municipale de Paris, seront soumis aux lois, réglemens et arrêtés relatifs à la discipline, police et justice militaires.

40. Les officiers généraux employés dans la première division, et le commandant d'armes de Paris, auront sur la garde municipale de Paris le commandement et l'inspection qui leur sont attribués par les lois et les arrêtés du gouvernement sur la garde nationale faisant un service actif et régulier.

41. Les différens corps d'infanterie de la garde municipale de Paris seront particulièrement affectés au service désigné par leur dénomination : ils pourront cependant, dans les cas d'une nécessité reconnue par les autorités désignées à cet effet, être momentanément employés à d'autres services dans la ville de Paris.

Le deuxième régiment sera spécialement destiné à fournir des gardes aux préfectures de la Seine et de police, aux mairies, aux prisons dites de Pélagie, les Madelonnettes, Saint-Lazare, grande et petite Force.

L'escadron des troupes à cheval fournira des ordonnances chez le préfet de la Seine, le préfet de police et aux mairies; il sera employé à faire des rondes et aux patrouilles.

42. Le préfet de la Seine, le préfet de police, le commandant

d'armes de la ville de Paris, et les chefs de chacun des corps de la garde municipale, se réuniront le premier de chaque mois à la préfecture de la Seine, pour déterminer, de concert, le nombre d'hommes que chaque corps fournira : la force et l'emplacement des postes, et les consignes tant générales que particulières qui seront données à chaque poste, seront alors déterminées par les préfets et le commandant d'armes de la ville de Paris.

Si, pendant le cours du mois, l'un ou l'autre préfet, ou le commandant d'armes, juge qu'il importe à l'intérêt public ou à la sûreté générale de faire des changemens à l'ordre de service établi le premier du mois, ou aux consignes qui auront été arrêtées, l'autorité qui croira les changemens nécessaires en préviendra de suite les deux autres ; et, s'il y a urgence, elle requerra directement le commandant du corps ou du poste dans le service duquel les changemens devront avoir lieu. Si l'urgence n'est pas très-grande, elle requerra la réunion des autorités chargées de régler le service.

43. La garde municipale de Paris sera tenue de déférer à toutes les réquisitions qui lui seront adressées par les autorités à qui la loi a accordé le droit de réquisition ; mais les requérans seront de suite tenus d'en donner avis par écrit au préfet de police et au commandant d'armes.

44. Le préfet de la Seine sera chargé de faire fournir à la garde les casernes, logemens, effets de casernement, ustensiles, bois et lumières des corps de garde.

Il soumettra au conseil municipal les traités et les comptes relatifs à ces divers objets, ainsi que celui de toutes les autres dépenses occasionnées pour la garde municipale.

45. Outre le service ordinaire de police, la garde municipale fera celui de tous les spectacles et bals publics ; elle fournira les gardes qui pourraient être demandées à la police pour bals et fêtes particulières. Le préfet de police déterminera le nombre d'individus qui seront accordés pour ces divers services, et la rétribution qui sera due à chacun d'eux.

La moitié de la rétribution déterminée par le préfet de police sera donnée à celui ou à ceux qui auront fait ledit service ; et l'autre moitié sera répartie, de six mois en six mois, entre les sous-officiers et soldats de la totalité de la garde municipale, au prorata de leur solde.

46. La garde de Paris pourra être employée, tant de jour que de nuit, à faire des patrouilles dans la banlieue de la commune, pour y maintenir la tranquillité publique et prévenir la contrebande.

Toutes les fois que la garde municipale arrêtera un individu

qui, par suite, sera convaincu et condamné comme contreban-
dier, il lui sera payé, par la caisse de l'octroi, une somme de
cent francs.

Les effets, denrées et marchandises de contrebande que la
garde de Paris aura saisis seule, seront vendus à son profit.

En cas de saisie faite en concurrence avec les employés, les
sommes provenant de la saisie seront partagées entre la garde et
les employés, en raison du nombre d'individus de chaque corps
qui auront concouru à la saisie.

Le préfet de la Seine jugera les discussions qui pourront s'élever entre la garde municipale et les employés, sur les faits de
capture ou saisie.

La somme accordée à la garde de Paris pour les captures et
pour les saisies, sera répartie moitié entre les individus qui auront fait la capture ou saisie, et la moitié restante, ainsi qu'il est
prescrit par le dernier paragraphe de l'article 45.

47. Le préfet de la Seine et le préfet de police rédigeront et
soumettront au ministre de l'intérieur les réglemens, ordonnances et décisions relatifs à la garde municipale ; les consuls
prononceront sur le rapport du ministre de l'intérieur.

48. Du jour où la garde municipale de Paris sera en activité,
les citoyens ne seront plus tenus de faire un service régulier et
journalier. Ils ne pourront plus être requis à cet effet, qu'en
exécution d'un arrêté des consuls, sur le rapport du ministre
de l'intérieur.

A dater de la même époque, les officiers, sous-officiers et
soldats désignés par le nom de remplaçans, et qui font actuellement une partie du service de la ville de Paris, sont supprimés.
Ceux qui réuniront les conditions prescrites ci-dessus pour
être admis dans la garde de Paris, y seront reçus de plein droit.

49. Le préfet de la Seine convoquera le conseil général du
département de la Seine, faisant les fonctions de conseil municipal, dans la semaine de la publication du présent arrêté, à
l'effet de délibérer sur l'espèce de contribution à imposer pour
couvrir la totalité des dépenses qu'entraînera la garde municipale de Paris.

Sénatus-consulte du 2 vendémiaire an 14. (B. 59.)

1er. Les gardes nationales seront réorganisées par décrets
impériaux rendus en la forme prescrite pour les réglemens d'administration publique.

Sa majesté l'empereur nommera les officiers.

2. Sa majesté l'empereur déterminera l'époque où la nouvelle organisation sera effectuée dans chacun des départemens, arrondissemens et cantons de l'empire, qui seront alors désignés.

3. Les gardes nationales seront employées au maintien de l'ordre dans l'intérieur et à la défense des frontières et des côtes.

Les places fortes sont spécialement confiées à leur honneur et à leur bravoure.

4. Quand les gardes nationales auront été requises pour un service militaire, il leur sera compté comme tel, et leur en assurera les avantages et les droits.

5. Le présent sénatus-consulte sera transmis par un message à sa mjesté impériale.

Pour l'exécution des décrets impériaux qui suivent, chaque préfet doit d'abord se procurer, par la voie des maires, les listes des habitans de chaque commune qui sont susceptibles de faire partie de la garde nationale.

On a dit *susceptibles*, parce que le service extraordinaire auquel cette garde nationale peut être appelée exige que les citoyens qui la composeront jouissent d'une assez grande aisance pour être, sans de trop grands inconvéniens, éloignés momentanément de leurs affaires personnelles.

Ces listes réunies, les préfets en préviennent le commandant des gardes nationales de leurs départemens. Celui-ci convoque ces préfets dans le lieu où est établi le quartier général, pour former le *conseil* créé par l'article 3 du second décret, pour déterminer, d'après ces listes, 1º. le nombre de bataillons ou cohortes et de légions qu'on peut former dans les départemens réunis à cet effet ; 2º. pour les former et faire le choix des officiers ; et 3º. pour organiser des compagnies de grenadiers et de chasseurs au nombre prescrit.

L'indication faite des officiers des compagnies, des cohortes et des légions, si l'ordre est donné d'en former, le conseil en adresse la liste au ministre de l'intérieur, et ce ministre les nomme provisoirement, s'il y a lieu, en vertu de l'article 17 du second décret.

Ces officiers nommés (ceux des compagnies) se réunissent en *conseil*, conformément à l'article 10 du premier décret, pour former les compagnies sur les listes données par les maires.

Ce conseil prononce sur toutes les exceptions ou exemptions proposées.

Les décrets n'en établissent aucune de droit, ainsi les juges, les ministres des cultes, et tous fonctionnaires et employés pourraient être appelés à former la garde nationale, si le conseil le jugeait à propos.

Le préfet du département prononce sur les réclamations contre les décisions de ce conseil.

Si on organise une cohorte ou une légion, l'article 11 indique les officiers qui, réunis à ceux des compagnies, doivent aussi faire partie du conseil à former à cet effet.

Ce dernier conseil est, d'après l'article 12, *présidé* par le préfet, non précisément en vertu de ces deux décrets, mais en vertu de sa place. Et d'après le même principe, le conseil des compagnies est présidé par le sous-préfet, si l'empereur n'a pas ordonné d'autre mesure.

Décret impérial du 8 vendémiaire an 14. (B. 59.)

1er. Dans les départemens, arrondissemens, cantons ou villes où nous ordonnerons, conformément au sénatus-consulte du 2 du présent mois, l'organisation de la garde nationale sédentaire, tous les Français valides, depuis l'âge de vingt ans jusqu'à soixante ans révolus, pourront être appelés à en faire partie.

Le mode d'appel sera établi, en chaque lieu, par les réglemens ou instructions qui ordonneront l'organisation de la garde nationale.

2. Le décret qui ordonnera l'organisation, pourra ne comprendre qu'un département, qu'un arrondissement, qu'un canton, ou même une seule ville.

3. Il fixera le nombre des bataillons à organiser.

Ces bataillons prendront le nom de cohortes.

4. Quand nous ordonnerons la formation de plusieurs cohortes, elles seront formées en légions.

5. Chaque cohorte sera divisée en dix compagnies, dont une de grenadiers, une de chasseurs et huit de fusiliers.

6. Chaque compagnie sera divisée en deux pelotons,
Chaque peloton en deux sections,
Chaque section en deux escouades.

7. Il y aura, par chaque légion, un chef et un adjudant-major; par chaque cohorte, un commandant et un adjudant; par chaque compagnie, un capitaine, un lieutenant, un sous-lieutenant, un sergent-major, quatre sergens, huit caporaux, un tambour.

8. Chaque peloton sera commandé par un officier,
Chaque section par un sergent,
Chaque escouade par un caporal.

9. La nomination des officiers sera faite par nous, sur la présentation des ministres de l'intérieur *et de la police* (1), et d'après l'avis du préfet, pour la légion, s'il en est formé une, ou pour chaque cohorte, s'il n'est pas formé une légion.

---

(1) Cette disposition est abrogée par le décret qui suit, du même jour, article 17.

Lesdits officiers seront pris parmi les citoyens ayant les facultés nécessaires pour s'habiller et équiper à leurs frais.

10. Lorsque les officiers seront nommés, il sera formé un conseil où seront nécessairement appelés le sous-préfet, le maire de la commune ou des communes, si l'organisation en embrasse plusieurs, et le commissaire général de police, et auxquels nous pourrons adjoindre telles autres personnes que nous aviserons.

11. Lorsqu'on organisera une légion, le chef de légion, l'adjudant-major, les commandans des cohortes et les capitaines de grenadiers et chasseurs feront partie du conseil.

Lorsqu'on organisera une cohorte, le chef de cohorte et tous les capitaines des compagnies feront partie du conseil.

12. Le préfet se transportera dans le chef-lieu de l'arrondissement pour l'organisation.

13. Le conseil formera les compagnies sur les listes d'habitans qui seront fournies par les maires des communes. Il commencera par celles des grenadiers et chasseurs.

14. Le conseil prononcera sur toutes les exceptions ou exemptions qui seront demandées pour quelque cause que ce soit. Ses décisions seront provisoirement exécutées, sauf le recours au préfet.

15. Les grenadiers seront pris parmi les hommes ayant au-dessus d'un mètre 68 centimètres (cinq pieds deux pouces), et les chasseurs parmi ceux qui seront au-dessous de cette taille.

16. Les sous-officiers seront nommés ; savoir : les sergens par le chef de cohorte, sur la présentation du capitaine, sauf l'approbation du chef de légion, ou, à son défaut, du préfet ; et les caporaux par le capitaine, sauf l'approbation du chef de cohorte.

17. L'uniforme de la garde nationale sera tel qu'il existe aujourd'hui.

Le bouton blanc avec une couronne d'olivier et de chêne, et au milieu ces mots, *garde nationale ;* épaulettes d'argent.

18. L'uniforme des grenadiers et chasseurs sera le même ; seulement ils auront, les grenadiers un bouton portant une grenade, et autour ces mots, *garde nationale ;* les chasseurs un cor-de-chasse, et au milieu ces mots, *garde nationale.*

19. Lorsque le drapeau donné par nous à l'époque de notre couronnement à chaque département, sortira en conformité de nos ordres, l'officier nommé par nous pour le porter sera placé au centre de la compagnie de grenadiers de la première cohorte de la première légion du département.

Le rang des légions de chaque département, s'il y en a plusieurs, et le rang des cohortes de chaque légion, seront tirés au sort par le préfet, en présence du conseil d'organisation.

20. Lorsque les individus composant la garde nationale seront requis pour un service militaire, ils seront payés et recevront en route l'étape et le logement comme les troupes de ligne, et seront, en tout, traités comme elles, suivant leur arme et leur grade.

21. Les individus faisant partie des gardes nationales sédentaires, recevront des armes des magasins de l'empire; ils en seront responsables.

22. Notre ministre de l'intérieur nous proposera les moyens de pourvoir aux dépenses de chaque légion ou cohorte, à mesure que nous ordonnerons leur formation.

23. Les dépenses seront,

1°. La solde des adjudans de légion et de cohorte,

2°. La solde des tambours,

3°. L'entretien des armes,

4°. L'achat des drapeaux,

5°. Les frais de registres, papiers, contrôles et billets de garde.

24. Le préfet de chaque département réglera le mode d'ordonnance et de comptabilité des dépenses.

Décret impérial du 8 vendémiaire an 14.

1ᵉʳ. Les gardes nationales seront réorganisées dans les départemens ci-après, savoir :

De la Somme,   Du Nord,
Du Pas-de-Calais,   .   Et de la Lys.

2. Le sénateur *Rampon* est nommé commandant des gardes nationales desdits départemens.

Il établira son quartier général à *Lille*.

3. Le sénateur *Rampon* et le sénateur *Jacqueminot*, réuniront en conseil, à Lille, les préfets des départemens ci-dessus.

Ils présenteront à l'approbation de notre ministre de l'intérieur, un projet de réglement qui fera connaître le nombre de bataillons et de légions à former dans ces départemens.

Ils procéderont ensuite à leur formation et à la présentation des officiers.

4. Ils organiseront des compagnies de grenadiers et de chas-

seurs, de manière à former une force de.... gardes nationales prêtes à se porter à Boulogne et sur les divers points des côtes de la Somme à l'Escaut, pour les défendre contre les invasions des Anglais.

---

5. De la *Roër*, de *Rhin-et-Moselle* et du *Mont-Tonnerre.*

Le sénateur maréchal *Lefevre* est nommé commandant des gardes nationales des trois départemens ci-dessus.

Il établira son quartier général à *Mayence.*

6. *Comme l'art.* 3.

7. Il organisera des compagnies de grenadiers et de chasseurs de manière à former une force de...... gardes nationales prêtes à se porter sur les frontières du Rhin et à les défendre.

8. Il organisera le service de la place de *Mayence*, de manière que la garde nationale suffise à sa défense.

---

9. Du *Haut-Rhin* et du *Bas-hin.*

Le sénateur maréchal *Kellermann* est nommé commandant des gardes nationales de ces deux départemens.

Ils établira son quartier général à *Strasbourg.*

10. *Comme l'art.* 3.

11. Il organisera les compagnies de grenadiers et de chasseurs, de manière à former une force de 20,000 gardes nationales, prêtes à se porter sur les frontières du Rhin et à les défendre.

12. Il organisera le service de la place de *Strasbourg* et des autres places fortes, de manière que la garde nationale suffise à leur défense.

---

13. Du *Doubs*, du *Jura* et du *Léman.*

Le sénateur *Aboville* est nommé commandant des gardes nationales desdits départemens.

Il établira son quartier général à *Besançon.*

14. *Comme l'art.* 3.

15. Il organisera les compagnies de grenadiers et de chasseurs, de manière à former une force de..... gardes nationales prêtes à se porter sur les divers points de leur frontière et à la défendre.

16. Il organisera le service de la place de *Besançon* et des autres places fortes, de manière que la garde nationale suffise à leur défense.

Nomination des officiers.

17. Les listes de présentation des officiers seront transmises à notre ministre de l'intérieur, que nous investissons du pouvoir de les nommer, en attendant que nous ayons signé les brevets de nomination.

Compagnies de la réserve.

Décret impérial du 24 floréal an 13. (B. 50.)

Création et organisation des compagnies de la réserve.

1er. Il sera formé dans chaque département une compagnie d'infanterie, qui portera le nom de *Compagnie de la réserve du département de*.....

2. Ces compagnies seront particulièrement destinées à fournir la garde des hôtels de préfecture, des archives des départemens, des maisons de détention, des dépôts de mendicité, des prisons de police et des prisons criminelles, sans que leur service doive apporter aucun changement aux obligations et à la surveillance de la gendarmerie.

3. Ces compagnies se distinguent en six classes, et sont composées de la manière suivante :

Compagnie de première classe, formant six escouades.

```
  1 Capitaine. . . . . . . . . . . . . . . . .   2,000ᶠ 00ᶜ
  1 Capitaine en second . . . . . .. . . . . .   1,400  00
  1 Lieutenant. . . . . . . . . . . . . . . .    1,200  00
  2 Sous-lieutenans à 800ᶠ. . . . . . . . . .    1,600  00
  1 Sergent-major. . . . . . . . . . . . . .       292  80
  1 Caporal-fourrier. . . . . . . . . . . . .      225  70
  6 Sergens à 225ᶠ 70ᶜ. . . . . . . . . . .     1,354  20
 12 Caporaux à 164  70 . . . . . . . . . . .    1,976  40
  5 Tambours à 146  40 . . . . . . . . . . .       732  00
180 Soldats à   109  80 . . . . . . . . . .    19,764  00
```

210 hommes.

```
      210 masses à 45ᶠ . . . . . . . .    9,450ᶠ ⎫
      205 masses a 74 . . . . . . . .   15,170  ⎬  24,620  00
      Frais de bureau. . . . . . . . . . . . .      900  00
```
                                                ─────────────
                                                 56,065 10

Compagnie de deuxième classe, formant cinq escouades.

```
  1 Capitaine. . . . . . . . . . . . . . . . .   1,800ᶠ 00ᶜ
  1 Lieutenant . . . . . . . . . . . . . . . .   1,200  00
  2 Sous-lieutenans à 800ᶠ. . . . . . . . . .    1,600  00
  1 Sergent-major. . . . . . . . . . . . . .       292  80
  1 Caporal-fourrier . . . . . . . . . . . .       225  70
  5 Sergens à 225ᶠ 70ᶜ. . . . . . . . . . .     1,128  50
 10 Caporaux à 164  70 . . . . . . . . . . .    1,647  00
  3 Tambours à 146  40 . . . . . . . . . . .       439  20
136 Soldats à   109  80 . . . . . . . . . .    14,932  80
```

160 hommes.

```
      160 masses à 45ᶠ . . . . . . . .    7,200ᶠ ⎫
      156 masses à 74 . . . . . . . .    11,544  ⎬  18,744  00
      Frais de bureau. . . . . . . . . . . . .      800  00
```
                                                ─────────────
                                                 42,810 00

Compagnie de troisième classe, formant quatre escouades.

```
  1 Capitaine. . . . . . . . . . . . . . . . . .   1,600ᶠ 00ᶜ
  1 Lieutenant . . . . . . . . . . . . . . . .   1,200  00
  1 Sous-lieutenant . . . . . . . . . . . . .     800  00
  1 Sergent-major. . . . . . . . . . . . . .      292  80
  1 Caporal-fourrier . . . . . . . . . . . .      225  70
  4 Sergens  à  225ᶠ  70ᶜ. . . . . . . . . .      902  80
  8 Caporaux à 164    70 . . . . . . . . . .    1,317  60
  2 Tambours à 146    40 . . . . . . . . . .      292  80
101 Soldats   à  109  80. . . . . . . . . . .   11,089  80
```
_____

120 hommes.

```
    120 masses à 45ᶠ. . . . . . . . .   5,400ᶠ ⎫
    117 masses à 74 . . . . . . . . .   8,658  ⎬ 14,058  00
    Frais de bureau . . . . . . . . . . . . .      700  00
                                          _____
                                             32,479  50
```

Compagnie de quatrième classe, formant trois escouades.

```
  1 Capitaine. . . . . . . . . . . . . . . . . .   1,600ᶠ 00ᶜ
  1 Lieutenant . . . . . . . . . . . . . . . .   1,200  80
  1 Sous-lieutenant . . . . . . . . . . . . .     800  00
  1 Sergent-major. . . . . . . . . . . . . .      292  80
  1 Caporal-fourrier . . . . . . . . . . . .      225  70
  3 Sergens  à  225ᶠ  70ᶜ . . . . . . . . . .     677  10
  6 Caporaux à 164    70 . . . . . . . . . .      988  20
  2 Tambours à 146    40 . . . . . . . . . .      292  80
 84 Soldats   à  109  80. . . . . . . . . . .   9,223  20
```
_____

100 hommes.

```
    100 masses à 45ᶠ. . . . . . . . .   4,500ᶠ ⎫
     97 masses à 74 . . . . . . . . .   7,178  ⎬ 11,678  00
    Frais de bureau . . . . . . . . . . . . .      700  00
                                          _____
                                             27,677  80
```

Compagnie de cinquième classe, formant deux escouades.

```
 1 Capitaine. . . . . . . . . . . . . . . . .    1,600ᶠ 00ᶜ
 1 Lieutenant. . . . . . . . . . . . . . . .    1,200   00
 1 Sergent-major . . . . . . . . . . . . .      292   80
 2 Sergens   à  225ᶠ  70ᶜ. . . . . . . . .      451   40
 4 Caporaux à 164   70 . . . . . . . . . .      658   80
 1 Tambour. . . . . . . . . . . . . . . . .     146   40
50 Soldats à  109  80. . . . . . . . . . .    5,490   00
```

60 hommes.

```
60 masses à 45ᶠ . . . . . . . . 2,700ᶠ ⎫
58 masses à 74 . . . . . . . . . 4,292 ⎬  6,992  00
Frais de bureau . . . . . . . . . . . . . .     500  00
                                              ─────────
                                             17,331  40
```

Compagnie de sixième classe, formant une seule escouade.

```
 1 Lieutenant. . . . . . . . . . . . . . . .    1,200ᶠ 00ᶜ
 1 Caporal-fourrier . . . . . . . . . . . .      225  78
 1 Sergent. . . . . . . . . . . . . . . . .      225  70
 2 Caporaux à 164ᶠ  70ᶜ. . . . . . . . . .       329  40
 1 Tambour. . . . . . . . . . . . . . . . .      146  40
30 Soldats à  109  80 . . . . . . . . . . .    3,294  00
```

36 hommes.

```
36 masses à 45ᶠ . . . . . . . . 1,620ᶠ ⎫
35 masses à 74 . . . . . . . . . 2,590 ⎬  4,210  00
Frais de bureau. . . . . . . . . . . . . .       300  00
                                              ─────────
                                              9,931  20
```

Les compagnies de 1ʳᵉ., 2ᵉ. et 3ᵉ. classes doivent fournir une garde à l'hôtel-de-ville et aux archives de la ville. Leur service est à-la-fois départemental et municipal.

Les compagnies qui fournissent des escouades, ainsi que les lieux où ces escouades sont détachées, sont désignées au tableau annexé au présent décret. Indépendamment de ces escouades, et immédiatement après l'organisation des compagnies, les préfets qui jugeront nécessaire de détacher des escouades pour la sûreté des maisons de correction et de force ou des dépôts de mendicité établis dans leur département, pourront arrêter ces dispositions avec l'approbation du ministre de la guerre. Chaque escouade doit être commandée par un officier, et relevée tous les ans. Dans le cas où, pendant le cours de l'année, l'officier commandant l'escouade se trouvera absent, il sera remplacé par un autre officier de la compagnie.

4. Les officiers des compagnies de réserve seront nommés par sa majesté l'empereur, sur la proposition du ministre de la guerre, et choisis parmi les officiers en retraite ou en réforme d'un grade supérieur ou au moins égal à l'emploi vacant.

5. Les sergens-majors, fourriers, sergens et caporaux, seront pris, autant que faire se pourra, parmi les sous-officiers et soldats jouissant d'une solde de retraite, et, à défaut de ceux-ci, parmi les individus qui, ayant servi six ans dans la ligne, n'auront pas quitté le service depuis plus de quatre ans, et auront obtenu un congé absolu en bonne et due forme.

Ces sous-officiers seront choisis par les préfets sur une liste double qui leur sera présentée par le commandant de la compagnie.

6. Les compagnies qui appartiennent aux départemens qui composent une même légion de gendarmerie, porteront le même uniforme, et ne seront distinguées que par les boutons, qui présenteront le numéro de la compagnie et le nom du département.

Le colonel de la gendarmerie sera l'inspecteur des compagnies des départemens qui composent sa légion ; il les passera en revue et les fera manœuvrer, et il examinera leur comptabilité : il fera du tout un rapport, qu'il adressera au premier inspecteur de la gendarmerie.

Les inspecteurs aux revues passeront la revue de ces compagnies comme des autres corps de l'armée, afin de constater leur situation, et d'en fournir les revues pour servir d'appui à la comptabilité.

Les capitaines enverront toutes les semaines l'état de situation de leur compagnie au colonel de la légion de gendarmerie, lequel pourra se faire remettre cet état aussi souvent que le bien du service l'exigera.

7. Les conscrits faisant partie des compagnies de la réserve ne pourront, sous aucun prétexte, être pris que parmi les conscrits de la réserve du département.

Les préfets pourront autoriser tous les remplacemens qu'ils jugeront convenables, pourvu que le remplaçant fasse, dans le département, partie de la réserve. On pourra aussi admettre les anciens soldats natifs ou domiciliés dans le département, qui auront plus de cinq ans de service, pourvu qu'ils soient valides, et munis de congés en bonne et due forme.

Solde, traitement, administration et police.

8. Le traitement des capitaines des compagnies de première classe, sera, par an, de . . . . 2,000 f.

Les capitaines des compagnies de seconde classe auront 1,800

Les autres capitaines auront 1,600

Les capitaines en second 1,400

Les lieutenans 1,200

Les sous-lieutenans 800

Ces traitemens seront payés, par douzième et par mois, le 2 de chaque mois pour le mois échu.

Ce traitement pourra être cumulé avec la solde de retraite.

Au moyen de ce paiement, lesdits officiers n'auront à prétendre aucune espèce d'émolument ou d'indemnité, soit pour le logement, fourrage, ou à quelque autre titre que ce soit.

9. Les sous-officiers et soldats jouiront de la solde fixée pour l'infanterie de ligne.

10. Il sera formé pour chaque compagnie les masses suivantes :

> Masse générale,
> Masse de logement,
> Masse de boulangerie,
> Masse d'étape,
> Masse de chauffage.

Ces masses seront soldées sur le même pied et de la même manière que celles de l'infanterie de ligne.

Il sera formé à chaque sous-officier et soldat une masse de linge et de chaussure, au moyen de la retenue prescrite article 52 de l'arrêté du 8 floréal an 8.

11. La direction et l'emploi du fonds des masses prescrites article 10, seront confiés, dans chaque compagnie, à un conseil d'administration.

Ce conseil sera composé d'un capitaine commandant, qui en sera le président, et de deux lieutenans ou sous-lieutenans.

Il y aura pour les fonds de la compagnie, une caisse à trois clefs, qui sera déposée chez le préfet.

12. Chaque année, la comptabilité de chaque compagnie sera définitivement arrêtée par le colonel de la gendarmerie inspecteur.

13. Les frais de bureau seront réglés chaque année par le conseil, et ne pourront, dans aucun cas, dépasser la somme fixée, pour cet objet, au tableau de la classe à laquelle appartient la compagnie.

Le préfet du département assistera aux conseils toutes les fois qu'il le jugera convenable, et, en ce cas, les présidera. Toutes les délibérations, même celles prises en sa présence, lui seront adressées, pour être par lui approuvées, s'il y a lieu. Nulle ne pourra être exécutée sans être revêtue de son approbation spéciale.

14. Les compagnies de la réserve seront soumises aux mêmes réglemens, pour les revues et la comptabilité, que le reste de l'infanterie.

Les sous-officiers et soldats seront casernés : à cet effet, le ministre de la guerre mettra à la disposition des préfets les casernes actuellement occupées par les vétérans nationaux, qui ne seront pas nécessaires à son ministère. Les départemens seront tenus de pourvoir à leur entretien et réparation, sur la masse de logement.

Dans les villes où il n'y aura pas de casernes disponibles, les préfets pourvoiront au logement desdites compagnies, soit en louant des maisons, soit en logeant les soldats chez l'habitant, en payant pour ledit logement les sommes fixées par les réglemens militaires.

15. Le munitionnaire général des vivres sera tenu, lorsqu'il en sera requis par un conseil d'administration, de fournir, au prix fixé par le gouvernement, la quantité de pain qui lui sera demandée : cette fourniture lui sera payée, de trois mois en trois mois, par les ordres et les soins du conseil d'administration.

Les entrepreneurs des lits militaires seront de même tenus de fournir, au prix fixé par le gouvernement, les lits qui leur seront demandés par les conseils d'administration ; ils leur seront payés ainsi qu'il est dit ci-dessus.

Les membres des compagnies de la réserve seront reçus et traités dans les hôpitaux civils, sur le même pied et de la même manière que les autres citoyens ; les administrateurs des hôpitaux ne pourront exiger que la retenue à effectuer sur la solde.

16. La dépense des compagnies de la réserve est une dépense départementale et communale ; il y sera, en conséquence, pourvu au moyen du versement du vingtième de tous les revenus des communes du département, en biens-fonds, rentes ou octrois. Ce versement se fera, sur les ordres du préfet, dans la caisse du receveur général.

Si le produit du vingtième des revenus est insuffisant, la somme nécessaire pour couvrir la dépense sera prise sur les quatre centimes additionnels imposés par les conseils généraux, en vertu de la loi du 2 ventose an 13.

17. La retenue du vingtième sur tous les biens quelconques des communes, aura lieu à dater du 1er. germinal an 13.

Les départemens paieront, dans l'an 14, un centime sur les quatre centimes qu'ils sont autorisés à s'imposer. La somme en provenant, ainsi que le produit du vingtième sur les revenus de toute nature perçus à dater du 1er. germinal an 13, seront employés aux dépenses de la première mise.

18. Les préfets exercent sur les officiers, sous-officiers et soldats des compagnies de la réserve de leurs départemens respectifs, la même autorité et les mêmes droits que les colonels ont sur les officiers, sous-officiers et soldats des régimens de ligne qu'ils commandent.

19. Dans les villes où il n'y a point de général employé ou de commandant d'armes, ils donnent le mot d'ordre au capitaine, qui le transmet aux gardes et patrouilles fournies par la compagnie ; ils règlent son service et lui donnent les consignes générales et particulières.

Dans les villes où il y un général commandant, ou un commandant d'armes, établi en vertu d'un décret de sa majesté, les préfets reçoivent, chaque jour, cacheté, le mot d'ordre dudit commandant, et le font donner, par les officiers de la compagnie, aux gardes et patrouilles qu'elles fournit. Ils continuent à régler le service desdites compagnies ; mais ils doivent ajouter aux consignes générales et particulières qu'ils ont cru devoir donner, celles qui leur sont transmises par écrit et cachetées, par lesdits commandans d'armes.

20. Si le général employé, ou le commandant d'armes, juge
le

le service de la compagnie de la réserve nécessaire à la sûreté de la place, il adresse sa demande au préfet, qui n'est pas tenu d'y adhérer, mais qui en rend immédiatement compte au ministre de la guerre.

Dans les places en état de siége et dans les villes frontières, pendant la guerre, les préfets sont tenus de transmettre, sans délai, les ordres des commandans militaires, et de veiller à leur prompte exécution.

21. Dans tout autre cas que ceux prévus par les articles ci-dessus, les officiers généraux, supérieurs ou autres, ne pourront sous aucun prétexte, à moins d'un ordre exprès de sa Majesté, qui aura été préalablement communiqué au préfet par l'un des ministres, s'immiscer dans le service, discipline, police, administration, exercice, relatifs aux compagnies de la réserve, à moins d'en être requis par le préfet lui-même.

Si les officiers de la réserve, dans le cours de leurs fonctions, reconnaissent des abus à réprimer dans les compagnies de la réserve, ils en donneront avis au préfet, et, s'ils le jugent convenable, au ministre de la guerre, qui seul a droit de donner les ordres aux préfets, comme exerçant les fonctions de chefs de compagnies de la réserve.

22. Le colonel de la gendarmerie, en sa qualité d'inspecteur, ne pourra non plus, sous aucun prétexte, donner aucun ordre aux compagnies dont il aura l'inspection, ni les faire sortir des villes où elles seront stationnées, pour les inspecter. ses fonctions se bornant à arrêter la comptabilité, et à demander au conseil d'administration, ainsi qu'au capitaine, tous les renseignemens qu'il croira lui être utiles pour rendre compte au ministre, de l'instruction, administration, police, discipline, tenue et service desdites compagnies.

L'inspecteur sera tenu de faire donner les ordres par le préfet toutes les fois qu'il jugera convenable, ou de faire prendre les armes à la compagnie pour l'inspecter, ou d'assembler le conseil d'administration pour examiner sa comptabilité.

L'inspecteur donnera au préfet communication de ses observations sur la comptabilité, administration, tenue, discipline, police et instruction de la compagnie.

23. Les ministres adresseront aux préfets les ordres qu'ils voudront transmettre aux compagnies de la réserve : les préfets en assureront l'exécution.

Les autorités civiles, militaires et judiciaires adresseront de même aux préfets toutes les réquisitions à l'exécution desquelles elles jugeront que la compagnie de la réserve doit concourir.

Les préfets pourront, sous leur responsabilité, refuser l'ordre d'exécuter lesdites réquisitions. Ils seront tenus de faire connaître leurs motifs aux ministres respectifs de l'autorité requérante, et à cette autorité elle-même.

Tous les ordres que les préfets auront à donner ou à transmettre à la compagnie de la réserve de leur département, seront adressés par eux au commandant de ladite compagnie.

24. Toutes les fois que, pour l'exécution d'une réquisition, les membres des compagnies de la réserve seront obligés de découcher, ils recevront le supplément de traitement accordé aux troupes de ligne en marche.

Ce supplément de traitement sera payé sur les fonds du ministre de la guerre, toutes les fois que des membres de la compagnie de réserve seront hors de leur département, et, dans toute autre circonstance, sur la masse d'étapes du corps.

25. Les préfets, lorsqu'ils le jugeront utile à la sûreté publique, et qu'ils y auront été autorisés par le ministre de la guerre, pourront ou changer la résidence des détachemens de leurs compagnies, ou même former un nouveau détachement tiré de la portion de la compagnie stationnée au chef-lieu.

Toutes les fois que, par suite d'un ordre exprès de sa Majesté, d'un ordre du préfet, d'une réquisition des généraux commandans ou des commandans d'armes, une compagnie ou partie d'une compagnie de la réserve sera employée au service de la place, ou fera partie d'une force mobile quelconque, elle sera sous les ordres des commandans militaires, et suivra la même discipline que les troupes de ligne.

26. Les officiers et sous-officiers des compagnies de la réserve prendront rang à la gauche des troupes de ligne.

A égalité de grade, ils seront commandés par les officiers et sous-officiers desdites troupes.

Lorsque plusieurs détachemens de compagnies de la réserve seront réunis, ils prendront leur rang, dans l'ordre des numéros de leurs compagnies.

Le commandement sera déféré au plus ancien officier ou sous-officier du grade le plus élevé, à moins qu'il n'en ait été autrement ordonné par l'officier de la gendarmerie ou de la ligne commandant la force réunie.

27. Les compagnies ou portions des compagnies de la réserve devant entrer en activité dès le 1er. vendémiaire an 14, les pré-

fets feront d'avance tous les préparatifs nécessaires pour que les hommes qui les composent soient, à dater du 1er. vendémiaire, habillés, nourris, logés, etc., ainsi qu'il est prescrit par le présent décret.

28. Le ministre de la guerre fera fournir, au compte de l'Etat, les armes nécessaires aux compagnies de la réserve.

Ces armes seront entretenues aux dépens de la masse générale de la compagnie; elles seront renouvelées à fur et mesure du besoin constaté par l'inspecteur de la compagnie.

L'équipement militaire sera fourni et renouvelé aux dépens de la masse générale de chaque compagnie.

29. Les ministres de la guerre, de l'administration de la guerre, de l'intérieur et du trésor public, sont chargés, chacun en ce qui le concerne, de l'exécution du présent décret.

TABLEAU DES COMPAGNIES DE LA RÉSERVE.

Première légion de gendarmerie.

Départemens.

SEINE, deux compagnies de troisième classe, ou 240 hommes, coûtant 64,959ᶠ 00ᶜ

Les compagnies de ce département sont affectées, l'une à la préfecture du département, l'autre à la préfecture de police : la première fournira la garde de l'hôtel-de-ville, des archives du département et des hôpitaux; la deuxième fournira la garde de la préfecture de police, des prisons de la préfecture et du dépôt de Saint-Denis.

SEINE-ET-OISE, une compagnie de troisième classe, ou 120 hommes, coûtant 32,479 50

Il sera détaché à la poudrerie d'Essonne une escouade composée d'un sergent, un caporal et douze hommes, qui sera relevée tous les mois.

SEINE-ET-MARNE, une compagnie de cinquième classe, ou 60 hommes, coûtant . . . 17,331 40

Une escouade sera fournie pour le service de la ville de Meaux, où elle sera casernée : elle sera commandée alternativement par le lieutenant et le sous-lieutenant, et composée d'un sergent, deux caporaux et vingt soldats.

20 *

Oise, une compagnie de cinquième classe,
ou 60 hommes, coûtant 17,331ᶠ 40ᵉ

Deuxième légion de gendarmerie.

Départemens.

Seine-Inférieure, une compagnie de pre-
mière classe, ou 210 hommes, coûtant. 56,065 10

Deux escouades seront stationnées, l'une au Hâvre, l'autre
à Dieppe ; elles seront commandées par un officier, et composées d'un sergent, deux caporaux, un tambour et trente-
quatre soldats : une troisième escouade sera détachée à la
poudrerie de Maronnes; elle sera composée d'un sergent, un
caporal, douze hommes, et sera relevée tous les mois.

Eure, une compagnie de cinquième classe ou
60 hommes, coûtant 17,331 40
Calvados, une compagnie de troisième classe
ou 120 hommes coûtant. 32,479 50
Manche, une compagnie de quatrième classe
ou 100 hommes, coûtant 27,677 80

Troisième légion de gendarmerie.

Départemens.

Orne, une compagnie de cinquième classe ou
60 hommes, coûtant 17,331 40
Eure-et-Loir, une compagnie de cinquième
classe ou 60 hommes, coûtant 17,331 40
Mayenne, une compagnie de cinquième classe
ou 60 hommes, coûtant 17,331 40

Une escouade sera détachée à Mayenne.

Sarthe, une compagnie de cinquième classe
ou 60 hommes, coûtant. 17,331 40

Quatrième légion de gendarmerie.

Départemens.

Côtes-du-Nord, une compagnie de cinquième classe ou 60 hommes, coûtant . . . . 17,331^f 40^c

Ille-et-Vilaine, une compagnie de quatrième classe ou 100 hommes, coûtant. 27,677 80

Une escouade est détachée à Saint-Malo.

Finistère, une compagnie de cinquième classe ou 60 hommes, coûtant 17,331 40

Une escouade est détachée à la poudrerie du pont de Buys : elle est composée d'un sergent, un caporal, douze hommes, et sera relevée tous les mois.

Morbihan, une compagnie de cinquième classe ou 60 hommes, coûtant . . . . 17,331 40.

Une escouade est détachée à Pontivi.

Cinquième légion de gendarmerie.

Départemens.

Loire-Inférieure, une compagnie de deuxième classe ou 160 hommes, coûtant 42,810 00

Une escouade est détachée à Paimbœuf.

Maine-et-Loire, une compagnie de quatrième classe ou 100 hommes, coûtant. 27,677 80

Une escouade est détachée à Saumur ou à Beaupréau, suivant les circonstances : une autre est détachée à la maison de détention située à l'ex-abbaye de Fontevrauld ; elle est composée d'un officier, un sergent, un caporal, vingt soldats, et sera relevée tous les mois.

Vendée, une compagnie de cinquième classe ou 60 hommes, coûtant. 17,331 40

Une escouade est détachée à Fontenay.

Deux-Sèvres, une compagnie de cinquième classe ou 60 hommes, coûtant 17,331ᶠ 40ᶜ

Une escouade est détachée à Parthenay.

Sixième légion de gendarmerie.

Départemens.

Loir-et-Cher, une compagnie de cinquième classe ou 60 hommes, coûtant 17,331 40

Indre-et-Loire, une compagnie de quatrième classe ou 100 hommes, coûtant. 27,677 80

Une escouade est détachée à la poudrerie de Ripault : elle est composée d'un sergent, un caporal, douze hommes, et sera relevée tous les mois.

Indre, une compagnie de sixième classe ou 36 hommes, coûtant. 9,931 20

Vienne, une compagnie de cinquieme classe ou 60 hommes, coûtant. 17,331 40

Septième légion de gendarmerie.

Départemens.

Charente, une compagnie de cinquième classe ou 60 hommes, coûtant 17,331 40

Charente-Inférieure, une compagnie de cinquième classe ou 60 hommes, coûtant . . 17,331 40

Une escouade est détachée à la Rochelle : une seconde escouade est détachée à la poudrerie de St-Jean-d'Angely ; elle est composée d'un sergent, un caporal, douze hommes, et sera relevée tous les mois.

Gironde, une compagnie de première classe ou 210 hommes, coûtant 56,065 10

Une escouade est détachée à Blayes, une seconde à la poudrerie de St-Médard : cette dernière sera composée d'un sergent, un caporal, douze hommes, et sera relevée tous les mois.

LANDES, une compagnie de sixième classe ou
36 hommes, coûtant 9,931ᶠ 20ᵉ

Huitième légion de gendarmerie.

Départemens.

LOT-ET-GARONNE, une compagnie de cin-
quième classe ou 60 hommes, coûtant. 17,331 40

Une escouade est détachée à la maison de détention située
à l'ex-abbaye d'Éysses ; elle sera composée d'un officier, un
sergent, un caporal, vingt soldats, et sera renouvelée tous
les mois.

DORDOGNE, une compagnie de cinquième
classe ou 60 hommes, coûtant 17,331 40
HAUTE-VIENNE, une compagnie de cinquième
classe ou 60 hommes, coûtant 17,331 40
CORRÈZE, une compagnie de cinquième classe
ou 60 hommes, coûtant. 17,331

Neuvième légion de gendarmerie.

Départemens.

HAUTE-GARONNE, une compagnie de deuxième
classe ou 160 hommes, coûtant 42,810 00
GERS, une compagnie de cinquième classe
ou 60 hommes, coûtant. 17,331 40
HAUTES-PYRÉNÉES, une compagnie de sixième
classe ou 36 hommes, coûtant 9,931 20
BASSES-PYRÉNÉES, une compagnie de cin-
quième classe ou 60 hommes, coûtant 17,331 40

Une escouade est détachée à Baïonne : une autre est détachée à la maison de détention située au château de Lourdes ;
elle sera composée d'un officier, un sergent, un caporal,
vingt soldats, et sera relevée tous les mois.

Dixième légion de gendarmerie.

Départemens.

Tarn, une compagnie de cinquième classe
ou 60 hommes, coûtant . . . . 17,331^f 40^c
Aude, une compagnie de cinquième classe
ou 60 hommes, coûtant 17,331 40

Une escouade est détachée à Narbonne.

Arriége, une compagnie de sixième classe
ou 36 hommes, coûtant 9,931 20
Pyrénées - Orientales, une compagnie de
cinquième classe où 60 hommes, coûtant . . . 17,331 40

Onzième légion de gendarmerie.

Départemens.

Cantal, une compagnie de cinquième classe
ou 60 hommes, coûtant 17,331 40
Lozère, une compagnie de sixième classe ou
36 hommes, coûtant 9,931 20
Aveyron, une compagnie de cinquième classe
ou 60 hommes, coûtant. 17,331 40
Lot, une compagnie de cinquième classe ou
60 hommes, coûtant. 17,331 40

Douzième légion de gendarmerie.

Départemens.

Puy-de-Dôme, une compagnie de troisième
classe ou 120 hommes, coûtant. 32,479 50
Haute-Loire, une compagnie de cinquième
classe ou 60 hommes, coûtant. 17,331 40
Loire, une compagnie de sixième classe ou
36 hommes, coûtant. 9,931 20
Rhône, une compagnie de première classe ou
210 hommes, coûtant. 56,065 10

Treizième légion de gendarmerie.

Départemens.

CREUSE, une compagnie de sixième classe ou
36 hommes, coûtant.......................... 9,931^f 20^c
ALLIER, une compagnie de cinquième classe
ou 60 hommes, coûtant...................... 17,331 40
CHER, une compagnie de cinquième classe
ou 60 hommes, coûtant...................... 17,331 40
NIÉVRE, une compagnie de cinquième classe
ou 60 hommes, coûtant...................... 17,331 40

Quatorzième légion de gendarmerie.

Départemens.

LOIRET, une compagnie de troisième classe
ou 120 hommes, coûtant 32,479 50
YONNE, une compagnie de cinquième classe
ou 60 hommes, coûtant...................... 17,331 40

Une escouade est détachée à Sens.

AUBE, une compagnie de cinquième classe ou
60 hommes, coûtant......................... 17,331 40
MARNE, une compagnie de cinquième classe
ou 60 hommes, coûtant...................... 17,331 40

Quinzième légion de gendarmerie.

Départemens.

NORD, une compagnie de deuxième classe
ou 160 hommes, coûtant 42,810 00

Une escouade est détachée à Dunkerque.

PAS-DE-CALAIS, une compagnie de troisième
classe ou 120 hommes, coûtant............. 32,479 50

Une escouade sera détachée à la poudrerie d'Esquerdes,

près Saint-Omer ; elle sera compɔsée d'un sergent, un caporal, douze hommes, et sera relevée tous les mois.

Aisne, une compagnie de cinquième classe ou 60 hommes, coûtant..................... 17,331ᶠ 40ᶜ

Une escouade est détachée à Saint-Quentin.

Somme, une compagnie de troisième classe ou 120 hommes, coûtant 32,479 50

Une escouade est détachée à Abbeville ; une autre est détachée au château de Ham : cette dernière sera composée d'un officier, un sergent, un caporal, vingt soldats, et sera renouvelée tous les mois.

Seizième légion de gendarmerie.

Départemens.

Lys, une compagnie de quatrième classe ou 100 hommes, coûtant 27,677 80

Escaut, une compagnie de deuxième classe ou 160 hommes, coûtant................... 42,810 00

Jemmape, une compagnie de quatrième classe ou 100 hommes, coûtant................... 27,677 80

Dyle, une compagnie de deuxième classe ou 160 hommes, coûtant..................... 42,810 00

Une escouade sera détachée à la maison de détention de Willeworde ; elle sera composée d'un officier, un sergent, un caporal, vingt soldats, et sera renouvelée tous les mois.

Dix-septième légion de gendarmerie.

Départemens.

Deux-Nèthes, une compagnie de deuxième classe ou 160 hommes, coûtant.............. 42,810 00

Meuse-Inférieure, une compagnie de cinquième classe ou 60 hommes, coûtant......... 17,331 40

Ourte, une compagnie de troisième classe ou 120 hommes, coûtant 32,479 50

Sambre-et-Meuse, une compagnie de cinquième classe ou 60 hommes, coûtant.......... 17,331 40

Dix-huitième légion de gendarmerie.

Départemens.

Forêts, une compagnie de sixième classe ou
36 hommes, coûtant...................... 9,931^f 20^c
Ardennes, une compagnie de cinquième classe
ou 60 hommes, coûtant..................... 17,331 40

Une escouade, composée d'un sergent, un caporal, douze
soldats, est détachée à la poudrerie de Saint-Ponce, et sera
renouvelée chaque mois.

Meuse, une compagnie de cinquième classe
ou 60 hommes, coûtant..................... 17,331 40
Moselle, une compagnie de quatrième classe
ou 100 hommes, coûtant.................... 27,677 80

Une escouade, composée d'un sergent, un caporal, douze
soldats, est détachée à la poudrerie de Metz, et sera renouvelée tous les mois.

Dix-neuvième légion de gendarmerie.

Départemens.

Vosges, une compagnie de sixième classe ou
36 hommes, coûtant...................... 9,931 20
Meurthe, une compagnie de quatrième classe
ou 100 hommes, coûtant.................... 27,677 80
Haut-Rhin, une compagnie de cinquième
classe ou 60 hommes, coûtant............. 17,331 40

Une escouade, composée d'un sergent, un caporal, douze
soldats, est détachée à la poudrerie de Colmar, et sera relevée tous les mois.

Bas-Rhin, une compagnie de troisième classe
ou 120 hommes, coûtant.................... 32,479 50

Vingtième légion de gendarmerie.

Départemens.

Douss, une compagnie de quatrième classe
ou 100 hommes, coûtant.................... 27,677^f 80^c

Une escouade, composée d'un sergent, un caporal et douze
soldats, est détachée à la poudrerie d'Arcier, et sera renouvelée tous les mois.

Haute-Saône, une compagnie de cinquième
classe ou 60 hommes, coûtant............. 17,331   40

Jura, une compagnie de cinquième classe
ou 60 hommes, coûtant.................... 17,331   40

Léman, une compagnie de quatrième classe
ou 100 hommes, coûtant.................... 27,677   80

Vingt-unième légion de gendarmerie.

Départemens.

Côte-d'Or, une compagnie de troisième classe
ou 120 hommes, coûtant.................... 32,479   50

Une escouade, composée d'un sergent, un caporal, vingt
soldats, est détachée à la poudrerie de Vouges, et sera renouvelée tous les mois.

Haute-Marne, une compagnie de sixième
classe ou 36 hommes, coûtant............. 9,931   20

Ain, une compagnie de sixième classe ou
36 hommes, coûtant....................... 9,931   20

Saône-et-Loire, une compagnie de troisième
classe ou 120 hommes, coûtant............ 32,479   50

Deux escouades seront détachées, l'une à Autun, l'autre
à Châlons.

Vingt-deuxième légion de gendarmerie.

Départemens.

Isère, une compagnie de cinquième classe
ou 6o hommes, coûtant..................... 17,33ı^f 40^c

Une escouade est détachée à Viénne et une à Briançon,
pour faire des patrouilles et assurer le passage du Mont-
Genèvre.

Mont-Blanc, une compagnie de cinquième
classe ou 6o hommes, coûtant............. 17,33ı 40

Une escouade est détachée à Thermignon ou à Lans-le-
Bourg, pour faire des patrouilles et assurer le passage du
Mont-Cenis.

Ardèche, une compagnie de sixième classe
ou 36 hommes, coûtant..................... 9,931 20
Drôme, une compagnie de cinquième classe
ou 6o hommes, coûtant..................... 17,33ı 40

Vingt-troisième légion de gendarmerie.

Départemens.

Hautes-Alpes, une compagnie de sixième
classe ou 36 hommes, coûtant............. 9,931 20
Basses-Alpes, une compagnie de sixième
classe ou 36 hommes, coûtant............. 9,931 20
Alpes-Maritimes, une compagnie de cinquième classe ou 6o hommes, coûtant....... 17,33ı 40
Var, une compagnie de cinquième classe ou
6o hommes, coûtant....................... 17,33ı 40

Vingt-quatrième légion de gendarmerie.

Départemens.

Bouches-du-Rhône, une compagnie de première classe ou 2ıo hommes, coûtant........ 56,o65 ıo

Une escouade est détachée à Aix, et une autre à la pordrerie du pont de Chamas : cette dernière sera composée d'un sergent, un caporal, douze hommes, et sera renouvelée tous les mois.

VAUCLUSE, une compagnie de cinquième classe ou 60 hommes, coûtant............ 17,331ᶠ 40ᶜ

GARD, une compagnie de troisième classe ou 120 hommes, coûtant.................. 32,479 50

HÉRAULT, une compagnie de cinquième classe ou 60 hommes, coûtant............ ... 17,331 40

Vingt-cinquième légion de gendarmerie.

Départemens.

RHIN-ET-MOSELLE, une compagnie de cinquième classe ou 60 hommes, coûtant....... 17,331 40

ROER, une compagnie de deuxième classe ou 160 hommes, coûtant.................. 42,810 00

Une escouade est détachée à Cologne.

SARRE, une compagnie de cinquième classe ou 60 hommes, coûtant.................. 17,331 40

MONT-TONNERRE, une compagnie de quatrième classe ou 100 hommes, coûtant....... 27,677 80

Vingt-septième légion de gendarmerie.

Départemens.

PÔ, une compagnie de première classe ou 210 hommes, coûtant.................. 56,065 10

Une escouade est détachée à Suze, et fournira des patrouilles pour assurer le passage du Mont-Cenis; une escouade sera détachée à Fenestrelles, et fournira des patrouilles pour assurer le passage du Mont-Genèvre; une troisième escouade sera stationnée à la poudrerie de Turin : cette dernière sera composée d'un sergent, un caporal, douze hommes, et sera renouvelée tous les mois.

STURA, une compagnie de cinquième classe
ou 60 hommes, coûtant................... 17,331ᶠ 40

Une escouade sera détachée à Limon, et fournira des patrouilles pour assurer le passage du col de Tende.

MARENGO, une compagnie de quatrième classe
ou 100 hommes, coûtant................... 27,677 80
TANARO, une compagnie de cinquième classe
ou 60 hommes, coûtant................... 17,331 40
SÉSIA, une compagnie de cinquième classe
ou 60 hommes, coûtant................... 17,331 40
DOIRE, une compagnie de cinquième classe
ou 60 hommes, coûtant................... 17,331 40

Une escouade sera détachée à Aoste, pour faire des patrouilles et assurer le passage du grand et du petit St-Bernard.

Décret impérial du 14 fructidor an 13.

1. Le produit du vingtième de tous les revenus des communes, à compter du 1ᵉʳ. germinal dernier, et du centime
à payer dans l'an 14, pour les dépenses de la première mise
des compagnies de réserve, resteront dans la caisse des receveurs généraux de département, à la disposition des préfets.

2. Les préfets prendront toutes les mesures relatives à l'habillement et à toutes les parties de l'administration des compagnies de réserve, sans pouvoir néanmoins dépasser en aucune
manière, et sous aucun prétexte, les masses fixées par le décret
du........

3. Tous les mois les préfets rendront compte aux ministres
de la guerre et de l'administration de la guerre, des dispositions qu'ils auront faites et ordonnées en conséquence du présent décret et de celui du 24 floréal dernier.

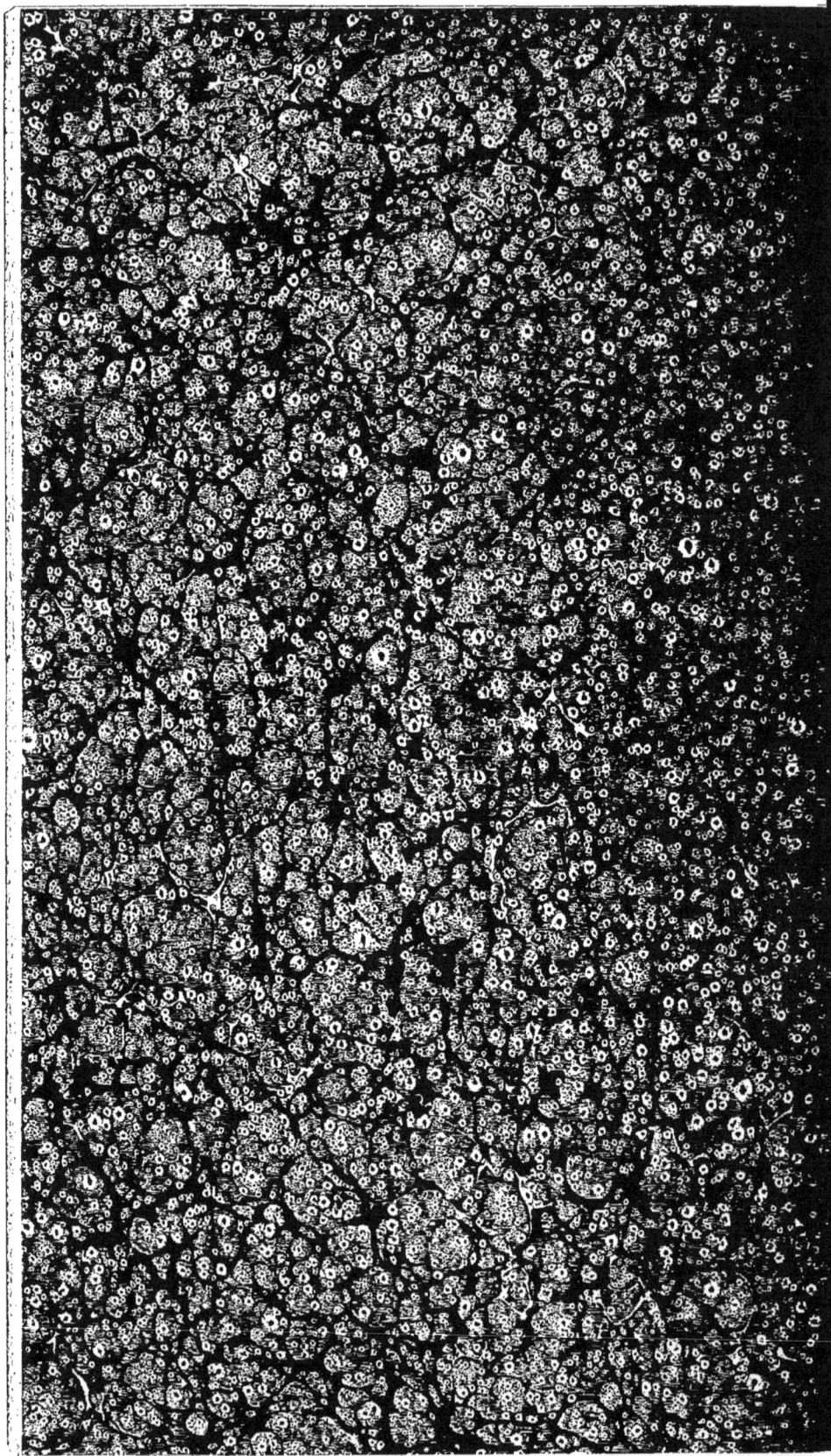

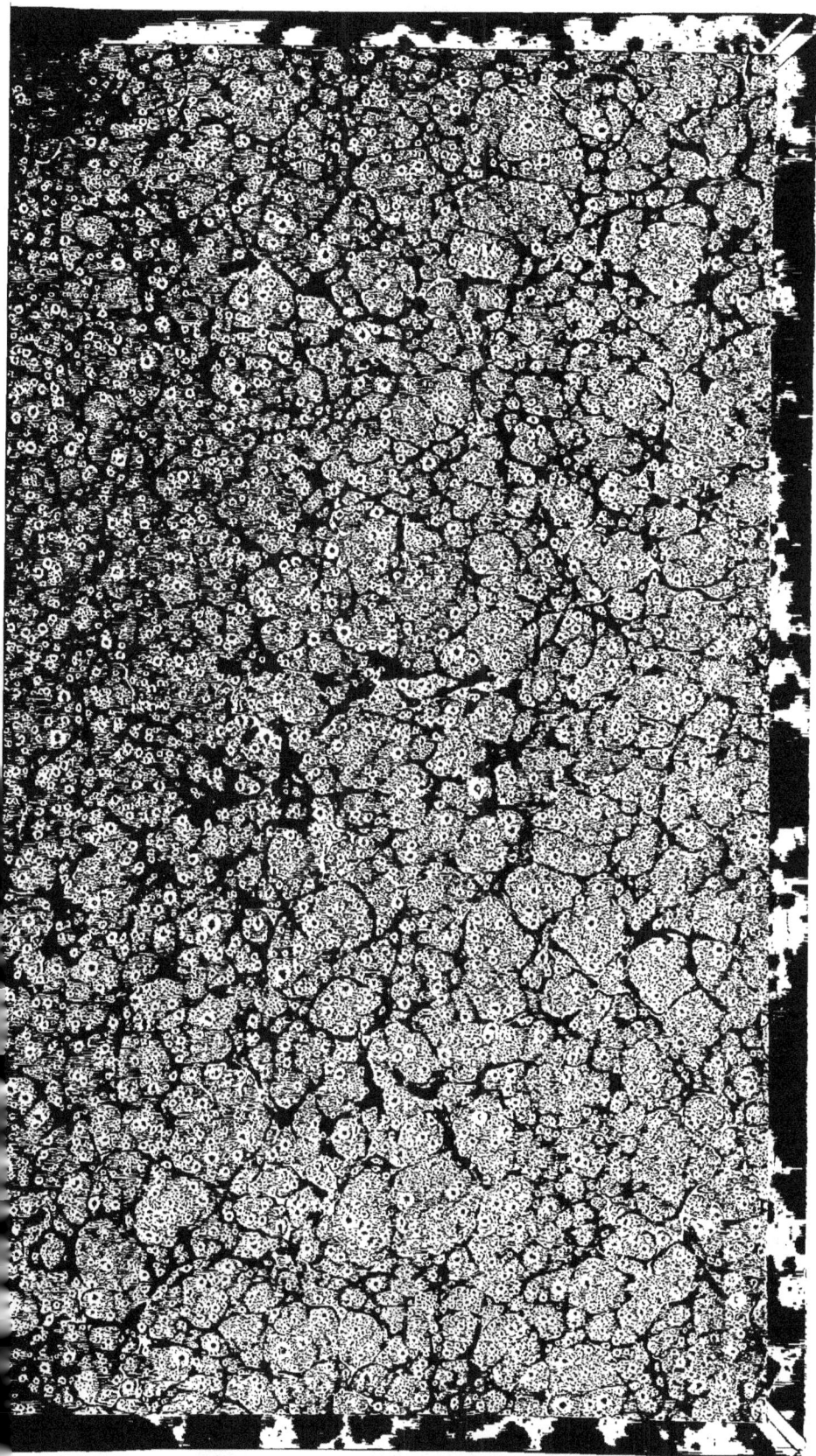

www.ingramcontent.com/pod-product-compliance
Lightning Source LLC
Chambersburg PA
CBHW060355200326
41518CB00009B/1151